美国西部牧区析论

Historical Studies on the American West Range

周　钢　著

首都师范大学出版社
CAPITAL NORMAL UNIVERSITY PRESS

图书在版编目(CIP)数据

美国西部牧区析论/周钢著．—北京：首都师范大学出版社，2022.3

ISBN 978-7-5656-6815-9

Ⅰ.①美… Ⅱ.①周… Ⅲ.①畜牧业经济-经济史-美国-文集 Ⅳ.①F371.263-53

中国版本图书馆 CIP 数据核字(2022)第 019455 号

MEIGUO XIBU MUQU XILUN

美国西部牧区析论

周　钢　著

责任编辑　陈娇娇

首都师范大学出版社出版发行

地　址　北京市海淀区西三环北路 105 号

邮　编　100048

电　话　68418523(总编室)　68982468(发行部)

网　址　http://cnupn.cnu.edu.cn

印　刷　中煤（北京）印务有限公司

经　销　全国新华书店

版　次　2022 年 3 月第 1 版

印　次　2022 年 3 月第 1 次印刷

开　本　710mm×1000mm　1/16

印　张　23.25

字　数　410 千

定　价　98.00 元

前　言

我的美国西部牧区和西部牛仔研究是从牧业经济史起步的。原因有二：其一，我国已故著名世界史专家丁则民先生邀我参加他主持的“美国西部史研究”项目时，给我三个与牧牛业相关的题目。这可谓是命题作文，且有时限。于是我先后完成了《美国“牧牛王国”的兴衰》和《怀俄明牧牛业的发展与大公司经营牧业的方式》两篇论文。随着研究的深入，我了解到美国西部牧区的开发不仅有牧牛业的兴起，还有牧羊业的发展、野马的扩展、围捕和驯养、使用等丰富的内容。随着美国西部牧区的不断开拓，在美国西部辽阔的大平原上，形成了一个包括牛、马、羊在内的“牧畜王国”。为了阐释“牧畜王国”的兴衰，我对“牧羊帝国”的崛起和马在牧业中的独特作用都做了专题研究。其二是美国西部牧区开发的历史地位。美国西部的牧业开发始于哥伦布船队第二次驶向美洲大陆时带去的牛、马等家畜。此后，随着西班牙殖民者不断扩展其美洲殖民地，被带到那里的牛、马、羊等家畜越来越多。17、18世纪之交，牧牛、牧羊业扩展到了得克萨斯。墨西哥脱离西班牙的殖民统治独立后，越来越多的美国移民进入得克萨斯。美国在吞并得克萨斯后，又通过1846—1848年的美墨战争割取了加利福尼亚、新墨西哥和亚利桑那。之后，那里的牧牛业和牧羊业进入了美国人的经济生活。到19世纪末，美国的西部牧区占据了南起美墨边界、北抵美加边界的整个大平原。美国西部牧区遂成为美国重要的畜产品生产加工和出口的重要基地。与美国西部牧区的开拓相比，其矿业和农业的开发都晚得多。美国夺取加利福尼亚后，虽出现了“加利福尼亚淘金热”，但大平原的深层矿业开发和石油开采都发生在19世纪70年代以后。由于气候条件恶劣和土质坚硬等，美国的拓荒农场主得以携带马拉的农业机械进入大平原，经过几十年的努力，把那里开垦成美国重要的粮食生产基地。

西部“牧畜王国”的兴起对美国的影响不亚于第一次工业革命。从西部牧区开拓的早期至整个19世纪，那里都是美国海外牛贸易的重要来源。在美国第二次工业革命兴起时，由于内战的破坏，美国东部的饲养牛数量不足，难以满足城市对肉类的巨大需求。通过长途赶牛，大平原的牛群被用火车大量运到东部。这不但解决了城市缺肉的燃眉之急，而且改变了美国人的生活方式——逐渐转向以肉食为主。由于牧区的兴旺，大量英国资本和美国东部资本流入西部牧区。牧场的经营方式也开始由个体牧场向大牧牛公司转型。横贯大陆铁路的一些站点成为牛群集散的牛镇。这些牛镇又成为西部城市现代化的一种模式，成为西部牧区的经济、政治中心。牛贸易的发展，也促使人们在芝加哥等城市建起了现代肉类屠宰、加工的大型企业。现在大平原地区的多数州，也是因牧区的开拓取得准州的地位，才纳入美国的政治版图。正因为西部"牧畜王国"在美国历史和西部开发史上的重要性，我对"'牧畜王国'的兴起与美国的现代化""西部开发与美国现代化""资本的流入与大公司经营""牛镇的兴起与变迁""国际竞争与美国'牧畜王国'的衰落"等都做了较深入的专题研究。

牧区社会也是我研究的重点，在专题研究中占较大比重。丁先生嘱我完成的《怀俄明家畜饲养者协会的历史作用及其衰落原因》是我进行牧区社会研究的起始之作。怀俄明家畜饲养者协会是"牧畜王国"里影响较大、具有典型性的牧场主组织。特别是随着大平原牧区向北推进，怀俄明牧区成了牧牛业的重心，牧场主协会主宰了牧区的政治、经济等诸多方面。他们制定赶拢法规，规定赶拢期，组织春秋两季的牧区"赶拢大会"和牛群的长途驱赶，处置牧区偷盗和违规者等。它使怀俄明牧区的牧牛业蓬勃发展，大公司经营牧业的方式占据了主导地位。怀俄明家畜饲养者协会不仅主宰着怀俄明牧区，而且其影响还扩展到相邻州或领地的牧区。19 世纪 90 年代初，怀俄明家畜饲养者协会盛极而衰。在美国由自由资本主义向垄断资本主义过渡时期，牧区的天灾人祸、过载过牧和市场的饱和等因素导致了该协会的衰落。大平原由南及北的牧场主协会也经历了同怀俄明家畜饲养者协会相似的盛衰过程。

"赶拢大会"和"长途驱赶"是"牧畜王国"里独特的两大景观。两者既是西部牧区经济运作的方式，又是不同于农场饲养家畜的独特社会模式。从牧区经济的视角来看，西部牧区的"赶拢大会"是牧场主们分割财富的"盛典"。在现代围栏牧场建立之前，大平原上的牛是在无栏的开放牧场上放牧的。春秋两季的"赶拢大会"就是要把相邻多个牧场混杂在一起的牛群围拢分割开来，由牛仔们赶回各自的牧场。牧场主们由此可以得知每年牛群增加的数量。"长途驱赶"是把美国西部牧区与东部市场联系起来的运作方式，使牛在市场上卖出比在牧区高得多的价钱。牧场主的财富因此不断增加。从社会现象的视角来看，“赶拢大会”和“长途驱赶”都是在牧场主协会组织安排下进行的。不论是春季还是秋季“赶拢”，都要进行 2—3 个月。按着牧场主协会制定的赶拢法规、赶拢日期、赶拢区顺序有序进行，对参加赶拢的人员认真挑选，实行半军事化管理。每天黎明，赶牛队的牛仔在队长的带领下，把散落在牧区各处的牛围拢起来，驱赶到赶拢中心地区。在赶拢中心区，作为指挥者的赶拢工头、各牧场负责从混杂牛群中套出本牧场牛的牛仔、负责打烙印的牛仔和登记计数的牛仔各司其职。这样紧张有序的工作一直持续到日落。夜晚，各牧场的牛仔在赶拢工具车旁边燃着篝火吃晚饭，并轮流看护好本牧场被分割出来的牛群。在赶拢季节，每天从早到晚，都是一派紧张、繁忙且井然有序的壮观场面。牛仔们每天都要在各自分派的岗位上劳作二十余个小时，而且还要防范被成年公牛抵伤的危险。稍有不慎，就会有牛仔付出生命的代价，给赶拢现场增添一抹悲壮的色彩。“长途驱赶”也是在半军事化组织方式下进行。首先要根据牛的数量组成十多人到二十余人的赶牛队。赶牛队由被称作牛道老板的赶牛队长负责。他根据牛仔的能力和赶牛经验，把他们分派到不同的岗位上。通常，白人牛仔会被分到较好的位置，危险艰苦的工作多由非裔和墨裔牛仔承担。赶牛队的厨师多由非裔或过了转行年龄的白人牛仔担任。一次从牧场到牛群出售地的“长途驱赶”，牛道短的也约有三百英里(1 英里＝1.609344 千米)。要是从得克萨斯赶到怀俄明或蒙大拿牧区，牛道则动辄长达千余英里。一次长途赶牛，牛仔们要在牛道上度过两三个月甚至半年多的时间。牛道沿途环境复杂、凶险，既有牛能逃离隐匿的丛林山峦，又有了无人烟的荒漠和难以横渡的汹涌奔流的大河，还有伤害人和牛的毒蛇猛兽，以及偷牛贼或武装劫匪。在不遇突发事件和危急情况时，牛仔们每天赶牛也是十分辛苦的。天刚黎明，牛道老板便叫醒牛仔们。他们匆匆用过早餐，便赶牛群上路。直到日近正午，牛仔们才让牛群停下来，在路边草多的地方吃草。他们轮流换班，一部分人草草吃点简单的干粮，多数人则在专注地看护牛群。待牛吃上两三个小时的草后，他们又赶着牛群继续上路。直到傍晚，牛仔们把牛群赶到前面牛道老板选定的宿营地。他们先是赶牛去饮水吃草，然后才能在炊事工具车边围着篝火吃晚饭。夜里，牛仔们还要两人一组轮流值班，骑马绕围在卧地休息的牛群周围巡视，以防牛群受野兽侵害、偷牛贼偷盗或牛群受到惊扰炸群逃窜。牛仔们每天工作的时间超过 12 个小时。数月下来，他们是极为劳累和疲惫的。春季赶牛穿越大平原南部牧区，融化的落基山雪水会使河水暴涨，河面变宽。牛对着波涛汹急、漩涡团团的河水不肯下水过河，牛仔们必须骑马引领和驱赶牛群过河。有的牛仔被大浪卷走，再也不见了踪影；有的牛仔被漩涡卷住，沉入了水底丧生。春夏两季，大平原牧区多暴风雨，牛群极易受惊逃窜。牛仔们必须立即翻身上马去围追堵截。靠在奔跑的牛群两侧的牛仔会被牛的毛皮摩擦产生的电流灼伤；有的牛仔不幸被雷电击中在马背上；有的牛仔在茫茫黑夜中追寻牛群的途中跌落悬崖、深谷或咆哮的河水中丧命。赶牛队有时也会遇上暴风雪。牛会因冷饿而逃散，狂风暴雪会吹得它们拼命向四面奔逃，直到被围栏挡住，成堆地冻死在那里。衣着单薄的牛仔也会被冻死在马背上。由于在长途赶牛的年代对在牛道上丧生的牛仔没有统计资料，我们只能从赶牛人的回忆录提到的丧生牛仔案例中略见一斑。美国内战后长达近 30 年的“长途驱赶”，对美国西部的开发和美国现代化的发展做出了巨大贡献。“长途驱赶”被称为美国历史上最富传奇色彩的篇章。“牧畜王国”里“赶拢大会”和“长途驱赶”的宏大壮观的历史场景，在现今美国的西部片中还时常被展现。

美国西部拓荒时期的流血冲突和“牛仔战争”也是牧区社会的突出问题。在大平原上，存在着争夺公地的不同利益集团，有牧场主、采矿主和农场主之间的争夺和冲突。最早在大平原开拓的牧牛场主和牧羊场主，反对采矿主和农场主占据土地、挤压减少他们的牧场；采矿主也不许牧场主和农场主挤压其不断拓展的采矿区；拓荒农场主因为进入大平原较晚而靠农业机械化去拓展粮食王国疆域。牧牛场主和牧羊场主之间也为扩大牧场规模发生“筑篱”和“毁篱”及抢占水源的流血冲突。利益冲突严重时，便演变成大规模的“牛仔战争”。1868 年的“林肯县战争”是两个牧场主集团为争夺土地、水源和对新墨西哥的控制权而进行的战争。双方招募牛仔，组成武装力量。在较长时间的冲突较量中，有一些牛仔丧生。1892 年发生的“约翰逊县战争”则是在美国历史上有更大影响的事件，这是怀俄明家畜饲养者协会精心策划的一次对小农场主和小牧场主的打击行动。1891 年怀俄明建州时，怀俄明家畜饲养者协会已经衰落，大量小农场主和小牧场主移居约翰逊县境内，被怀俄明家畜饲养者协会视为入侵者。为了维护大牧场主在本州的统治地位，该协会决定对“入侵者”发动一场战争。为此，该协会从其他州雇用了武装牛仔，准备了良马，并于 1892 年 4 月初从夏延乘火车到约翰逊县的布法罗镇去进攻那里的定居者。战争发动者的如意算盘是杀死几个人，逮捕两三百人，把他们认为的“入侵者”从怀俄明赶出去。进入怀俄明后，武装队中途下车，雪夜骑马前往布法罗。途中，大牧场主的武装队在一个牧场受到了牛仔的英勇抵抗。虽然他们杀死了所谓的“不法”牛仔和其他两人，但进攻布法罗的时间被延误了。两个目睹了这一武装入侵暴行的人，飞马把消息传至布法罗。家畜饲养者协会的武装入侵队一到布法罗，就被愤怒的定居者包围起来，直到美国政府派来军队把他们解救出去。“约翰逊县战争”持续时间不长，不足七天，伤亡不过五人。然而，这次战争的影响是巨大而深远的。它不但震动了美国西部牧区，而且也震动了美国的政坛。

妇女研究是研究美国西部牧区社会不可或缺的论题。在大平原牧区，有早期进行艰苦独立经营的女牧场主。19 世纪 70 年代，牧场主建立了家庭，他们的妻子成为支持丈夫经营牧场的重要帮手。她们操持料理家务，在农场没有雇用专门的厨师时，她们充当牛仔们的厨娘。繁忙的赶拢季节，她们还要帮助做饭和协助照料家中的牧牛。她们更重要的工作是帮助丈夫与牛仔们搞好关系。被雇用的牛仔基本都是单身，牧场主的妻子会帮助他们缝补损坏的衣服和浆洗过脏的衣衫。她们可以通过与牛仔交谈沟通，增强“家庭”般的亲和力。这样可以留住最好的牛仔，使他们更卖力地为家中的牧场劳作。西部牧区还有一些劳作在牧场上的女牛仔，后来专门产生了一个英文单词“牧牛女郎”(cowgirl)。在早期拓荒时期，投身牧牛工作的多是非裔或拉丁裔妇女，她们是美国西部牛仔先驱者之一。早期的牧牛女郎不但亲自牧牛驯马，而且向她们的后辈传授骑马牧牛的技术。这些少数族裔的女牛仔的牧牛生涯远远早于美国白人牛仔。到 19 世纪末，在美加边界地区，随着牛仔文化的传播和影响的扩大，出现了专门从事牛仔骑行和套牛、套马表演的女演艺牛仔。她们成为了传承美国牛仔文化的一道亮丽的风景线。到 20 世纪末，随着美国多元文化的发展，女演艺牛仔的风光不再，只剩下少数的两三百人还在坚持着。在美国西部牧区，还有一个游荡在牛镇的妓女群体，这是个复杂的社会问题。牛镇市政当局允许开设妓院，因为这是增加经济收入的一个重要手段。但在促进牛贸易兴旺的同时，妓女和妓院嫖客也给社会带来负面影响，导致腐败和丑恶现象的滋生泛滥。有些妓女是从芝加哥等东部城市来到西部牛镇的。随着牛镇沿铁路线不断向西向北扩展，妓女也随之在各个牛镇扩散游荡。牛镇也是牛仔们经过数月长途驱赶的鞍马劳顿后最渴望到达的地方，因为他们在那里得到工资后可以尽情享乐挥霍。除了扔掉在牛道上穿的又脏又破的服装，代之以新购的时髦衣帽、靴子外，他们还要进餐馆饱餐最想吃的美食，到酒吧、舞厅肆意享受，尔后再到妓院去寻找各自中意的女伴。多数牛仔在牛镇生活几天就会把他们腰包中数月辛劳所得的工资掏光，除了一身新买的行头外，别无他有。在19世纪七八十年代以前，牛仔们都是单身，因为牧场主不允许他们建立家庭。所以牛镇的妓女就成了他们唯一交往的异性伙伴。相处友好的青年男女在分手时会依依不舍。有的牛仔为了在牛镇多待几日，在钱花光时把骑的马也抵押了出去。在他不得不离开牛镇返回牧场时，与他相好的妓女会出钱替他把坐骑赎回，盼他来年赶牛时再来牛镇相会。为了防止打架斗殴的暴力冲突，一些牛镇限制了妓院的数量，且要从业人员注册登记。但由于一些妓院老板对管理者行贿，也有不登记的暗娼存在，牛镇对该行业实际控而不严。有的牛镇市长和治安官也经常光顾妓院。有些早期牛镇在牛贸易兴旺期过后开始向综合性城市转型，在此情况下，多数妓女流向更西部和北部的新兴牛镇。“牧畜王国”兴起的早期，那里的妇女较少，牧场主们的妻子也多数是在他们的事业稳定后才从故乡来到牧区的。在牧区和牛镇找到合适的妻子并不容易，有的牛镇市长和治安官便娶了他们相中的妓女为妻。有些妓女嫁给了牛镇周边的牧场主和农场主，有的则成了矿业大王的妻子，也有些在牛镇转型后仍操旧业。直到现在，现代化的美国从东到西，从南到北，都有妓院等色情服务场所。

环境史也是美国西部牧区研究中的重要课题。开发前的大平原原始风貌秀丽多姿，有多样性的地质结构和气候条件。大平原的走势南低北高，平原上有起伏的山峦、奔腾的河流和荒凉的沙漠地带。各种各样的野草和野花使得大平原像铺上了绚丽多彩的地毯。在秀美的大平原上，有危害牛和牛仔的毒蛇猛兽，也有吃掉大量野草、在草地下面挖了庞大深坑的灰兔家族。这些都会对牛马和牛仔造成伤害。大平原的自然生态环境在多方面对“牧畜王国”的兴衰带来有利或有害的影响。从业者必须适应这种生态环境，趋利避害，开发经营，否则就会遭受惩罚。在牧区经济史的研究中，我已较充分地论及了“牧畜王国”兴起的有利自然因素，下面涉及的是导致“牧畜王国”衰落的生态环境因素。

大平原的开发是伴随着对野牛的大屠杀进行的。白人移居者进入大平原前，那里有数以千万头的野牛，原住民以捕获野牛为生，解决衣食住行所需。野牛以野草为生，维系大平原的生物链的平衡。外来移居者进入大平原以后，拓展牧区，占据矿山，开荒种地，修建铁路，追逐和屠杀野牛。美国内战后，联邦军队在围剿原住民的30余年的战争中，还奉命协助屠杀野牛。到19世纪末，大平原的野牛被屠杀殆尽。失去生存所依的原住民被赶进政府指定的小保留区，过着极其悲惨的生活。“得克萨斯长角牛”及其杂交牛代替了被屠杀的野牛。牧场上放牧的牛群成了牧场主发财致富的源泉，却不是原住民的生活所依。大平原上的野马是由西班牙殖民者从欧洲船运到美洲，放归自然后变野的。因为殖民者发现美洲大陆没有马，他们便从征服的殖民地带来马匹，放归自然，以图繁衍更多。每走过一段路程，西班牙征服者就选择靠近河流草多的地方，放生一匹牝马和一匹雄马。经过两个多世纪，放归自然的家马变成了野马，繁衍出众多后代。18、19 世纪之交，在来自美国东部的白人移居者进入得克萨斯时，大平原上已经奔驰着许多野马群。19 世纪 20 年代墨西哥独立后，西班牙殖民者离去。他们饲养的牛因无人照看，跑入荒野，逐渐变得野性凶猛，被称为“得克萨斯长角牛”。早期牧场主是靠雇用牛仔围捕野马和长角牛起家的。围捕野马的手段十分残忍。数十名牛仔组成猎马队，找到一个马匹数量适中的马群围起来。为了防止马群冲出包围，牛仔们骑马在周围拉开适当距离，向马群大声呼喊，吓得马不停地跑动，却从哪里也跑不出去。连续几天，马已经累得再无力奔跑，包围圈越缩越小，直至把马群驱赶回牧场设好的高大结实的围栏内。被围进围栏的马没有草吃，也不让饮水。连续几天的饥渴驯法使马完全没有了反抗的精神和气力。随后，这些马被套上笼头，拴上缰绳，佩戴马鞍，交由牛仔骑乘驯服。一匹马一天要由多名牛仔轮流骑驯，让它不得休息。每天还不让马吃饱，只给它一定量的草料和水，让它在半饥半饱中由骑乘的牛仔去摆弄。如果有马不服骑乘，就会被再次关回围栏，让它继续挨饿。如此三番，一匹马被全驯后才交给牛仔们放牧和赶牛使用。早期大平原使用的马多是由野马驯化的。后来，牧区也建了一些养马场，向牧场、农场和矿山出售。在美国汽车时代到来之前，马的作用非常大。它们是负重的脚力、放牧和骑乘的交通工具。汽车发明后，马逐渐被汽车和汽油、柴油驱动的农业机械取代。长途驱赶终结后，马只在围栏定居牧场里被使用。大平原大量退役的马逃入了荒野之中，还有许多被不法商人廉价购买，制成了宠物饲料。这一丑恶行为被环境和动物保护人士发现，他们揭露其丑行，并推动美国国会通过了野马保护法。一些退役马被放归野马保护区，又经历了由家马到野马的演变过程。

天灾会对牧区牛、马、羊造成极大伤害，使牧场主遭受巨大损失。大平原平均年降水量不高且分布不均，南部降水较多，北部较少，干旱少雨的年份时有出现。干旱导致青草长势不好，满足不了日益增多的家畜的草料需求。有些地段的草会被家畜啃光，致使一些牛、马、羊被饿死。旱灾也易引发草原蝗灾和火灾。蝗灾发生时，遮天蔽日的蝗虫落到一片草地上，很快会将植被一卷而光。草原火灾蔓延迅速，很难扑灭。熊熊烈火不但烧焦草地、牧场设施，而且会烧伤、烧死来不及逃离的家畜，灭火的牛仔有时也会不幸受伤或丧生。大平原也时常发生暴风雨。狂风暴雨，电闪雷鸣，有时还伴随着冰雹。顷刻间，牧牛营地全被摧毁，行进在牛道上的牛队被冲散。炸群的牛会盲目地四处逃窜，牛仔们要冒生命危险去驱赶牛群。许多在暴风雨中死伤或逃散的牛难以找回，一些牛仔也在寻找和保护牛群时受伤或丧生。大平原上危害更大的是被称为“白灾”的暴风雪。1886—1887 年那场史上罕见的暴风雪是典型的例证。到 19 世纪 80 年代初，南部平原的牧场已经过于饱和，只有北部怀俄明和蒙大拿的草地价值尚未被发现。一个偶然的发现，使越来越多的牧场主进入北部牧区。在当时人的观念中，怀俄明和蒙大拿等北部地区冬天气候严寒，家畜无法生存。恰在此时，有一个赶牛人赶着牛队送到夏延出售，途中突遇暴风雪，他不得不将一些牛临时赶到一个山谷中躲风雪。次年春季，他回到那个山谷，想看看牛是否已死亡。令赶牛人吃惊的是，那些牛不但没有死，还长了膘，生了小牛。赶牛人认识到，北部草原适合放牧牛群。消息一经媒体宣传，吸引了越来越多的牧场主和大牧牛公司进入北部平原。数年间，北部牧区就挤满了大大小小的牧场。怀俄明和蒙大拿牧牛业的繁荣兴旺超过了南部牧区。牧场主们圈占草地，争夺水源，放牧过多的牛群。北部牧区已呈现超载放牧的状态。牧场主们只想着快快发财，却很少想到天有不测风云。1884 年秋末，北部平原依然温和，牧草长势比往年要好，牧场主们预计着来年春天又是牛产量丰收的季节。对气候可能骤变有敏锐预感的小动物却比往年更早地挖深洞造厚窝，储备更多的越冬食物。对此，一心奔着发财梦的牧场主们视而不见。他们没有做任何应对恶劣天气的防御措施，也没有为牛群修建保护设施。结果，1885—1886 年，大平原遭遇了历史上罕见的暴风雪。牧场主们只能眼巴巴地看着他们的牛被冻死在房前屋后和牧场的各个角落。大量的牛被暴风雪裹挟推赶着从北部草原向南奔去，有些在途中冻饿而死，有些被大平原中部的长长围栏阻住，互相挤压践踏，形成越堆越高的僵尸堆。不少牛仔为保护牛群付出了生命的代价。在美国从自由资本主义向垄断资本主义过渡的时期，大平原上的牧场主们是用一种原始游牧的方式在开放的牧区经营牧业，以此攫取巨额利益。他们的掠夺式开发加重了牧区的天灾。在那场历史上罕见的暴风雪过后，遭受巨大损失的牧场主们不得不结束游牧，开始在修建了围栏的固定牧场上经营牧牛业。

牛仔亦属于牧区社会史的范畴，因笔者已在其他文章中对牛仔史的重点和难点问题进行了较多探研，故在此处仅作一点扼要阐释。牛仔是牧场主雇用的马背劳工。这个劳工群体由不同国籍、族裔、肤色和家庭背景的人构成。他们之中，既有到西部牧区寻求冒险刺激的富家青少年，也有前往谋生的穷人子弟，还有内战后被解放的黑人奴隶及原住民。牛仔的主体是十七八岁到三十岁的年轻人。在大平原上，他们必须学会骑马和放牧的各种技能才能立足。广袤辽阔的牧场上、尘烟滚滚的牛道上和熙熙攘攘的牛镇里，都闪现着牛仔们的身影。牛仔们的艰辛劳作为西部牧区的开拓做出了重要的贡献，很多牛仔甚至为保护牛群以身殉职。在美国西部牧区，牧羊人的生存和劳作更苦更累。他们为"牧畜王国"的兴起做出了重要贡献。为此，我对美国牛仔和牧羊人做了比较研究，并论析了在美国存在褒扬牛仔、贬抑牧羊人的态度倾向的原因。

在牛仔史的研究中，有一些难点和重点问题。难点之一是关于美国西部牛仔的先驱。在白人至上主义占主导的美国社会，大量论者都主张白人牛仔是美国的英雄，是开拓大平原牧区的先驱。这并不符合真实的历史。历史上，在得克萨斯及大平原其他地区，最早从事牧牛业的西班牙殖民者带到美洲领地上的奴隶、大平原上的原住民以及这些少数族裔的后代，才是最早的西部牧牛人，是美国西部牛仔的先驱。美国白人牛仔进入大平原，是在19世纪初和美国兼并得克萨斯之后。难点之二是美国非裔牛仔的贡献和历史地位问题。20世纪之前，在有关牛仔论著中几乎找不到关于非裔牛仔的记载。20世纪中期美国民权运动兴起后，有关非裔牛仔的研究才开始发端并慢慢多起来，但仍远远比不上研究白人牛仔的论著数量。事实上，非裔牛仔的出现是远早于白人牛仔的，他们是开拓西部牧区的先驱之一。非裔牛仔被分配到最艰巨最危险的工作岗位上，他们中不少人为保护牛群而丧生。非裔牛仔在西部牧区从业的人数越来越多，到20世纪，非裔牛仔的比例已经占到了2/3。非裔牛仔在牧区开拓中占有重要的地位，但他们的重要贡献往往被忽视。内战以后，被解放的非裔奴隶到了西部牧区，希望那里能成为他们的"种族平等的理想国"。但实际的情况却是，他们仍普遍遭受不平等的对待，歧视无处不在。在宿营地，白人牛仔不许非裔牛仔靠近睡觉；在牛镇，非裔牛仔不被允许与白人同桌进餐。美国历史上发生的牛仔罢工也是重要的研究课题。多数分析牛仔的著作对罢工记述简略，这或许是为了淡化美国向垄断资本主义过渡时期西部牧区的劳资矛盾。西部牧区牛仔的两次罢工都因工资而起。一次是在春季赶拢时牛仔们要求增加工资，另一次是牛仔们拒绝牧场主降低他们的工资。

牛仔们在他们的要求遭到资方拒绝后仓促罢工。资方通过解雇罢工者和分化解散罢工队伍的方式，使两次罢工以失败告终。此后，在西部牧区再未发生过牛仔罢工。进入20世纪后，鉴于两次牛仔罢工的教训，牧场主们一见到牛仔萌生不满的苗头，便立即予以扼杀，或者解雇，或者诉诸武力，迅速把那些稍有不满的牛仔处理掉。两次牛仔罢工具有重要的历史意义，它们是19世纪后半期美国工人罢工运动的重要组成部分。

"牧畜王国"和牛仔这两个研究领域的史学史研究也非常重要。笔者从多方面开展专题研究的过程中，发现英文论著中还没有史学史方面的论述，便对所阅读的大量资料进行了梳理归纳，对"牧畜王国"史学作了评介。后来我又撰写了一篇长文，经修改补充后，成为《牧畜王国的兴衰》一书前言的组成部分。美国关于牛仔的研究论著虽然很多，却少有史学史方面的研究。在"美国西部牛仔的先驱"专题研究中，我查阅了从20世纪初到21世纪头十余年的牛仔论著和资料，作了不同于美国学者的论析，同时也是对牛仔史学的一个梳理。在关于牛仔研究的热点问题的探讨中，我较深入地论述了三个学术史问题。其一是关于美国的非裔牛仔研究。我翻阅了美国民权运动以来关于非裔牛仔的论著和散见在此前大量牛仔著作中的资料，分析了美国非裔牛仔研究的历史走势，评介了六个方面的研究论题、研究成果，对非裔牛仔研究的困难也作了分析。美国的种族歧视是非裔牛仔研究的最大障碍，资料的不足也是种族歧视所造成的。在这一研究中，我对非裔牛仔的历史也做了史学梳理。美国牧牛业和牛仔的起源也是美国学界的研究热点，在其论争中存在英国起源说和西班牙起源说两种对立观点。持英国起源说者认为，是英国人把牛、羊等家畜带到了北美殖民地，继而在美国立国后，美国人把他们饲养的牛、马、羊带到了大平原。持西班牙起源说者则认为，哥伦布和随后而来的西班牙殖民者把牛、马、羊和放牧技术带到了拉丁美洲殖民地，大平原上的牧牛业就是直接在此基础上发展起来。西班牙起源说无疑才是正确的，与历史事实相吻合，英国起源说则得不到真实历史的证明。在西班牙人入侵拉美时，英国殖民者也进行了入侵拉美的尝试，但未获成功。1609年英国在北美大西洋海岸建立第一个殖民地，又经过百余年的殖民扩张建成13个英属北美殖民地。英国殖民者也的确把牛、马、羊等家畜带到了英属北美殖民地。美国独立后，随着不断扩展的西进运动，美国人在世纪之交才进入得克萨斯，而后进入大平原地区。他们带去了数量不多的饲养家畜。大平原最初的牛源是由西班牙牛演化成的得克萨斯长角牛。长角牛与美国东部的饲养牛繁衍出更温顺的牛种。事实上，直到美国建国两百多年后的今天，在大平原各州，西班牙的文化影响尚存，在得克萨斯尤为突出。在美国社会政治纷争尖锐激烈时，有些得克萨斯人甚至寻求摆脱美国而独立。持英国起源说者意在强调盎格鲁-撒克逊种族血统在美国的正统性和主导性，淡化美国文化的多样性，淡化其他国家和民族对美国的影响。对美国牛仔褒贬的评价也是美国学界争论的热点之一。争论持续了七十余年，直到持贬抑牛仔论的领军人物辞世，争论才暂时停止。贬抑牛仔论者不承认牛仔在美国西部牧区开发中的主力军作用，认为牛仔与在牧区投资的牧场主相比几乎没有做出什么贡献。由于牧场主投资建立了牧场，购买了牛群，支付给牛仔工资，牛仔们才得以在西部牧区有了工作，有了立足之地，而不至于像东部工人那样经常失业。民权运动兴起后，在美国学界兴起书写下层劳动者历史的思潮。在牛仔史研究中，一些学者肯定和称赞牛仔在西部牧区开发中的重要贡献，认为正是依靠他们的艰辛劳作和英勇无畏的精神，美国牧牛王国才得以兴起。牧场主购买的牛群是由于牛仔的放牧管理才不断繁衍增加，是牛仔们费尽千辛万苦把牛群赶往牛镇出售才为牧场主换来源源不断增长的财富。如果没有牛仔的放牧管理，牛群不仅不会繁衍增多，而且还会散逃入荒野，成为无人管理的野牛，牧场主的投资也会因此荡然无存。实际上，牧场主投资购买的牛是通过牛仔的劳动而实现不断繁衍，再经由牛仔的劳动出售到市场上换取巨额利润，牧场主的巨额财富的增加是从榨取牛仔劳动的剩余价值获取的。与牧场主获得的巨额财富相比，付给牛仔的工资可谓微不足道。很多牧场主正是依靠剥削牛仔的剩余劳动价值，才变身为蜚声国内外的“牧牛大王”。对于牛仔的褒贬论争实际是两种史观之争。长期以来，在美国占据主导地位的是“精英史观”。持这一史观的人认为，美国靠政治精英立国，靠牧业大王、钢铁大王、石油大王和金融大王等致富，美国的发展强盛和成为世界霸主，是占人口极少数的精英群体推动创造的，而占美国人口大多数的中下层群众对美国历史的发展起不了什么作用。对牛仔的贬褒之争，是精英创造历史与人民群众创造历史两种对立史观论争的表现之一。

笔者花费三十年的时间研究美国西部牧区开发和美国西部牛仔，是因为这两个领域非常重要。“牧畜王国”的兴起在西部开发中占有重要的地位，在政治、经济和文化等方面对美国都产生了巨大影响。在“牧畜王国”兴起之前，美国的养牛业和养羊业还没有发展成为独立的经济部门，而是包含在农业之中。大平原辽阔的牧区开拓以后，才出现了“牧场主时代”和“牧场主边疆”的经典著作，牧牛业和牧羊业才从农业中分离出来，成为独立的经济体。“牧畜王国”兴起之后，大平原成了美国重要的家畜和畜产品生产和出口基地。直到现今，大平原地区的畜产品仍大量出口到国际市场。为了让别国多进口美国的肉畜产品，美国还常与别国发生纠纷和贸易战。

收在本书的25篇文章，按其内在逻辑被分成了五个部分，分别是“美国西部牧业史总论”“美国西部牧区经济史”“美国西部牧区社会史”“美国西部牧区环境史”“美国西部牧业史学”，较全面地勾勒出了美国西部牧区研究的基本框架。还有一些没有收入本书的文章和内容，读者可以从我的另外三本专著《美国西部牧区探研》《美国西部牛仔研究》《牧畜王国的兴衰》中阅读到。在美国西部牧区研究中，还有牧区社会史、牧区生态环境史、牧业史学史和西部牧区妇女史等论题值得作专题深入研究。尽管精英史论者竭力蔑视贬抑牛仔，并把牧场主视为西部开拓的英雄，但在多数美国人的心目中，牛仔是任何边疆人物都无法替代的最伟大的民族英雄。牛仔的服饰、靴帽成了美国的民族服装；音乐、舞蹈、绘画、装饰、小说和影视作品一直无休止地重复着牛仔的主题；牛仔的形象被浪漫化、通俗化，牛仔甚至成为了伟大的传奇人物。牛仔的影响无处不在，无时不有，甚至在现今的美国电视频道上还会定时播放有关牛仔的节目，以牛仔为主角的西部片更是风靡美国乃至世界。多数人对美国西部牛仔的了解，不是通过历史著作，而是从文学作品和西部片中得来。牛仔研究内容多、范围广，在美国历经百余年而未衰。笔者主要是在美国西部牛仔研究的一些难点和重点问题上下了一些功夫，尚不够系统全面。如美国非裔、原住民和墨裔等少数族裔牛仔需要更深入、系统的探研，西部牧区的女牛仔也是一个值得研究的问题。牛仔文化涵盖内容更为广泛丰富，在以往的研究中，我只是做了概括性的阐释，本想日后能再集中精力写出一部美国牛仔文化史专著。遗憾的是，我现在已经没有诉诸实现的心力了。因为多种严重的眼疾，目前我的双目只剩光感，已经不能读书和写字。这篇前言也是自己凭着多年的记忆“盲写”而成。上面提及的一些重要研究课题，我都没有能力再继续做下去，唯有扼腕叹息而已。盼望着有对上述尚待研讨的问题感兴趣的学人，继续做出更深入的研究。

笔者之所以把美国西部牧区研究范畴选在大平原地区，是因为那里的牧业发展从西班牙殖民时期开始，直到美国占据大平原，始终有着不间断的历史连续性。西班牙殖民者占有佛罗里达时，在那里进行过赶牛、羊西进的尝试，但随着佛罗里达落入美国人手中，这一西进便中断。在夏威夷，也曾有牧牛业发展和牛仔劳作的记述，但随着美、英、法在那里的殖民争夺和夏威夷最终并入美国版图并向近代社会转型，牧牛业不再是夏威夷经济中的主业。在美国学者的研究中，还有一些有关华盛顿州牧羊业、养羊业发展的论述，也有关于阿拉斯加淘金热和牛仔的少许介绍。然而，上述州的牧业发展都没有与占据美国 2/5 国土的大平原的牧业开发联系起来。故此我把研究重点放在了大平原地区。非裔美国人生活在一个种族歧视严重的社会里，很多论著里把他们蔑称为“黑鬼”“黑人”。经过他们的长期抗争，进入 21 世纪后，“非裔美国人”的称谓才多起来。大平原上的原住民在哥伦布新大陆航行时被称为了“印第安人”，原住民认为这是对他们的种族歧视，要求取消这一称谓。然而，该称谓一直在美国社会和学术论著中被长期使用。直到近些年，“原住民”的称谓才日渐普及。在本书引用的资料中，多有出自原作者表述的“黑人”“印第安人”等称谓，在此特作说明。

在美国西部牧区和美国西部牛仔的研究中，笔者得到了许多人的指教和帮助，笔者已在其他相关著作中表达了衷心感谢，在此不再赘述。收入本书的文稿被多种报刊刊载，已在文末分别注明原刊出处，以表达我真诚的谢意。首都师范大学出版社的车慧同志和陈娇娇同志为本书的编辑出版费了很多心血，我在此深表谢忱。由于本人才疏学浅，能力有限，书中定有不少缺漏和不足之处，恳请读者批评指正，不吝赐教。

周　钢

2020 年 12 月

目　　录

第一部分　美国西部牧业史总论

西部开发与美国现代化

美国西部开发是19世纪美国的重大事件之一。西部开发的土地比原英属北美13个殖民地的面积增长了约7.7倍。没有美国的西部开发就没有现代美国。美国的西部开发与工业化同步进行，互相促进，既有成功的经验，也有失误的教训。正确总结这些经验与教训，对于我们贯彻落实科学发展观，构建社会主义和谐社会，促进我国西部大开发战略具有一定的借鉴意义。

这场西部开发运动始于美国建国之初，到19世纪中期进入高潮，至19世纪末才基本结束。美国建国后至内战前，来自东部的移民越过阿巴拉契亚山脉，逐渐向西，拓殖到俄亥俄和密苏里河之间的地带及密苏里州，使中西部地区得到开发。同时，拓荒者又穿过大平原，进入落基山以西的远西部地区，到俄勒冈和加利福尼亚等地区开发定居。内战以后至19世纪末，美国开发的是曾被称为“美洲大沙漠”的大平原地区。美国西部开发的一个突出特点是农业、采矿业和畜牧业三大开发性行业的兴起。

密西西比河以东降雨量、光照和土质非常适合农作物生长。美国建国后，大量移民便越过阿巴拉契亚山脉，涌入中西部大部分杳无人烟的地区垦殖，使那里成为美国著名的“小麦王国”。俄亥俄、伊利诺伊、印第安纳等成为小麦的主产地。到1859年，整个中西部生产的小麦已占小麦总产量的54.9%。19世纪70—90年代，农业开发深入到大平原的半干旱和干旱地区。到 1900 年，西部地区的小麦和谷物产量分别占全国产量的 58％和 32％，西部成了美国重要的粮食生产基地。

远西部的采矿业始于 1849 年的加利福尼亚“淘金热”，到 19 世纪 90 年代，采矿者的足迹遍及整个落基山区，北抵加拿大，南至墨西哥。在加利福尼亚“淘金热”的推动下，1858—1876 年，新的四大矿区分别在科罗拉多、爱达荷、蒙大拿和达科他建成，此外，在怀俄明、犹他、新墨西哥和亚利桑那等地都建立起大大小小的矿区。除金矿之外，在内华达发现的康斯托克矿脉藏有“世界上最富的银矿”，亚利桑那中部的希拉和图森也以丰富的银矿而著名。随着采矿业的进一步资本化，美国商业和银行资本组成的矿业公司逐渐控制了远西部的采矿业。铜、铁、锌等贱金属取代金、银等贵金属，成了西部采矿业的主体。远西部采矿业的兴起，使美国直到 1898 年一直保持着世界最大产金国的地位。从 1848—1931 年，远西部矿区产的黄金和白银的价值分别达到了 42 亿美元和 31 亿美元。

牧牛业主要集中在得克萨斯南部，牧羊业多在新墨西哥。牧业的影响所及仅在西南部地区和加利福尼亚等太平洋沿岸地区。内战以后，牧牛业从得克萨斯向北扩展到美加边界，向西延至落基山区，遍及十个州和领地，把辽阔的大平原变为“牧牛王国”。牧羊业由太平洋沿岸地区向东拓展到落基山和大平原，形成了辽阔的“牧羊帝国”。“牧业王国”的崛起，使西部成为美国主要的畜产品生产基地。到 1900 年，美国西部肉牛和羊的产量分别为全国总产量的 54％和 62％。

美国西部开发在以第一、二次工业革命为标志的两次现代化浪潮中进行，西部开发对美国的经济现代化进程起了极大的促进作用。西部把大量的粮食和原料输往东北部，支持那里蓬勃兴起的工业革命。由于农业开发对新式农机具的大量需要，使芝加哥等城市迅速成为农机制造中心。在盛产小麦的西部地区，面粉加工和乳制品也成为重要的产业。随着牧业的商品化，罐头业在西部兴起。芝加哥、圣路易斯、堪萨斯等城市成为肉类加工和罐头制造业的中心。五大湖区丰富的煤铁资源和低廉的运费，使匹兹堡、克利夫兰和芝加哥成为重工业中心。依靠西部三大开发性行业的发展，美国制造业的中心在 40 年内向西移动了 380 多千米。西部开发成为美国实现经济现代化的重要条件和巨大推动力。同时，西部开发对美国政治的现代化也产生了一定的影响。美国建国之初，只有 13 个州。随着西部开发的深入，到内战前加入联邦的州共达到 34 个。在大平原的开发过程中，又有一些州加入联邦，最终使美国成为濒临大西洋和太平洋、横贯北美大陆的大国。

美国的西部开发留下了一些成功经验。

第一，联邦政府实行有利于西部开发的“公地”政策。美国国会在1784年、1785年和1787年连续通过三个土地法，以便有效地占领被英国正式划归美国所有的阿巴拉契亚山脉与密西西比河之间的辽阔土地。三个土地法确立了西部土地国有化、由领地过渡到州和向自由民开放西部公共土地的原则。其后陆续颁布的处理土地的法令，推动了向西部移民的运动，使阿巴拉契亚山脉以西和密西西比河之间的大片土地得到开发。1862年林肯政府颁布的《宅地法》规定，移居者只要交纳10美元的手续费便可无偿领到160英亩土地；在连续耕种五年后其所占领土地即变为私产。这几乎是免费赠予土地的政策，极大地调动了开发者的积极性。160英亩土地难以满足大平原大农场主和大牧场主的需要，联邦政府对西部土地的分配又采取了补充措施。国会先后通过了《育林法》《荒地法》《木材和砾石法》，使拥有成千上万英亩土地的大牧场和大农场遍布大平原。

第二，在西部开发中，美国政府重视基本建设。为了改变建国初期交通不便的状况，联邦政府在推动各州修筑“收费公路”的同时，拨款修建了坎伯兰大道。这是唯一从东部通往中西部的大路。它促进了东西部商品的交换，在早期西部开发中起了重要的作用。伊利运河成为当时西部与东北部之间主要的交通和贸易通道。靠近五大湖区的西部农场主可以通过水路将农产品运往东部和欧洲。伊利运河在连接东西部的同时，还成为美国对外开放的渠道。联邦政府采取支持铁路建设的政策。在内战期间，林肯总统于1862年7月签署《太平洋铁路法》，促进了第一条横贯大陆铁路的建成。美国的交通革命是由私人、地方和联邦政府三者共同参与促成的，但大的工程仍需政府主持。如坎伯兰大道是联邦政府修建的，伊利运河是纽约州出资修筑的，主要贷款则由中小投资者提供。在铁路建设中，联邦政府通过赠予土地实行政策指导，州、县两级政府主要是以购买铁路股票或实行现金补贴的方式予以援助。

第三，美国西部开发吸引了大量东部和外国资本。大平原的畜牧业成为内战后美国最赚钱的行业之一，吸引了大量东部和欧洲的资本。1880—1900年，美国东部对蒙大拿等四个州和领地的牧牛业投资近3亿美元，英国在美国西部牧牛业的投资达4,500万美元，法国、爱尔兰和德国等国也有资本投入美国西部牧区。东部和外国资本的投入，促成了美国西部牧区的繁荣。

美国的西部开发也留下了不少失误与教训，最主要的有两点。

第一，原住民成了美国西部开发的牺牲者。美国的西部开发，是同剥夺印第安人土地联系在一起的。在西部大平原和山区，世世代代居住着印第安人部落。内战前，美国白人都把那里视为没有开发价值的“大沙漠”。然而，随着铁路修建及采矿业、牧业和农业开发，白人移居者不断侵占印第安人的家园。联邦政府也背信弃义，继续采取驱逐和屠杀印第安人的政策，并对他们发动了 30 年的血腥“讨伐”战争。1887 年，美国国会通过《道斯法案》，对印第安人实行强制“同化”政策，解散作为法律实体的印第安人部落，将土地分配给白人移居者。印第安人被赶出了家园，丧失了土地。他们没有被融入西部开发区的白人社会，只能成为联邦政府的监护对象，接受奴隶般的命运。美国西部开发中残忍的一面充分证明：“资本来到世间，从头到脚，每个毛孔都滴着血和肮脏的东西。”[①]对印第安人实行血腥的种族灭绝政策及剥夺政策是美国西部开发史上极不光彩的一页。

第二，美国西部开发的无序性和掠夺性，破坏了西部的生态平衡。虽然美国政府为西部开发提供了一些支持的优惠政策，但基本上没有进行宏观调控和指导。总体上说，百余年的西部开发是在资本主义的自由放任政策下进行的。在大平原的开发中，牧场主把属于联邦政府的土地作为个人牟利的公共牧区。为了在“不花钱”的国有土地上榨取巨额利润，他们毫无节制地把牛羊从四面八方赶入公共牧区，外国投资者也来争吃牧业这块“肥肉”，结果导致牧区存畜爆满，超载放牧，造成牛、羊争食青草的“相残”局面。牧业大王们以“竭草而牧”的掠夺式经营，最终毁掉了草原植被，基本灭绝了野牛及其他野生动物，破坏了生态环境，使草地沙化，大片绿地消失，使大平原地区经常沙尘暴肆虐，并危害东部大西洋沿岸的居民，这个教训是十分深刻的。

（原文载《求是》，2005 年第 21 期）

① 《马克思恩格斯全集》第 44 卷，北京：人民出版社，2001 年，第 871 页。

美国“牧畜王国”的兴衰

19世纪70年代，人们为“地面下的黄金”蜂拥而入南、北达科他①。在“淘金热”吸引着越来越多的人时，充当向导的加利福尼亚人乔却说“地面上的黄金更多”②。这种“地面上的黄金”就是在美国西部兴起的牧畜业。在西进运动中，“牧畜王国”的兴衰是一个很重要的方面。它改变了西部的面貌，影响了美国人的饮食结构，开创了一些别具特色的行业。本文拟就“牧畜王国”的发展概况、兴衰原因及其对美国西部开发的作用，试做初步探讨。

在美洲，最先养牛的是西班牙殖民者。1492年，哥伦布在他“第二次驶向新世界的航行”中，带去了一小群牛。西班牙占领新西班牙（今墨西哥）后，牛和其他家畜又被运到那里。从1690年起，墨西哥牧民开始在格兰德河两岸的灌木丛中和大草原上饲养长角牛。随后，牧牛业扩展到科阿韦拉和得克萨斯广大地区。

19世纪30年代，讲英语的殖民者移居得克萨斯沿海地区。这些新移居者开始养牛，并向墨西哥牧民学习技艺。1845年，美国兼并了得克萨斯。此后，牧牛业和大牧场进入美国人的生活。到内战前的20年间，得克萨斯的牧牛业进一步繁荣起来。内战爆

① ［美］丹尼尔·J. 布尔斯廷著，谢延光译：《美国人——南北战争以来的经历》，上海：上海译文出版社，1988年，第7、10、12、23页。

② ［美］丹尼尔·J. 布尔斯廷著，谢延光译：《美国人——南北战争以来的经历》，上海：上海译文出版社，1988年，第7、10、12、23页。

发时，估计这个“孤星”州已拥有354万头牛。自19世纪40年代起，得克萨斯牧牛人通过肖尼小道，把牛群赶到密苏里州，乃至销往芝加哥。1853年，约计有4万头牛被汽船运到了新奥尔良。一群牛被赶到伊利诺伊州后，甚至再由火车和渡船东运到纽约。19世纪50年代早期，牛仔们驱赶着数千头牛穿过沙漠，到达加利福尼亚金矿区，使得克萨斯每头价值5—10美元的牛卖到150美元的高价。内战期间，由于牛市场大半靠近得克萨斯州，促使那里的牛的数量增长得更快。1865年，该州已有牛500万头。

内战后，牧畜业在西部进一步兴旺起来，牛、马群不断北移。大量矿业人口定居山区，横贯大陆的太平洋铁路的修建，都发生于1860—1870年①，给牧畜业的发展以新的刺激。向矿业营地、筑路员工和西去的移民供应牛肉和马匹，使堪萨斯、内布拉斯加的牧畜业逐步兴旺。随后，牧畜业不断向草原和山区延伸。1868年，牧牛边疆进入怀俄明，1871年，蒙大拿已大面积养牛②。到19世纪80年代初，牧牛业在整个大平原建立起来，随后又向西伸展到亚利桑那和新墨西哥。牧牛业迅速扩展到整个大平原西部、落基山区的河谷和草原地带。在西部创立了一个新的帝国——“牧畜王国”。它东起密苏里河，西至落基山，南起红河，北讫加拿大萨斯喀切温。

“牧畜王国”的统治者是经营牧畜业的巨商和大牧场主。他们和牧牛人以及牛仔在这个广大的区域里，逐渐形成了一种具有独特风俗习惯的社会。

19世纪80年代初，牧牛业进入一个投机活动猖獗的繁荣时期。若干渴望快发横财的东部和外国资本家涉足“牧畜王国”，建立起一些大牧业公司。1879年，泰勒、巴布洛克等一批芝加哥的资本家在得克萨斯州柄状地区建立起XIT牧牛公司。这家最大的牧牛公司占有305万英亩土地，放牧着16万头牛，拥有1,500英里长的篱栅③。在堪萨斯，内布拉斯加，南、北达科他，蒙大拿，怀俄明，科罗拉多和新墨西哥等地，牧业公司风靡一时。

牧场是“牧畜王国”的生产单位，是放牧的固定基地。在牧场里，有牧主的住宅、雇工的住房和一大片放牧的草地。牧主雇用牛仔管理牛群。最初，

---

① Ernest S. Osgood, *The Day of the Cattleman*, Chicago and London: University of Chicago Press, 1968, p. 22.

② Ray A. Billington, *Westward Expansion: A History of the American Frontier*, New York: Macmillan Publishing Co., Inc., 1974, p. 589.

③ Robert E. Riegel and Robert G. Athearn, *America Moves West*, New York: Holt, Rinehart and Winston, 1971, p. 529.

牛仔多是南部同盟的退伍军人。后来，非裔牛仔成为“牧畜王国”的主要劳动力，超过了白人和墨西哥人。

随着牧牛业的崛起，牧牛者协会(或称牧场主联盟)在各个牧区纷纷建立。在得克萨斯最著名的是1877年成立的“西北得克萨斯养牛者协会”，后扩大为“得克萨斯养牛者协会”。在怀俄明、科罗拉多、蒙大拿和新墨西哥，也都建立了类似的组织。这些协会成立之初，是一种私人管理机构，是为解决牧畜业发展中遇到的问题，获取更大利润服务。随着经济实力的增长，牧牛者协会变成了阻止小农场主在牧区寻求土地的权威机关，成为“牧畜王国”的主宰。其中，“怀俄明家畜饲养者协会”在西部是强有力的组织。它是该地区实际上的政府，维持统治长达20年。协会有会员416名，掌握着价值千万美元的200万头牛①，控制着怀俄明地区的立法。协会制定了若干使用土地、水源、赶拢和驱赶牧畜等有关事项的规定和法律，强迫会员、非会员共同遵守；监督打烙印、驱赶和销售数百万头牛，并要求铁路低价运输；反对修改联邦政府赠予土地的政策，竭力游说国会议员承认牧牛场主获得土地的优先权。一些大牧牛公司诈骗了印第安人数百万英亩土地；他们筑篱围地，垄断水源，不择手段地阻止农民和牧羊人闯入其领地，千方百计保持大牧牛公司对土地的控制权，使本地区成为牧场主独占的王国。

内战期间，牧牛业的大本营得克萨斯无法把牛运往外州销售，一度呈萧条景象。战后，一头小公牛在本地售价仅3—4美元，而在上密苏里流域，则可卖到40美元的高价。为了追求丰厚的利润，得克萨斯人不惜长途跋涉。1866年，他们沿最直的肖尼小道，把26万头牛驱赶到最近的铁路终点——密苏里州的锡达利亚②。然而，这种漫漫长途的驱赶，使牛群损失巨大。直到1867年，堪萨斯太平洋铁路向西延伸到了阿比林，牛群运输的问题才得以解决。

伊利诺伊州年轻的家畜商约瑟夫·G. 麦科伊在阿比林建起了第一座牛镇。继之，威奇塔、埃尔斯沃思、埃里斯、纽顿、道奇城等牛镇也建立起来，成为得克萨斯牛群的集散地。随着铁路日益西延，先是夏延，尔后是拉腊米，均成为联合太平洋铁路线上接受牛群的始发站。如1867年，从得克萨斯赶到

---

① W. Tarrentine Jackson, "'The Wyoming Stock Growers' Association: Its years Temporary Decline, 1886-1890", *Agriculture History*, Vol. 22, No. 4, 1848, p. 260.

② Walter P. Webb, *The Great Plains*, Waltham: Blasdell Publishing Company, 1959, p. 223.

阿比林的牛为3.5万头，1871年则增到70万头，5年间赶到该镇的牛总数达146万头。

19世纪70年代，得克萨斯牧场主发现，在青草茂盛的公共牧区放牧，不仅费用低，而且过4—5年待小牛养肥长膘后，再转运到东北部或中西部市场，获利更大。花7—8美元在得克萨斯买一头小牛，放牧后在东部市场可卖到50—60美元①。于是，他们把小牛群赶到怀俄明等地区的肥美的草原上冬牧养育。19世纪60年代，怀俄明、科罗拉多、蒙大拿和达科他尚无牛。从1878年起，放牧业在这些公共牧区日趋兴旺。到1880年，上述地区拥有的牛数分别为791,492头、521,213头、428,279头和140,815头②。同时，得克萨斯的牧牛业已不远万里，转移到加拿大去了。

内战以后，到19世纪80年代中期，“牧畜王国”繁荣兴旺了20年，尤其在1878年后的七八年间，是西部牧畜业的黄金时期。牧畜业成为美国获利最多的行业之一，不仅是东部资本，加拿大、澳大利亚和英国的资本竞相投资③经营、控制西部牧畜业。1885年以后，敞开牧区的放牧业因人为的竞争和天灾开始衰落。19世纪90年代后，尽管以市场销售为目的的养牛业依然是大平原的一项重要经营事业，但作为牧场主的“最后疆界特色已经消逝”。

在内战后的20年间，西部的牧畜业，特别是牧牛业何以能够大规模地发展呢？

第一，西部国有土地的开放和印第安人保留区日益缩小，使牧畜业发展有了广阔天地。1862年《宅地法》实施，到1900年，联邦政府拨出的土地达8,000万英亩。其中，仅有60万英亩为宅地移居者所得，绝大部分土地为“冒牌”定居者领取。他们每人以好几个名字申请土地，然后把土地转卖给牧牛公司。牧场主也鼓励牛仔利用《宅地法》、公有土地优先购买权和《育林法》获得土地，然后转到自己手中。1877年，国会在西部牧场主的压力下，通过了《荒地法》，该法允许每个定居者在大平原临时拥有640英亩土地。大牧场主凭此得以用最低的地价获得尽可能多的土地。数千农民购得的荒地，因无力灌溉

① Ray A. Billington, *Westward Expansion: A History of the American Frontier*, p.591.

② Ray A. Billington, *Westward Expansion: A History of the American Frontier*, p.611.

③ Howard R. Lamar, ed., *The Reader's Encyclopedia of the American West*, New York: Thomas Y. Crowell Company, 1977, p.181.

中途放弃，大片土地也落入牧场主手中，结果他们的牧场越扩越大。

内战后，美国政府继续推行驱赶印第安人的政策，日益缩小他们的保留地。为掠夺印第安人的土地，联邦政府从19世纪60年代初开始“血腥”讨伐，一直持续到1890年，大平原上的印第安人被胁迫迁往极偏僻、贫瘠的黑山保留区和居住了“五个文明部落”的俄克拉何马保留区。大批农民涌入大平原后，牧场主又驱逐了俄克拉何马保留区的印第安人，使那里成了“牧场主最后的边疆”。

第二，西部“不花钱的野草”提供了天然饲料。长角牛适于在大平原繁衍生长。东部的牧场靠种草养牛，每亩要50—100美元①，西部的牧场是自然生成的。冬天，牛群在外面放牧。天然的野草在1月、2月和3月都能使牲口长膘，这种野草叫牧豆草，它耐旱，长着又短又硬的茎，在整个冬天一直保持着天然的甜味和营养，使牛群能赖以为生。得克萨斯长角牛保持着野生动物自己照料自己的能力，具有特有的惊人优点。母牛善用其又长又尖的双角对付狼群和攻击幼犊的其他野兽，它们善于寻找水源，能预感即将来临的暴风雨，有很强的觅食本领，适于在大平原繁衍生长，以致在短时期内就取代了被屠杀的野牛群。

第三，美国和欧洲对肉类消费的增长，扩大了国内外市场对肉类的需求，1860—1890年，美国人口从3,100万增长到7,600万。由于人口的迅速增长，大大增加了对食用畜产品的需求，尤其工业化使巨大的肉类市场日益集中在城市内，这就给西部牧畜业的发展提供良机。西部不仅要源源不断地把大量活牛、羊和肉类运往东部，还要向筑路员工、矿区营地、印第安人保留区、要塞士兵和西去的移民供应肉类和马匹。价廉的美国牛肉迅速占领欧洲市场，出口到欧洲的活牛数目，1870年为27,530头，1879年增加到136,720头。美国对西欧出口的肉类和动物制品价值，1860年为150万美元，1890年增至1,730万美元②。欧洲市场日益扩大的需求，也刺激了美国西部牧畜业的兴旺。

第四，运输和加工日益采用机械化，为牛、羊肉和牛皮的外运、加工提供了便利条件。从19世纪60年代至90年代，美国在短短30年的时间内，在

① [美]丹尼尔·J. 布尔斯廷著，谢延光译：《美国人——南北战争以来的经历》，上海：上海译文出版社，第7、23、12、10页。

② Fred A. Shannon, *The Farmer's Last Frontier: Agriculture*, 1860-1897, New York: Farrar and Rinehart, 1945, p. 351.

西部建成了5条横贯大陆的铁路，不仅使得克萨斯牛群得以北移，扩大了“牧畜王国”的领域，而且解决了牧牛业与东部市场之间的运输问题，使大批牛群能运往东北部城市。1875年后，铁路运输普遍用冷藏车运输肉类，这不仅免去了照料活牛的麻烦，还大大节约了运费，方便了装运。19世纪70年代，古斯塔夫·斯威夫特在芝加哥创办了肉类包装工业，把冻肉运往东部。随后，在芝加哥、堪萨斯等城市建起了巨大的包装中心，大平原北部也出现包装业。牲畜屠宰和加工机器的不断改进，现代屠宰方法的采用和冷库的设置等，都为西部牧场主提供了极其便利的肉类和皮革加工、贮藏和外运的条件。此外，牧区各州和准州政府为牧牛者协会提供了诸如牲畜围栏设备和检疫管理等大量援助，这也有助于促进牧畜业的发展。

牧畜业的黄金时期是短暂的。1885年后，它的鼎盛时期即逝，随之逐渐衰落下去。衰落的原因主要是：

第一，敞开放牧的掠夺式经营，给“牧畜王国”带来了灾难性的后果。内战后，大量牛群不断地涌入，使草原的公共牧区变得拥挤不堪。由于牧牛业获利丰厚，国内外四面八方的投资者蜂拥到“牧畜王国”，寻找发财的门路。牧牛大王之间竞争激烈，经常引起代价甚大的牧区纠纷，乃至发生流血事件。他们为了追求最大的利润，不择手段地增加牛群数量，以致在短暂的时期内，牧区的牛群远远超过被屠杀的野牛总数。1867年，得克萨斯的牧场上每平方英里有300万头牛①。过剩的牛群不仅使牧草因耗用过度而匮乏，而且超过市场需求和运输能力，压低了市场价格。牧羊业与牧牛业的争夺严重毁坏了牧场。19世纪70年代初，牧羊主把大批羊群从加利福尼亚、犹他、俄勒冈赶往北部牧区②，对牧牛业构成严重威胁。牧牛主用筑篱和暴力手段阻止羊群侵入。牧羊主和牧牛主为争夺草地而发生的流血械斗一直持续到19世纪末20世纪初，羊群甚至连草根一起啃光，致使大片草原逐渐变为荒漠。同时，敞开放牧导致牧区放牧过多牲口，吃掉了过多的青草，这种掠夺式经营是浪费而不经济的。

第二，1885—1887年的天灾造成牲畜大量死亡。1885—1886年冬季，气候严寒，南部牧区因冻饿而死的牛群多达85%。1886年夏天，酷热异常，青

① Clara M. Love, “History of the Cattle Industry in the Southwest”, *Southwestern Historical Quarterly*, Vol. 19, No. 4, 1916, p. 14.

② Clara M. Love, “History of the Cattle Industry in the Southwest”, *Southwestern Historical Quarterly*, p. 13.

草大片焦枯，牲畜健康严重受损。1886—1887 年冬季，从达科他到得克萨斯，大平原遭到历史上罕见的暴风雪。蒙大拿的牧场主损失 200 万美元①。怀俄明牧区的牛群减少了 15%②，“沃斯哈姆牛业公司”的 5,000 头小公牛荡然无存。蒙大拿整个牧区牛群平均损失约为 50%，其中黄石地区高达 90%—95%③。这场灾难使许多大牧牛公司和私人牧场纷纷破产，导致了敞开牧区放牧业的终结。

第三，众多农民开始在大平原定居下来，是对牧牛业致命的一击。19 世纪 80 年代末 90 年代初，千百万农民乘火车到了大平原和山谷地区，增加了西部土地分配的压力。南、北达科他，内布拉斯加，堪萨斯，得克萨斯等地区人口猛增。新移民为保住土地和免遭牧区牛群的践踏、侵犯，筑篱笆把农场圈起来。特别是 1874 年以后，铁蒺藜投放市场，使大平原的农田耕作有了可能。但同时，牧场主也在公共牧区用铁蒺藜围圈自己的牧场，阻止农民侵入。由于联邦政府下令拆除牧场的围栏，为农场主更有秩序的移居进军开辟了道路。他们把大平原大部分适于耕种的土地围圈起来，开垦为小麦主要产区。铁蒺藜在大平原产生了极其深远的影响，导致开放式牧场转向围栏式牧场。牧场主把牛群围在固定的草场内，喂养、管理精细，牛肉质量得到提高，从而使放牧区牛肉的市场价格猛烈下跌。在芝加哥，每百磅牛肉的售价由 1882 年的 9.35 美元降到 1887 年的 1.90 美元④。这样，许多牧场主也采用了围栏养牛的措施，敞开式牧牛业因而衰落了，牧畜业随后在西部成为一项稳定而审慎的事业。

“牧畜王国”的黄金时期虽然短暂，但它对美国西部的开发发挥了重要作用，在美国历史上留下了深远影响。

第一，西部牧畜业的发展，是 19 世纪后期美国西进运动的一个重要组成部分。它促进了西部的开发和“边疆”的消失。

内战以后，成千上万的人涌入大平原，在一望无际的草原上经营牧畜业，造就了众多的民间传奇式的人物，比如“牛仔”，形成了地域广阔、兴旺发达

---

① Alvin M. Josephy, ed., *The American Heritage History of the Great West*, New York: American Heritage Press, 1965, p. 181.

② Ernest S. Osgood, *The Day of the Cattleman*, p. 21.

③ Robert S. Fletcher, “That Hard Winter in Montana, 1886-1887”, *Agricultural History*, Vol. 4, No. 4, 1930, p. 126.

④ Richard Hofstadter, William Miller and Daniel Aaron, *The American Republic*, Vol. 2, Englewood Cliffs: Prentice-Hall, Inc., 1959, p. 87.

的“牧畜王国”。“牧畜王国”的崛起，使19世纪上半期尚被称为“美国大沙漠”的大平原上丰富的草原资源得以充分地利用。内战后，西部农田尚未广泛开垦之前，牧畜业成为西部最有魅力的行业之一。

西部牧畜业有力地支援了西部矿业的开发和铁路的建设。有大批牛群被赶往靠近矿区的牧区放牧，供给城镇居民食用。牛的总量随矿区需求的增加而增长。“牧畜王国”的兴起，保证了对西部矿区马匹和肉类的供应，为采矿业的广泛发展创造了有利条件。牧牛公司和牧场主不仅为横贯大陆的铁路建设提供了牛肉和马匹，而且是铁路的最大主顾之一，促进其货运量的增加和运输条件的改善。19世纪80年代，从道奇城或考德威尔到堪萨斯每车牛的运费为40美元(或每头牛2美元)。1881年，道奇城运牛的运费总额为62,880美元，1883年上升到134,080美元①。牧畜业的迅速发展，促使铁路公司不断改善，淘汰容积小、卫生条件差的运兽车厢，并采用了冷藏车运肉。铁路的运输能力不断提高，铁路公司获利也日益增多，“铁路已成为牧畜王国必不可少的附属品”。

大批牛镇的兴建，不仅解决了牛群的集散问题，促进了西部经济的发展，而且成为牧畜王国的经济、政治中心，为西部城市的发展奠定了基础。继麦科伊建起阿比林之后，牛镇如雨后春笋般在堪萨斯、内布拉斯加、怀俄明和蒙大拿等地出现。在19世纪70—80年代，这些牛镇是一片繁荣景象。作为牛群集散中心的牛镇，建有银行、旅馆、饭店、学校、木材厂及制铁厂等，也有舞厅和赌场。虽然有些牛镇随着“牧畜王国”的衰落成了被遗弃的“鬼城”，但有的却繁荣起来，成为西部的城市保留至今，如堪萨斯境内的威奇塔、道奇城、阿比林、埃尔斯沃斯、考德威尔等。

在西进运动中，矿业边疆从加利福尼亚由西向东移动，农业边疆在威斯康星、明尼苏达由南向北，在太平洋沿岸由西向东扩展。随着“牧畜王国”的边疆由南向北蔓延扩大，美国西部边疆上的空白地带基本上得到填补。牧牛业与农业的冲突因敞开牧场转向围栏牧场而趋于缓解；牧牛业与牧羊业的争夺也由于划分牧区逐步得到解决。西部牧业边疆与农业边疆、矿业边疆渐渐融合，形成西部新的社会和经济结构，终于成为合众国有机的组成部分。

第二，“牧畜王国”的兴衰，伴随着美国工业化的迅猛发展和向垄断资本主义过渡的大变革，具有明显的特点。

---

① Robert R. Dykstra, *Cattle Towns*, New York: Alfred A. Knopf, 1968, p. 82.

在19世纪后期，西部牧畜业日益采用大公司的形式经营，吸引了大量美国东部和外国资本。牧牛者协会既是西部经济中的一个巨大经济实体，又是牧区的真正“主宰”。蒙大拿的牧牛公司达181个，吸收资金27,141,800美元；怀俄明有188家牧牛公司，吸引资金为94,095,800美元；科罗拉多的324家公司集资102,015,000美元；新墨西哥的186家公司，吸收资本61,340,500美元①。这表明，美国东部的资本家投资大量资本到西部的牧畜业。根据怀俄明的法律，20家公司在一年内就集资1,200万美元。在国外资本中，英国尤为突出。

由于联邦政府地处东部，对大平原鞭长莫及，牧牛者协会实际上是“牧畜王国”的真正主宰：它制定了牧区法规，凡进入牧区社会的人须一律遵守；它给牧场主以保护并提供管理机构；它维护社会治安并审判罪犯；在牛群围捕、打烙印和繁殖方面，采取自治方式。牧牛者协会在牧区起着政府的作用。如通过自治来解决地方问题、实行自己管理自己的方式，反映了一种要求扩大民主权利，削弱集中领导的趋势。这一趋势在草拟制定西部各州宪法时得到了反映，对现今的美国社会也有一定的影响。

1862年的《宅地法》公布后，在美国西部确实存在过“一种最原始最粗放的牧畜业和农业的发展形式”。但由于资本家和土地投机者在“牧畜王国”进行大量投资、剥削和兼并，“小生产都受到排挤”。1892年在怀俄明发生的“约翰逊县战争”就是典型的事例。牧牛大王们在牧牛者协会的组织领导下，对小养牛者和拓荒农民发动了“战争”，企图排挤新来移民，独霸牧区。由于联邦政府的庇护，入侵者事实上并未受到审讯，揭露这一“最大丑事”的报告也立刻遭到法院的查禁。

还应指出的是，由于“牧畜王国”的疆界不断扩张，使美国的肉类罐头工业不断西移。芝加哥、圣路易、堪萨斯和奥马哈等城市成为肉类包装、加工和罐头制造业的中心。随着肉食罐装和冷藏车的采用，这项工业的规模日益发展，肉类出口变得越来越重要。芝加哥逐渐成为世界上最大的肉类屠宰、加工、储藏和运输的中心。

1890年后，尽管放牧业的重要性减少了，但西部牛羊的数量仍在增加。西部成为美国畜产品的主要基地，所产牛肉在全国占的比例不断上升。运往东部城市和出口的牛羊肉主要来自美国西部，西部的畜产品通过铁路等媒介

---

① Gene M. Gressley, *Bankers and Cattlemen*, New York: University of Nebraska Press, 1966, p. 105.

被纳入全国的统一市场。西部牧畜业的发展，促进了铁路、罐头食品工业和机器制造业的发展。“牧畜王国”的兴衰，既是19世纪后期美国资本主义向广度发展的表现，也是资本主义关系向纵深发展的组成部分。它最终被纳入了美国垄断资本主义发展的轨道。牧牛者协会与包装中心和铁路公司之间在利益方面的矛盾和冲突，使当时美国政治与经济的纷争和务农者反对垄断资本的斗争日益尖锐化。

第三，“牧畜王国”的兴衰，对美国的大众文化产生了巨大影响。

因为“牧畜王国”的兴衰过程距20世纪现代美国社会的时间较近，许多传播工具因而能够对其进行具体的描写、报道，“牧区”“牛镇”“牛仔”在歌曲、小说、电影和电视剧中得到充分反映。西部传说中的英雄人物成为美国大众文化的组成部分，牛仔的勤劳、勇敢体现着西部开发中开拓者的进取、求实精神，这种精神无疑对美利坚民众产生深远的影响，以致美国大众由此产生崇拜牛仔的心理。虽然牛仔的时代早已逝去，但“牛仔”的服饰、以“牛仔”为主题的歌曲仍在美国十分流行，乃至风行世界各地。

［原文载《东北师大学报(哲学社会科学版)》，1992年第5期］

美国西部牧畜王国的兴衰

牧畜业是美国内战后美国西部三大支柱行业之一，其作用和影响巨大。“牧畜王国”的兴起和发展是19世纪后期美国西部开发过程中，乃至整个美国历史进程中“最令人瞩目的现象之一”。西部开发对美国历史的影响是全方位的，可以毫不夸张地说，没有西部开发就没有“现代化美国”。然而，其掠夺性开发的负面后果也极其严重。

一、应时而动：“牧畜王国”的兴起

美国内战结束后，城市化的发展使美国国内外市场对肉类的需求日益增加，仅靠内战前密西西比河以东原有农场饲养的牲畜已无法满足这种需求，牧牛业和牧羊业竞相发展，促成了西部牧区的繁荣。

继《宅地法》之后，联邦政府继续实行赠予土地、土地分配的补充措施和掠夺印第安人土地向白人移居者开放的政策，使大量西部土地落到大牧场主和牧牛公司的手中，为大牧场主和牧牛公司的发展提供了有利条件。西部牧区的运输和加工条件日益机械化，为牛羊、肉类、皮革和羊毛的外运提供了便利条件。现代屠宰方法和冷库等设备的采用，为牧场主提供了极其便利的肉类和皮革加工、贮藏及输往市场的条件，促进了牧业的发展。

这些机遇使西部牧牛业和牧羊业在20余年内的发展速度和规模超过了内战前的三个多世纪。一个辽阔的“牧牛王国”的兴起的同时，一个“牧羊帝国”

也迅速崛起，“牧牛王国”和“牧羊帝国”合称“牧畜王国”。

二、促进美国现代化进程

“牧畜王国”的兴起与发展，对美国现代化的进程产生了一定的影响。“牧畜王国”的兴起使内战前还被视为“美国大荒漠”的大平原上的牧草资源得到了开发利用，使四处漫游的无主长角牛和不断退化的丘罗羊经改良培育成了西部的宝贵牧业资源。“牧畜王国”吸收了大量东部和欧洲的资本，使大牧业公司成为西部牧区的主要经营方式。

《宅地法》实施后在美国西部确实存在过“一种最原始、最粗放的牧畜业和农业发展方式”，但是由于资本家和土地投机者在“牧畜王国”进行大量投资和土地兼并，“小生产者受到排挤”。“牧畜王国”的兴起伴随着美国工业化的迅猛发展和向垄断资本主义过渡的大变革，使西部传统的牧牛业和牧羊业同垄断资本结合在一起。

“牧畜王国”的兴起和发展，有力地支持了西部矿业的开发和铁路建设。牧区为采矿营地和铁路工地提供了大量马匹和肉类，保证了城镇居民的肉食供应。大批牛镇在辽阔的牧区中的铁路沿线迅速崛起。这些牛镇解决了牛群集散和外运的难题，为美国的牛贸易开辟了更广阔的市场，并成为“牧畜王国”的经济和政治中心，成为西部城市化的一种模式。

三、推动美国政治现代化

“牧畜王国”的兴起对美国政治现代化的进程产生了推动和促进作用，对美国联邦制的扩大、资产阶级民主政治的发展都产生了深刻影响。

“牧畜王国”的兴起促进了“边疆的消失”。成千上万的牧牛场主、牧牛人和牛仔先于拓荒农场主，定居于昔日无人敢驻足的大平原的荒野上，使这片从未被人所识、相当于“半个欧洲”的土地成了牧牛人的边疆。牧牛业成为内战后美国最具魅力和最赚钱的行业之一，在西部开创了一个“牧牛人的时代”。“牧畜王国”的兴起，使美国西部边疆中少有白人移居者居住的空白地带基本上得到填补。西部牧业边疆与矿业边疆、农业边疆逐渐融合，合为一体，形成别具特色的西部经济和社会结构。

在政治上，内战后的西部开发使西部“自由土地”区域“不断退缩”，使“简单的原始社会”迅速美国化，并被纳入美国的联邦体系中。在内战后至 20 世纪初，加入联邦的一些州的早期开发都与牧牛业或牧羊业相关。

四、“竭草而牧”：牧畜王国盛极而衰

“牧畜王国”的黄金时期是短暂的。自 1885 年起，受人祸、天灾、掠夺式经营和国际竞争等因素的影响，“牧畜王国”盛极而衰。

在开放牧区，牧牛场主和牧羊主采取散牧游牧的掠夺式经营，给“牧畜王国”带来了灾难性的后果。由于牧业大王们无节制地扩大畜群，超载过牧，导致了牧草资源的枯竭。大批拓荒农场主挺近大平原后，把大片草地开垦成农田，形成农牧争地的局面，使放牧区面积不断缩小。牛羊之争和农牧之争，酿成长期的牧区纠纷和流血冲突，甚至引发牧区战争。美国西部牧区的产品在国际市场上遇到了激烈的竞争，特别是澳大利亚和阿根廷成为美国的强劲对手。到 19 世纪末，美国的牧畜业产品在国际竞争中处于不利地位。美国西部牧区，自然灾害多，旱灾、火灾、蝗灾和暴风雪频频发生。牧牛场主和牧羊主为了攫取最大利润从不搞防灾抗灾的基本建设，牧场几乎无抗灾设施。牧业大王们完全“靠天养牧”，“竭草而牧”的掠夺式经营加重了天灾。特别是 1886—1887 年美国西部历史上罕见的暴风雪，使牧业大王们遭受了灭顶之灾，很多大牧场主和牧业公司都破了产。诸多因素交相作用，使开放游牧的“牧畜王国”衰落下去。西部牧畜业开始结束原始、传统的游牧方式，转向现代化的定居规模经营，养牛业和养羊业随后在西部成为一项稳定而审慎的事业。

西部牧区掠夺式开发的消极后果在 19 世纪末开始凸现。掠夺式的牧业经营不仅浪费了大量牧草资源，而且破坏了草原植被，造成水土流失，导致草原沙化。草原沙化又引发沙尘暴肆虐，到 20 世纪 30 年代，西部的沙尘暴成了危害全美国的严重天灾。

在西部开发中，大平原上的千万头野牛遭到灭绝性的屠杀，以野牛为生的印第安人也遭到了驱逐、杀戮，甚至遭受联邦军队的战争讨伐，其文化也遭到了白人文化的围剿和征服，这在西部开发史上是最不光彩和最残暴的一面。

牧业大王们以破坏自然环境和生态环境、屠杀野牛等野生动物和对印第安人实行残暴的种族灭绝为代价造就了“牧畜王国”的繁荣，在肯定其辉煌成就时，不能忽视美国西部牧业开发中的严重失误和消极影响。

（原文载《中国社会科学报》，2011 年 7 月 25 日）

“牧畜王国”兴起与美国现代化

美国的现代化历程在内战以后步入了新的阶段。工业化和城市化以更大规模和更快的速度向纵深发展。在美国由农业国向工业国转变的过程中，如何加大对西部开发的力度是影响其现代化进程的一个十分重要的问题。本文不拟对美国内战后西部开拓的诸多方面展开全面论述，仅就西部畜牧业的发展与现代化的相互关系作初步分析。

一

关于美国西部养牛、养羊的起源，可以追溯到西班牙殖民者在美洲殖民时期。哥伦布第二次驶向美洲时，在1491年1月2日抵达伊斯帕尼奥拉的北岸(今海地的海地角附近)，从船上卸下了24匹雄马、10匹牝马和一些牛。① 这是首批运到西半球的家畜。这些家畜及其所繁衍的后代在美洲导致的巨大变革，并不亚于工业革命所产生的影响。

西班牙占领墨西哥后，牛和其他家畜又被运到那里。1690年，墨西哥牧民开始在格兰德河两岸饲养长角牛，并逐渐把牧牛业扩大到得克萨斯广大地区。1845年得克萨斯被美国兼并后，牧牛业开始进入美国人的生活，吸引着越来越多的美国人经营牧

① David Dary, *Cowboy Culture: A Saga of Five Centuries*, Lawrence: University of Kansas Press, 1989, p. 4.

牛业。到 1860 年，该州的牧牛量已达 300 多万头。① 内战结束后，得克萨斯牧区的存牛已达 500 万头。② 得克萨斯成为美国西部"牧牛王国"的"摇篮"和"大本营"。美国西部的牧羊业始于 1598 年西班牙殖民者胡安·德·奥尼亚特把 1,000 余只绵羊和其他家畜带到他在新墨西哥北部建立的殖民地。③ 养羊业很快在新墨西哥的经济中占据了优势，成为西班牙在新大陆北部殖民地的主要行业。从殖民地时期到 19 世纪中期以前，新墨西哥一直是密西西比河以西牧羊业的中心。除向加利福尼亚金矿区输送了大量羊群外，新墨西哥的羊群在美国内战前的 10 年间还被赶往内华达、科罗拉多矿区和堪萨斯、内布拉斯加以及怀俄明牧区。

从殖民地时期至美国内战前，密西西比河以西的牧牛业和牧羊业虽经历了近三个世纪的发展历史，但由于生产方式落后，其发展规模较小，速度进展缓慢。牧牛业主要集中在得克萨斯，影响所及多在西南部地区。牧牛业的经营主要是在开放牧区，采取原始落后的游牧方式。新墨西哥的牧羊业是在西班牙封建的"分成佃农制"基础上建立起来的。西部其他地区的牧羊业多处在起步阶段，且深受西班牙传统落后习俗的影响。美国内战后，西部的牧牛业和牧羊业被纳入资本主义的轨道，在短短的 20 余年中出现了蓬勃发展的局面。

美国在内战结束后不久便开始了第二次工业革命。在世界第二次现代化浪潮的推动下，美国的工业化、城市化以空前的规模和速度推进。现代化的新发展，为美国西部牧区的开发和"牧畜王国"的兴起提供了新的机遇。

首先，城市化的发展使美国国内外市场对肉类的需求量日益增加，刺激了牧牛业和牧羊业的繁荣。内战以后，美国迅速由农业国向工业国转变。城市人口急剧增加，美国城市人口占总人口的比例由 1870 年的 1/4 上升到 1890

---

① T. R. Fehrenbach, *Lone Star: A History of Texas and Texans*, New York: Wings Book, 1990, p. 556.

② Robert Kelley, *The Shaping of the American Past*, Englewood Cliffs: Prentice-Hall, 1990, p. 387.

③ Charles W. Towne and Edward N. Wentworth, *Shepherd's Empire*, Norman: University of Oklahoma Press, 1946, p. 22.

年的3/10，到1910年更猛增到1/2。[①] 随着经济的发展，城市大幅度地增加了对肉类的需求量，工业化使巨大的肉类市场日益集中在城市。美国的产牛量在19世纪60年代却因内战而减少了7%，[②] 特别是东部城市，更需要西部牧区源源不断地输送牛羊和肉类。与此同时，欧洲市场对美国牛肉的需求量也与日俱增。1860—1890年美国向西欧出口的肉类和动物制品的贸易额由150万美元上升到1,730万美元。[③] 国内外市场对肉类的需求量日益增加，为美国的牧牛业和牧羊业提供了天赐良机，有力地促进了"牧牛王国"和"牧羊帝国"在西部牧区竞相发展。

其次，政府的支持促进了大牧场在西部的建立和发展，加速了"牧畜王国"的形成。联邦政府以赠予土地的方式作为鼓励竞争、加速工业化和促进西部开拓的重要措施。内战尚未结束，林肯政府的国务卿威廉·西沃德就提出以西部土地来促进工业化的设想。他认为，"在最短的时间内，通过最有效的办法将西部带入文明与发展"，将有助于整个国家。[④] 美国政府掌握的最大财富是土地，联邦政府对西部现代化的支持主要表现在土地的赠予上。1863年初，《宅地法》实施，这对移民拓居密西西比河以西地区无疑起了很大的推动作用。然而，对牧牛场主或牧羊场主来讲，160英亩土地实在太少。有的大牧场至少需要2,000—5,000英亩的土地。[⑤] 在此情况下，为了鼓励美国东部移民和外国移民继续移居和开拓西部，联邦政府对西部土地的分配采取了补充措施，国会通过了一系列土地赠予法案，如1873年的《育林法》、1877年的《荒地法》、1878年的《木材和砾石法》等。其中《荒地法》是国会在牧场主的压力下通过的，该法案规定：定居大平原的移民可临时拥有640英亩土地，按每英亩1.25美元的地价先交25美分现款，在3年内至少灌溉其中的1/8，所

---

① Robert A. Divine, T. H. Breen, George M. Fredrickson and R. Hal Williams, *America: Past and Present*, Vol. 2, London: Scott, Foresman and Company, 1984, p. 556; Thomas A. Bailey and David M. Kennedy, *The American Pageant: A History of Republic*, Vol. 2, Lexington: D. C. Heath and Company, 1979, p. 498.

② Ernest S. Osgood, *The Day of the Cattleman*, Chicago and London: University of Chicago Press, 1968, p. 28.

③ Ernest S. Osgood, *The Day of the Cattleman*, p. 99.

④ Stephen B. Oates, ed., *Portrait of America*, Vol. 2, Boston: Houghton Mifflin Company, 1982, p. 67.

⑤ Ray A. Billington, *Westward Expansion: A History of the American Frontier*, New York: Macmillan Publishing Co., Inc., 1974, p. 607.

灌溉的荒地经有关机构检查合格后，再补交1美元的地价，则可正式取得土地的所有权。[①] 1862—1890年，联邦政府共拨出了8,000万英亩土地，但其中为宅地移居者所购买的土地仅有60万英亩。绝大部分为冒充的定居者领取。[②] 冒领者往往以好几个姓名申请土地，随后转手卖给牧牛公司或牧羊公司。根据《荒地法》登记的土地达9,140,517英亩，而发了地契的只有2,674,695英亩。购得荒地的农民，因无力灌溉，其中3/4的申请人在3年期满前就放弃了预购的土地。[③] 大部分土地都落在牧场主手里。

美国联邦政府在内战后继续实行驱赶、屠杀、掠夺和灭绝印第安人的政策，极力缩小印第安人保留区。"血腥"的讨伐战争一直持续到1890年。大平原上的印第安人被胁迫迁往极其偏僻、贫瘠的黑山保留区和已经居住了"五个文明部落"的俄克拉何马保留区。大批农民移居大平原后，牧场主又驱赶了俄克拉何马保留区的印第安人，把那里变成了"牧场主的最后边疆"。[④] 联邦政府开放西部国有土地和缩小印第安人保留区的政策，使牧牛场主和牧羊场主在密西西比河至太平洋沿岸之间侵占了大量草地。他们凭借"先入为主"的"优先放牧权"，把在法律上连一英尺也不属于他们的广阔牧场据为己有，随意放牧。广袤的西部草原地区是"牧畜王国"兴起的先决条件。

最后，横贯大陆铁路的修筑，便于牛羊和肉类的外运，使"牧畜王国"更紧密地同国内外市场联系在一起。为了适应开发西部的需要，美国联邦政府在内战尚未结束时，就开始了修建横贯大陆铁路的浩大工程。到1893年，美国先后建成了5条横贯大陆铁路干线，形成通向西部的庞大的铁路网。西部铁路网与密西西比河以东的铁路网相连。从根本上改变了西部的交通运输状况，促进了全国统一市场的形成与发展。便捷的铁路交通使西部牧区与国内外市场更紧密地联系在一起，对"牧畜王国"的兴旺发展起了很大的推动作用。联邦政府在修建横贯大陆铁路时，赠予各铁路公司大批土地。铁路公司将铁路两侧的草原地区出售、出租给牧牛公司或牧羊场主。牧羊场主和牧牛场主

---

① Roy M. Robbins, *Our Land Heritage: The Public Domain*, 1776-1936, Lincoln: University of Nebraska Press, 1962, p. 288.

② Ray A. Billington, *Westward Expansion: A History of the American Frontier*, p. 611.

③ Marion Clawson, *The Land System of the United States*, Lincoln: University of Nebraska Press, 1968, p. 65.

④ Edward E. Dale, "The Ranchman's Last Frontier", *Mississippi Valley Historical Review*, Vol. 10, No. 1, 1923, p. 34.

争相租用铁路两边的草地建立大牧场，以利用便利的铁路运输。西部铁路网的建成，使赶牛小道、赶羊小道逐日缩短，加快了牛、羊群向新牧区的输送，使“牧牛王国”和“牧羊帝国”的疆域不断扩大。牛群从“大本营”得克萨斯向北部草原地区流动，“牧牛王国”的领域一直扩展到美加边界。羊群由太平洋沿岸各州向东往落基山区和大平原地区扩散，由南向北部牧区发展。“牧羊帝国”的范围广及密西西比河以西广大地区。横贯大陆铁路解决了美国西部牧区与东部和欧洲市场的运输问题。有数百万头牛及千万只羊快速地被送往市场。实际上等于缩短了牧场与市场的距离。很多火车站成为集散、装运牛羊的货运站。联合太平洋铁路上的夏延从1870年起就成为美国西部牛向欧洲出口的装运站。①

美国西部畜牧业在内战后的大发展，从国内外现代化大背景下获得了动力和机遇。国内市场的需求、联邦政府的支持、现代铁路交通和西部的资源优势结合在一起，使西部的牧牛业和牧羊业出现空前的繁荣兴旺。“牧牛王国”的疆域东起密苏里河，西至落基山；南起红河，北迄加拿大萨斯喀切温，占据了相当于半个欧洲的土地。“牧羊帝国”的东西走向从密西西比河抵达太平洋沿岸各州，南北疆界为得克萨斯南端和美加边界。凡有牧草的地方，都有牛群、羊群所至。在现代化推动下兴起的西部“牧畜王国”里，遍地是牛羊。

二

“牧畜王国”的兴起，是美国在内战后进入现代化发展新阶段的特定历史条件下的产物，也是其现代化的重要组成部分。因为从根本上说，所谓现代化，是在工业革命的推动下，一个国家由农业社会向工业社会转变的过程。在这一转变过程中，农业(包括畜牧业)的工业化与市场化是经济现代化的一个重要方面。“牧畜王国”的发展得益于现代化的推动，也对美国现代化的进程产生了一定的影响。

“牧畜王国”的兴起与发展，使西部传统的畜牧业同垄断资本结合在一起，它对西部的开拓起了巨大的推动作用，使西部牧牛业和牧羊业的发展被纳入垄断资本主义的发展轨道，对美国“镀金时代”的经济发展产生了重要影响。

第一，随着“牧畜王国”的兴起，西部的牧业资源进一步得到开发利用，那里成了开放的天然牧场。在西部草原，到处都生长着使牛羊长膘的“牧豆

① Robert G. Ferris, ed., *Prospector, Cowhand and Sodbuster*, Washington: H. W. Wilson Co., 1967, p. 258.

草”，在整个冬季都保持着营养和甜味，牛羊在冬天可以赖其为生。在大草原上，还有在霜冻之后营养价值更高的灌木——“螺丝豆”和“冬肥草”，也可以供牛羊食用。西部牧区的牛羊靠“天赐”的青草繁衍生长并充当着不自觉的播种者。草籽被牛羊的蹄子踩进地里。草原经融化的冬雪或偶尔降下的春雨滋润，便到处长满任牛羊随意享用的鲜嫩多汁的青草。在内战之前，虽有报道说新墨西哥提供了“世界上最好的牧场”，但直到内战以后，随着牧牛业和牧羊业在西部迅猛发展，才使更多的美国人对西部牧草资源的宝贵经济价值和开发的巨大潜力有了更深刻的认识。到 19 世纪 70 年代，有人已认识到“西部地面上的黄金更多”。① 西部牧牛场主和牧羊场主拥有“不花钱的青草”，这是东部牧场主无法与之竞争的。在密西西比河以东，要靠种草饲养牛羊，种 1 英亩草至少要投入 50 美元。② 西部的牧场是自然生成的，无须投资。

大平原上的得克萨斯长角牛觅食的本领和消化功能很强，在无草的地方，甚至连灌木根、仙人掌都可以嚼碎、食用和消化。母牛勤于产犊，善于用又长又尖的双角抵御狼群等野兽的袭击和保护幼犊；其灵敏的嗅觉能寻找水源和躲避凶险。长角牛这种适应自然和自我保护的突出优点，使它们在大平原上越繁衍越多，以至在内战后很快布满了大平原。在新墨西哥和西部其他牧羊区，占绝大多数的是未经选育的“丘罗羊”。这种绵羊虽在不断退化，但仍保有抵抗多种疾病、承受严寒、善于长途奔跑和在植物稀少的沙漠地区生存的能力，并且产羔率高。故内战以后，西部牧羊业仍然以丘罗羊为基础，并不断引进东部优质羊种进行杂交改良，培育新羊种。西部丰富的天然牧草资源为牛羊提供了不花钱的饲料。“长角牛”和“丘罗羊”及其后代顽强适应自然的生存能力使它们旺盛地繁衍生长，布满了辽阔的西部牧区。西部的牧草和牛羊资源得到充分的开发利用。那里的天然牧场成为牧牛大王和牧羊大王发财致富的源泉。

第二，“牧畜王国”吸收了大量美国东部和外国的投资，使大公司经营牧业成为主要的生产方式。《宅地法》实施后，在美国西部确实存在过“一种最原始最粗放的畜牧业和农业的发展方式”，但是由于资本家和土地投机者在“牧畜

---

① ［美］丹尼尔·J. 布尔斯廷著，谢延光译：《美国人——南北战争以来的经历》，上海：上海译文出版社，1988 年，第 23 页。

② ［美］塞缪尔·莫里森、亨利·康马杰等著，南开大学历史系美国史研究室译：《美利坚共和国的成长》（下卷），天津：人民出版社，1991 年，第 22 页。

王国”进行大量投资和兼并，“小生产都受到排挤”。①

内战以后，牧牛业成为当时美国获利最多最快的行业之一。渴望尽快发财的美国东部和外国资本家都竞相到“牧牛王国”投资建立大牧牛公司。英国、加拿大和澳大利亚的投资者还竭力同美国的公司竞争，力图控制大平原上的牧牛业。19 世纪 80 年代是美国西部牧牛业发展的黄金时期。在“牧牛王国”里，日益采用大公司的方式经营。牧牛大王们利用天然牧场，使游牧方式和垄断资本结合在一起。牧牛公司风靡一时，19 世纪的最后 20 年中，蒙大拿的牧牛公司有 181 个，吸收资金 2,714.18 万美元，科罗拉多的 324 家牧牛公司集资共 10,201.5 万美元，新墨西哥的 186 家公司吸收资本 6,134.05 万美元；怀俄明的 188 家公司吸资 9,409.58 万美元。② 在 1883 年一年中，怀俄明就建立了 20 家土地和牧牛公司，资本计达 120 余万美元。③ 外国投资以英国最为突出，1883—1885 年，有 111 家英国牧牛公司在“牧牛王国”经营。④ 有些牧牛公司规模巨大，得克萨斯的“XIT 牧牛公司”，占地 305 万英亩，有牛 16 万头，篱栅 1,500 英里。⑤ 19 世纪 70 年代以后，美国的商业资本逐渐与新墨西哥的牧羊业结合起来，到 1900 年，新墨西哥的牧羊业中由商人参与的“分成合同制”占 20%—50%。⑥ 一些商人成了新的“牧羊大王”。新墨西哥的牧羊业有了更大的发展，被纳入资本主义的发展轨道。

在其他牧羊区，则以大牧羊场或牧羊公司的方式经营。美国西部的牧牛业和牧羊业逐步与垄断资本结合在一起并被置于垄断资本的控制之下。

第三，“牧畜王国”的兴起与发展，对西部开拓起了巨大的促进作用，改变了西部的面貌。

---

① ［俄］列宁：《关于农业中资本主义发展规律的新材料》，见《列宁全集》，北京：人民出版社，1990 年，第 203、238 页。

② Gene M. Gressley, *Bankers and Cattlemen*, Lincoln: University of Nebraska Press, 1966, p. 105.

③ Howard R. Lamar, ed., *The Reader's Encyclopedia of the American West*, New York: Thomas Y. Crowell Company, 1977, p. 182.

④ J. Fred Rippy, "British Investments in Texas Lands and Livestock", *Southwestern Historical Quarterly*, Vol. 58, No. 3, 1955, pp. 332-333.

⑤ Robert E. Riegel and Robert G. Athearn, *America Moves West*, New York: Holt, Rinehart and Winston, 1971, p. 529.

⑥ Joseph Nimmo, Jr., "The American Cowboy", *Happer's New Monthly Magazine*, Vol. 57, 1886, p. 81.

首先，牧牛业和牧羊业的大发展，有力地支援了西部的矿业开发和铁路建设与发展。"牧畜王国"的兴起，保证了对矿区营地的肉类和马匹供应，为西部采矿业的发展创造了有利条件。大批的牛羊被赶往靠近矿区的牧场放牧，供给矿镇居民食用。牧场主们不仅为几条横贯大陆铁路的建筑工地供应了充足的牛羊肉和大量马匹，而且铁路公司是其重要主顾。

牛羊贸易的发展，促进了铁路运输量的迅速增加。道奇城运牛的收入由1881年的62,880美元上升到1883年的134,080美元。① 西部牧羊区在1865—1900年向东部驱赶了约1,500万只羊，其中大多数被赶往育肥地或堪萨斯、内布拉斯加和明尼苏达的火车终点站装车东运。② 牧牛业和牧羊业的迅速发展促使各铁路公司不断更新设备，改善运输条件。容积小、条件差的运牲畜车厢被各公司淘汰，代之以用冷藏车装运肉类。一头重1,250磅的牛被宰杀后所剩的净肉仅有700磅左右，③ 这就为牧场主节省了大量运费。铁路公司也因运输能力不断提高而获利更大。

其次，伴随着西部牧牛业的蓬勃发展，大批牛镇在辽阔牧区的铁路沿线迅速崛起。继伊利诺伊的年轻肉商约瑟夫·G. 麦考伊在1867年用两个月的时间把死气沉沉的荒野小村阿比林建成了大平原上第一个设备齐全的牛镇后，在内布拉斯加、堪萨斯、怀俄明和蒙大拿有许多牛镇出现。这些牛镇不仅是牛群集散中心，还建有旅馆、饭店、银行、学校、制铁厂和木材厂等，也设有娱乐场所，如赌场和舞厅等。牛镇不仅解决了牛群集散和外运的难题，为美国的牛贸易开辟了更广阔的市场，而且成为"牧畜王国"的政治和经济中心，促进了西部经济的发展，成为西部城市化的一种模式。在大平原地区，一些牛镇沿着"牧牛—农业—工业"的趋势发展，为它们后来成为美国西部的现代化城市奠定了最初的基础。在堪萨斯境内兴起的5个牛镇阿比林、威奇托、道奇城、埃尔斯沃斯和考德威尔，如今作为现代化城市依然屹立在大平原上。威奇托现在已是堪萨斯州最大的制造业中心，发展成为拥有279,835人口的西部现代化城市。④ 既是怀俄明首府又是牛镇的夏延，1872年初建时仅有人

① Robert R. Dykstra, *Cattle Towns*, New York: Alfred A. Knopf, 1968, p. 82.

② Robert E. Riegel and Robert G. Athearn, *America Moves West*, New York: Holt, Rinehart and Winston, 1971, p. 488.

③ Clara M. Love, "History of the Cattle Industry in the Southwest" *Southwestern Historical Quarterly*, Vol. 19, No. 4, 1916, p. 398.

④ *The Encyclopedia American*, Vol. 1, Danbery: Grolier, 1988, p. 39.

口4,000人,[①] 现在已发展为落基山区中部的贸易和销售中心和怀俄明州的最大城市，1980年其人口已达47,283人。[②]

最后，“牧畜王国”的兴起，促使美国的肉类罐头业和羊毛加工制造业不断西移。为满足国内外市场对肉类的巨大需求，芝加哥、圣路易斯、堪萨斯和奥马哈等城市成为肉类包装、加工和罐头制造业的中心。其中，芝加哥发展成世界上最大的肉类屠宰、加工、贮藏和运输业中心。在肉类加工厂里，现代化屠宰方法代替了手工屠宰，其机器设备被不断改进更新，并建有冷库。现代化的生产为西部牧场主提供了肉类和皮革加工贮藏及外运的便利条件。西部牧区向东部输送了大量羊毛，对美国毛纺织业的发展做出了贡献。怀俄明在20世纪头25年中，羊毛的年产量达3,900万磅。[③] 大量羊毛运销东部被加工成毛毯和衣服后，很多再返销西部，促进了东西部的经济交流和市场繁荣。1882年，犹他已有10家毛纺厂，能加工大盆地所产羊毛总量的1/5。[④] 现代化的铁路交通运输和现代化的加工生产手段，使“牧畜王国”与国内外市场紧密地联系在一起，促使西部畜牧业向规模化生产和市场经济发展。

第四，“牧畜王国”最终被置于大公司的控制下，西部成为美国重要的畜牧业生产基地。

19世纪70年代末到90年代初，是美国垄断组织发展的托拉斯运动时期。高度分散的肉类加工行业转变为高度集中化和大规模经营的模式。肉类加工业是纵向合并的突出例子。内战以前，美国的肉类加工多在家中制作，或是由当地的屠户负责。19世纪70年代前，西部牧区的肉类加工是由几个城市的许多小公司分别完成屠宰、鲜肉处理和包装等生产工序，销售市场主要在东北部城市，故生产的分散和运输的消耗造成肉类加工生产成本很高。肉商古斯塔夫·斯威夫特解决了这一问题，1877年，他利用冷藏车厢将一满车鲜肉首次运抵东部。次年，他开始建立将各生产工序联合为一个大公司。1885年，拥有30万美元资金的斯威夫特公司成立，该公司业务包括牲畜采购、屠宰加

① Robert G. Ferris, ed., *Prospector, Cowhand and Sodbuster*, Washington, H. W. Wilson Co., 1967, p. 257.

② 《简明不列颠百科全书》(第8卷)，北京：中国大百科全书出版社，1985年，第515页。

③ Fred A. Shannon, *The Farmer's Last Frontier: Agriculture, 1860-1897*, New York: Farrar and Rinehart, 1945, p. 210.

④ LeRoy R. Hafen, W. Eugene Hollon and Carl C. Rister, *Western America*, Englwood Cliffs: Prentice-Hall, Inc., 1970, p. 435.

工、冷藏车运输和东北部城市零售商的联合经销。斯威夫特公司总部设在芝加哥，在圣路易斯、堪萨斯和奥马哈等城市建立加工厂，在东京、上海和马尼拉等城市设立销售分店。到 1903 年斯威夫特辞世时，公司的资金已增至 2,500 万美元。同期建立的大型肉类加工包装企业还有菲力普·阿穆尔、纳尔逊·摩里斯和迈克尔·卡达希等人成立的公司。这些大公司既从事肉类加工、包装和销售，又利用毛、骨、皮等生产肥料、骨胶、纽扣、梳子、鬃刷、毛毡、甘油和人造黄油等化工产品。① 美国西部的畜牧业被置于肉类包装垄断企业的控制下，最终被纳入垄断资本主义的发展轨道。

由于天灾、人祸和经济规律等因素的影响，到 1890 年，靠天然牧场实行开放游牧经营的“牧畜王国”开始衰落下去。然而，以市场供应为目的的养牛业和养羊业仍是西部的主要企业。西部畜牧业被大公司所控制，结束了原始、传统的游牧方式，转向现代化的定居规模经营。大企业用科学方法配种和饲养，使西部的牛羊产量仍在继续增长，畜牧业是美国经济的一个主要部门，对美国经济的现代化进程产生了重要影响。西部牛羊产量在美国的畜牧业中占很大比重。1900 年，西部菜牛的产量约 1,500 万头，约占全美国总产量 2,800 万头的 54%。同年，西部羊的产量高达 3,800 万只，约占全国总产羊量 6,150 万只的 62%。② 西部成了美国主要畜牧区和畜产品生产基地。

三

“牧畜王国”的兴起和发展，不仅是内战后美国经济现代化的重要组成部分，而且对美国政治现代化的进程也产生了一定程度的推动和促进作用。“牧畜王国”对美国联邦制的扩大、资产阶级民主政治的发展都产生了深刻影响。

首先，“牧畜王国”的兴起与发展，是内战后西进运动的重要组成部分，其结果促进了“边疆”的消失，促进了美国联邦共和制进一步扩大和发展。从 19 世纪初期兴起的大规模的西进运动，持续了一个世纪。虽然西进运动并不完全等同于现代化，但它与美国现代进程中的两次工业革命同步进行，互相促进。故这场横跨北美大陆的群众性拓殖运动本身就含有使工业化由东向西

① [美]本·巴鲁克·塞利格曼著，复旦大学资本主义国家经济研究所译：《美国企业史》，上海：上海人民出版社，1975 年，第 259—261 页；《简明不列颠百科全书》(第 7 卷)，北京：中国大百科全书出版社，1985 年，第 485—486 页。

② Fred A. Shannon, *The Farmer's Last Frontier: Agriculture, 1860-1897*, pp. 205, 210.

扩展的内容。特别是内战后的西进运动，不仅开拓的规模和力度加大，而且是实现西沃德西部工业化计划的一项重要措施。在政治上，是使西部“自由土地”区域“不断退缩”，[①] 使“简单的原始社会”迅速美国化并纳入美国的联邦共和体系。作为三大开发之一的牧业开发，表现为“牧畜王国”的崛起，它与西部农业和矿业的开发结合在一起，在美国政治现代化的过程中发挥了重要作用。

美国内战以后，成千上万的牧牛人进入大平原。牧牛公司巨商、牧牛人和牛仔先于农民定居在无人敢驻足的辽阔荒原之上，经营牧牛业，形成与半个欧洲相当的“牧牛王国”。随着美国现代化的不断深入，东部牧羊业的中心也不断向西推移。牧羊人的“帝国”已遍及密西西比河以西至太平洋沿岸各州的广阔草原地区。“牧牛王国”和“牧羊帝国”的兴起和发展，是内战后西进运动的重要组成部分。在内战后更大规模的西部开拓运动中，矿业边疆由西向东移动。农业边疆从威斯康星、明尼苏达由南向北在太平洋沿岸由西往东扩展。“牧牛王国”的边疆由得克萨斯向北抵至美加边界，向西蔓延到落基山区。“牧羊帝国”的边疆由太平洋沿岸各州向落基山和大平原地区扩展，中西部的养羊人向大平原及山区的八州推进，西南部牧区扩至辽阔的北部牧区。随着牧业边疆扩展的终止，不但使内战前尚被称为“美洲大荒漠”的大平原上丰茂的牧草资源得到充分开发利用，而且使美国西部边疆中无人居住的空白地带基本上得到了填补，有了分散的居民点。美国联邦统计局局长小约瑟夫·尼默认为，“发现这片土地的重要性甚至大于在加利福尼亚发现金矿，或在内华达发现银矿，或在宾夕法尼亚发现石油。”[②]牧业边疆与矿业、农业边疆相互影响融合，形成别具特色的西部边疆经济和社会结构。牧业边疆使西部各部分地域连接在一起，成为合众国有机的组成部分。

1890 年，美国人口普查的年度报告说，现在这片荒无人烟的地区已经为一大批分散孤立的拓居地弄得残破不全了，“因而简直不能说还有一条边疆线了”。[③] “边疆的消失”与内战后西部牧牛业和牧羊业的发展有很大关系。“牧畜

---

① Frederick J. Turner, “The Significance of the Frontier in American History”, in George R. Taylor, ed., *The Turner Thesis Concerning the Role of Frontier in American History*, Boston: D. C. Heath & Co, 1949, p. 1.

② Joseph Nimmo, Jr., “The American Cowboy”, *Happer's New Monthly Magazine*, p. 81.

③ [美]塞缪尔·莫里森、亨利·康马杰等著，南开大学历史系美国史研究室译：《美利坚共和国的成长》(下卷)，第 28 页。

王国"在兴起发展的过程中，不断开疆扩土，遍及西部广大地区。其中，在内战前作为开放牧区而已经正式建州的只有得克萨斯、加利福尼亚、俄勒冈和堪萨斯 4 个州，在内战中成为正式州的只有内华达。当时，在东起明尼苏达、西到俄勒冈、南起得克萨斯、北至美加边界这片广大的地区，只是划分成为在联邦控制下的一些领地（或称准州），还没有一个正式的州建立。1867—1890 年，相继有内布拉斯加，科罗拉多，南、北达科他，蒙大拿，华盛顿，爱达荷和怀俄明实现了由领地到州的转变。犹他在 1896 年，俄克拉何马在 1907 年，新墨西哥和亚利桑那在 1912 年也都以州的身份加入联邦。① 在内战以后到 20 世纪初加入联邦的 12 个州中，尽管在完成由领地到州的转变中情况各异，因素多种，但有一点是共同的，即这些州的早期开拓都与牧牛业或牧羊业有关。特别是对大平原地区和落基山区的开发，牧牛业和牧羊业更起着先导作用。在这些地区的经济和政治生活中，牧牛场主和牧羊场主占有举足轻重的地位。他们在国会也有重要影响。如怀俄明领地通过在国会参议院中的代表人沃沧、凯里等人的努力，终于使该领地在 1890 年以第 44 州的身份加入了联邦。建立州制是美国吸收西部和加速西部美国化的一个重要步骤。"牧畜王国"的兴起和发展，对推动西部新州的建立，最终使美国成为濒临大西洋和太平洋、横贯北美大陆的大国起了重要作用。其结果是在政治上扩大了美国的联邦共和制，使西部各州地区的利益与合众国的利益紧密地结合在一起，大大加强了联邦政府作为美利坚民族国家的凝聚力。

其次，"牧畜王国"的兴起与发展，对美国现代资产阶级民主制度的发展产生了一定的影响。在"牧畜王国"里，牧场是放牧牛羊的固定基地。居统治地位的是经营牧牛和牧羊公司以及牧牛场主和牧羊场主与牧牛人、牛仔及牧羊人在这个辽阔的王国里形成的牧牛者和牧羊者两个利益集团，构成独具西部边疆特色的牧区社会。牛仔和牧羊人是"牧畜王国"的主要劳动力，对西部畜牧业的发展做出了巨大贡献。"牧畜王国"地处美国辽阔的远西部，远在东部的联邦政府无法对西部牧牛业和牧羊业实行严格的管理和控制。"牧畜王国"的土地所有权广泛而分散。与牧牛业和牧羊业有关的经营管理、土地与水源使用、牧区纠纷和牧区生活等诸多独特的地方问题，联邦政府都不可能制定具体政策，全靠牧区自己来解决。为了解决这些具体问题，牧牛场主和牧羊场主按照多数人同意的原则，建立起有代表性、权威性和具有牧业边疆特

---

① James K. Martin，Randy Roberts and Steven Mintz，*America and Its People*，Vol. 2，London：Addison-Wesley Educational Publishers，1989，Appendix A-27.

色的自治组织——“牧牛者协会”和“牧羊者协会”。在“牧畜王国”里，真正主宰各州、各领地牧区经济和政治的是这些协会。牧牛者协会制定牧区法规，强令进入牧区社会的所有人一律遵守，在牛群围捕、打烙印、繁殖和检疫等方面对牧牛场主实行保护和监督。协会也维护社会治安和审理罪犯，对州和领地的决策者施加影响，使出台的政策反映牧场主利益。牧羊者协会也极力维护牧羊场主的利益，支持他们同牧牛场主的斗争。在“牧畜王国”里，通过协会实行自我管理的方式经营牧牛业和牧羊业，反映了西部要求扩大民主的自治趋势，在一些州草拟州宪法时得到了充分体现。南北达科他、爱达荷、蒙大拿和怀俄明等在草拟本州宪法时，都把诸如放牧权、土地和水源的使用、联合经营牧业以及有关扩大民主的条款写入其中。内战后在美国出现的争取妇女选举权的斗争，是全美社会民主运动的重要组成部分，怀俄明州宪法率先写入了妇女选举权条款。① 此举为美国宪法史上破天荒的第一次。这一创举不仅为西部各州相继效仿，而且推动了全美女权运动的深入发展。美国妇女最终在1920年获得了选举权。这些不仅逐步改变了西部牧区初创时无章可循、无法可依的情况，使其发展逐步走上了法治化轨道，而且对推动美国资产阶级政治制度进一步民主化起了一定程度的促进作用。

最后，美国西部牧区社会的形成和发展，对进一步塑造美利坚民族性格也产生了深刻影响。“流动性”、“拼命赶”和“求实进取”等是构成美利坚民族性格的重要方面。这些民族性格的基本要素，有的在美利坚民族的形成过程中或西进运动初始阶段就已经表现出来，并非是在“牧畜王国”时期才产生的。然而，美利坚民族性格却因“牧畜王国”的特定环境而得到进一步塑造和完善。“牧畜王国”的不断扩展，进一步助长了美利坚民族的流动性。在“牧畜王国”里，横向和纵向流动的特点表现得极为明显。其横向地区流动表现为东部养牛和养羊人川流不息地向大平原、落基山区移居，太平洋沿岸地区的牧羊主也向山区和大平原发展。在“牧畜王国”里，既有开拓者的东西流动融合，又有由南而北的拓居。在西部牧区，牧场主和牧羊人及牛仔之间，没有固定、明显和不能突破的阶级界限。小牧场主及牧羊人和牛仔，可以靠不花钱的青草放牧牛羊，如果善于经营，抓住机遇，就有可能发财致富，提高其社会地位，成为牧场主。有的“牧牛大王”原先就是赶牛人，一些牧场主因天灾人祸等原因，失掉自己的牛群或羊群，就会降为牛仔或牧羊人。这种社会地位升

---

① Thomas D. Clark, *Frontier America: The Story of Westward Movement*, New York: Scribners, 1959, p. 751.

降的纵向流动，在“牧畜王国”里表现得也很明显。这种人群的不断流动性影响至今，使美国人成为一个“流动的民族”。① 在“牧畜王国”里，开拓者由于受开发实践和思想意识的影响，更进一步发扬了“拼命赶”的精神。牧牛场主和牧羊场主“拼命赶”到公共牧区，取得“优先放牧权”，不断扩大自己的牧场。牛仔和赶羊人长途驱赶牛群、羊群，往往长途跋涉数百英里或千余英里，历时数月，他们要把畜群平安驱赶到目的地，靠的也是“拼命赶”的精神。这种精神影响至今，现代美国人生活中的很多方面也都表现出快节奏的特点。再者，在“牧畜王国”里，牧羊人和牛仔是求实进取精神的集中代表者和体现者。牧羊人终年辛劳，长期过着孤独寂寞的生活，只有牧羊狗为伴。他们要把羊群赶到牧草丰茂的地方放牧，保护羊群免遭野兽攻击，照料新产的羊羔，剪羊毛和把羊群长途驱赶到育肥地或火车装运站。无论在任何时候或遇到多大艰险，牧羊人都恪尽职守。西部牧羊业的繁荣是牧羊人艰苦创业的结果。遗憾的是，他们的历史功绩和表现出的求实进取精神却长期被湮没，在美国的历史和文学著作中很少有所反映。相较之下，牛仔在美国人的心目中却是西部的传奇英雄。牧区艰苦的工作和险恶的环境使牛仔经受了严峻的考验和锻炼，形成了勤劳勇敢、严肃认真、自强不息和不畏艰险的性格特征，具有求实进取的精神。因此，牛仔被视为在西进运动中征服荒野、开拓边疆的先锋，正义和文明的标志。随着牛仔影响的不断扩大，求实进取的精神遂成为美利坚民族性格的一个鲜明特点。尽管美利坚民族性格的形成和发展主要受欧洲和美国东部思想文化和政治制度的影响，但来自美国东部和欧洲的开拓者在西进运动中，尤其是在“牧畜王国”这个特定环境里产生的一些新观念、新习惯和得到发展加强的上述性格特点，对进一步塑造和完善美利坚民族性格无疑会产生重要影响。正是这种民族性格和精神，使美国的现代化不断取得丰硕的成果。

（原文载《史学理论研究》，2000 年第 3 期）

① Ray A. Billington, *Westward Expansion: A History of the American Frontier*, p. 654.

“牧畜王国”的兴起与美国的现代化

——美国西部开放牧区发展研究

栏目：研究生课程讲坛

主讲人：周钢教授

参与讨论者：首都师范大学历史系博士研究生李军、黄虎、李国庆；硕士研究生赵海涛、贺会平、秦华平、马志勤、王飞、王海、黄明花等。

整理人：李军

周钢教授：上次课我曾布置同学们提前阅读有关美国西进运动、美国现代化历程以及“牧畜王国”(Livestock Kingdom)兴衰的著作和论文。本堂课我们在大家阅读的基础上一起来探讨美国西部开发史上的“牧畜王国”及其对美国现代化历程的影响。

一、“牧畜王国”的兴起与独具特色的牧区社会

周钢教授：美国内战以后，西进运动以更大的规模展开。其突出特点表现为矿业、牧业和农业三大行业的兴起。“牧畜王国”是西部三大行业开发的重要组成部分之一，在西部开发史和美国编年史上留下了浓墨重彩的一页，对美国的现代化进程也产生了重要的影响。

李国庆：周老师，我从阅读中可以看到，内战后美国西部的牧业开发表现为“牧畜王国”的兴起。“牧畜王国”的兴盛时期大约从 19 世纪 60 年代至 80 年代中期，它的兴起与此时期美国的第二次现代化浪潮存在着怎样的关系？

周钢教授：第二次现代化浪潮为内战后美国西部的牧业开发提供了新的机遇。第一，城市化的发展，使美国国内外市场对肉类的需求日益增加，内战前密西西比河以东原有农场饲养的牲畜已无法满足这种需求。第二，继《宅地法》之后，联邦政府继续实行赠予土地、土地分配的补充措施和掠夺印第安人的土地向白人移居者开放的政策，使大量西部土地落到大牧场主和牧牛公司巨商的手中，为大牧场和牧业公司的发展提供了有利条件。第三，在工业革命的推动下，西部牧区的运输和加工条件日益机械化，为牛羊、肉类、皮革和羊毛的外运提供了便利条件。第四，内战后西部五条横贯大陆的铁路网的形成把西部的牧业产品与东部和外国的市场紧密地联系在一起。第五，1875 年后，现代屠宰方法和冷库等设备的采用，为牧场主提供了极其便利的肉类和皮革加工、贮藏及输往市场的条件。第六，牧场主利用“先占权”使用公共牧区经营牧业，西部“不花钱的野草”为牛羊提供了天然的饲料。

这样，在东起密西西比河西至落基山斜坡、南始格兰德河、北抵美加边界，兴起了一个辽阔的“牧牛王国”(Cattle Kingdom)。同时，一个“牧羊帝国”(Sheep Empire)也迅速崛起，疆域覆盖从太平洋沿岸至密西西比河之间的广袤土地。在美国西部史中，“牧牛王国”和“牧羊帝国”合称“牧畜王国”。内战以后至 19 世纪 80 年代中期，“牧畜王国”繁荣兴旺了 20 余年。在现代化的推动下，密西西比河以西凡是有草的地方，遍地牛羊成群，骏马驰骋。

李军：周老师，我从您的《“牧畜王国”的兴衰》这本书中看到，美国西部牧区社会既不同于美国东部的城镇社区和工业社区，也不同于西部农业社区和矿业社区。它是一种具有美国西部边疆特色的牧区社会，其特色从哪些方面来体现?

周钢教授：我们可以从其人员构成、法律准则、经营模式、行为方式和文化习俗来看待这个问题。

李军：就牧区社会的人员构成来说，牧牛场主和牛仔、牧羊场主和牧羊人、牧区侦探和草原盗匪、良家妇女与妓女等构成了独特的牧区社会。

周钢教授：是这样。我详细来谈一谈牧区社会的人员组成这个问题。

牧牛场主是投资美国西部牧牛业的群体。这些牧牛场主具有地缘不同、职业各异和出身不等的特点。首先，在美国西部经营牧牛业的牧牛场主来自美国的不同地区和不同的国家。其次，美国西部的牧牛场主在投身牧牛业之前曾从事过各种不同的职业。再次，西部牧牛场主的出身、社会背景也有很大差异。驱使他们投身牧牛业，争做牧场主主要有以下几个原因：第一，大平原未被破坏的自然环境及其能为人们提供更多的自我发展机会。第二，大平原辽阔的土地大部分没有遭到白人移居者的破坏，向所有人开放，牧草免费使用。他们无须任何牛棚和饲料方面的开销，只需付给牛仔放牧的工钱。在牧区与销售市场，牛存在悬殊的地区差价。这些有利条件都能使善于经营的牧牛场主很快致富。

牛仔是美国西部牧区社会的另一个重要群体，是牧牛场主的雇工。牛仔的构成也比较复杂，不像好莱坞西部影片所描写的那样几乎都是清一色纯正的盎格鲁-撒克逊人。从人种来看，除白人之外，还有印第安人、墨西哥人和黑人。从地域来看，第一批牛仔多是得克萨斯人，后来，随着牧牛业扩展到整个大平原，有来自美国其他地区的人加入牛仔行列，也有少数英格兰人和苏格兰人等外国人成了“牧牛王国”的牛仔。从牛仔的社会背景看，他们之中的大部分是小农场主的儿子、到西部定居的居民、战前的奴隶、破产的农场主和退伍士兵等。可以说，在牛仔之中既有穷汉，也有富人；既有乡下小子，也有城里青年；甚至还有百万富翁之子。标准的牛仔是17—18岁的青年男子。

要成为一个好牛仔必须具备三种基本技能：要有熟练的骑马技术、高超的套索技能和娴熟地使用“六响枪”的本事。牛仔的真实生活并不像西部影片和小说描绘的那样充满浪漫的情趣，作为西部牧场的雇佣工人，牛仔的生存环境、劳动条件和实际生活都非常艰苦。牧牛场主雇用牛仔管理牛群、“走马巡边”，参与“赶拢”，牛仔长途驱赶牛群到牛镇出售或到北部牧区育肥。

牧羊场主是美国西部牧区社会的重要成员。他们与牧牛场主的利益相左。以牧羊场主为代表的牧羊集团与以牧牛场主为代表的牧牛集团都想夺得对牧区的控制权。美国西部的牧羊场主实行牧场经营，直接管理他的羊群，有更大的独立性并承担更多的责任。他们分为四种类型：第一种类型的牧羊场主是最初把绵羊引进西南部牧区的人；第二类牧羊场主是专门从事纯种羊改良的人；第三类牧羊场主是在西南部按旧式西班牙经营方式建立大羊群的人；第四类牧羊场主是把东部绵羊引入西部，按照新的经营方法放牧大羊群的人。

牧羊人是牧羊场主的雇工，是美国西部牧区社会的下层劳动者群体。他们由墨西哥人、印第安人、英裔美国人和欧洲一些国家的人构成。牧羊人的生活条件和工作环境非常艰苦。他们要把羊群赶到牧草好的地方放牧，保护羊群免遭野兽袭击并承担其他危险，要悉心照料新产下的羊羔和剪羊毛，还要长途驱赶羊群前往育肥地和出售市场。与牛仔长途驱赶牛群相比，牧羊人的长途赶羊更加危险和艰辛。牧羊人对“牧羊帝国”的崛起做出了巨大贡献。

但在西部史和牧业史的研究中，牧羊人是被漠视的群体，他们在文学艺术作品中很少得到反映，这是很不公平的现象。

黄虎：周老师，在这些人员构成中，谁是牧区社会真正的主宰呢？

周钢教授：随着西部牧畜业的发展，美国东部和欧洲的资本大量流入“牧畜王国”。在西部牧区，原始的经营方式日益与垄断资本结合起来，使大公司成为牧业经营的主要方式。由牧牛场主和牧业公司巨商组成的“牧牛者协会”和牧羊场主组成的“牧羊者协会”代表着“牧畜王国”的两个不同的利益集团。随着这些协会组织规模的扩大和经济实力的增强，它们不仅成为本州或领地的主要经济支柱，而且是左右地方政府制定政策、法律的重要政治力量。这些协会在很大程度上影响着牧区的社会生活，成为牧区的真正主宰。

李军：西部开发过程中，命运最悲惨的可能要属印第安人了。中学历史教材明确说明西进运动是一部向西部拓殖的历史，是一部印第安人的血泪史，我想提一个问题：牧业的开发与印第安人的命运有何关系呢？

周钢教授：大平原地区本来是印第安人的家园。到1860年时，散居在大平原和山麓地区的印第安人约有25万人。对印第安人来说，野牛是他们赖以为生的物质基础。狩猎野牛是印第安人日常生活的中心活动，也是他们举行宗教祈祷的主要内容。南部和北部的野牛群在遭到铁路勘探队、筑路员工、矿工、职业猎人和冒险家的捕捉和杀害后，大平原的印第安人失去了赖以生存的物质基础，其生存危机日益严峻。在白人牧场主的侵扰和驱赶下，印第安人被迫离开草原。他们被驱逐出牧区社会。他们的文化、宗教传统和生活方式也遭受了严重破坏，其精神受到严重创伤。完全丧失了生存的活力和对未来的希望的印第安人最终不得不接受美国政府的强制同化政策，他们作为一个独立的社会实体被消除了。

赵海涛：周老师，在“牧畜王国”里，辽阔的牧区基本没有围篱，具有“开放”自由放牧的特点。自由放牧区的两大景观可否总结成赶拢和长途驱赶？

周钢教授：是的。“赶拢”是美国西部辽阔开放牧区的特点所致，主要目的是在驱赶牛群上市之前，设法把牛群区分开来。每年进行两次“赶拢大会”。“春季赶拢大会”素有“小牛盛会”之称，是牧区庆贺收获和牧牛场主显示对新增牛所有权的一种盛大仪式。春季赶拢的牛群适合长途驱赶出售和育肥，因为牛在牛道沿途有丰美的青草食用。“秋季赶拢”被称为“肉牛盛会”，因为牛吃了一夏天的青草正膘肥肉壮，适合装火车外运出售。

“长途驱赶”起源于得克萨斯州，是与“赶拢”紧密相连的一个重要环节，在美国历史著作中占有独特的重要地位，已成为西部史中最富传奇色彩的篇章。从1866－1885年持续了20年的“长途驱赶”，大致可以分为三个不同的阶段。第一个阶段(1866—1878年)，这一阶段赶牛的主要目的地是密苏里的锡代利亚，是成龄牛群“长途驱赶”的繁荣时期。第二阶段(1878—1883年)，这个阶段“长途驱赶”的主要目的和性质开始发生变化。“长途驱赶”除输送成龄牛供应市场外，主要是向大平原北部辽阔的新牧区供应牧养的小牛。第三阶段(1884—1885年)，这是“长途驱赶”的后期。自此后，大规模“长途驱赶”的时代突然结束，以后再未恢复。“长途驱赶”对得克萨斯的经济恢复、大平原牧牛业的繁荣、西部开发乃至美国的发展，都产生了重要的作用和影响。

马志勤：周老师，横贯大陆铁路的修建为大批牛镇的兴起创造了便利的条件。我查阅到美国西部著名的牛镇有堪萨斯的阿比林、怀俄明的夏延、堪萨斯境内的道奇城、内布拉斯加的北普拉特、北达科他的迈多拉、新墨西哥的林肯城、怀俄明的拉勒米以及蒙大拿的海伦娜等。牛镇的特点是建在铁路线附近，有很多牛镇就是铁路的站点。这些牛镇在“牧畜王国”的发展中起了什么作用呢?

周钢教授：牛镇，作为“长途驱赶”的终点站，是把牛群送往市场和转到新牧区的集散地，是大平原上的牧牛业和东北部的广阔市场之间的桥梁。牛镇不仅是牧牛大王和商界领袖的聚集地，也是牧区的政治和经济中心。每个牛镇牛贸易的全盛时期只不过是短暂的3—5年时间。这不仅因为新旧牛镇之间存在着激烈的竞争，而且每个牛镇在建立之初就存在着牧牛场主、农场主、土地商和镇民之间的利害冲突和矛盾斗争。斗争的结果，使牛镇初期以“牧牛”为核心的经济逐渐转向“农业”。19世纪70年代至20世纪初美国的工业化浪潮对西部牛镇再次产生巨大影响和冲击，牛镇经济从农业化转向工业化。

贺会平：周老师，从上面的讨论中我了解了“牧畜王国”的发展概况。我想向您请教在“牧畜王国”中牧牛边疆和牧羊边疆的走向和疆域问题。

赵海涛：针对这个问题我查阅过资料，我来谈一谈我对这个问题的看法。

牧牛边疆的大体走向是由南向北。它从牧牛业的“摇篮”得克萨斯南部的菱形地区向北扩展到该州的全境。从19世纪60年代末，牧牛业又向北扩展到堪萨斯、内布拉斯加；70年代初进入科罗拉多、达科他、怀俄明和蒙大拿；80年代牧牛边疆还从得克萨斯西部推进到亚利桑那和新墨西哥。最后，牧牛场主把印第安人保留区俄克拉何马也变成了他们最后的边疆。总的看来，牧牛边疆的推进方向是由南及北。

“牧羊帝国”的疆域广布密西西比河至太平洋沿岸。美国内战前，牧羊边疆由东向西推进。随着农业边疆的西进，东部的养羊业由老西部向西推进到中西部地区。1849年的加利福尼亚淘金热，使牧羊业的边疆推进到太平洋沿岸地区。与此同时，牧羊业也从其发源地向周围地区拓展，特别是西南部地区成为重要的产羊区。随着矿业边疆从加利福尼亚由西向东拓展，牧羊边疆也由太平洋沿岸向东推进到落基山区。在内战后至19世纪80年代的长途赶羊高峰期中，牧羊边疆又扩及大平原乃至密西西比河沿岸，与牧牛边疆重合。

周钢教授：是这样。

王飞：“牧畜王国”中牧业边疆与美国西部边疆的关系问题我还存在着一些疑惑，周老师，您能否给我们解释一下?

周钢教授：在内战后更大规模的西部开拓运动中，矿业边疆由西部向东移动。农业边疆从威斯康星、明尼苏达由南向北在太平洋沿岸由西向东扩展。“牧牛王国”的边疆由得克萨斯向北抵至美加边界，由南向西蔓延到落基山区。“牧羊帝国”的边疆由太平洋沿岸各州向落基山和大平原地区扩展，中西部的养羊人向大平原及山区八州推进，西南部牧区扩至辽阔的北部牧区。随着牧业边疆扩展的终止，不但使内战前尚被称为“美洲大荒漠”的大平原上丰茂的牧草资源得到充分的开发利用，而且使美国西部边疆中无人居住的空白地带基本上得到了填补，有了分散的居民点。牧业边疆与矿业、农业边疆相互影响融合，形成别具特色的西部边疆经济和社会结构。牧业边疆使西部各部分连接在一起，成为合众国有机的组成部分。

二、“牧畜王国”与美国的现代化历程

秦华平：周老师，从讨论中我们看到“牧畜王国”的兴起与发展，是19世纪后期美国大规模西进运动的一个重要组成部分。它促进了“边疆”的消失，加速了西部的开发。“牧畜王国”的兴起与衰落具有怎样的时代特点?它与美国的现代化历程有怎样的关系?

周钢教授：总体来看，“牧畜王国”的兴起和发展，是19世纪后期美国西部开发过程中乃至整个美国历史进程中最令人瞩目的现象之一。“牧畜王国”的兴起，是美国在内战后进入现代化发展新阶段的特定历史条件下的产物，也是其现代化的重要组成部分，它对美国现代化的进程产生了一定的影响。西部开发对美国历史的影响是全方位的，甚至是难以估量的。可以毫不夸张地说，没有西部开发就没有现代化的美国。

黄虎：周老师，我想谈一谈对这个问题的看法：第一，“牧畜王国”的兴起使内战前还被视为“美国大荒漠”的大平原上丰富的牧草资源得到了开发利用，使无主长角牛和丘罗羊经改良培育成了西部的宝贵牧业资源。第二，“牧畜王国”的兴起和发展，有力地支持了西部矿业的开发和铁路建设。第三，“牧畜王国”对西部的全面开发起了巨大的促进作用，改变了西部的面貌。西部成为美国重要的畜牧业生产基地。

周钢教授：黄虎总结的这三点主要从经济的角度来看待“牧畜王国”的崛起。“牧畜王国”的兴起伴随着美国工业化迅猛发展和向垄断资本主义过渡的大变革时期，使以传统游牧方式经营的西部牧牛业和牧羊业同垄断资本结合在一起，有鲜明的时代特点。

李军：我来补充两点。首先，由于“牧畜王国”的兴起和发展，西部成了美国主要牧畜区和畜产品生产基地。内战以后，国内外市场的需求，使“牧畜王国”自起步伊始，就不断把大量牲畜和肉类输往东部市场，也把活牛和牛肉销往英国等欧洲国家。在开放牧场经营时期，这种牲畜和肉类贸易从未间断。靠天然牧场实行开放游牧经营的“牧畜王国”衰落后，以市场供应为目的的养牛业和养羊业仍是西部的主要产业。大企业用科学方法配种和饲养，使西部的牛羊产量仍在继续增长，牧畜业是美国经济的一个重要部门，对美国经济的现代化进程产生了重要的影响。其次，“牧畜王国”的兴起，促使美国的肉类罐头业和羊毛加工制造业不断西移。为满足国内外市场对肉类的巨大需求，芝加哥、圣路易斯、堪萨斯和奥马哈等城市成为肉类包装、加工和罐头制造业的中心。现代化的生产为西部牧场主提供了肉类和皮革加工贮藏及外运的便利条件。西部牧区产的羊毛大量运销东部被加工成毛毯和衣服后，很多再返销西部，促进了东西部的经济交流和市场繁荣。同时，西部的毛纺织业也建立起来。“牧畜王国”与国内外市场紧密地联系在一起，促使西部牧畜业向规模化生产和市场经济发展。

周钢教授：还有一点要考虑到，“牧畜王国”对西部城市化的发展奠定了一定的基础。伴随着西部牧牛业的蓬勃发展，大批牛镇在辽阔牧区的铁路沿线迅速崛起。牛镇不仅解决了牛群集散和外运的难题，为美国的牛贸易开辟了很广阔的市场，而且成为“牧畜王国”的政治和经济中心。在大平原地区，一些牛镇沿着“牧牛—农业—工业”的趋势发展，为它们后来成为美国西部的现代化城市奠定了最初的基础。

“牧畜王国”的兴起和发展是内战后美国经济现代化的重要组成部分，它对美国政治现代化的进程有什么作用呢？大家来说一说自己的想法。

李军：我再谈一谈对这一问题的看法。“牧畜王国”的兴起和发展对美国联邦制的扩大产生了深刻影响。

地域辽阔的“牧畜王国”在美国的远西部，联邦政府在东部。“牧畜王国”的土地所有权广泛而分散。与牧牛业和牧羊业相关的经营管理、土地与水源使用、牧区纠纷、偷盗和牧区生活等诸多独特的地方问题，联邦政府都不可能制定具体政策，全靠牧区自己来解决。为了解决这些具体问题，牧牛场主和牧羊主按照多数人同意的原则，建立起有代表性、权威性和具有牧业边疆特色的自治组织。牧牛场主和牧牛公司巨商建立的是“家畜饲养者协会”，牧羊场主组建的是“羊毛生产者协会”。在一些牧业史著作中，这两类组织被简称为“牧牛者协会”和“牧羊者协会”。在“牧畜王国”里，真正主宰各州、各领地牧区经济和政治的是这些协会。牧牛者协会制定牧区法规，强令进入牧区社会的所有人一律遵守，在牛群围捕、打烙印、繁殖和检疫等方面对牧场主实行保护和监督。协会也维护社会治安和审理罪犯，对州和领地的决策者施加影响，使出台的政策反映牧牛场主利益。牧羊者协会也极力维护牧羊场主的利益，支持他们同牧牛场主的斗争。在“牧畜王国”里，牧牛场主和牧羊场主通过协会实行自己管理自己的方式经营牧牛业和牧羊业。这一反映西部要求扩大民主的自治趋势，在一些州草拟州宪法时得到了充分的体现。南、北达科他，爱达荷，蒙大拿和怀俄明等在草拟本州宪法时，都把诸如放牧权、土地和水源的使用、联合经营牧业以及有关扩大民主等地区性法律条款写入其中。内战后在美国出现的争取妇女选举权的斗争，是全美社会民主运动的重要组成部分，怀俄明州宪法率先写入妇女选举权条款，此举为美国宪法史上破天荒的第一次，这一创举不仅为西部各州相继效仿，而且推动了全美女权运动的深入发展。美国妇女最终在 1920 年获得了选举权。这些不仅逐步改变了西部牧区初创时无章可循、无法可依的情况，使其发展逐步走上了法制化轨道，而且对推动美国资产阶级政治制度进一步民主化起了一定程度的促进作用。在牧牛者协会和牧羊者协会内部讨论问题时，往往是依照“一人一票权”和“多数决定制”原则通过相关的决议和法规，体现的是西部牧区边疆的直接民主和自治制度。

李国庆：我再从资产阶级民主政治的发展这个层面来谈一谈我对这个问题的看法。

“牧畜王国”的兴起成为远西部地区被吸纳入联邦的一个重要原因。作为开放牧区而已经正式建立州的在内战前只有得克萨斯、加利福尼亚、俄勒冈和堪萨斯 4 个州，在内战中成为正式州的只有内华达。科罗拉多因 1859 年淘金热在当年就要求以州的身份加入联邦，但直到内战爆发后才被国会批准为领地，到 1876 年它被批准建州时已经完全越过矿业边疆的时代。第二次淘金热期间在东起明尼苏达、西至俄勒冈、南起得克萨斯、北至美加边界这片广大的地区，只是被划分为在联邦控制下的一些领地(内华达除外)，还没有一个正式的州建立。内战以后，1867—1890 年，相继有内布拉斯加，科罗拉多，南、北达科他，蒙大拿，华盛顿，爱达荷和怀俄明实现了由领地到州的转变。犹他在 1896 年，俄克拉何马在 1907 年，新墨西哥和亚利桑那在 1912 年也都以州的身份加入联邦。在内战以后到 20 世纪初加入联邦的 12 个州中，尽管在完成由领地到州的转变中情况各异，因素多种，但是有一点是共同的，即该州的早期开拓都与牧牛业或牧羊业有关。特别是对大平原地区和落基山区的开发，牧牛业和牧羊业更起着先导作用。在这些地区的经济和政治生活中，牧牛场主和牧羊场主占有举足轻重的地位。他们在国会也有重要的影响。建立州制是美国吸收西部和加速西部美国化的一个重要步骤。“牧畜王国”的兴起和发展，对推动西部新州的建立，最终使美国成为濒临大西洋和太平洋、横贯北美大陆的大国起了重要作用。其结果是在政治上扩大了美国的联邦共和制，使西部各州的利益与共和国的利益紧密地结合在一起，大大加强了联邦政府作为美利坚民族国家的凝聚力。

周钢教授：很好。李军和李国庆总结的这两点是正确的。实际上我们还要从文化的角度来看“牧畜王国”的兴起对美利坚民族性格的塑造，来进一步对这个问题进行挖掘。同学们认为美利坚民族性格具有哪些基本要素？

王海：周老师，我认为“流动性”“拼命赶”“求实进取”等是构成美利坚民族性格的重要方面。可是这些民族性格的基本要素，有的在美利坚民族的形成过程中或西进运动初始阶段就已经表现出来，并非是在“牧畜王国”时期才产生的。两者的关系问题怎样理解呢？

周钢教授：可以肯定的是美国西部牧区社会的形成和发展，对进一步塑造美利坚民族性格产生了深刻影响。我们可以这样理解美利坚民族性格在“牧畜王国”的特定环境中得到进一步塑造和完善。同学们可以从“流动性”“拼命赶”“求实进取”三个方面来谈一谈对这个问题的看法。

黄明花：就“流动性”而言，“牧畜王国”的不断扩展，进一步助长了美利坚民族的“流动性”。在“牧畜王国”里，横向和纵向流动的特点都表现得极为明显。其横向的地区流动表现为东部养牛和养羊人川流不息地向大平原、落基山区移居。太平洋地区的牧羊主也向山区和大平原发展。得克萨斯的牧场主和牛仔要到北部牧区开拓。在"牧畜王国"里，既有开拓者的东西流动融合，又有由南而北的拓居。在西部牧区，牧场主和牧羊人及牛仔之间，没有固定、明显和不能突破的阶级界限。小牧场主及牧羊人和牛仔，可以靠不花钱的青草放牧牛羊，他们如果善于经营，抓住机遇，就有可能发财致富，提高其社会地位，成为牧场主。有的"牧牛大王"原先就是赶牛人，一些牧场主因天灾人祸等原因，失掉自己的牛群或羊群，就会降为牛仔或牧羊人。这种社会地位升降的纵向流动，在"牧畜王国"里表现得也很明显。这种人群的不断流动性影响至今，使美国人成为一个"流动的民族"。

李国庆：就"拼命赶"而言，在"牧畜王国"里，开拓者由于受开发实践和思想意识的影响，更进一步发扬了"拼命赶"的精神。牧牛场主和牧羊场主"拼命赶"到公共牧区，取得"优先放牧权"，不断扩大自己的牧场。牛仔和赶羊人长途驱赶牛群、羊群，往往长途跋涉数百英里或千余英里，历时数月。他们要把畜群平安驱赶到目的地，靠的也是"拼命赶"的精神。这种精神影响至今，现今美国人生活中的很多方面也都表现出快节奏的特点。

黄虎：就"求实进取"而言，在"牧畜王国"里，牧羊人和牛仔是求实进取精神的集中代表者和体现者。牧羊人终年辛劳，长期过着孤独寂寞的生活，只有牧养狗为伴。他们要把羊群赶到牧草丰茂的地方放牧，保护羊群免遭野兽攻击，照料新产的羊羔，剪羊毛和把羊群长途驱赶到育肥地或火车装运站。无论在任何时候，或者遇到多大艰险，牧羊人都恪尽职守。西部牧羊业的繁荣是牧羊人艰苦创业的结果。遗憾的是，他们的历史功绩和表现出来的"求实进取"精神却长期被湮没，在美国的历史和文学著作中很少有所反映。相较之下，牛仔在美国人的心目中却是西部的传奇英雄。牧区艰苦的工作和险恶的环境使牛仔经受了严峻的考验和锻炼，形成了勤劳勇敢、严肃认真、自强不息和不畏艰险的性格特征，具有"求实进取"的精神。因此，牛仔被视为西进运动中征服荒野、开拓边疆的先锋，正义和文明的标志。随着牛仔影响的不断扩大，"求实进取"的精神遂成为美利坚民族性格的一个鲜明特点。

周钢教授：尽管美利坚民族性格的形成和发展主要受欧洲和东部思想文化以及政治制度的影响，但来自美国东部和欧洲的开拓者在西进运动中，尤其是在"牧畜王国"这个特定环境里产生的一些新观念、新习惯和得到发展加强的上述性格特点，对进一步塑造和完善美利坚民族性格无疑会产生重要影响。正是这种民族性格和精神，使美国的现代化不断取得丰硕的成果。

王飞：周老师，牛仔文化作为一种大众文化在美国有着怎样的地位？

周钢教授：在美国，牛仔是文学界和史学界研究的“热门”课题。牛仔被视为民间英雄，是征服西部荒野、开拓边疆的先锋，牛仔精神是美利坚民族性格的体现。改革开放以来，美国牛仔通过文学、音乐、影视作品和服饰等广泛的文化形式传入我国，其影响几乎无处不在。从文化的角度来看，因“牧牛王国”兴起而产生的牛仔文化，不仅成为美国大众文化的重要组成部分，而且在世界范围广为流传。牛仔文化已经同世界其他文化融合在一起，成为一种国际文化现象。

黄明花：周老师，除了这些积极影响外，西部牧区的开发有没有负面影响呢？

周钢教授：有，西部牧业掠夺式开发确实造成了一些消极的后果。掠夺式的牧业经营不仅浪费了大量牧草资源，而且破坏了草原植被，造成土壤水土流失，导致草原沙化。草原沙化又引发沙尘暴肆虐。到 20 世纪 30 年代，西部的沙尘暴成了危害全美国的严重天灾。在西部开发中，大平原上的千万头野牛遭到灭绝性的屠杀，依赖野牛为生的印第安人也遭到了驱逐、杀戮，甚至遭受联邦军队的战争讨伐和白人文化的围剿和征服。大平原本是印第安人的家园，在“牧畜王国”的兴起和发展中，印第安人没有被融入牧区社会，反而被剥夺了土地，并被逐出了家园，这是在西部开发史上最不光彩和最残暴的一面。牧业大王们是以破坏自然环境和生态平衡、屠杀野牛等野生动物和对印第安人实行残暴的种族灭绝政策造就了“牧畜王国”的繁荣。在我们肯定其辉煌成就时，不能忽视美国西部牧业开发中的严重失误和消极影响。

王海：我国在实施西部大开发的伟大工程中，牧业开发是实现农业现代化的一个重要组成部分。现在，我国的畜牧业也正经历由传统原始的游牧方式到现代化定居经营的深刻变革。研究美国“牧畜王国”的兴衰原因，对促进我国西部大开发，推动西部畜牧业地发展和实现现代化，有什么借鉴作用呢？

周钢教授：其一，美国政府以开放、赠予和优惠的土地政策作为促进西部开发和加快现代化的杠杆。这是一项值得研究的经验。我国的国情与土地资源状况与美国有很大差异，不能照搬其经验。但是，如何利用土地调动生产者的积极性，这一点是相同的。

其二，美国西部牧牛业和牧羊业能蓬勃发展起来，是因为广泛吸收了东部和外国的资金。我国的畜牧业要实现现代化，如何合理地吸收我国东部发达地区的资金和引进外资投入我国的畜牧业已是当务之急。

其三，美国“畜牧王国”的繁荣得益于横贯大陆铁路及支线所提供的便利运输条件。目前我国西部广大牧区的交通还不算发达。在我国西部，应修建若干条与铁路干线相接的支线，完善铁路交通。同时，应加强公路建设，形成公路交通网，以便尽快从根本上改变牧区的交通状况。

其四，美国西部“牧畜王国”迅速崛起的一个主要原因，是经营者具有强烈的经济头脑和市场意识。为了保证我国畜牧业持续、稳定和健康地发展，尽快实现现代化，就必须从小农经济转向社会主义市场经济，从小生产的“户养”转向“专业户”的社会化大生产，建立现代化牧场和畜牧公司。

其五，要加大对牧区基本建设的投入，增加抵御自然灾害的能力。

美国西部牧业的开发和走向现代化的进程，无论是成功的经验，还是失败的教训，对我国西部大开发战略，特别是我国畜牧业的现代化，都不无参考借鉴的价值。

从讨论中可以看到，“牧畜王国”的兴起和发展，是19世纪后期，美国西部开发过程中乃至整个美国历史过程中最令人瞩目的现象之一。西部开发对美国历史的影响是全方位的，甚至是难以估量的，可以毫不夸张地说，没有西部开发就没有现代化的美国。

赵海涛：周老师，美国内战以后到19世纪80年代中期，“牧畜王国”繁荣、兴旺了20余年。尤其是1878年后的七八年，是西部开放牧区的黄金时期。牧牛业和牧羊业成为美国当时最赚钱的行业之一。然而，西部开放牧区的黄金时期是短暂的。1885年后，它的鼎盛时期终止。到19世纪90年代，“牧畜王国”逐渐衰落下去。我想向您请教，究竟是什么原因导致了“牧畜王国”的衰落呢？

周钢教授：“牧畜王国”的黄金时期是短暂的。总体上来看，由于人祸、天灾、掠夺式经营和国际竞争等因素，“牧畜王国”在1885年盛极而衰。例如：掠夺式的经营造成了牧区的过载过牧，形成牛羊夺草、牧农争地的混乱局面，甚至引发牧区冲突与酿成流血事件；国际牧畜业竞争激烈，美国西部牧畜业受到澳大利亚和阿根廷等国牧畜业的挑战；牧区天灾，特别是1885—1887年历史上罕见的暴风雪给西部牧区造成极其严重的灾害，使大量牲畜死亡。

这个问题较为复杂，我们今天已经没有时间展开深入讨论了。请大家围绕这个问题课后认真准备，我们下节课再来详细讨论。

（原文载《历史教学问题》，2009年第3期）

第二部分　美国西部牧区经济史

美国西部牧区的“长途驱赶”问题

“长途驱赶”(Long Drive)在美国历史著作中占有独特的重要地位，已成为西部史中最富传奇色彩的篇章。在美国，到处可见满书架关于“长途驱赶”的书籍，但这些研究很少涉及“长途驱赶”在西部开拓中的作用及其对大平原乃至美国经济的影响。探讨这一问题能给我们一些有益的启示。

一、起因与主要阶段

“长途驱赶”起源于得克萨斯州，它专指赶牛老板带领由牛仔组成的赶牛队，把牛群从牧场驱赶到铁路车站出售，或到新的牧区放牧育肥。内战前得克萨斯人已开始向州外长途赶牛出售，后因战争而中止；战后“长途驱赶”再次出现，其规模之大前所未有。得克萨斯州为何在内战后出现新的大规模的“长途驱赶”活动呢？

其一，得克萨斯在内战结束时出现牛群极度过剩，必须向州外驱赶出售。内战结束时该州已有牛500万头①。战争期间从牧场跑掉的牛约占总数的1/3或1/4②，有些成了野牛。早在1849年，未打烙

---

① Ray A. Billington, *Westward Expansion: A History of the American Frontier*, New York: Macmillan Publishing Co., Inc., 1974, p. 583.

② Laurence I. Seidman, *Once in the Saddle: The Cowboy's Frontier*, 1866-1986, New York: Alfred A. Knopf, Inc., 1973, p. 42.

印的野牛已在利夫奥克县泛滥成灾①。到内战结束时，数百万头长角牛集中在得克萨斯南部，如不调整布局，这种高增长率在该州将成为一种公害。得克萨斯没有规范的市场，只有过剩的牛群，它必须依附于进入工业化新阶段的北部，那里的城市急需肉食供应。于是，牛群被驱赶着踏上草原的牛道，前往北部市场。牛道是内战后把南部和北部重新连接起来的第一种渠道。

其二，地区差价成了“长途驱赶”的巨大推动力。内战结束后不久，美国的工业化和城市化进入新阶段。人口从1860年的3,141.7331万人上升到1870年的4,000余万人，特别是城市人口急剧增加，对肉类的需求量也愈来愈大。然而，同期美国拥有的牛的数量却从2,564.0337万头下降到2,163.3069万头②。1870年，50万得克萨斯人拥有约400万头牛，而纽约州400万人仅拥有74.8万头牛③。东北部的繁荣与得克萨斯的牛群极度过剩，造成牛的地区差价极为悬殊。当时牛在得克萨斯毫无价值，一头牛即便只卖3—4美元也很难找到买主，一些牛被宰杀仅仅是为了取它们的皮和油脂。然而在北部市场上，一头牛可以卖到30美元或40美元。韦布教授在其著作中计算过，如果以每头4美元的价钱在得克萨斯购买3,000头牛，到北部市场以每头40美元出售，其利润可达10.8万美元；那么，得克萨斯的500万头牛出售到北部市场，就可以带来1.8亿美元的利润④。利润成为得克萨斯人从事“长途驱赶”的巨大推动力。

其三，内战前得克萨斯人长距离赶牛的经历为战后的大规模“长途驱赶”积累了经验、创立了方法。内战前得克萨斯人曾间歇性地驱赶牛群到加尔维斯顿、新奥尔良和其他海港，装船运往古巴和美国东部与北部的市场。1845年经船运出的得克萨斯牛有24万头⑤，1846年爱德华·波珀把1,000头牛驱赶到俄亥俄州，在那里销售出去⑥。加利福尼亚的“淘金热”为日益增加的得克萨斯牛群提供了新的市场。1848年春，几个得克萨斯人驱赶牛群前往加利福

① Walter P. Webb, *The Great Plains*, Waltham: Blasdell Publishing Company, 1959, p. 212.

② J. Frank Dobie, *The Longhorns*, New York: Collier Brown, 1941, p. 11.

③ LeRoy R. Hafen, W. Eugene Hollon and Carl. C. Rister, *Western America*, Englwood Cliffs: Prentice-Hall, Inc., 1970, p. 428.

④ Walter P. Webb, *The Great Plains*, p. 216.

⑤ David Dary, *Cowboy Culture: A Saga of Five Centuries*, Lawrence: University of Kansas Press, 1989, p. 87.

⑥ Walter P. Webb, *The Great Plains*, p. 211.

尼亚。T. J. 特利默尔是第一个把 500 头牛赶到太平洋沿岸的人①，第二年春天他返回时，又遇到数群来自得克萨斯的牛，经南线进入加利福尼亚市场。从得克萨斯赶出的牛群，通过圣安东尼奥、埃尔索和图森被赶往亚利桑那、加利福尼亚和新墨西哥。这些远距离驱赶牛群的冒险经历是十分重要的，为内战后大规模的“长途驱赶”提供了可以借鉴的经验和技巧，在技术上使长时间的持续“长途驱赶”具有可行性。

其四，内战后西部铁路的修建为大规模“长途驱赶”提供了方便条件。内战结束后，美国在密苏里河以西掀起三次铁路建设高潮，在短短 30 年内建成了五条横贯大陆的铁路，构成了西部铁路网的主动脉。这些铁路沿线的一些车站成了牛道终点和牛群集散装运地。随着铁路向西推进，牛道也随之从堪萨斯西部进入怀俄明和科罗拉多。19 世纪 70 年代后，牛群和牛道又随北部几条横贯大陆铁路的修筑向北移动，进入南达科他和蒙大拿。“长途驱赶”自始至终处在西部铁路建设的高潮中，铁路提供的便利条件使大规模“长途驱赶”得以多方向进行，赶牛人可以选择更安全、更方便和更省钱的牛道。如大北铁路修成后，赶牛人不必再像早期那样穿越密苏里河地，节省了印第安人索要的“每头牛走 3 英里付 50 美元的费用”②。

由于上述原因，使通过“长途驱赶”进行的牛贸易由“需要”变为“可能”。内战后的“长途驱赶”始于 1866 年，到 1885 年后这项获利的事业突然停止③。持续了 20 年的“长途驱赶”大致可分为三个阶段。

第一阶段：1866—1878 年，内战后的“长途驱赶”始于 1866 年 3 月。这一年赶牛的主要目的地是位于正在向南推进的密苏里太平洋铁路线上的锡达利亚，这条牛道很不理想，不但难以行走，而且颇多凶险。1867 年春天，伊利诺伊州肉商约瑟夫·G. 麦考伊在堪萨斯太平洋铁路上建起第一个牛镇阿比林，为得克萨斯的赶牛人找到一条更好的通路。赶牛人可以通过“奇斯霍尔姆小道”把牛群从得克萨斯赶往阿比林，这标志着“长途驱赶”时代真正开始。

---

① David Dary, *Cowboy Culture: A Saga of Five Centuries*, p. 97.

② Robert C. Athearn, *High Country Empire: The High Plains and Rockies*, Lincoln: University of Nebraska Press, 1960, p. 167.

③ David Galenson, "The Profitability of the Long Drive", *Agricultural History*, Vol. 51, No. 4, 1977, p. 757.

1868—1871 年，有近 150 万头长角牛被赶到这个牛镇①。随后更多的牛镇在堪萨斯和其他地区建立起来。第一阶段的特点是把成龄牛群驱赶到堪萨斯的牛镇，在那里装车运到东北部牛肉市场。虽然 1873 年经济危机曾引起市场暂时不景气，但到 1875—1877 年又兴旺起来。因此，总的来看，第一阶段是成龄牛群“长途驱赶”的繁荣时期。

第二阶段：1878—1883 年，这个阶段“长途驱赶”的主要目的和性质开始发生变化。“长途驱赶”有了新的作用，除输送成龄牛供应市场外，主要是向大平原北部辽阔的新牧区供应牧养的小牛。到 1880 年，铁路在得克萨斯境内已完好地建立起来，一些牧场主开始在州内把大量成龄菜牛装火车直接运往芝加哥市场。尽管如此，“长途驱赶”因花费便宜，在输送成年牛方面仍能与铁路竞争。如 1880 年由铁路直接装运到芝加哥的得克萨斯牛为 8.86 万头，长途驱赶到堪萨斯的牛为 39.4784 万头②。随着北部牧区的繁荣与扩大，“长途驱赶”的重要性更加突出。19 世纪 80 年代的“长途驱赶”主要以输送小公牛和母牛构成的混合牛群为特征。第二阶段在经过 1881—1882 年的高峰后低落下去。

第三阶段：1884—1885 年，这是“长途驱赶”的后期。1881—1883 年，北部牧区贮存的幼牛过量，与此同时，北部市场牛肉价格下跌，已不再需要输送幼牛到北部贮养的“长途驱赶”，把成龄牛送往市场的“长途驱赶”的作用已被火车取代。从“长途驱赶”两岁口幼牛的平均返利率看，1881—1882 年在 100%以上，1885 年跌落到 15%③，成为驱赶历史上最低的一年。大规模“长途驱赶”的时代突然结束了，以后再未恢复。

二、作用及影响

“长途驱赶”是美国内战的产物，是内战后西部开拓时期的一项主要经营活动。它对得克萨斯的经济恢复、大平原牧牛业的繁荣、西部开发乃至美国的发展，都产生了重要的作用和影响。

---

① Martin Ridge and Ray A. Billington, eds., *America's Frontier Story: A Document History of Western Expansion*, New York and Chicago: Holt Rincent Winstoy, 1969, p. 597.

② David Galenson, "The End of the Chisholm Trail", *Journal of Economic History*, Vol. 34, No. 2, 1974, p. 353.

③ David Galenson, "The Profitability of the Long Drive", p. 754.

第一，“长途驱赶”使遭受战争严重打击的得克萨斯经济得以恢复。内战期间，联邦军控制了密西西比河，切断了得克萨斯与南部同盟的联系，从得克萨斯赶牛北运被中止。牧场主及其雇用的牛仔参加同盟军去与北部作战，牛群没人管理。得克萨斯州的经济因此遭受严重破坏，战争结束时大多数得克萨斯人生活在贫困之中。农场长满杂草，牧场面临毁灭，牧场主们被称为“有牛的穷人”。士兵和商人带回家的纸币一钱不值，得克萨斯所拥有的“唯一财产”就是四处漫游的数百万头长角牛。然而没有市场，这些牛就毫无价值。因此对得克萨斯人来说，首要任务是把大量走失或变野的牛围捕起来，送往市场。靠密西西比河的汽船不可能把更多的牛北运，铁路还未通到得克萨斯，“长途驱赶”是内战后把得克萨斯牛输送到东北部市场的主要途径。于是得克萨斯人选择了“长途驱赶”，并把它变成一种重要的产业，在 20 年间，他们通过“长途驱赶”把大约 600 万头长角牛送到堪萨斯的市场①。“长途驱赶”给得克萨斯带来很高的利润，其获得返还利润的时间之长超过 19 年。1867—1885 年，每年平均返还利率幼牛达 97.21%，成龄牛达 136.79%②。“长途驱赶”给牧场主带回的钱通常是金币，他们用这些钱偿还债务、购置和扩大牧场土地、修建围篱和风车、引进英国优种公牛改良牛群。“长途驱赶”使得克萨斯遭到破坏的经济得以恢复，牧牛业重现繁荣。得克萨斯成为大平原“牧牛王国”兴起和发展的“大本营”。

第二，“长途驱赶”把牧牛业推进到大平原的中部和北部地区，使美国西部迅速崛起一个辽阔的“牧牛王国”。赶往北部的牛群并不都是育肥后运往市场出售的小公牛，还有许多包括未成龄母牛和公牛在内的混合牛群。这些混合牛群不仅放牧在堪萨斯和内布拉斯加，还被直接赶往新墨西哥，亚利桑那，科罗拉多，怀俄明，蒙大拿和南、北达科他放牧区，为那里的牧场主补充其所需要的新牛群。牧场从格兰德河一直到落基山脉深处和美加边界，整个大平原迅速扩展成“牧牛王国”。“长途驱赶”的作用在怀俄明表现得特别明显，该领地发展成为“典型的牧区”。1860 年那里还见不到牛的踪影，1868 年牧牛业开始进入怀俄明，1870 年已有 7.1 万头牛被赶进那里的公共牧区③。一些

---

① Ernest S. Osgood, *The Day of the Cattleman*, Chicago and London: University of Chicago Press, 1968, p. 32.

② David Galenson, “The Profitability of the Long Drive”, p. 752.

③ Philip Durham and Everett L. Jones, *The Negro Cowboys*, Lincoln: University of Nebraska Press, 1965, p. 126.

得克萨斯牧场主骑马驱赶着他们的牛群北行，停留在怀俄明，有些得克萨斯人根据《宅地法》移居怀俄明。这些新定居者开始经营自己的牧场，不断扩大牛群。在赶牛高峰的1871年，有10万头牛在怀俄明放牧①，1883年牧牛业在该领地的经济活动中已占90%②，1886年怀俄明牧区的牛群猛增到900万头③，怀俄明成为美国主要牧区之一。

第三，“长途驱赶”对美国西部开拓起到积极的促进作用。内战后美国西部出现矿业开发和铁路建设的高潮，“长途驱赶”保证了对采矿营区的马匹和肉类供应。大批牛群被赶往靠近矿区的牧场放牧，供矿镇居民食用。临近矿区的蒙大拿9个县的牧场，到1872年已拥有牛群7.5万头④。“长途驱赶”不仅为横贯大陆铁路的建设供应充足的牛肉和良马，而且还影响铁路走向。各铁路公司竞相把其建筑的铁路通向牛道，一些铁路深入到得克萨斯的牧牛区，以期取代“长途驱赶”，用火车直接把牛从牧区运往市场。牛道的终点多选在铁路沿线，促使牛镇迅速兴起。继阿比林之后，堪萨斯的埃尔斯沃思、威奇托、道奇城和考德威尔也都成为著名的牛镇。重要的牛镇还有内布拉斯加的北普拉特和奥加拉拉、新墨西哥的林肯和银城、怀俄明的夏延和拉勒米及蒙大拿的海伦纳等。“长途驱赶”使牛镇成为牛群集散装运中心，增加了铁路运输量。从得克萨斯赶出的牛群到1890年已达1,000万头⑤，其中大多数被驱赶到各个牛镇。道奇城的运牛收入由1881年的6.288万美元升至1883年的13.408万美元⑥。“长途驱赶”不仅为国内外牛贸易开辟了更广阔的市场，而且使以牛贸易为中心的城镇经济及与之相关的经济迅速发展起来，牛镇成为“牧牛王国”的经济和政治中心。虽然有些牛镇随着开放牧区的终结而衰落，但另一些牛镇继续成为西进农场主的贸易市场。牛镇作为城市化的一种模式，为美国西部城市的兴起奠定了一定的基础，其中像阿比林、道奇城和夏延等已发展成为现代化城市。在这些城市由牛镇发展为现代化城市的过程中，“长途驱赶”起了不可忽视的作用。“长途驱赶”也刺激了冷藏车、肉类包装加工和

---

① Ernest S. Osgood, *The Day of the Cattleman*, p. 46.

② Howard R. Lamar, *The Reader's Encyclopedia of the American West*, New York: Harper & Row, 1977, p. 1291.

③ Ernest S. Osgood, *The Day of the Cattleman*, p. 225.

④ Ernest S. Osgood, *The Day of the Cattleman*, p. 21.

⑤ [美]拉夫尔·布朗著，秦士勉译：《美国历史地理》(上册)，北京：商务印书馆，1990年，第347页。

⑥ Robert R. Dykstra, *Cattle Towns*, New York: Alfred A. Knopf, 1968, p. 82.

罐头制造业的发展。大量牛群被赶到牛镇，促使各铁路公司不断更新设备，改善运输条件。1867年第一辆把冰箱放在车轮上的冷藏车被研制出来，但不能根本解决肉变色和腐烂的问题。两年后，肉商乔治·H.哈蒙德开始用改进的冷藏车从芝加哥装肉外运。1877年肉商古斯塔夫·斯威夫特用10个改进过的冷藏车厢首次把整列车的鲜肉从芝加哥运抵东部①。此后，各铁路公司逐渐淘汰了容积小、卫生条件差的运牛车厢，代之以冷藏车装运鲜肉。铁路运输能力进一步提高，铁路公司因此获利更大。冷藏车的使用促进了西部肉类罐头制造业的发展，在靠近牛肉来源地的沃斯堡、威奇托、堪萨斯和奥马哈等城市都建立起肉类加工和包装工厂，芝加哥成为世界上最大的肉类屠宰、加工和贮运中心，斯威夫特、哈蒙德、阿穆尔、摩里斯和卡达希等人先后建立起肉类包装垄断公司，其结果使美国的肉类加工和罐头制造业中心不断西移，从牧区牲畜采购、屠宰到肉类加工、包装、贮运和销售都被置于这些垄断企业的控制之下。在这一系列发展变化中，“长途驱赶”起了重要的推动作用。

第四，“长途驱赶”对内战后美国的发展产生了多方面的影响。从得克萨斯赶出的牛并不能全部立即作为牛肉出售，在赶牛最高峰的1871年，赶出的60万头牛只有一半找到了买主②，其余的牛只能在邻近州作为“食客”过冬，或被赶往密西西比河以东的玉米产区饲养育肥。“长途驱赶”使得克萨斯牛群像洪水一样流入伊利诺伊和艾奥瓦等州，使这些州成为重要的菜牛饲养基地。到1899年，艾奥瓦州的牛产量仅少于得克萨斯而超过大平原其余各州和西部其他州③。在全国范围内，“长途驱赶”使美国人可以享用到价格较为低廉的牛肉，因为猪是用粮食饲养，而大平原的牛吃的是不花钱的青草，所以相对来说，牛肉的价格较为便宜。如1875年，一头猪售价高于7美元，而一头4岁的成龄牛在埃尔斯沃思售价仅为18—25美元。在道奇城，1884年100磅西部牛肉的价格下跌到3.75—5.6美元，1887年竟跌至1美元，而同期每头猪的价格分别为4.4美元和4.6美元④。一头牛的重量是一头猪重量的好几倍，牛

① Wayne Gard，“The Impact of the Cattle Trails”，*Southwestern Historical Quarterly*，Vol. 71，No. 1，1966，p. 6.

② [美]J. 布卢姆等著，戴瑞辉等译：《美国的历程》（下册第一分册），北京：商务印书馆，1993年，第17页。

③ Fred A. Shannon，*The Farmer's Last Frontier*：*Agriculture*，*1860-1897*，New York：Farrar and Rinehart，1945，p. 165.

④ David Galenson，“The Profitability of the Long Drive”，p. 748；Fred A. Shannon，*The Farmer's Last Frontier*：*Agriculture*，*1860-1897*，pp. 167，235.

肉价格却比猪肉价格便宜得多。“长途驱赶”改变了美国人的饮食结构，使牛肉取代猪肉成为他们餐桌上的主要肉食。再者，“长途驱赶”也使大平原成为歌曲和故事最丰富的源泉，它产生的牛仔文化成为美国大众文化的一个代表，其影响广泛而深远。长达 20 年的“长途驱赶”是美国历史上牛群大迁徙的奇观，2,000—3,000 头牛组成的牛群被 10 余名牛仔驱赶着，在牛道上每天行进 10—15 英里①。其场面之壮观，规模之宏大，只有过去野牛群穿越大平原的情景能与之相比。“长途驱赶”之所以极富有传奇性，是因为牛仔们要在数月内赶着牛群走过数百英里甚至上千英里的牛道，一路上尘土扑面，不仅要穿过急流险滩，遭遇暴风雨和大风雪的袭击，而且还要对付印第安人，面对歹徒们的拦路抢劫。牛仔们生活艰苦，工作劳累，经常遇到饥渴和生死的考验。他们能“从容、坚忍和刚毅”地面对死亡，具有“勇敢、好客、耐劳和冒险精神”，是“美利坚民族不屈的先驱者”②。正因如此，草原和牛道成为美国文学艺术长久赞美不绝的主题，牛仔被描绘成传奇性的英雄，音乐、舞蹈、绘画、小说、戏剧和影视作品中无休止地重复着牛仔题材。牛仔艰苦生活的真实性被作者赋予的浪漫色彩所掩盖，并被不断偶像化。牛仔文化已在衣食住行、日常谈吐和精神文化等方面深入现代美国人的生活，不仅在美国产生广泛而深远的影响，而且融入世界文化之中，成为一种国际文化现象。

除上面论及的对美国的诸多作用之外，“长途驱赶”对欧洲也产生了影响。19 世纪 70 年代，得克萨斯牛肉开始大量运抵欧洲，活牛、装在桶里和罐头里的牛肉及冰冻牛肋被运往英国等国。美国出口到欧洲的活牛从 1870 年的 2.753 万头增加到 1879 年的 13.672 万头，其肉类和动物制品出口西欧的价值由 1860 年的 150 万美元上升到 1890 年的 1,730 万美元③。在欧洲消费者欢迎来自美国西部美味牛肉的同时，那里的养牛人却起而反对这种越洋竞争。因为欧洲人是在农场上花很多钱养牛，无法与美国西部牧牛场竞争。在欧洲一些国家，养牛人极力劝说本国政府实行关税，并在港口对美国牛进行检疫，不允许美国牛肉进口。

---

① [美]贝阿德·斯蒂尔德编，张禹九译：《美国西部开发纪实》，北京：光明日报出版社，1988 年，第 207 页。

② Theodore Roosevelt, *Ranch Life in the Far West*, Gordon: Theodore Roosevelt National Cemetery, 1981, p. 200.

③ Fred A. Shannon, *The Farmer's Last Frontier: Agriculture, 1860-1897*, p. 351.

三、突然终止的原因

从20世纪初至70年代，一些美国学者探讨了“长途驱赶”于1885年后突然终止的原因。代表性观点有三：其一，堪萨斯和得克萨斯北部的农民用带刺铁丝围篱封锁了牛道。其二，铁路便利的运输条件和低运费对扼杀“长途驱赶”起了重要作用。其三，堪萨斯和北部各州在1885年通过的《检疫法》是结束“长途驱赶”的重要因素。

带刺铁丝、铁路和1885年的《检疫法》，这三者确实是影响“长途驱赶”进程起落的重要因素，但是仅仅以此来解释“长途驱赶”的突然终止，似乎不能完全令人信服和满意。因为在1885年前这三种因素都已存在，而这一年从得克萨斯赶出的牛达35万头①，这个数字超过了前19年赶牛的年平均量。然而到1886年，连一头牛也没有被赶出得克萨斯。“长途驱赶”何以突然停止？我们不妨对以上三种因素稍作分析。自从1874年带刺铁丝投放市场后，西部的需求量不断增多，由1874年的5吨增至1880年的4,025万吨②。可见，1885年以前带刺铁丝围篱在大平原已有相当程度的发展，并非是在1886年才建起的。1885年与1886年只有一冬之隔，此前围篱封锁不住赶牛小道，而恰在这一年却使“长途驱赶”突然停止，这种解释站不住脚。前面已经阐明，19世纪80年代得克萨斯已建立起良好的铁路运输线，并开始装牛直接外运。铁路运输的便利条件和低运费并不是1886年才出现，1885年从得克萨斯赶往堪萨斯的牛的数量仍高于从该州直接用火车运往芝加哥的29.8188万头③，故铁路在1886年突然扼杀“长途驱赶”的理由并不充分。至于《检疫法》之说，也非突然结束“长途驱赶”的直接原因。密苏里州和堪萨斯州早在1867年就通过了《检疫法》，禁止带扁虱的得克萨斯牛群在夏、秋两季入境，以避免当地牲畜染上“得克萨斯热病”；但违犯法律赶牛群过境的行为往往被该州州长所默许。1885年的《检疫法》对在3月1日—12月1日之间进入境内的牛群要求“健康证件”④。该《检疫法》难免会使人产生疑问：它是否能得到完全彻底的执行？通过这一法案的真正目的是什么？因为“长途驱赶”早已引起了人们对“得克萨斯热病”的关注，并最终解决了这一麻烦问题。经科学研究，通过使牛在消毒

---

① David Galenson, “The End of the Chisholm Trail”, p. 351.

② David Dary, *Cowboy Culture: A Saga of Five Centuries*, p. 315.

③ David Galenson, “The End of the Chisholm Trail”, p. 351.

④ Fred A. Shannon, *The Farmer's Last Frontier: Agriculture, 1860-1897*, p. 241.

液中浸泡，可以杀死其身上的疾病传染者——扁虱。1885年《检疫法》突然终止了“长途驱赶”的观点也不足以服人。

那么，什么是使“长途驱赶”突然终止的原因呢？答案只能从“长途驱赶”本身寻找。“长途驱赶”以赢利为目的，在“长途驱赶”存在的整个时期，是潜在的经济力量创造、支撑并最终毁灭了这一引人注目的事业。“长途驱赶”之所以在1885年后突然终止，主要在整个过程中其作用变化的结果。

大规模的“长途驱赶”在美国内战后兴起的主要原因是战争造成美国牛肉市场的巨大供需失衡。通过“长途驱赶”，把得克萨斯牛的“供给”与北部市场的“需求”联系起来。1866—1873年的“长途驱赶”仅仅是得克萨斯的牧场主把他们的牛群送往国内市场，早期驱赶的牛群几乎全部是四岁的成龄公牛，在市场上可以卖到很高的价钱。

1873年，密苏里、堪萨斯和得克萨斯的铁路延伸到得克萨斯州内靠雷德河的丹尼森。“长途驱赶”并没有被铁路所扼杀，它又持续了12年。供应牛肉市场的成龄菜牛开始被直接用火车装运到芝加哥，“长途驱赶”的主要作用变为驱赶未成龄幼牛到堪萨斯，供应北部辽阔的牧区放牧贮养。未成龄的牛群之所以不用火车装运，是因为长途驱赶的花费较低，且传染得克萨斯热病的可能性较车厢装运小。在19世纪70—80年代，从得克萨斯到堪萨斯，每头未成龄牛的火车运费是“长途驱赶”费用的3倍①。1876年以后的5年是北部牧区迅猛扩展的时期，特别是1881—1882年的投资狂热，使北部牧区的兴旺达到巅峰。从1878—1885年，被驱赶到北部牧区的未成龄牛每年超过30万头②，这是因为直到1884年，“长途驱赶”幼牛仍可获得60%以上的利润。由于较长时间的长途驱赶，到1880年美国牛肉市场的供需失衡实际上已经消失。1883年堪萨斯的幼牛价格下跌，这是因为1881—1882年北部牧区贮存幼牛过剩所致。1885年的牛肉价格跌落则是北部牧区的成龄牛过剩引起的，那里已不需要得克萨斯牛继续北上。如果不加以阻止，其结果会进一步压低北部市场的牛肉价格，这是北部各州在1885年突然通过并实行《检疫法》的真正原因。迫于经济原因和维护自身利益，北部牧场主们不允许得克萨斯牛再进入他们的牧区，所谓“得克萨斯热病”只不过是他们采取行动的借口。

由于受丰厚利润的驱使，在“长途驱赶”的最后5年，很多非得克萨斯人也加入了赶牛者这一行业。这种竞争导致1885年“长途驱赶”的利润降到了最

① Ernest S. Osgood, *The Day of the Cattleman*, p. 91.

② David Galenson, “The End of the Chisholm Trail”, p. 354.

低点。因为赶幼牛北上遭到限制和无大利可图，得克萨斯的牧场主们便把它们贮养在自己的牧场里，待成龄后再直接用火车运往芝加哥的牛肉市场。这一年，火车的运费为每头牛 5.9 美元；而先赶到堪萨斯，再用火车转运，每头牛共需 5.42 美元；两者只相差 9%①。与火车的安全便捷相比，“长途驱赶”的风险和损失较大。在利不抵险的情况下，赶牛人几乎已无利润可赚，他们不愿再花费更多的时间和精力赶牛。

“长途驱赶”到 1885 年后便戛然而止。此后大量农场主移居大平原，围篱占地，开垦草原。他们对牧业边疆的不断蚕食，使在 1885 年后突然停止的“长途驱赶”再也没有重新恢复。

长达 20 年的“长途驱赶”在解决美国市场失衡和使西部粗放的牧牛业转化为市场经济方面起了重要作用。研究这一问题，对交通尚不十分发达的我国西部牧区如何加快向社会主义市场经济转化，或许能有一些有益的启示。

[原文载《首都师范大学学报(社会科学版)》，2001 年第 2 期]

① David Galenson, “The End of the Chisholm Trail”, pp. 360-361.

美国西部牧区的“赶拢大会”

在美国西部史论著中，有两个专门术语：“赶拢”(Round-up)和“长途驱赶”(Long Drive)。两者的产生都与美国内战后在其西部兴起的“牧牛王国”有关。它们都是“敞开”放牧区(Open Range)的产物，美国史学家对“赶拢”和“长途驱赶”在西部开拓中的作用极为重视。丹尼尔·J. 布尔斯廷称其为“开放性牧区”的“盛大仪式”①，沃尔特·P. 韦布誉之为“牧牛区孪生的两大奇观”②。关于“长途驱赶”问题，笔者已有拙文论述③。本文拟就“赶拢”问题略陈管见。

一、赶拢的起源与发展

美国内战结束后不久，时逢第二次现代化浪潮兴起。现代化的新发展为美国西部牧区的开发提供了新机遇。得益于国内外市场的需求、联邦政府优惠的土地政策、横贯大陆铁路的修建等有利条件，一个疆域辽阔的“牧牛王国”在东起密苏里河、西至落基山麓、南起雷德河、北达美加边界间兴起④。在把美国西部牧牛业转变为市场经济的运作中，“赶拢大会”和“长途驱赶”是两个紧密相连的重要环节。

---

① [美]丹尼尔·J. 布尔斯廷著，中国对外翻译出版公司译：《美国人——民主历程》，北京：生活·读书·新知三联书店，1993年，第19页。

② Walter P. Webb, *The Great Plains*, Waltham: Blasdell Publishing Company, 1959, p. 225.

③ 周钢：《美国西部牧区的“长途驱赶”问题》，《首都师范大学学报(社会科学版)》，2001年第2期。

④ 周钢：《“牧畜王国”兴起与美国现代化》，《史学理论研究》，2000年第3期。

“赶拢”最初出现在北卡罗来纳、肯塔基、田纳西和两个弗吉尼亚交界的山区①，美国学者都认同上述诸州是赶拢的发源地②。然而，在这些历史较久的州进行的赶拢，是牛主人的个人行为，其规模较小，韦布认为它无法与辽阔西部规模宏大的赶拢相提并论③。

在美国西部牧区，真正规模大、有影响的“赶拢”始于得克萨斯。随着“牧牛王国”的疆域拓展到整个大平原地区，“赶拢”活动也由得克萨斯推及北、西部许多州和领地的牧区。在得克萨斯，赶拢经历了“猎牛”、自发“赶拢”到“赶拢大会”的不同阶段。1807—1880 年“牧牛王国”发展的高峰时期，西部牧区赶拢活动的范围涉及方圆达 4,000—5,000 平方英里的地区④。

“猎牛”(Cow-hunt)活动早在 19 世纪四五十年代就出现在得克萨斯。得克萨斯长角牛(Longhorn)源于西班牙殖民者带入北美的西班牙牛。美国移民在 19 世纪 30 年代大量涌入当时尚属墨西哥的得克萨斯，他们发现了很多身上不带任何表明所有权烙印或其他标记的“野牛”。1857 年，勘定得克萨斯南部边界的随军科学家威廉·埃默里少校报告说：“在沿格兰德河的拉雷多和其他城镇的居民中，猎取野马和野牛是一项日常性营生。”⑤

美国内战以后，得克萨斯“猎牛”活动更为普遍。参加猎牛的人多是从前线返回家园的牧场主。他们囊空如洗，在牧场见到的是极为破败的景象。其房屋失修，牛群失散。为了生存和重整家园，他们必须把牛找回来。一些牧场主便组织“猎牛队”，到西南部去找牛。

从当年参加“猎牛”活动的牧场主的回忆录中，我们可以归纳出内战后得克萨斯猎牛活动的一些特点。第一，参加“猎牛”的人年龄参差不齐，既有孩子和青年，也有老翁。詹姆斯·G. 肖参加猎牛队时只有 31 岁，李·穆尔刚步入青年，而 L.B. 安德森已经 60 岁⑥。第二，猎牛队的成员大多在内战前没有猎牛的经历。穆尔在回忆录中说，在他参加的猎牛队中，只有他在战前参加过猎牛。第三，当时的猎牛活动相当艰苦。每次猎牛时间持续较长，往往

---

① James W. Freeman, ed., *Prose and Poetry of the Livestock Industry of the United States*, Denver and Kansas City, 1959, p. 608.

② Walter P. Webb, *The Great Plains*, p. 225; David Dary, *Cowboy Culture: A Saga of Five Centuries*, Lawrence: University of Kansas Press, 1989, p. 158.

③ Walter P. Webb, *The Great Plains*, p. 255.

④ Walter P. Webb, *The Great Plains*, p. 256.

⑤ J. Frank Dobie, *The Longhorns*, New York: Grosset & Dunlap, 1959, p. 11.

⑥ David Dary, *Cowboy Culture: A Saga of Five Centuries*, pp. 137-138.

要一个夏季。参加猎牛的人除自备坐骑、一匹备用的小马和一根长绳外，还要自带食品和卧具。有时猎手们从家中自带的食物吃完，他们便去城镇或乡村请求善良的妇女帮助。卢瑟·劳杭记得猎牛队好几次到他家求助。他母亲很快用猎手们的面粉为他们烤好面包和软饼。第四，猎牛的活动范围有大有小。穆尔参加的猎牛队只是在几个牧场的周围活动。安德森参加的猎牛队在瓜达卢普县较大的范围内追寻长角牛①。第五，猎牛队除了搜寻属于他们自己的牛外，对其他并不属于他们的无烙印牛也一起捕捉②。

总体来看，内战刚结束时的得克萨斯猎牛活动并不都是组织得很好，很多情况下是邻近的一些牧场主为了恢复家业自发组织起来的互助活动。到19世纪60年代末期，“猎牛”变得更有组织，其主要目的不再是寻找“野牛”，因为这样的牛在1866年以后已经很少了。1867年以后，猎牛便成了挑选已有烙印的牛出售和为新增的小牛打烙印的活动。

19世纪70年代始，“赶拢”成为得克萨斯牧区的一项重要经济活动。之所以发生这种变化，首先，因为内战后有大量新移民涌入得克萨斯从事牧牛业，使大牧场逐日增多。在得克萨斯南部、西南部和西部，有上百英亩的草地和平原因气候恶劣、缺水而不适于农耕，只能用来放牧。内战后不久，很多在城镇找不到工作的得克萨斯人和从佐治亚、亚拉巴马或其他地方移居来的农场主都到那里从事牧牛业，其结果使得克萨斯的牧场日益增多，牧牛区不断扩展。其次，牛贸易的兴旺使赶拢活动逐渐制度化、规范化。阿比林成为大平原上第一个牛镇后，有大量得克萨斯长角牛被驱赶到那里东运出售，使“赶拢”成为牧区在每年售季必须进行的活动。1867—1870年，从得克萨斯赶往阿比林的打烙印牛计18万头。1866—1868年，总共有7,513,976头打烙印牛被从得克萨斯赶往各个牛镇出售③。从1866年起，得克萨斯法律规定，不准将未打烙印的牛赶出得克萨斯州。这样，以挑选出售牛而打烙印的“赶拢”便在得克萨斯牧区渐成制度。

19世纪70年代早期，在得克萨斯西南部气候干燥地区，“赶拢”活动比较简单，也不正规。一般由两三个邻近的牧场主商定好“赶拢”的时间和地点，

① John Marvin Hunter, *The Trail Drivers of Texas*, Austin: University of Texas Press, 2000, pp. 162-163.

② David Dary, *Cowboy Culture: A Saga of Five Centuries*, p. 138.

③ Ernest S. Osgood, *The Day of the Cattleman*, Chicago and London: University of Chicago Press, Fifth Impression, 1968, p. 32.

便把牧场周围所有的牛群驱赶到一个共同的聚集地点围拢起来，再按参加赶拢的牧场主的印记进行分离。如果某头母牛身上打有表明某位牧场主所有权的烙印，那么跟随这头母牛的小牛也属其主人所有。这些小牛便被打上同其母牛相同的烙印，归属同一个牧场主。如果一个牧场主发现邻近牧场的母牛或未打烙印的小牛混在他的牛群里，他就会将这些牛归还其主，或至少为它们打上其主人的烙印。如果一个牧场主在出售牛群时，发现其中有他人的牛，那么他可以从代他人卖的牛中每头提出1美元。因为“把一头走失50英里的小公牛卖出的钱带回家要比把它带回牧场容易得多”①。早期得克萨斯的赶拢活动都能按照这样一些习俗平和地进行，不需要精心计划和组织。

到1880年，在得克萨斯已发展到有多达20—25个牧场主参加的合作赶拢②。在“赶拢”基础上形成的“赶拢大会”则完全是另一种状况。随着牧区的扩大，加之大量“马弗里克牛”(Maverick)，即走失的未打烙印小牛的增加，非法占有他人财产的犯罪行为日渐增多。牧场主为了维护自身利益，在各州或领地相继成立“牧牛者协会”(或称“家畜饲养者协会”)。“赶拢大会”由牧牛者协会按其制定的一些法规进行，并逐渐成为一种制度。“赶拢大会”最初的名字为“Vedeo”，源出西班牙文“Rodear”，意为“围拢”，后“Vedeo”被“Rodear”所代替。“赶拢大会”的目的在于使每个牧场主合法而正式地拥有新增的牛，重在划分财产。

二、“马弗里克牛”及相关的赶拢法规

在美国，关于未打烙印的牛如何变成“马弗里克牛”的记述中，涉及1835年从南卡罗来纳移居得克萨斯的塞缪尔·A. 马弗里克。1844—1847年，马弗里克在墨西哥湾靠近迪克劳斯波因特的马塔戈达县从事农耕和放牧，其间他不情愿地接受了邻居的40头牛以偿付1,200美元的债务③。他的牛多半都未打烙印，且到处漫游，一两年内，沿海岸地区的人开始把每头未打烙印的牛称之为“马弗里克牛”。据说1854年年初，在别人的警告和压力下，马弗里克不得不在几周内把能找到的牛赶往在圣安东尼奥以南40英里处的“马弗里克牧场”，但很多牛仍未打烙印。后来，人们淡忘了“马弗里克牛”，又允许它们

① J. Frank Dobie, *A Vaquero of the Brush Country*, Dalas: The Southwest Press, 1929, p. 110.

② William H. Forbis, *The Cowboys*, New York: Time-Life Books, 1973, p. 120.

③ J. Frank Dobie, *The Longhorns*, p. 46.

在沿圣安东尼奥河的广阔地域内游荡。1856 年，马弗里克将其牛群和印记卖给了另一个牧场主 A. 图坦特 · 博勒加德，后者同意用牧场交货的方式买牛。博勒加德和他的人不得不在开放牧区跑遍数县，搜寻从马弗里克牛群中走失的牛。只要他们找到未打烙印的牛，就宣布其为“马弗里克牛”，并随即给它们打上烙印。到 1857 年，在圣安东尼奥以南广大地区，人们便称所有未打烙印的牛为“马弗里克牛”。内战以后，这一称谓在整个得克萨斯普遍使用。随着开放牧牛区扩及整个大平原，各州和领地也都称未打烙印走失的牛为“马弗里克牛”。

在西部草原上的“牧场”不是以英亩计算，而是以平方英里计算。各牧场之间有 15—20 英里甚至更远的距离①。得克萨斯牛有很强的奔跑能力，可以在基本无树的地区漫游 150 英里②。虽然每个牧场主都力图把自己的牛群尽可能地限制在他占据的放牧区中，以免与相邻牧场的牛群混在一起，但是在没有围篱的广阔放牧区，相邻牧场的牛群还是时时混在一起。因此，在驱赶牛群上市之前，就必须设法把它们区分开。于是，在敞开放牧的得克萨斯大草原上，有必要每年进行两次赶拢，使牛回到其合法的主人身边。一次是春季赶拢，另一次是秋季赶拢。最初，赶拢是相邻牧场主自愿协作进行，随后逐渐成为牧区的一项必然的公众事业，由牧牛者协会指导进行。“赶拢”逐渐演变成牧区社会的“特殊景观”和“盛大仪式”——“赶拢大会”。在这个转变过程中，伴之产生了一些相应的法规。

第一个重要法令是得克萨斯立法机关于 1866 年 11 月 12 日通过的。该法“禁止任何人把他人的牛从其待惯的牧区赶走”③。如果赶牛人不出示牛群是属于自己的充分证明，他将被视为轻微犯罪，受到罚款和监禁的处罚；如果牛身上打烙的印记没有登记注册，或其烙印是别人早已注册过的，他也会被处以罚款④。

得克萨斯的另一项法令是在 1871 年通过的。这一年赶往阿比林的长角牛数量达到 5 年以来的顶峰。为了阻止把别人的牛群赶往市场非法牟利，新法令规定在牛群越过该州北部边界线时，必须打有“过路的烙印”方能通过，烙

① Walter P. Webb, *The Great Plains*, p. 229.

② David Dary, *Cowboy Culture: A Saga of Five Centuries*, p. 158.

③ David Dary, *Cowboy Culture: A Saga of Five Centuries*, p. 147.

④ Laws of Texas, 1866, Sess. 11, pp. 187-188, from Ernest S. Osgood, *The Day of the Cattleman*, p. 33.

印必须大而明显，且打在牛身左侧肩后的背部[1]。

这些法令在得克萨斯实施起来困难很大。原因之一是得克萨斯人很难克服长期形成的“没有打烙印的小牛是公共财产”的观念。特别是长角牛可以在北部市场上获取高额利润后，一些牧场主为利益所驱，想把他人未打烙印的小牛变成自己的财富。原因之二是把他人未打烙印的牛打上自己的烙印非常容易，只要手里有把烙铁就行。因此，直到 19 世纪 80 年代后期，在得克萨斯牧区，特别是在南部的灌丛区，这种不法行为依然存在。然而，这两项重要法令的通过和实施具有重要意义。1816 年的法令主要针对的是那些捕捉他人的“未打烙印牛”据为己有者，1871 年的法令不允许将无“过路的烙印”的牛群赶出得克萨斯。这些法令禁止了内战以后至 19 世纪 60 年代末期大规模的“猎牛”活动，促使“猎牛”向牧区“赶拢”转变。

在蒙大拿领地，1874 年通过了一项旨在建立赶拢制度的法令。该法要求县委员会成员将各县划分成一些大小适中的养牛区，每年举行两次“赶拢”。该委员会规定每个区采用一个印记和赶牛道路的相同出口，所有走失的牛都要打上该区的烙印。如果将这些牛归还其主或出售，均须从该区通道出口经过。任何买牛人都必须经规定的通道口赶牛，违者将被处以罚款[2]。然而，这一建立“赶拢”制度的尝试并不成功。一则是因为“赶拢”只是针对走失的牛，不包括耕牛、奶牛和在开放牧区放牧的牛。二则是能按时参加两次赶拢的只是大牧场主，一些小牧场主不能参加。因此，“赶拢”不能把所有从事牧牛业的人组织到统一的活动中。

1884 年 7 月，“蒙大拿家畜饲养者协会”通过的《赶拢法》是很重要的法令。该法令规定禁止在 8 月和 11 月 15 日至下一年 5 月 15 日期间，在公共牧区为牛打烙印；若有两名负责任的公民在场，牛主可以在任何时候给牛打烙印[3]。尽管后一项规定给偷牛贼和不守《赶拢法》的人留下了可乘之机，但该法案的通过标志着在蒙大拿牧区已开始建立起自己的“赶拢”管理体系。

怀俄明在 1874 年进行了第一次有组织的赶拢。此后，“怀俄明家畜饲养者协会”不断计划、安排和规范赶拢活动。其中，1884 年通过的《马弗里克牛

---

① Ernest S. Osgood, *The Day of the Cattleman*, p. 33.

② Ernest S. Osgood, *The Day of the Cattleman*, p. 129.

③ Martin Ridge and Ray A. Billington, eds., *America's Frontier Story: A Document History of Western Expansion*, New York and Chicago: Holt Rincent Winstoy, 1969, p. 605.

法》最为重要。这一法令确认了怀俄明的赶拢制度。法令规定：协会确定的赶拢日期是法定赶拢日，会员在赶拢中必须采取一致行动，不服从赶拢工头命令者被处以罚款和监禁；赶拢工头被授予处置无烙印小牛的权利，对不知归属的小牛须打上"无主"烙印集中起来，每10天拍卖一次；卖出的牛则打上协会和买主的烙印并登记存档，以备公开检查，售牛款归协会所有，作为其经费补贴[①]；协会对有舞弊行为的赶拢工头将予以解雇并处3,000美元罚款[②]。1884年的法令在怀俄明历史上具有重大意义。它使"怀俄明家畜饲养者协会"建立的"赶拢"制度得以确立和日益完善，并以不可抗拒的权力强制实行。牧区早期无约束的独自赶拢已被禁止。该法令通过的当年，没有发生在协会规定的春季赶拢日期前私自给牛打烙印的事件。

虽然上述赶拢法令还有一些漏洞和不完善之处，但它们经历了一个由简单到完善的发展过程，并使赶拢制度由南及北在整个"牧牛王国"建立起来。正是在上述法令的约束下，西部牧区的赶拢由最初牧场主间的自发协作，逐渐转变为依法进行的规范制度。

三、牧区"盛典"

在美国西部开放牧区，"春季赶拢大会"素有"小牛盛会"之称，是牧区庆贺收获和牧场主显示对新增牛所有权的一种盛大仪式。"秋季赶拢"被称为"肉牛盛会"。牧场主们忙于选出已经育肥的阉牛，以便把它们就近装火车运往行情好的市场。不过在牧场主或牛仔的回忆录中，展示给人们更多的则是在明媚春光下绿草如茵、牛群哞叫、坐马奔腾、牧犬欢跳和牛仔紧张繁忙的春季赶拢的壮观景象。在辽阔而人烟稀少的牧区，平日很难有更多的人相聚在一起。然而，在春季赶拢的数十日内，有几个甚至十几个牧场的人群、牛群、马群和炊事工具车相聚在一处，紧张有序的"赶拢"日复一日地从黎明持续到夜幕降临。在一个赶拢区，人们连续紧张工作数日后，队伍又转移到下一个赶拢区。其规模之恢宏是空旷寂寥的牧区平日所罕见的，"春季赶拢大会"可谓是牧区的"盛典"。19世纪80年代的"赶拢大会"是在较严密的组织下进行的。

举行"赶拢大会"的第一步是划分赶拢区，任命各赶拢区的负责人——"赶拢工头"。如"怀俄明家畜饲养者协会"为安排1881年的"春季赶拢"，于1881

① Ernest S. Osgood, *The Day of the Cattleman*, p. 136.

② Ernest S. Osgood, *The Day of the Cattleman*, p. 151.

年4月4日在夏延召开会议，决定将北部各州和领地划分为13个赶拢区，并安排了赶拢的相关事宜。其中第一赶拢区的“赶拢通告”宣布赶拢活动从5月23日自拉勒米堡开始，到博克斯埃尔德结束①。在指定的赶拢区中，两牧牛营地间的直线距离为400英里，赶拢需持续5—6周的时间②。在赶拢区划定的同时，还在每个赶拢区选出一名赶拢工头，作为这一合作性事业的总负责人，他是“赶拢大会”的重要人物，必须是在牧区深得信任的牧场主。他一贯以判断准确而著称，其成功取决于老练和坚定③。

每个赶拢区在赶拢大会正式开始前两三天先做充分而细致的准备工作。每个赶拢区包括好几个放牧区。在同一个放牧区的每位牧场主应派出相当数量的牛仔参与赶拢大会。每个赶拢区要确定赶拢大会的集合地点，所有参加赶拢的人要在集合地凑齐所需要的各种装备。在一个大赶拢区，会有250—300人及2,000—3,000匹加鞍备用马集合在一起④。阵营庞大的赶拢人还要装备由厨师管理的炊事车。由30人或更多的人组成赶拢车队⑤，一般由8名或10名牧场主拼凑一辆炊事车。炊事车由2匹或4匹马拉着⑥，每一辆车将从赶拢工头那里领到一个号码。“赶拢大会”的组织调动犹如军队的紧急调动一样。在艰苦的赶拢行将到来之前，到处可以看到牛仔们非常忙碌地做各种各样的准备工作。他们修补笼头，弄软僵硬的套索，对马具和人的用具进行一次总检修。

“赶拢大会”由从四面八方将牛驱赶到集合地围拢开始。赶拢工头把牛仔分成若干小队，指派他信赖的人做小队的头目，分别负责搜寻牧区某一特定地段的牛群。为了不让一头牛漏掉，他令牛仔们将只要是长毛生角的一切东西都赶出来⑦。在赶拢大会进行的前一天晚上，赶拢工头到每辆炊事车前叫出

---

① *Tenth Cencus of the United States*, Washington: G. P. O., 1883, p. 1016.

② Ogden Tanner, *The Ranchers*, Alexandria: Time-Life Books, 1977, p. 69.

③ J. Frank Dobie, *A Vaquero of the Brush Country*, p. 33.

④ Cordia S. Duke and Joe B. Frantz, *6,000 of Miles Fence: Life on the XIT Ranch of Texas*, Austin: University of Texas Press, 1961, p. 81.

⑤ Cordia S. Duke and Joe B. Frantz, *6,000 of Miles Fence: Life on the XIT Ranch of Texas*, p. 80.

⑥ J. Frank Dobie, *The Longhorns*, p. 80.

⑦ Walter P. Webb, *The Great Plains*, p. 257.

两三个牛仔，令他们到15—20英里外的地方建造干燥营地[①]，以便在次日天亮时将所有的牛驱赶进“现场”。赶拢大会正式开始的当天，厨师们在黎明前第一缕晨曦未露时就备好了早餐。在凌晨3点左右，他们就拖着长声高喊起床[②]。牛仔们被叫醒匆匆吃罢早饭后迅速骑上马，一队队出发。他们向四下散去，形成一个以赶拢大会集合地为中心的搜寻网。每队牛仔离开营地后都奔向指定地点，散成扇形进行搜寻。牛仔们一声高喊，牛就开始奔跑。被惊动的牛很快地向中央聚集地移动。临近中午时，会有两三千头牛出现在赶拢会场附近。这些牛被驱赶着聚成由松散到密集的一个大牛群。整个现场蠕蠕而动，尘土飞扬，嘈杂的噪音喧天灌耳。牛仔们在周围把牛群围住，监视着它们。这一大群牛里可能混杂12—20个牧场主的牛[③]。

给小牛打烙印和“割耳”是“赶拢大会”程序中最重要的一项，必须在赶拢工头的监督和指挥下进行。赶拢工头指挥“分割”技术熟练的牛仔骑马到牛群之中，找出所有打着其主人印记烙印的母牛，把它们赶出来。这些母牛的犊子就跟着脱离大群。于是就形成了属于第一个牧场主所有的小牛群。随后依次分下去，形成若干个小牛群。分离出来的第一个小牛群放在离火堆约50码的地方[④]，以便给牛犊打烙印和割耳。打烙印的工作充满危险，一部分人在马上作业。在赶拢工头的命令下，两名技艺娴熟的牛仔骑马到小牛群旁，依次把一头头小牛犊套住，拉倒在地，把它拖到火堆旁。另一部分人在地面上作业。由一名牛仔抓住倒地的小牛的尾巴，将它拉到靠近火堆处按住，另一名牛仔拿起一块烧红的带有印记形状的烙铁，在小牛身上相应部位用力一按，烙铁上的印记就会深深烙在它的毛皮里。西部牧区的习惯做法是将烙印打在牛身左侧的臂部。与打烙印同时进行的是“割耳”，一头牛犊被打上烙印后，另一个牛仔拿出一把磨得非常锋利的小刀，用脚踩住牛鼻子，在牛耳上切割出标记。如果被打烙印和割耳的牛犊是头小公牛，牛仔还要踩住它的后腿，弯腰用刀将其睾丸割下来，再用些酚油轻敷在伤口上，以防苍蝇叮咬感染。这一切都完成后再把小牛放开，让它到小牛群中去找其母。接着，另一头小

---

① Joe B. Frantz and Julian Ernest Choate, Jr., *The American Cowboy*: *The Myth & The Reality*, Norman: University of Oklahoma Press, 1955, p. 58.

② Theodore Roosevelt, *Ranch Life in the Far West*, Gordon: Theodore Roosevelt National Cemetery, 1981, p. 33.

③ Walter P. Webb, *The Great Plains*, p. 258.

④ David Dary, *Cowboy Culture*: *A Saga of Five Centuries*, p. 156.

牛被拖到火堆旁重复着同样的过程。打烙印和割耳对牛犊来说是极痛苦的。牧场主为了表明其对牛的所有权，采取的手段也颇残忍，但这是所有牧区普遍采用的方法。这种方式始于得克萨斯，后传遍大平原所有牧区。

在“赶拢大会”上，使用的是有特定“盖印”的“模压烙铁”。这种烙铁用火烧红后只要放在牛身上用力一按，烙印便可冲压在牛皮上。烙印通常高于2英寸，宽于4英寸，但高、宽均不得超过7英寸，烙印会随牛一起长大①。如果烙印过大或打错部位，就会降低牛皮的价值。赶拢大会采用“压模烙铁”是为了防范偷牛贼用一根直火钳式的“草写烙铁”随意改变牛身上的烙印，把牛据为己有。因为“压模烙铁”打出的烙印不易被去掉或篡改。

在整个赶拢大会期间，搜寻聚拢牛群、分群、打烙印和割耳的工作日复一日地重复进行着，每个放牧区通常需要工作4—6天才能完成。在第一个放牧区被清理完毕后，整个装备和人员又移往另一个放牧区。在数十天内，每天都有几百人、二三千匹马和几千头牛聚在一起，在赶拢工头指挥下完成新增牛归属的确定工作。在赶拢大会现场，工作既繁忙紧张又井然有序。其场面之热烈壮观，其涵盖范围之宽广，其持续时间之长久，以及牧场主因新增财产难抑的喜悦，都表明“赶拢大会”是美国西部牧区繁荣的盛大庆典。

四、“赶拢大会”的作用

“赶拢大会”是在相关赶拢法规的指导下严格地按照商业运作方式进行的。从经济角度看，它促进了美国西部牧区牧牛业的发展，保证了牧区的有序经营，规范了牧牛市场的秩序。

“赶拢大会”促进了西部牧牛业的发展。内战结束时，得克萨斯的存牛为500万头②。“猎牛时期”赶出得克萨斯的牛仅81万头。到1890年，从得克萨斯赶出的牛多达1,000万头③。除“猎牛时期”赶出的81万头，其他900万头都是在赶拢制度建立后售出的。北部的怀俄明牧区至19世纪70年代末期拥

① [美]丹尼尔·J. 布尔斯廷著，中国对外翻译出版公司译：《美国人——民主历程》，北京：生活·读书·新知三联书店，1993年，第24页。

② Ray A. Billington, *Westward Expansion: A History of the American Frontier*, New York: Macmillan Publishing Co., Inc., 1974, p. 583.

③ [美]拉尔夫·布朗著，秦士勉译：《美国历史地理》(上册)，北京：商务印书馆，1990年，第347页。

有的牛为52万头①。随着"赶拢大会"的不断规范化，到1885年，它已拥有900万头牛②。这些增长的数据说明，"赶拢大会"促进了美国西部牧牛业的发展和繁荣。

"赶拢大会"的目的是把开放牧区的混杂牛群明确区分开，使每个牧场主合法而正式地拥有他所新增的牛。要达此目的，每一个牧场主首先必须有注册的印记和耳戳，作为一类商标得到法律承认。合法的印记和耳戳是"赶拢大会"上打烙印和区分牛的所属的唯一依据。其次，每个牧场主不得在每年两次"赶拢大会"期间以外的时间私自给牛打烙印。否则，其经营活动被视为非法。再次，"赶拢大会"力图使牧区"公正原则"得到最高体现。如果一头牛被打错了烙印，马上就会牵来另一头小牛抵数，补打疏漏的烙印。如果一头母牛身上的烙印已杂乱不堪，无法弄清谁是其主，它的小牛就不会被打上任何人的烙印。这头小牛就归家畜饲养者协会所有。"赶拢大会"是在一种严格的商业运作方式下进行的。它限制了非法的"猎牛"活动，不允许牧场主私自为牛群打烙印，对偷牛贼也有一定的防范作用，保证了牧区的有序经营。

"赶拢大会"促进了以"长途驱赶"为特点的牛贸易的兴旺。在"赶拢大会"制度化以前的"猎牛"活动犹如"竭泽而渔"，只能使得克萨斯的存牛越来越少。它只能取得短期经济效应，暂缓牛肉市场急需供货的问题，但不能解决美国国内外对肉类的大量需求。"猎牛"赶拢制度建立起来之后，不仅结束了易导致牧区牛源枯竭的非法猎牛，而且使牧牛区从得克萨斯扩大到大平原的10余个州和领地，保证了相当于半个欧洲的"牧牛王国"繁荣兴旺了20余年。牧区产牛量持续增长，为牛镇提供了充足的货源，使牛群源源不断地流入市场。抵达牛镇的牛如果被查出其所打的烙印是不合法的或被篡改的，便被一律没收。因此，"赶拢大会"不仅保证了牛贸易的兴旺，也规范了牛贸易市场的秩序。

就社会意义而论，"赶拢大会"约束着牧区从业人员的行为，有助于他们自身素质的提高。参加"赶拢大会"的牧场主必须遵守一切相关法规。由于登记在册的印记和耳戳越来越多，故设计出什么印记和耳戳不仅需要想象力，而且还必须了解该地区的其他登记注册者的标记，以使自己的印记和耳戳是与众不同的。一个牧区内的牧场主是那样多，能发明一个别具特色的印记和

① Robert E. Riegel and Robert G. Athearn, *America Moves West*, New York: Holt, Rinehart and Winston, 1971, p. 225.

② Ernest S. Osgood, *The Day of the Cattleman*, p. 225.

耳戳的确需要聪明才智，一个牧场常因其印记的形状而得名。牧场主除严格遵守在"赶拢大会"开始前不准私自给牛打烙印的法规外，在赶拢进行过程中还必须绝对服从赶拢工头的指挥和裁决。牧场主或其牛仔不得骑马穿过牛群，违规穿行被视为是行为不良甚至是罪过。在"赶拢大会"上，牧场主都会向一些只有耳戳而没有烙印被称为"睡眠者"的牛伸手，并因此引起争执。之所以产生"睡眠者"所属权的争执，是因为那时在牧区只有耳戳而没有烙印的牛在名义上可以被视为任何人的财产。但对赶拢工头做出的有争议的牛的归属判决，牧场主必须服从。每个放牧区的牧场主除了听从赶拢工头的总指令外，还必须听从牛仔小队头目的指挥，不得阻止他们从该放牧区往"赶拢大会"的集中现场赶牛。违反上述规定的牧场主将被排除在牧区赶拢之外，成为非法经营者。因此，每个牧场主必须约束自己的行为，提高自身素质和守法意识，按有关法规经营扩大自己的牧场。

骑马、使用套索和打烙印是牧区牛仔必须熟练掌握的三大职业技能。"赶拢大会"是对牛仔的技能的集中检验，也是对牛仔的忠诚、尽职程度和意志品质的考验。被分派在驱赶小队的牛仔在驾驭坐骑沿崎岖道路长途颠簸的同时，还要制服欢蹦乱跳的小公牛，驱赶母牛和小牛翻越山谷、涉过溪流和穿越荒原。他们的坐骑经常因奔跑过度而被拖垮，每个牛仔在赶拢时必须准备 8—10 匹备用马，以便在坐骑累垮时随时换骑①。牛仔们不仅要骑术精湛，还要比其坐骑更能吃苦耐劳。负责分群的牛仔必须娴熟地使用套索，准确地把每个牧场主的母牛从混杂的牛群中套住、拉出，并使母牛的小牛从大群中分离出来。负责打烙印的牛仔必须迅速熟练地为各个牧场主的小牛打上其烙印，并且不能发生差错。一个上午要为驱赶来的 4,000 头牛的一半打上烙印②。打过烙印属各牧场主所有的小牛群从晚上 8 点开始要派牛仔值班看守。特别是夜间 12 点至次日凌晨 2 点的这班岗，非常难熬，是"紧张不安的几小时"③。在这段时间里，牛群极易惊逃。随着赶拢大会的持续进行，许多小牛群变得越来越大，牛仔的劳动强度越来越难以承受。他们每天的工作时间都多于 12—15 小时④，

---

① [美]丹尼尔·J. 布尔斯廷著，中国对外翻译出版公司译：《美国人——民主历程》，北京：生活·读书·新知三联书店，1993 年，第 22 页。

② Dane Coolidge, *Texas Cowboy*, Tucson: University of Arizona Press, 1985, p. 34.

③ Cordia S. Duke and Joe B. Frantz, *6,000 of Miles Fence: Life on the XIT Ranch of Texas*, p. 79.

④ Walter P. Webb, *The Great Plains*, p. 258.

有时甚至要持续18—20小时①。这样紧张、劳累的长时间工作要连续五六周左右。“赶拢大会”总会伴随着许多危险。尽管会出现伤亡事故，工作还得继续进行。赶拢大会以公开的方式进行，旨在帮助牛仔抵制为制造“马弗里克牛”而杀死母牛的诱惑。在打烙印时，通常有好几个牧场的牛仔在场，使心术不正者无法在无主小牛的烙印上做手脚。“赶拢大会”是每个牛仔展现自己的综合专业才能、顽强拼搏的意志品质和忠诚尽职的职业道德的最好机会。一个牛仔要想在每次“赶拢大会”上被雇佣，就必须不断提高自身的素质。

“赶拢大会”也是对包括赶拢工头在内的所有工作人员职业道德和能力的考验。他们必须秉公守法，恪尽职守。赶拢工头负责“赶拢大会”的全过程。他有权指挥在各个岗位上的牛仔进行紧张有序的工作和将不听其指令者逐出“赶拢大会”现场。赶拢工头除具备很强的指挥能力之外，还必须有很强的识别和判断能力。他在指挥各项活动有秩序进行的同时，还有另一项重要职责，就是查看是否把无母牛引领的较大牛剔出了赶拢的牛群之外。如果母牛的所有权引起争执，赶拢工头就要弄清双方的印记是什么。如果双方达不成协议，他就指挥牛仔用水把烙印弄湿或剃下印记上的牛毛，使烙印更加清晰易辨，以便确定牛的主人。这就要求赶拢工头必须有很强的识别、判断能力来减少因所有权问题引起的麻烦，尽快使所有的争吵都得到满意的解决，以确保赶拢大会的顺利进行。给小牛打烙印时负责数数的人被称为“记账人”，由于这一岗位可以伪造或虚报数字，他的选择对参加赶拢大会的牧场主来说极具重要性，一般由赶拢工头根据“记账人”的诚实和能力指派。赶拢工头、记账员、各个岗位上的牛仔如有失职或舞弊行为都要受到牧牛者协会的制裁，被列入协会的“黑名单”，他们将不再被雇用。

“赶拢大会”对于牧区的生态环境也有一定的影响。在美国内战前，大平原的大部分牧草资源还未被开发利用。如果内战后至19世纪60年代末期的“猎牛”活动再持续下去，其结果只能导致得克萨斯牛资源的枯竭。那么，大平原仍会保持其“荒漠”状态。正是始于得克萨斯的赶拢制度的逐步完善和推广，才使牧牛业扩及整个大平原，使丰富的牧草资源得以开发利用。赶拢制度先在发展较早的牧区建立起来，一方面它在一定程度上限制了从业人员的过度增加和存牛量的过度膨胀，另一方面它使新来的牧场主向后发展起来的新牧区和未开发的草原流动，使牧牛业在更广阔的地区得到发展。“赶拢大

① Ray A. Billington, *Westward Expansion: A History of the American Frontier*, p. 592.

会”在大平原普遍制度化，它对牛群增长过快和牧区放牧有所控制。因为按照相关法律的规定，只有是牧牛者协会会员的牧场主才允许参加“赶拢大会”，除此之外，其他从事牧牛业的人一律被视为非法经营者。总之，在“赶拢大会”制度建立的初期，它促进了牧牛业不断向荒原发展，不断开拓新的牧区，避免了牧牛区过度集中，使牧牛业在大平原各地区较均衡地发展。在牧牛业遍及大平原后，“赶拢大会”制约着每个牧区的发展规模，避免牧区牛产量过分膨胀，导致牧草减少，造成牧草与牛群供需失衡。“赶拢大会”在一定程度上有助于维持“牧牛王国”生态环境的平衡。

“赶拢大会”是美国西部牧区由无序经营向依法管理转变的尝试，代表着大牧场主的利益。在“赶拢大会”制度建立和发展的过程中，“小生产者都受到排挤”①。虽然许多小牧场主对此曾进行过抗争，但他们都纷纷破产。美国西部的牧牛业最终被置于垄断资本的控制下。

（原文载《世界历史》，2002 年第 3 期）

① ［俄］列宁：《关于农业资本主义发展规律的新材料》，见《列宁全集》第 27 卷，北京：人民出版社，1990 年，第 238 页。

美国西部“牧羊帝国”的崛起

美国内战以后，在其西部崛起的“牧牛王国”成为百余年来众多史学家极为关注的“热门”课题。加之诸多媒体的渲染，“牧牛王国”历史已颇为人所熟知。相比之下，同期在西部兴起的“牧羊帝国”尽管其疆域不亚于“牧牛王国”，但其发展的历史却被忽略了。笔者认为，“牧羊帝国”的历史地位和作用应当受到重视。在美国西部史中，之所以出现“牧羊帝国”(Sheep Empire)这一专有名词，不仅仅是由于牧羊业在西部所占地域辽阔，更主要的原因在于牧羊业对西部开拓和美国发展所产生的重要影响。事实上，西部牧羊业的开拓在美国经济发展中扮演着一个重要的角色，尤其在落基山区诸州更为突出。羊比牛更多地与很多早期拓居地联系在一起。

一、以新墨西哥为中心的发展时期

美国的牧羊业始于1598年西班牙殖民者胡安·德·奥尼亚特在今新墨西哥的北部建立的第一块殖民地圣·胡安。他把一群包括约1,000只公羊和母羊在内的家畜带到那里[①]，这便成了后来美国西部“牧羊帝国”兴起的源头。

由于绵羊易于管理，冬天不需要特贮饲料喂养，这使其成为传教士在新世界赖以生存的重要物质基础。绵羊不仅为传教士提供了做衣服的羊毛，而且

---

① Howard R. Lamar, *The Reader's Encyclopedia of the American West*, New York: Harper & Row, 1977, p. 1103.

还供应他们需要的羊肉和油脂。随着传教区域的扩大，对羊的需求日渐增多，仅靠传教士养羊很难满足实际需要，西班牙传教士便教给当地印第安人养羊的技术。养羊业很快在新墨西哥的经济中占据了优势，成为西班牙在新世界北部殖民地的主要行业，一些富有的西班牙人也被吸引到新墨西哥从事牧羊业并成为大牧羊主。到 1800 年，绵羊和其他家畜(牛、山羊)已成为从加利福尼亚的圣弗朗西斯科扩展到得克萨斯的圣安东尼奥辽阔区域传教士们的主要经济供应品①。1779 年，在亚利桑那东北部霍皮印第安人的村庄里，大约放牧着 3 万只羊。加利福尼亚的一个传教机构报告说，它拥有 10 万只羊②。

从殖民地时期至美国内战前，西部的牧羊业是以新墨西哥为中心的发展时期。由于以下原因，新墨西哥成为密西西比河以西的主要牧羊区。第一，在两个多世纪中，随着传教区从圣·胡安扩展到格兰德河和新墨西哥北部中心地带，众多传教区对绵羊不断增多的需要促进了牧羊业的发展。第二，新墨西哥有丰富的“多汁植物和牧草资源”，自然条件干旱少雨，空气纯净干燥，非常适合绵羊繁衍生长③。第三，绵羊在新墨西哥下层人民中是进行物物交换的工具。富有的大牧羊主则利用这种交换方式，低价购买绵羊，垄断从新墨西哥到墨西哥的绵羊贸易，以获取 2—3 倍的高利④。这种贸易一直持续到美墨战争前，极大地刺激了新墨西哥牧羊业的发展。第四，西南部市场对新墨西哥绵羊日益扩大的需求也促进了其牧羊业的不断发展。从殖民地时期起，新墨西哥的绵羊就在墨西哥北部矿区找到了销售市场，为那里的矿工提供廉价优质的羊肉，甚至远销南部的墨西哥城等地。这种贸易一直持续到 19 世纪 30 年代。1849 年加利福尼亚发现金矿后，新墨西哥成为金矿区的重要羊肉货源供应地。第五，从美墨战争至美国内战前的 10 年间，新墨西哥的绵羊市场又向东扩大到密西西比河以西的一些地区。新墨西哥为内华达的银矿区和科罗拉多的金矿区供应了肉羊。犹他摩门教徒的农场也经常需要新墨西哥的绵羊。新墨西哥的绵羊作为饲养羊被赶到堪萨斯、内布拉斯加、密苏里和怀俄

---

① LeRoy R. Hafen, W. Eugene Hollon and Carl C. Rister, *Western America*, Englewood Cliffs: Prentice-Hall, Inc., 1970, p. 433.

② Robert G. Ferris, ed., *Prospector, Cowhand and Sodbuster*, Washington: H. W. Wilson Co., 1967, p. 60.

③ W. H. Emory, *Notes of a Military, Reconnaissance, 30th Congress, 1st Sess. EX., Doc. No.* 41, Washington: Wendell and Van Benthuysen, 1848, p. 57.

④ Josiah Gragg, *Commerce of the Prairies*, Norman: University of Oklahoma Press, 1954, p. 34.

明的拉勒米。

由于新墨西哥绵羊市场的不断扩大，其后果之一是促进了该领地的牧羊业得到稳定的增长，到1860年其境内存羊的数量达83万只①。其后果之二是把牧羊业推进到一些新拓殖区。这样，到美国内战前，其西部的牧羊业以新墨西哥为中心，已经发展起来。西南部的加利福尼亚、得克萨斯和亚利桑那的牧羊业已有了一定程度的发展。其中，以加利福尼亚更为突出。从1852—1860年，该州从新墨西哥引进了55万只绵羊②。除供应金矿区肉羊外，在每个牧场上放牧着4万—30万只数量不等的羊群③。犹他、内华达、科罗拉多、堪萨斯、内布拉斯加、怀俄明等也开始引进新墨西哥绵羊，起步经营牧羊业。在新墨西哥绵羊不断向周围的州和领地扩散的同时，美国的养羊业基地也开始由东部向西部推移。到19世纪40年代，养羊业开始从新英格兰向俄亥俄、印第安纳、密歇根和伊利诺伊转移。同时移民把各种优良羊种带到俄勒冈地区④。华盛顿州皮地斯县的尼西斯奎尔利农场在1845年养着5,872只羊⑤。1859年，美利奴羊也从肯塔基引进到新墨西哥。

从殖民地时期到美国内战前，新墨西哥的牧羊业是按照西班牙封建制的"分成佃农制"建立起来的。美国西部多数地区的牧羊业也沿袭了新墨西哥的管理方式。这种落后的生产方式使新墨西哥的牧羊业发展非常缓慢，也制约着整个西部牧羊业扩展的规模和速度。在新墨西哥，富有的大牧羊主按照"分成佃农制"占有大量的土地和羊群。许多牧羊佃户依照契约依附于他们。大牧羊主雇用牧羊佃户，在其被授予的大地产上或无主的草地上划分牧羊地段，放牧羊群。按照分成契约，每个牧羊佃户每年要将羊毛总量和新增羊群的20%交给大牧羊主，5年后将最初分牧的羊全部返还⑥。西部其他地区的牧羊业也保留了西班牙人在新墨西哥的传统方式。大牧羊主们采取放牧段方式经营牧羊业，被雇用者分四个等级。地位最低的是牧羊佃户或牧羊人。他由一

① William Watts Hart Davis, *EL Gringo: or, New Mexico and Her People*, New York: University of Nebraska Press, 1957, p. 57.

② Charles W. Towne and Edward N. Wentworth, *Shepherd's Empire*, Norman: University of Oklahoma Press, 1946, p. 91.

③ Robert G. Ferris, ed., *Prospector, Cowhand and Sodbuster*, p. 61.

④ Howard R. Lamar, *The Reader's Encyclopedia of the American West*, p. 1104.

⑤ Robert G. Ferris, ed., *Prospector, Cowhand and Sodbuster*, p. 61.

⑥ H. B. Carroll and J. V. Haggard, *Three New Mexico Chronicles*, Albuquerque: University of New Mexico Press, 1942, pp. 40-42.

只或几只牧羊狗相助，看护、放牧着由 1,000—1,500 只羊组成的羊群。比牧羊人高一级的是骑马牧羊人。他管着 2—3 名牧羊人，负责选择水源和每天的放牧地。骑马牧羊人之上是牧羊主，他管理着数名骑马牧羊人。大牧羊主的总管则监督着各牧羊主，负责全部的牧羊活动。殖民地时期，新墨西哥牧羊业的 80％被 20 个大牧羊主控制着。在西部，除这种以大牧羊主分成经营方式外，也有一些独立拥有小羊群的牧羊主，他们自己做大部分工作①。直到美国内战，西部牧羊业的这种落后经营方式在长达三个世纪的时期中，变化非常小。

由于西部的牧羊业是建立在落后的生产方式的基础上，缺乏科学的管理方法和优良羊种，加之受到印第安人的侵扰等不利因素的影响，不仅其发展速度缓慢，而且存在以下严重问题：首先，追求绵羊数量的增加而不重视提高羊的质量。在牧羊业中心新墨西哥，谁拥有数量最多的羊，谁就居于统治地位。因此，大牧羊主们为了在新墨西哥产生更大影响，便竞相扩大其羊群，增加羊的数量。由于内战前绵羊在西南部矿区找到了较好的销售市场，致使缺乏长远市场眼光的大牧羊主们不愿在其羊群能够出售的情况下花费精力和财力去改良羊种。其次，除犹他外，西部的牧羊业在内战之前只求羊产肉不求羊产毛，这样便大大降低了经济效益。东部的美利奴绵羊，每只平均年产羊毛 7—8 磅，而新墨西哥的丘罗羊每只年均产羊毛仅为 1.5 磅②，羊毛在西部被视为不赚钱的副产品。再次，由于简陋的放牧习俗，使西部羊逐渐退化。虽然在圣·胡安殖民地初建时引进了一些优质绵羊，但在后来两个多世纪的发展中，新墨西哥的羊主要是未经选种的奥尼亚特羊的后代——丘罗羊。由新墨西哥扩散到西部其他地区的也主要是不断退化的丘罗羊。这种羊虽然能抵抗多种疾病，善于长途奔走和具有以沙漠植物为食的生存的能力，但逐渐变得个小、毛少、无脂肪和消瘦，且肉多筋而咬不动③。为此，19 世纪前半期移居西部的英裔美国人拒绝吃这种羊肉，批评西部养羊只取肉不取毛的落后习俗。正是上述问题，使西部的牧羊业在美国内战前虽历经 3 个世纪，但

① LeRoy R. Hafen, W. Eugene Hollon and Carl C. Rister, *Western America*, pp. 433-434.

② H. A. Heath, *Condition of the Sheep Industry West of Mississippi*, Washington: Govt. Print Off., 1891, p. 318.

③ Ezra A. Carman, H. A. Heath and John Minto, *Special Report on the History and Present Conditions of the Sheep Industry of the United States*, Washington: Govt. Print Off., 1892, pp. 918-919.

发展较为缓慢。

二、牧羊帝国的形成

内战以后，美国现代化的新浪潮加速了西部的开拓，为西部牧羊业注入了新的活力，使"牧羊帝国"迅速崛起。

内战后，美国西部牧羊业的繁荣首先得益于国内市场对肉类需求的增加。随着美国由农业国转变为工业国，城市人口占总人口的比例由1870年的1/4上升到1890年的3/10①。同时，欧洲市场对美国牛肉的需求量急剧增加。1870—1879年，美国向欧洲出口了542,180头活牛②。1880—1881年严冬后的数年，牛肉价格居高不下，而羊肉价格却比较平稳。城市人口不断增加和羊肉价格较低，这两种因素导致美国市场对羊肉的需求日益增长，有力地推动了西部"牧羊帝国"的迅速崛起。

其次，横贯大陆铁路的修筑为西羊东运和把羊群转送到育肥地提供了便利的条件。为了进一步沟通东西部的联系和加大西部开发的力度，美国联邦政府从1862年起，在不到30年内修了五条横贯大陆的铁路和很多支线。其不仅促进了全国统一市场的形成与发展，而且解决了西部畜牧业与东部市场间的运输问题。牧羊场主利用便利的铁路把牧羊区的范围扩大到密西西比河以西辽阔的草原地区。铁路也便利了东部养羊业的西移，加速了东西部养羊业的交融。运输条件的改善使西部牧区和东部市场紧紧地联系在一起。西部的羊肉和羊毛可以更快地销售到东部市场。在市场经济的刺激下，牧羊场主不断扩大其生产规模，加速了西部牧羊业的发展。

最后，内战后美国东部养羊中心随着西进运动规模的扩大不断向西推进，推动了西部牧羊帝国的扩展。随着美国现代化的深入，养羊业在东部面临越来越多的困难。1英亩地价高达50美元③。内战期间，由于北部棉纺厂的棉花供应严重不足，增加了对羊毛的需求。战后，南部恢复了对北部充足的棉花供应，羊毛市场又变得不景气起来。从1860年以来，美国的羊毛产量增加

---

① 李庆余等：《美国现代化道路》，北京：人民出版社，1994年，第97页；Thomas A. Bailey and David M. Kennedy，*The American Pageant*：*A History of Republic*，Vol. 2，Lexington：D. C. Heath and Company，1983，p. 498.

② Ernest S. Osgood，*The Day of the Cattleman*，Chicago and London：University of Chicago Press，1968，p. 99.

③ Fred A. Shannon，*The Farmer's Last Frontier*：*Agriculture*，*1860-1897*，New York：Farrar and Rinehart，1945，p. 209.

了70%，加上南非、澳大利亚和南美大量廉价羊毛的涌入，致使美国的羊毛市场过于饱和。在内战后20年间，美国的羊毛价格下跌。上述因素导致了东部养羊业的衰落。每只绵羊的平均价格从1860年的3.37美元跌落到1868年的2.17美元。被淘汰的母羊或其他低级羊则只能以每只0.75—1.5美元的低价处理给屠户。其结果迫使东部各州的养羊者减少羊的数量，如俄亥俄从1867—1869年，把羊的总数减少到近250万只①。在此境况下，一些养羊主放弃了本业，另一些缩减经营规模，还有一些到辽阔的西部去寻找廉价的牧场。

西部对东部的养羊人有诸多的诱惑力。第一，联邦政府鼓励开拓西部的优惠土地政策。继《宅地法》在1863年初实施之后，美国国会又分别于1873年和1877年通过了《育林法》和《荒地法》。牧羊场主也像牧牛场主一样，利用这些法令，凭借“优先购买权”和“先占权”不断扩大“牧羊帝国”的疆域。以怀俄明为例，到1890年，大多数牧羊场主都拥有了水源周围的一片土地，并在此基础上不断扩大。第二，一位农业特派员在1870年指出，辽阔的美国西部是发展养羊业的极好地方，能仿效南非、南美和澳大利亚获得廉价的牧场。第三，来自西部的建议力促东部的羊毛生产者卖掉东部的高价土地，把羊群赶到西部。1885年，西部牧牛业的倡导者詹姆斯·布里斯宾对怀俄明发展牧羊业的前景做了大胆而夸张的预测。他预言怀俄明能放牧美国、澳大利亚和阿根廷所有的羊，一年能产价值1亿美元的3亿磅羊毛②。这种有诱惑力的宣传，吸引着越来越多的东部养羊人移往西部牧区。东部养羊人开始了新的移民运动，最初是移往得克萨斯、新墨西哥和太平洋沿岸各州。也有一些养羊人把羊群从俄亥俄流域赶往蒙大拿。到1880年，大量羊群又被赶进了所有山区州。

东部养羊者移居西部后，对那里传统落后的牧羊业进行了系统改造。他们通过不断引进优良羊种，与西部退化的“丘罗羊”杂交，提高西部羊的质量。内战后的几十年间，移居西部的东部养羊主，引进了诸如科茨沃尔德、索思唐、施罗普罗尔、林肯和郎布依埃等新的优质羊种，与西部羊杂交，经过多次选育良种，最后培育出了能适应美国西部气候、肉味鲜美和产毛量高的优

① Fred A. Shannon, *The Farmer's Last Frontier: Agriculture, 1860-1897*, pp. 208-209.

② James S. Brisbin, *Beef Bonanza, or How to Get Rich on the Plains*, Norman: University of Oklahoma Press, 1959, p. 103.

质羊。每只羊产毛量达5—10磅[1]。这不仅改变了以往西部牧羊业只产肉的单一经营模式，使之取得既产肉又产毛的双重经济效益，而且满足了东部市场日益增长的羊羔需求量。随着东部养羊人不断拥向西部，也吸引了东部和外国的资本投入西部牧羊业。布里斯宾在1880年承认，牧羊业比养马和牧牛吸引了更多的有效投资[2]。商业资本的投入，加速了对西部牧羊业落后生产方式的改造，在一定程度上改变了新墨西哥牧羊业中落后的分成租佃制。东部养羊人移居西部，也带去了东部在农场围栏养羊的先进管理方式。在山区和北部严寒地区，牧羊主为羊群过冬不断增加干草饲料的贮备，取代游牧。在落基山区，1870年有270万英亩灌溉的土地，到1890年则增长了2倍。一些牧羊场主，采取夏季在开放牧区放牧和冬季在自己牧场用干草饲养相结合的办法扩大羊群。怀俄明的一家牧羊公司在1889年宣布，它控制的各种土地总数达28.4万英亩。其牧羊场的一部分位于联合太平洋铁路南侧。在长25英里、宽7英里的范围内全部筑起了围篱，由一条30英里长的主渠和数条总长达75英里的横排水沟灌溉。其中一部分土地每年可以收获8万吨干草，饲养着约7万只羊。这个公司中所有的38处牧场房屋和牧羊点分散在所辖的土地上，彼此用电话联系[3]。这样，使西部传统落后的游牧式牧羊业逐渐向固定围栏牧场养羊过渡。

得益于上述诸多有利因素的影响，美国西部的牧羊业得到迅速发展。从内战后至20世纪初的30余年时间里，在密西西比河以西形成了一个疆域辽阔的“牧羊帝国”。其东西走向由密西西比河抵太平洋沿岸，南北距离从得克萨斯南端达美加边界。“牧羊帝国”的形成和发展有三个明显的特点。其一，在中西部养羊主向大平原肥沃的草地和落基山区大举进军的同时，西部的牧羊业(除北部牧区外)也向山区各州和大平原扩展。牧羊区东西相向扩展，加速了东西部的交融，有利于用东部先进的养羊经验改造西部牧羊业的落后经营方式。其二，牧羊区从西南部向太平洋沿岸各州发展，再由太平洋沿岸各州扩大到北部辽阔牧区。其结果使落基山以西所有的州和领地都发展起了牧羊业。其三，继新墨西哥之后，加利福尼亚、得克萨斯、怀俄明和蒙大拿都成了产羊大州或领地，并相继居于牧羊业的领头地位，新墨西哥失去了内战

① LeRoy R. Hafen, W. Eugene Hollon and Carl C. Rister, *Western America*, p. 433.

② Howard R. Lamar, *The Reader's Encyclopedia of the American West*, p. 1104.

③ Ernest S. Osgood, *The Day of the Cattleman*, pp. 229-230.

前的“中心”地位，“牧羊帝国”的普遍繁荣代替了新墨西哥牧羊业“一花独秀”的局面。

美国西部牧羊业的繁荣是牧羊人艰苦创业的过程。第一，牧羊人的生活和工作条件非常艰苦。他们长期与家人、朋友分离，靠豆子和咸肉维持生活。他们的居住条件极其简陋，在开放牧区游牧的牧羊人，整天随身携带铺盖露宿。在固定的牧羊点，他们住的也只是一间土墙破屋或是一个仅能遮住头顶的茅草棚。暮春时节，牧羊人要赶着由500—3,000只羊组成的羊群，到山区放牧。多数牧羊主只为牧羊人提供一顶帐篷。牧羊人既要为羊群寻觅水源充足和牧草丰美的放牧地，又要保护羊群免遭觅食的狼和山狮的袭击。6—9月，牧羊人在山区过着孤独寂寞的生活，几乎无人涉足他们的牧羊地①，只有忠实的牧羊犬是牧羊人的伙伴和帮手。在北部牧区，对牧羊人和羊群来说最大的危险是暴风雪的突然袭击。此时，牧羊人必须拼死控制羊群不乱，并尽力把整群羊赶回定居点。一旦乱群，他们不仅要忍受饥饿和寒冷四处搜寻聚拢羊群，而且有时还要付出生命的代价。在科罗拉多，一场空前的暴风雪过后，人们发现一个墨西哥牧羊人的尸体，他赶的羊很多被埋在悬崖下的雪堆里②。

第二，在产羊期和剪羊毛季节，牧羊人的工作更加繁忙和辛苦。5月是母羊产羔期，需要牧羊人对羊群予以特别的关照。因为母羊在产下幼羔后的数小时内不认其子，刚落地的小羊羔必须用人工喂养才能活下来。为了使产羔的母羊在10天内认其幼羔，必须为它们建一个小羊栏，把母子圈在一起。在母羊认羔后的短短几天内，牧羊人还必须为幼羊剪掉羊尾和进行阉割，计算羊群增加的幼羊数量。母羊的产羔率高达80%以上③，这使牧羊人十分辛苦。剪羊毛的工作从早春到6月，持续4个月，3月在美墨边界开始，到6月完成于美加边界。牧羊人要用消毒液清洗羊毛，杀死羊身上的寄生虫，剪羊毛和为羊治愈伤口。到19世纪90年代引进剪羊毛机前，全靠手工剪羊毛，每人每天剪80—100只羊的羊毛。剪下的羊毛被打成300—400磅的大包，再托运到火车站的货仓。手工剪毛相当劳累，加之剪羊毛季节与产羔期交织在一起，故牧羊主扩大羊群和收获羊毛的季节也是牧羊人最辛苦和繁忙的时候。

第三，长途驱赶羊群也是牧羊人担负的一项艰苦工作。1865—1885年是

① Fred A. Shannon, *The Farmer's Last Frontier: Agriculture, 1860-1897*, p. 208.

② LeRoy R. Hafen, W. Eugene Hollon and Carl C. Rister, *Western America*, p. 437.

③ Fred A. Shannon, *The Farmer's Last Frontier: Agriculture, 1860-1897*, p. 213.

赶羊的高峰期。牧羊人把约 7,500 只羊组成的羊群长途赶到目的地[①]。早期的羊群主要来自新墨西哥、加利福尼亚和得克萨斯。最终俄勒冈的羊群也穿越爱达荷、蒙大拿、怀俄明、北达科他和南达科他，被赶上向东的羊道，羊群被屡屡向东驱赶。长途赶羊每天约走 8—10 英里，一个完整的行程约用 7 个多月完成[②]。这样长距离的赶羊，要翻越高山，穿过沙漠，时常遭遇野兽的袭击和恶劣天气的考验，也会受到沿途牧牛场主的阻拦和面对盗贼抢劫等危险，在种种险情下还要防止羊群溃散，牧羊人一路历尽辛苦和磨难。

牧羊人大多数是来自西部社会底层的墨西哥人。在 19 世纪 70 年代，他们在得克萨斯牧区每人每月只能得到 12 美元的工资和 6 美元的伙食补贴[③]。到了 19 世纪 80—90 年代，西部牧区每个牧羊人每月的工资为 20—30 美元，外加伙食供应；北部牧区除伙食供应外，每个牧羊人可得 35—50 美元[④]。北部牧羊工一般是英裔美国人。正是靠牧羊人的艰辛劳动，才创造了西部牧羊业的繁荣。

三、“牧羊帝国”的历史地位

牧牛场主和牧羊场主为扩大各自的势力范围展开了争夺牧区的激烈斗争，牧羊场主最终赢得了超过牧牛场主的优势地位。牧牛场主和牧羊场主的斗争是西部两个利益集团的较量，它们各自有其组织“牧牛者协会”和“牧羊者协会”做后盾。牧牛场主凭着“优先占有权”，要把西部牧区变成他们的“独占王国”。牧羊场主则把羊群赶向山区和平原，不断扩大“牧羊帝国”的疆域。牧牛者集团制造种种毁谤牧羊业的舆论，阻止羊群进入公共牧区。牧牛场主们声称，有“自尊”的母牛不能喝羊饮过的水，不能在羊污染和毁坏的草原上放牧[⑤]。牧羊场主的保护者则提出抗辩，说这些纯粹是牧牛场主编造的谎言。

长期严重的不和导致一些牧区的牧牛场主以枪击、屠杀、纵火、袭击和投毒等暴力手段取得先占权，牧羊人则以砍坏牧牛场围篱和宰杀牛来还击。

---

① Robert G. Ferris, ed., *Prospector, Cowhand and Sodbuster*, p. 63.

② Robert E. Riegel and Robert G. Athearn, *America Moves West*, New York: Holt, Rinehart and Winston, 1971, p. 488.

③ LeRoy R. Hafen, W. Eugene Hollon and Carl C. Rister, *Western America*, p. 437.

④ Fred A. Shannon, *The Farmer's Last Frontier: Agriculture, 1860-1897*, p. 208.

⑤ W. Eugene Hollon, *Frontier Violence*, New York: Oxford University Press, Inc., 1974, p. 151.

最突出的事件是1887年亚利桑那的“通蒂盆地战争”和1901年怀俄明绿河地区的流血冲突。格雷厄姆和图克斯伯里两个家庭的长期不和，导致在1887年后的5年内有30名牧牛场主和牧羊场主丧生[①]。绵羊沿绿河进入怀俄明，引发了暴力冲突。一次，马斯克德的牧牛场主唆使牛仔在夜间袭击了4个牧羊营地，他们把牧羊人吊起来，把8,000只羊赶进山中，让狼群把羊毁灭[②]。另一伙牛仔把1.2万只羊赶下了悬崖摔死[③]。在19世纪90年代，仅科罗拉多至怀俄明边界，估计至少有20人被杀死，百余人受伤，约有价值20万美元的60万只羊被毁掉[④]。暴力冲突事件多发生在羊道、牛道相交处和牲畜过载的公共牧区。在不过分拥挤的新牧区，双方尚能和平相处。1884年，有5万只羊放牧在蒙大拿的暖春河支流。在蒙大拿，牧牛场主和牧羊场主从未发生过纠纷[⑤]。

牧牛场主与牧羊场主之间的冲突并没有无休止地持续下去。到20世纪初，随着开放牧区时代的终结，暴力冲突也随之结束。在两个利益集团的斗争中，提高了养羊业在西部的地位，使牧羊场主最终赢得了对牧牛场主的优势。牧羊业在经营上实行一些与牧牛业相同的原则，诸如利用公共牧区，依靠赶羊小道把羊群送到市场等。然而，与牧牛业相比，牧羊业却具有一些独特的优点。第一，羊比牛更易严密管理。牧羊业不像牧牛业那样需要周年赶拢、打烙印、必备马匹和套索。羊除了产羔期，不需要经常的特别照料。第二，羊比牛具有更强的适应自然条件的生存能力。羊既能在平原草地上放牧，也能在牛爬不到的山上吃草。在牛挨饿的稀疏草地上，羊也能生存，且具有更强的抵抗北方严寒的能力。第三，与牛肉价格的暴涨暴跌相比，羊肉的价格始终比较平稳。第四，羊比牛多产。第五，羊比牛投资少、获利大。羊的利润是牛的2倍，而花费仅为在农场上养牛的1/3[⑥]。第六，投资牧羊业比投资牧牛业可以使投资者免遭更大的风险和损失。1886—1888年西部牧区历史

---

① Robert E. Riegel and Robert G. Athearn, *America Moves West*, p. 490.

② Joe B. Frantz and Julian Ernest Choate, Jr., *The American Cowboy: The Myth & The Reality*, Norman: University of Oklahoma Press, 1955, p. 114.

③ LeRoy R. Hafen, W. Eugene Hollon and Carl C. Rister, *Western America*, p. 436.

④ Ray A. Billington, *Westward Expansion: A History of the American Frontier*, New York: Macmillan Publishing Co., Inc., 1974, p. 598.

⑤ Granville Stuart, *Pioneering in Montana: The Making of a State, 1864-1887*, Lincoln: University of Nebraska Press, 1977, p. 210.

⑥ Edwin L. Sabin, "On the Western Sheep Range", *Appleton's Booklover's Magazine*, Vol. 6, No. 5, 1905, p. 541.

罕见的暴风雪使许多牧牛公司纷纷破产。投资者转而把资本投到易管理、收效快的牧羊业，以免在自然灾害中再遭受巨大损失。经济力量胜过了感情色彩，到19世纪末，很多过去嘲笑绵羊、严厉反对羊群进入西部牧区的牧牛场主都改为养羊。诸如怀俄明、蒙大拿、科罗拉多、犹他、加利福尼亚、新墨西哥和得克萨斯所养的羊都比牛多。在小公牛的故乡怀俄明，牛羊之比由1886年的3∶1变为1900年的1∶8[①]。在蒙大拿，母牛与绵羊之比为1∶6～7[②]。

牧羊业在西部开拓中扮演着重要角色。羊比牛更多地与一些早期拓殖区联系在一起。西南部的得克萨斯州是“牧牛王国”的“摇篮”和“大本营”，到1880年后，其牧羊业迅速发展起来，羊的产量超过800万只而跃居第一位[③]。加利福尼亚、俄勒冈和华盛顿等太平洋沿岸诸州，在内战前就开始养牛。在“淘金热”时期，加利福尼亚的养羊业有了更大的发展，内战后至19世纪80年代初曾居领先地位。在1880年，该州的洛杉矶等7个县内，每县都放牧10万—30万只绵羊。这一年加利福尼亚因产羊过剩，还向新墨西哥输送了4万只优质美利努羊[④]。俄勒冈和华盛顿从19世纪40年代就从东部引进优质羊饲养，但规模较小。在加利福尼亚的影响下，羊群在俄勒冈和华盛顿繁殖得很快，数量以几何级数迅速增长。太平洋沿岸各州在内战后虽然还在不断从东部引进优质羊种，但到19世纪80年代，这些州更多的是不断把羊群驱赶到内布拉斯加和堪萨斯的育肥地或销往东部市场。如1882年8月，俄勒冈、爱达荷和内华达就向东部驱赶了20余万只羊[⑤]。

牧羊业对山区诸州开发所起的重要作用尤为突出。新墨西哥、亚利桑那、内华达、犹他、科罗拉多、爱达荷、怀俄明和蒙大拿被称为美国的山区“八州”。牧羊业在山区诸州的经济中占据重要地位。在新墨西哥，牧羊业从殖民地时期就在其经济中占据优势。在美国内战后它虽然逐渐丧失了“领头”和“中心”的地位，但仍是产羊数量最多的领地之一。新墨西哥在1865年后仍然继续向一些州和领地输出绵羊。在其境内，也保留了相当数量的羊群，1888—

---

① Robert E. Riegel and Robert G. Athearn, *America Moves West*, p. 489.

② Fred A. Shannon, *The Farmer's Last Frontier: Agriculture, 1860-1897*, p. 208.

③ Robert G. Ferris, ed., *Prospector, Cowhand and Sodbuster*, p. 61.

④ LeRoy R. Hafen, W. Eugene Hollon and Carl C. Rister, *Western America*, p. 435.

⑤ John K. Rollinson, *Wyoming: Cattle Trails*, Caldwell: The Caxton Publishing Company, 1948, p. 343.

1890年为350万只左右，保持着位居第三的地位[1]。1865年，新墨西哥牧羊人把羊群放牧到了科罗拉多领地的东部。到1876年，牧羊业已扩大到整个领地。科罗拉多的牧羊场主自夸，他们的羊与新墨西哥的羊一样多，约为250万只[2]。亚利桑那牧羊业的迅速发展得益于加利福尼亚退出领先地位。牧羊场主很快占据了亚利桑那的大部分牧区。在1891年，该领地的70万只羊产了500万磅羊毛[3]。内战后，摩门教徒继续从新墨西哥和东部引进优质羊种，不断改良羊群。到19世纪80年代初，在犹他北部和中部建立起了大牧羊场。沿科罗拉多河和绿河流域，也放牧了大量羊群。犹他的牧羊业非常兴旺，牧区有过载的趋势。摩门教徒对整个大盆地牧羊业的发展做出了贡献。爱达荷、蒙大拿和怀俄明牧区的羊群主要来自太平洋沿岸各州和犹他州，也有一些来自东部。这些北部牧区，被优质而富有营养的牧草所覆盖。那里的牧羊业发展很快，能出产优质的羊毛和羊肉。1870年，羊群出现在怀俄明。到1886年，该领地拥有的羊已有250万只；至1900年，则猛增到2,750万只[4]。这一年，西部牧区共产羊3,800多万只，其中山区“八州”占大多数[5]。

西部牧羊业对美国经济产生了重要影响。到20世纪初，羊与牛在国民经济中的地位已经固定下来。1900年，西部羊的产量达到了最高峰，约占全美国总产量6,150万只的62%，西部羊的数量超过了牛的数量。牛主要占据大平原地区，羊的70%分布在山区各州[6]。山区“八州”中每个州的羊的数量都超过了牛。如怀俄明在1902—1910年，其羊的数量达600万只，而牛则不足100万头[7]。在1865—1900年，从西部向东部被驱赶的羊约有1,500万只[8]。这些成功的长途驱赶，不仅使牧羊业在密西西比河以西的经济中具有决定性的影响，而且也保证了西部对东部的优势地位。西部各州向东部输送了大量羊毛，为美国毛纺织业的发展做出了贡献。怀俄明在20世纪的头25年中，

---

① E. O. Wooton, *The Range Problem in New Mexico*, Las Cruces, 1908, p. 24.

② LeRoy R. Hafen, W. Eugene Hollon and Carl C. Rister, *Western America*, p. 434.

③ Howard R. Lamar, *The Reader's Encyclopedia of the American West*, p. 42.

④ Ernest S. Osgood, *The Day of the Cattleman*, p. 230.

⑤ Howard R. Lamar, *The Reader's Encyclopedia of the American West*, p. 1104.

⑥ Fred A. Shannon, *The Farmer's Last Frontier: Agriculture, 1860-1897*, p. 208.

⑦ Howard R. Lamar, *The Reader's Encyclopedia of the American West*, p. 1292.

⑧ Robert E. Riegel and Robert G. Athearn, *America Moves West*, p. 488.

其羊毛年产量达到布里斯宾夸张的预测总量的13%，为3,900万磅[①]。犹他的羊毛年产量也达150万磅，有3/4运往东部。摩门教徒把手纺车、织机和梳毛机带入犹他。不久，羊毛的加工和制造从家庭移入工厂，羊毛制造业兴旺起来。到1882年，犹他已有10家羊毛厂，其中一家工厂装备了3,000枚锭子。毛纺织厂和摩门教徒的其他企业一样，采用合作制。最大的是普罗沃制造公司。这些毛纺厂加工了整个大盆地所产羊毛的1/4，余下的运往东部，制成毛毯和衣服后再返销西部[②]。

养羊业在当今美国西部仍很重要，特别是在印第安人保留区、山区和半干旱地区更是如此。在新墨西哥、犹他、爱达荷、内华达和得克萨斯西部辽阔的爱德华高原地区，绵羊的产量超过了牛。在亚利桑那、科罗拉多、怀俄明和蒙大拿，也出产大量优质羊毛和肉羊。怀俄明州在20世纪60年代，其农业年收入为2亿美元，养羊业占其中的15%[③]。亚利桑那州在1982年仍饲养了37.7万只羊[④]。由于这些地区暴风雪和野兽较多，一般采用有围栏和羊舍的小群饲养方式。如在爱德华高地，牧场把几块牧草地围起来，实行科学养羊。被雇用的牧工骑马巡查围篱，捡回运货车，修理风车，医治病羊，防范野兽侵袭；在牧羊场主监督下，以高超的技术阉割羔羊。牧羊时，牧羊人多半带一台晶体管收音机，吃住在一辆小吨位的野营车上，他们从吉普车、飞机或直升飞机上得到供应品。以这种机械化运作的方式养羊和放牧，在西部多是以较小羊群为单位。牧羊犬仍然是牧羊人必要而忠实的伙伴。在山区，依旧保持小道赶羊的习俗。由于工资低，很难雇到合适的牧羊人。一些牧羊场主雇用非法进入美国的墨西哥流动工人。牧羊场主自己也做很多工作。他们不再完全依赖羊毛和羊肉的生产而生存，而是在牧羊场采取多种经营方式。

（原文载《世界历史》，1999年第4期）

---

① Fred A. Shannon, *The Farmer's Last Frontier: Agriculture, 1860-1897*, p. 210.

② LeRoy R. Hafen, W. Eugene Hollon and Carl C. Rister, *Western America*, p. 435.

③ Howard R. Lamar, *The Reader's Encyclopedia of the American West*, p. 1293.

④ 吴纪先主编：《美国五十州》，武汉：武汉大学出版社，1989年，第425页。

美国大平原北部放牧业的发展及经验教训

美国大平原放牧业的起源可以追溯到西班牙统治时期。牧牛业主要集中在得克萨斯东南部地区，牧羊业的中心在新墨西哥。美国内战以后，牧牛业和牧羊业迅速向大平原扩展。特别是在 19 世纪 70—80 年代，放牧业占据了大平原南部牧区后又向北部扩展，使内战前被美国人称为不能生存的“大荒漠”成为重要的肉类生产基地。美国大平原北部的牧草资源是怎样得到开发利用的？大平原北部放牧业的发展给我们留下什么经验教训？本文拟对这些问题作初步论析。

一、偶然发现与历史机遇

美国大平原东起密苏里河，西至落基山脚下，南始美墨边界格兰德河，北达美加边界，为美国本土面积的 1/5。它包括科罗拉多，蒙大拿，新墨西哥，怀俄明，南、北达科他，堪萨斯，内布拉斯加，俄克拉何马和得克萨斯十个州的一部分①。美国大平原实际上是一个被草地覆盖的干旱高原，落基山麓的海拔为 5,000—6,000 英尺，向东逐渐递减，东部边界降至 1,500 英尺②。大平原是显著的大陆性气候，冬冷夏热，多风，降水量少，气温变化剧烈。

① Lawrence I. Seidman, *Once in the Saddle: The Cowboy's Frontier, 1866-1896*, New York: Alfred A. Knope, 1973, p. 15.

② *The New Encyclopedia Britannica*, Micropedia, Vol. 5, Chicago: Encyclopedia Britannica Inc., 1998, p. 778.

南部平原降水较多，得克萨斯年均降水量为 21 英寸，向北递减，蒙大拿短草地区为 14 英寸；内布拉斯加东部降水量较多，西部干旱地区雨量较少；大平原年均降水量少于 20 英寸，西部干旱地区不足 10 英寸；沙漠地带只有 5 英寸①。美国大平原的主要植物是草，树木很少，阔叶树散见在沿河流地带，松树等多长在山岩之上。在人类拓居之前，美国大平原的辽阔草原是野牛和羚羊等食草动物的栖息地。科学家把怀俄明东南拉勒米保附近向东北延伸到内布拉斯加中部以北的瓦伦泰恩城一线，作为美国大平原的南北天然分界线。19 世纪的西部牧场主和牛仔都把内布拉斯中部以北的地区称为北部平原，往南则叫南部平原②。在美国内战以前，南部平原只有得克萨斯的牧牛业和新墨西哥的牧羊业得到了一定程度的发展，大平原丰富的牧草资源基本没有被开发利用。特别是在北部平原，放牧业尚未起步。直到 19 世纪 70 年代，那里依然保持原始草原的自然风貌，这是 19 世纪初穿越大平原的探险者和军人的误导所致，他们认为人和动物都难以在寒冷和多雪的北部平原生存。这种误导长期影响着美国人，直到内战后在地图上还把大平原称为“美国大沙漠”③。一个偶然发现使美国大平原北部的重要价值被发现。

E. S. 纽曼首先发现了北部平原的牲畜育肥效果。1864—1865 年，纽曼引领着一列满载的运牛车横越大陆，在拉勒米平原遇到了大雪，他不得不把快要因冻饿而死的牛留下。次年 3 月，纽曼再到那里，惊奇地发现那些牛不但没有死掉，而且长肥了。这一偶然事件使纽曼认识到，牲畜在北部平原的寒冷地带不仅能生存，而且能够长膘。此后纽曼兄弟成了北部平原的主要牧场主，他们在怀俄明拥有两个牧场，其他牧场建在内布拉斯加、印第安人领地和得克萨斯西部④。纽曼的意外发现被广为流传，北部平原作为天然牧场的价值被证实。

美国第二次工业革命为大平原北部放牧业的兴起提供了重要的历史机遇。内战以后，美国的第二次工业革命随之兴起。工业化和城市化的迅猛发展加

---

① Walter P. Webb, *The Great Plains*, Waltham: Blasdell Publishing Company, 1959, pp. 19, 21.

② David Dary, *Cowboy Culture: A Saga of Five Centuries*, Lawrence: Kansas University Press of Kansas, 1989, p. 227.

③ Howard R. Lamar, *The Reader's Encyclopedia of the American West*, New York: Thomas Crowell Company, 1977, p. 461.

④ Don Worcester, *The Chisholm Trail: High Road of the Cattle Kingdom*, New York: University of Nebraska Press, 1980, p. 15.

大了对肉类、粮食和原料等的需求，仅靠大平原以东地区的生产已难以满足这种需求。为此，美国政府加大了西部开发的力度。牧业、矿业和农业三大开发性行业与工业化同步，在西部迅速兴起。正是这种难得的历史机遇，为大平原北部的牧业开发提供了市场和诸多有利条件。牧场主们抓住了这种机遇，利用北部平原丰富的牧草资源建立牧场，使那里的牧牛业和牧羊业迅速发展起来。

国内外市场对肉类日益增加的需求，促进了大平原北部放牧业的发展。第二次工业革命加速了美国城市化的进程，美国城市人口迅速增加。在1860年，80%的美国人居住在农村，但到1890年，美国超过8,000人的城市达到448个，到1900年，其城市人口增加到40%①。在美国城市对肉类需求日益增加的同时，其牛肉产量在19世纪60年代却因为内战减少了7%②。城市化为牧业生产开辟了巨大的国内市场，特别是东部城市，更需要大平原牧区源源不断地输送牛羊和肉类。在国内市场对肉类需求不断增加的情况下，欧洲市场对美国牛肉的需求量也迅速递增。19世纪60年代，英国的肉类供应出现了严重问题。一方面是因为工业化深入发展和城市人口的增长加大了供求矛盾；另一方面是因为欧洲大陆的牛群遭受炭疽病侵袭，从爱尔兰传到英国的口蹄疫迅速蔓延，导致数百万头牛被屠杀，使牛肉生产大幅度下降。在英国市场急需牛肉的时候，美国西部牧区成了重要的货源供应地。如1876年，有38万头活牛和1.444336亿磅冷藏牛肉从美国出口到英国；到1879年，美国输往英国的活牛达75.931万头，冷藏牛肉为5.5973亿磅③。美国从1860—1890年向西欧出口的肉类和动物制品的贸易额从150万美元上升到1,730万美元④。国内外市场对肉类需求的增加，为美国大平原北部放牧业的发展注入了巨大的经济推动力。

联邦政府的土地政策加速了大平原北部放牧业的发展。美国政府掌握的最大财富是土地，它以赠予土地和优惠的土地政策作为加速工业化和促进西部开发的重要措施。继1863年实施《宅地法》之后，美国国会在1873年、

① Rebecca Brooks Gruver, *An American History*, Vol. II, Reading: Addison-Wesely, 1976, p. 632.

② Ernest S. Osgood, *The Day of the Cattleman*, Chicago and London: The University of Chicago Press, 1929, p. 28.

③ Herbert O. Brayer, "The Influence of British Capitalon the Western Range Cattle Industry", *Journal of Economic History*, Vol. 9, 1949, p. 89.

④ Ernest S. Osgood, *The Day of the Cattleman*, p. 99.

1877年和1878年，分别通过《育林法》《荒地法》《木材和砾石法》等作为《宅地法》的补充措施。其中1877年的《荒地法》是国会在牧场主的压力下通过的。在1862—1890年，联邦政府共拨出8,000万英亩土地，但其中为宅地移居者购买的仅有60万英亩①。根据《荒地法》购买了荒地的农民，因无力在三年内完成"灌溉"的任务②，有3/4的人放弃了预购的土地③，大部分土地落入了牧场主手里。19世纪70—80年代是大平原北部放牧业迅速发展的重要时期，而联邦政府的多项土地优惠政策使牧场主成了最大的受益者。许多土地冒领者以好几个化名登记申请土地，然后再转手卖给牧场主或牧业公司。牧场主也鼓动雇用的牛仔和牧羊人去申请土地，再倒手转归牧场。牧场主和牧牛公司巨商利用"优先占有权"和"优先购买权"等自定的规则，把法律上连一英寸也不属其所有的公用草地据为己有。他们利用联邦政府的土地优惠政策，在大平原北部随意放牧畜群。

横贯大陆铁路的修建，为大平原北部放牧业的发展提供了现代化的便利运输条件。继1869年第一条横贯大陆铁路贯通之后，在十余年间，圣菲铁路、北太平洋铁路和伯灵顿铁路不断向西部延伸。到1893年，美国在内战结束后不到30年的时间里，建成了5条横贯大陆的铁路干线，形成了西部的庞大铁路网，并与密西西比河以东的铁路相连，促成了全国统一市场的形成与发展。一些铁路穿越大平原北部，许多车站成为集散牲畜的贸易牛镇。现代铁路解决了牛羊及肉类的外运问题，缩短了大平原北部牧区与美国东部和欧洲市场的距离。各铁路公司把铁路两侧的政府赠予土地出售或出租给牧场主和牧业公司。便利的运输条件使牧牛业和牧羊业一直推进到大平原北部的美加边界。

如果说纽曼的意外发现是使牧场主们认识大平原北部牧区开发价值的偶然事件，那么上述国内外市场对肉类的需求、联邦政府的政策、现代化运输条件则是工业化和城市化所提供的必然历史机遇的产物。如果没有第二次工业革命提供的历史机遇，那么纽曼的偶然发现可能会使少数牧场主去北部牧

---

① Ray A. Billington, *Westward Expansion: A History of the American Frontier*, 4th Edition, New York: Macmillan Publishing Co. Inc., 1974, p. 611.

② Marion Clawson, *The Land System of the United States*, Lincoln: University of Nebraska Press, 1968, p. 65.

③ Ray A. Billington, *Westward Expansion: A History of the American Frontier*, p. 608.

区经营牧业，但不会形成群众性的大规模开发，北部平原的放牧业也不会迅猛而起。

二、北部平原放牧业的发展

在美国第二次工业革命提供了难得历史机遇的前提下，下列因素促成了大平原北部放牧业的迅猛发展。

首先，大平原南部已出现载畜量过多的现象。美国大平原南部包括内布拉斯加中线以南以及堪萨斯、科罗拉多、新墨西哥、得克萨斯和俄克拉何马等州和领地。南部平原地势平坦，偶有河流、峡谷和孤山出现，草原地带多生长格兰马草和野牛草等短草，气候也不像北部平原那样寒冷，大平原南部非常适合放牧。因为牧业生产是美国内战后最赚钱的行业之一，所以牧牛业和牧羊业迅速在南部平原扩展开来。牧牛业先从它的“摇篮”得克萨斯南部菱形地区向北扩及全州，从1867年以后，得克萨斯内战期间贮存的500万头牛被大量驱赶到东北部的堪萨斯，在阿比林和道奇城等牛镇装火车运往美国东部①。不能作为肉牛出售的牛便留在堪萨斯的草原上过冬、育肥。到19世纪60年代末70年代初，大牧场布满了堪萨斯的大部分地区。该州拥有牛的头数由1860年的9.3455万头猛增到1880年的153.3533万头②。科罗拉多位于得克萨斯的西北角，那里的牧牛业因1859年的“淘金热”而起，19世纪60年代中期以后发展迅速。1866年，丹佛附近仅有2万头牛。到1880年，该领地的牛达79.1492万头③。位于得克萨斯西部的新墨西哥，到19世纪80年代，主要是由羊群占据。1881—1882年，圣菲铁路和南太平洋铁路修到新墨西哥，大量得克萨斯长角牛进入新墨西哥牧区。到1890年，新墨西哥已拥有134万头牛④，导致了牛羊在牧区激烈竞争的局面。在其他牧区，这种牛羊争牧的情况同样激烈。得克萨斯的牧羊业在内战后迅速发展起来，至1884年，其饲养和放牧的绵羊上升到660万只，在1883—1887年，得克萨斯每年的产羊量都

① Ray A. Billington, *Westward Expansion: A History of the American Frontier*, p. 583.

② Ray A. Billington, *Westward Expansion: A History of the American Frontier*, p. 580.

③ Ray A. Billington, *Westward Expansion: A History of the American Frontier*, p. 580.

④ Warren A. Beck, *New Mexico: A History of Four Centuries*, Norman: University of Oklahoma Press, 1962, p. 262.

超过内战结束时该州500万头的最高存牛量①，到19世纪80年代，得克萨斯这个牧牛大州成了养羊大州。在内战后12年的时间里，约有150万只羊被从新墨西哥驱赶到堪萨斯、内布拉斯加和科罗拉多等州②。科罗拉多的产羊量在1880年达到74.6443万只③。到19世纪末，美国饲养的羊有1/4是在科罗拉多育肥的④。得克萨斯东部的俄克拉何马在1889年前是印第安人的保留地，牧场主们还不能进入。在内战后十余年时间里，南部平原有草的地区已经布满牛羊，且严重超载放牧。牧场主们要想继续扩大放牧规模，不得不去大平原北部占据新的放牧区。

其次，大平原北部有丰富的牧草资源和水源，具备牛羊生存繁衍的条件。因为北部平原有更多的峡谷和孤山，地势更加起伏。再往北，山脉中断了平原的连绵。北部平原包括内布拉斯加北部以及北达科他、怀俄明和蒙大拿。内布拉斯加西北部是地势起伏的草原，在1889年前，南、北达科他同属一个领地。开发前纵贯现南达科他境内的密苏里河，把它分成东西大体相等的两部分，东部是无树的辽阔草原，西部是绵延起伏的高原，很多地方水草丰美⑤。现今的北达科他在开发之前，除2%的林木外都是草地⑥，南、北达科他全年都适合放牧。蒙大拿东部平原地带有格兰马草、针芒草、绿针线草和穗序冰草等，在西部山地有矮树、灌丛和蓝茎草等，适宜放牧⑦。怀俄明的草类有150余种，包括野牛草、蓝茎草、蓝节草、匍匐冰草等。野生短草覆盖东部平原和山谷⑧。蒙大拿和怀俄明的牧草在夏天很少受气候的侵袭。每年秋季霜冻前，大部分草都不会枯黄，在整个冬季，这些草成了牲畜美味的饲料。此外，还有一些灌丛供牛羊食用。在北部平原地区，有河流、湖泊和溪流为牲畜提供饮水地。美国大平原北部到处都能为牛羊提供不花钱的天然牧草，

---

① Paul H. Carlson, *Texas Woolly Backs: The Range Sheep and Goat Industry*, College Station: Texas A & M University Press, 1982, p. 69.

② Charles W. Towncand Edward. N. Wentworth, *Shepherd's Empire*, Norman: University of Oklahoma Press, 1946, p. 170.

③ Charles W. Towncand Edward. N. Wentworth, *Shepherd's Empire*, p. 169.

④ Charles W. Towncand Edward. N. Wentworth, *Shepherd's Empire*, p. 172.

⑤ *The Encyclopedia of Americana*, Vol. 25, Danbury: Grolier Incorporated, 1997, p. 317.

⑥ *The Encyclopedia of Americana*, Vol. 20, 1997, p. 439.

⑦ *The Encyclopedia of Americana*, Vol. 19, 1997, p. 394.

⑧ *The Encyclopedia of Americana*, Vol. 29, 1997, p. 577.

这是那里的放牧业兴起与发展的重要基础。

最后，稳定和旺销的市场是大平原北部放牧业发展的推动力。到1876年，大平原的牧业已从三年前的经济危机中复苏。随着美国经济状况的好转，牛价开始上涨。从1876—1880年，大平原的牧牛业有了一个勃兴而稳固的市场。1878—1879年，在牧区一头普通的牛仅卖到7—8美元。到1880年年底，一头长角牛的价格上升到9.5美元①，在东部市场，可卖到50美元。一头发育好的大平原东北部牧区的牛售价为60美元②。因市场对肉类需求的剧增，牧场主们从三年前买的牛身上获利300%③。1880—1881年严冬以后的数年中，牛肉价格在市场上一直居高不下，而羊肉价格一直较为平衡，美国人普遍开始接受更多的羊肉。美国大平原的牧场主要为西部的筑路员工、采矿营地、军事哨所、城镇和保留区的印第安人提供肉类供应，有广泛的地方市场；还要向东部城市和西欧供应牛肉和肉制品。正是国内外市场的巨大需求推动了美国大平原北部放牧业的迅速发展。

上述多种因素使放牧业迅速在北部平原勃兴。1860年，内布拉斯加产牛仅为3.7197万头。1870年，约翰·布拉特在北普拉特设总部建立牧场。桑德丘陵的价值被认识后，其他牧场主都在那里经营牧场。19世纪70年代，内布拉斯加的牛产量几乎增加了3倍④，到1880年，该州的牛产量猛增到111.3247万头⑤，牛群已广及全州。达科他在1860年尚无牛的踪迹，那里的牧牛业因1875—1876年的布莱克山“淘金热”而起。因矿区对肉类需求的增加，1878年牧牛业的边疆推进到达科他领地。从德国移居美国西部的年轻人安德鲁·福格特到了达科他领地的北部，牧养赫里福德牛、良种马和羊。1882—1896年，斯蒂尔·菲利浦把他牧牛业的范围从布莱克山扩大到南达科他巴德河县内。约翰·D. 黑尔从1880年起在迪尔福德经营牧场。两年后，黑尔经营牧场的范围从南达科他扩展到了怀俄明的克鲁克县。以上三人是达科他最成功的牧场主。到1880年，牧场主占据了达科他的整个牧区，是年，该领地的存牛量

---

① Walter P. Webb, *The Great Plains*, p. 254.

② Walter P. Webb, *The Great Plains*, p. 255.

③ Walter P. Webb, *The Great Plains*, p. 235.

④ Howard R. Lamar, *The Reader's Encyclopedia of the American West*, p. 810.

⑤ Ray A. Billington, *Westward Expansion: A History of the American Frontier*, p. 590.

已达14.0815万头①。

位于南达科他西部和科罗拉多北部的怀俄明也被开发成放牧区。怀俄明冬季严寒，但有丰富的牧草资源。其东部平原到处生长着丰美茂盛的鼠尾草，还有较好的牲畜饮水地，西部山区也间杂着一些绿草地，适合大规模放牧。在放牧业向大平原北部拓展的过程中，怀俄明是受得克萨斯牧牛业影响较大的放牧区之一。1860年怀俄明属无牛区。1868年，科罗拉多的牧场主J.W.艾利夫成为第一个从得克萨斯把长角牛赶到怀俄明夏延平原的人。次年，又有一些得克萨斯牛被赶到夏延附近。1870年有7.1万头得克萨斯牛被赶入怀俄明②，1871年赶入的牛为9万头③。直到1875年前，怀俄明的牧牛业仍处于起步阶段。牧场主们主要是在地势起伏、水草丰美的拉勒米河谷放牧牛群。多数牛群在千头左右，达万头的只有两群④。1881—1885年是怀俄明牧牛业的繁荣时期。牧场扩展到一切有草的地方。牧区抵达北部与沙漠临界地区和西部山区。1885年，怀俄明的牛达到900万头⑤。

在怀俄明北部的蒙大拿，东部占其面积的2/3，属北部大平原的一部分，适合放牧。1871年，蒙大拿开始放牧得克萨斯牛。一些牧场主是因比弗黑谷附近有采矿营地而驱赶牛群到那里放牧的。但因矿区人口增长不快、附近没有铁路等因素，到1874年那里超出矿区市场需求的牛已达1.7万头，成牛价每头下跌到10美元⑥。蒙大拿的牧场主们认识到他们未来的市场在东部而不是矿业营地，为了获取高额利润，蒙大拿的牧场主不惜花费两个月的时间，向南长驱400英里，把牛群赶到怀俄明境内的格兰杰，装火车运往芝加哥等地。蒙大拿的牧牛区由西南部的山区谷地扩展到东部辽阔的草原地区。在1880年，蒙大拿东部草原地区实际上还是无人区，包括奶牛和公牛在内总量仅为25万头，那里是动物的世界。然而，到1883年秋，这片牧区已见不到

① Ray A. Billington, *Westward Expansion: A History of the American Frontier*, p. 590.

② Phillip Durham and Everett L. Jones, *The Negro Cowboys*, Lincoln and London: University of Nebraska Press, 1960, p. 125.

③ Robert G. Athern, *High Country Empire: The High Plainsand Rockies*, Lincoln: University of Nebraska Press, 1960, p. 138.

④ David Dary, *Cowboy Culture: A Saga of Five Centuries*, p. 241.

⑤ Ray A. Billington, *Westward Expansion: A History of the American Frontier*, p. 589.

⑥ Ernest S. Osgood, *The Day of the Cattleman*, p. 45.

一头野牛，其他动物也很少了，与之形成鲜明对照的是家牛的数量却增加到60万头①。

在牧牛业向北部平原迅速扩展的同时，牧羊业也向那里推进。牧羊业扩展到南、北达科他西部，东部则发展成饲养羊的育肥地。达科他的羊群主要来自怀俄明、新墨西哥、科罗拉多和蒙大拿等牧羊区。从1890—1900年，南达科他拥有的绵羊由23.8448万只增加到77.5236万只②；北达科他的绵羊由13.6413万只增至68.2万只。怀俄明在1870年仅有羊6,409只，到1880年增长到14.0225万只；同期蒙大拿拥有的羊则由2,024只升至18.4277万只③。在19世纪80年代，怀俄明和蒙大拿继续增加产羊的数量，到1900年，分别达到500余万只和600余万只④。牧羊的范围已扩及整个北部牧区。

美国大平原北部的放牧业从19世纪70年代起步，在十余年的扩展中，放牧区遍及整个北部平原。从1880—1885年，北部牧区的牧牛业达到鼎盛时期，那里的牧羊业随之迅猛发展起来。大平原北部牧区也形成牛羊争草、争牧的激烈竞争局面。

三、经验教训

在大约15年的时间里，美国大平原北部的放牧业经历了迅猛发展的过程。在农场主进入北部平原前，牧场主占据北部平原辽阔的草原地区，无节制地扩大他们的牛群和羊群。北部平原的牧业开发是在美国工业化和城市化迅速发展的大背景下进行的，带有自由资本主义向垄断资本主义过渡的明显时代特点。大平原北部放牧业的发展给后世留下了诸多的经验与教训。

大平原北部放牧业的发展，使相当于半个欧洲的大平原地区成为美国重要的牛羊生产基地。在19世纪70年代，大平原南部牧区已被牧场主占据时，北部的牧草资源还未被开发利用。然而，到19世纪80年代中期，牛群已占满整个北部牧区。1886年，怀俄明领地的产牛量达到最高峰，为900万头⑤。到1890年，蒙大拿、怀俄明的产羊量分别达到600万只和500万只，而这一

---

① David Dary, *Cowboy Culture: A Saga of Five Centuries*, p. 249.

② Edward N. Wentworth, *America's Sheep Trails*, Ames: The Iowa State College Press, 1948, p. 342.

③ Charles W. Townc and Edward N. Wentworth, *Shepherd's Empire*, p. 169.

④ Edward N. Wentworth, *America's Sheep Trails*, p. 285.

⑤ Ray A. Billington, *Westward Expansion: A History of the American Frontier*, p. 597.

年“牧羊帝国”发源地的产羊量为400万只[①]，两个北部牧区的产羊量超过新墨西哥，位居前两位。北部牧区的产畜量已经超过大平原南部一些州，成为重要的牛羊产地。

大平原北部放牧业的发展有力地支持了美国西部的开发。北部平原牧区的开发为矿业营地、筑路员工提供了肉食供应，促进了牛镇在大平原北部的兴起和肉类生产、加工、贮运的现代化。1866年，约翰·格兰特将4,000头牛和200匹马放牧在蒙大拿的草地上，就是为了向那里的采矿者供应肉食和马匹。十余年后，该领地发展成为巨大的牧牛区[②]。1869年怀俄明的夏延成为联合太平洋铁路的一个途经站。牧场主们随后把牛群放牧到夏延平原，也是为了向筑路员工和在南山口的探矿者供应牛肉。达科他领地的牧场主因向淘金者和大北铁路的筑路工人出售牛肉而不断扩大经营规模。北部牧区放牧业的发展，对那里的矿业开发和铁路修建给予了有力的支持，保证了肉食和运输畜力的供应。随着大平原北部放牧业的发展，牛贸易迅速兴起。一些铁路车站成为牛群集散和外运的牛镇。北达科他的迈多拉、蒙大拿的海伦娜和迈尔斯城及怀俄明的夏延、拉勒米和格兰杰等都成了牲畜外运的站点，其中尤以夏延最为著名。1870年，第一批怀俄明牛从夏延装火车运往欧洲市场[③]。1885年秋，从夏延外运的牛多达200万头[④]。上述牛镇因牲畜贸易兴旺成为当地的经济、政治和文化中心。

大平原牛羊的销售市场主要在美国东部城市，但在19世纪70年代以前，往东部输送的主要是活畜，肉类加工也主要由几个小公司分别完成屠宰、鲜肉处理和包装等工序。生产的分散和运输的消耗造成肉类加工生产的成本很高，运输、生产环节的落后制约着牧区和市场供需的发展，这一矛盾促使肉类生产方式以现代化的手段加以解决。1877年，出生在马萨诸塞州的肉商古斯塔夫·F. 斯威夫特完成了这一改革。他从芝加哥用铁路冷藏车装运宰杀的鲜牛肉，成功抵达美国东海岸的波士顿[⑤]，实现了开辟国内市场的改革。到

---

① Edward N. Wentworth, *America's Sheep Trails*, p. 285.

② LoRoy R. Hafen, W. Eugene Hollon and Carl Core Rister, *West America*, p. 332.

③ Robert G. Ferris, ed., *Prospector, Cowhand and Sodbuster*, Washington: National Park Service, 1967, p. 250.

④ John K. Rollinson, *Wyoming Cattle Trails*, Caldwell: The Castion Printers, Ltd., 1948, p. 250.

⑤ *The Encyclopedia of Americana*, Vol. 26, p. 132.

1885年，斯威夫特的公司总部设在芝加哥，在圣路易斯、堪萨斯城和奥马哈等城市建立了加工厂。该公司实行包括牲畜采购、屠宰加工、冷藏运输的现代化经营模式，它和美国东北部城市零售商联合经销，甚至在东京、上海和马尼拉等城市都设立了分销店。19世纪80年代，与斯威夫特公司同时建立的还有阿穆尔、摩里斯和卡达希等人的公司。这些大公司创建了不需要批发商的全国市场销售网。芝加哥、圣路易斯、堪萨斯城和奥马哈等中西部城市成了美国肉类加工、包装和罐头制造业的中心。在芝加哥等城市建立现代肉类生产企业，正是大平原北部放牧业发展的巅峰时期。怀俄明和蒙大拿等北部牧区比南部平原一些州的牧区向各个肉类加工生产中心输送了更多的牛羊。大平原北部放牧业的发展对吸引美国肉类和罐头制造业中心西移和生产方式的现代化起了重要的促进作用。

为适应市场经济和规模化生产的需要，大平原北部的放牧业引入了大量的国外资金，实行大公司经营。美国大平原的牧业生产方式完全不同于密西西比河以东的方式。在美国东部，牛羊是在农场的固定围栏里饲养，大平原的牲畜是在巨大、辽阔的牧场上放牧。西部一个牧场相当于东部千余个农场的面积，拥有的牛羊数以万计。牛羊被散放在大牧场里，甚至任畜群在公共牧区四处漫游。不同牧场的畜群混在一起，只有到春秋赶拢时，才被围拢起来，通过母幼畜的亲子辨别和打烙印，分清归属。在19世纪60年代，大平原多见的是个体牧场。19世纪70年代，为扩大经营规模和吸引资金，合伙经营的牧场越来越多。19世纪80年代是美国企业公司化迅速发展的时期，不仅在工矿企业中有大量公司涌现，牧业公司在大平原牧区也风靡一时。

在北部平原放牧业繁荣的19世纪80年代，涌现了许多牧业公司。因为牧业是美国当时最赚钱的行业之一，吸引了很多美国东部和欧洲资本流入大平原北部牧区。在怀俄明，仅1883年建立的土地牧牛公司就有20个，每个公司的资金由2万美元到300万美元不等①。在19世纪的最后20年，怀俄明共建立了188家牧牛公司，吸引了9,409.58万美元的投资②。这些牧牛公司的资金主要来自美国东部的投资者，也有一些外国资本投入。外国投资以英国最多。英国资本主要流向了大平原南部，但也有一些投在了大平原北部。

① Robert V. Hine, *The American West: An Interpretive History*, Boston: Little, Brownand Company, 1973, p. 128.

② Gene M. Gressley, *Bankers and Cattlemen*, Lincoln: University of Nebraska Press, 1966, p. 128.

1882—1886 年，由英国投资建立的牧牛公司在怀俄明、蒙大拿和达科他分别为 7 家、3 家和 2 家[①]。在 19 世纪 80 年代，大平原北部建立的牧牛公司主要是股份有限公司。牧业公司经营的大牧场与中小牧场相比具有明显的优势。1883 年成立的斯旺土地牧牛有限公司吸引了 375 万美元的苏格兰资本[②]。它号称有 12 万头牛，放牧在 1,500 平方英里的范围之内[③]。沃伦土地家畜公司以牧羊为主，到 1889 年，该公司拥有 28.4 万英亩的土地，羊群的冬季育肥地设在内布拉斯加。沃伦土地家畜公司保持着 38 处牧场房屋和遍布整个放牧区的牧羊点。各个牧场用电话相互联系，这在当时是十分令人吃惊的。1884 年，该公司只有 2.5 万只羊，到 1891 年，其绵羊猛增到 11 万只，还有 2,500 只山羊和 2,000 匹马[④]。以上两家公司都是在怀俄明建立的著名大牧业公司。在大平原北部牧区，这样的大牧业公司还有不少。牧业公司经营的大牧场具有多方面的优势。牧业公司大规模放牧牛羊，可以提高利润。因为大规模放牧增加了畜群的数量，能相应减少成本费用，节省劳动力和运费，增加每年牛羊的上市量，这样就能使利润提高。牧业公司有充足的资本来源，能应对市场的涨落变化。因为有资金的保证，大牧业公司能在市场萧条时把畜群贮养起来，等市场价上涨时再出售。雄厚的资本使大牧业公司采用新的现代企业管理方法经营牧业。它们试种牧草，改进牧养方法，引进优质畜种，提高牛羊产肉的质量，减少牲畜死亡率。在冬季，大牧业公司试验围栏饲养，保证牲畜的存栏率。如沃伦土地家畜公司在一块土地上修建了 30 英里长的主渠和 65 英里长的横渠进行灌溉，种植牧草。这块土地年产干草 1,800 吨，可以喂养大约 7 万只羊[⑤]。通过多种措施，牧业公司能保证其牛羊在市场上的竞争力。

美国大平原北部牧区的市场竞争优势表现在它能为消费者提供越来越多的优质肉。美国内战以后，由于肉类市场供需严重失衡，消费者只要有肉吃就行，口味并不挑剔。从大平原输往美国东部市场的主要是得克萨斯长角牛和新墨西哥丘罗羊的后代，长角牛和西部羊的肉质差，坚硬，无脂肪，多筋

---

① Herbert O. Brayer, *The Influence of British Capitalonthe Western Range Cattle Industry*, pp. 90-91.

② David Dary, *Cowboy Culture*: *A Saga of Five Centuries*, p. 52.

③ Lewis Atherton, *The Cattle Kings*, Lincoln and London: University of Nebraska Press, 1961, pp. 208-209.

④ Edward N. Wentworth, *America's Sheep Trails*, p. 313.

⑤ Edward N. Wentworth, *America's Sheep Trails*, p. 313.

且难以咀嚼。到19世纪70年代，由于大量美国东部的农场主移居密西西比河以西，东部饲养的牛羊被带到大平原。在堪萨斯未卖出的长角牛与来自东部的赫里福德牛和安格斯牛杂交后，产生一个新的牛种“白脸牛”。白脸牛膘肥体壮，兼有东部牛的体重与得克萨斯长角牛的体力，能经受大平原北部牧区的寒冬，肉质鲜美，在芝加哥市场上可以卖到好价钱。一头白脸牛在北部牧区经过几年育肥后，送到最近的铁路车站，可以卖到50—60美元的高价。牧场主为了获利，往往在南部牧区买7—8美元一头的长角牛赶到北部牧区①。长角牛在那里与赫里福德牛杂交，繁衍优质牛。由于肉质鲜嫩的白脸牛越来越受美国东部消费者的青睐，结果使大平原北部牧区对赫里福德牛的需求量越来越大，导致一头这样的公牛价格被抬高到1,000美元②。为了在竞争中占得先机，斯旺土地牧牛有限公司在离夏延六英里的草地上牧养了700头纯种赫里福德牛，其中有500头是从英国进口的③。这样，该牧牛公司就能繁衍更多的杂交白脸牛，把它们输往东部市场。在19世纪80年代，美国市场对羊肉的需求量很小，但到20世纪初，市场的需求量发生了根本性的变化。1906年“美国全国家畜协会”成立时，它的会长弗兰克·J. 哈根巴斯宣称：“20年前一火车的羔羊就能满足芝加哥市场的需要，但现在每天需要2.5万只到3万只也不过剩。”④之所以发生这种变化，是由于怀俄明参议员沃伦为代表的牧羊场主不断进行羊种改良。他们淘汰掉成熟慢、肉质差的羊，代之以饲养大小适中和成熟快的优质羔羊，并把育肥的阉羊和羔羊提前上市出售。这种商品羔羊比完全育肥成熟的羊更令消费者满意。大平原北部牧区通过不断改良品种，向美国东部市场提供优质产品，以满足消费者挑剔的口味。

北部平原放牧业的发展在为美国工业化和西部开发做出了有益贡献的同时，也给后世留下了不少深刻的教训，有些失误甚至是难以挽回和补救的。

北部平原牧区的发展是一种掠夺性开发，破坏了那里的草原风貌和生态平衡。如前所述，开发前的北部平原，呈现一派一望无际的迷人草原风光。那里是野牛等野生动物的栖息场所，是印第安人世代生活的家园。在白人拓

---

① Ray A. Billington, *Westward Expansion: A History of the American Frontier*, p. 591.

② Ray A. Billington, *Westward Expansion: A History of the American Frontier*, p. 589.

③ Lewis Atherton, *The Cattle Kings*, p. 209.

④ Edward N. Wentworth, *America's Sheep Trails*, p. 580.

居者进入之前，北部平原保持着一个“草地—野牛—印第安人”的生态平衡链。丰茂的青草是野牛的食物，野牛是印第安人“奔跑的百货商店”，虽然印第安人为了生存要猎杀一些野牛作为食物和制作衣服等必需品，但不影响野牛的生息繁衍。美国内战以后，大平原的野牛有 1,000 万头以上①。内战后的西部大开发却完全改变了这一切。北部平原牧区的超载放牧和继之而来的农业开发首先毁灭了草地。北部平原虽然有丰富的牧草资源，但草地对牲畜的承载量是有限的。19 世纪 70 年代中期，在大平原牧养一头小公牛每年需要 10—30 英亩的天然牧草②。在北部平原干旱地带和矮草区，所需要的草地面积更大些。牧场主为利益驱使，放牧的牲畜之多远远超过了牧场的承载能力。斯旺土地牧牛有限公司在 60 万英亩的放牧区放牧的牛达 11.3 万头③，超出草地承载力的 2—5 倍。沃伦土地家畜公司的羊群在八年的时间里增长了 4.5 倍，还牧养着 4,500 头(匹)牛马，也是严重超载放牧。

在 19 世纪 80 年代中期，牧牛场已经占满整个平原的草地，形成严重的“牛吃牛”的过牧状况。同期，牧羊业在北部牧区迅猛发展，羊的数量此后还大大超过牛的数量。羊群不仅挤进平原地区，还占满牛不能攀登的山麓地带，过载的北部牧区形成牛羊争牧的相残局面。过多牛羊吃掉了有限的天然牧草，特别是羊吃草爱扎堆，一群羊挤在一起啃一片青草，把草齐地面全部啃光，在牧草稀疏的地段，甚至连草根都吃掉。在羊群过度放牧的地区，草原变得特别光秃，遇到干旱季节，那里的青草不再复生。牧场主们追求的是少投入、多获利，他们无节制地利用天然牧草扩大畜群，而不肯花费财力和人力去保护草原。这种一味索取、竭草而牧的结果导致超载过牧的现象日益严重，草原不断沙化，草地逐渐减少。给北部平原草地带来毁灭性后果的是拓荒农场主的涌入，19 世纪 80 年代，农场主凭借第二次工业革命发明的现代农机具和旱地耕作法征服了此前无法进入的北部平原。因为受交通、气候条件等因素的制约，拓荒农场主进入北部平原的时间较晚。在 1800 年，怀俄明领地仅有 2,000 英亩能够耕种的改良土地。在此后的十年间，农场主在该领地开垦了

① J. Frank Dobie, *The Longhorns*, New York: Grosset & Dunlap, 1943, p. xxi.
② Ernest S. Osgood, *The Day of the Cattleman*, p. 194.
③ David Dary, *Cowboy Culture: A Saga of Five Centuries*, p. 252.

200 万英亩的土地[①]。到 1890 年，他们已经建立了 1917 个灌溉农场[②]。1886 年蒙大拿领地的改良土地达到 400 万英亩[③]。四年后，那里的灌溉农场达到 3,076 个[④]。这种趋势表明，农场主在怀俄明和蒙大拿已经立住脚跟，农业区的扩展已经成为北部牧区无法阻挡的事实。到 1920 年，农场土地面积分别占到蒙大拿和怀俄明土地面积的 37％和 20％[⑤]。农场面积的不断扩大，意味着牧区面积的日益缩小。从 19 世纪 80 年代起，北部平原地区就进行着牛羊争草、农牧争地和因农毁牧的残酷竞争。牧牛场主、牧羊场主和农场主为自身的利益不择手段地围篱占地。19 世纪 80 年代中期，北部平原的农场和牧场都筑起了围篱。牛羊超载过牧造成了北部牧区的草地退化与沙化，而农场的迅速发展却彻底毁掉了草原。开垦成农田的草地从秋末到来年春播，都是干燥裸露的无禾土地。在多风季节，遂成为沙尘暴的发源地。

在北部平原的牧业发展中，竭草而牧和因农毁牧毁坏了草原美丽的自然风貌。北部平原遍布带刺铁丝网围篱，沙化的草原和裸露的旱地越来越多。北部平原生态平衡的物质基础"草地"遭受了严重破坏。野牛的灭绝又破坏了北部平原生态平衡的中间环节。到 1878 年，大平原南部的野牛因人为的大规模屠杀已经灭绝。至 1883 年，北部平原的野牛也被消灭殆尽。如在蒙大拿东部平原地区，在 1880 年野牛的数量有数十万头之多，超过家牛的数量，但到 1883 年，家牛占据了草原，野牛已经绝迹[⑥]。北部平原的野牛灭绝后，失去衣食所依的印第安人的土地被牧场主占有，最后被逐出了北部平原。在大平原放牧业发展中，掠夺性的开发不但使原有的草原美丽风光不再，而且那里的生态平衡链也被彻底毁掉了。

北部平原的牧业发展引发了许多牧区纠纷和流血冲突乃至"牧区战争"。在北部牧区，既有牧牛集团内部的矛盾，也有牧牛集团与牧羊集团的纠纷，还有牧业集团与农业集团的争斗。大平原北部放牧业的发展，具有美国从自由资本主义向垄断资本主义过渡的特点。一些大牧场和牧牛公司就是在兼并

① Ray A. Billington, *Westward Expansion: A History of the American Frontier*, p. 625.

② Ernest S. Osgood, *The Day of the Cattleman*, p. 232.

③ Robert V. Hine, *The American West: An Interpretive History*, p. 332.

④ Ernest S. Osgood, *The Day of the Cattleman*, p. 232.

⑤ Ernest S. Osgood, *The Day of the Cattleman*, pp. 235, 237.

⑥ Robert V. Hine, *The American West: An Interpretive History*, p. 128.

中小牧场的基础上发展起来的。斯旺土地牧牛有限公司合并了怀俄明东部的三个牧场，成为占地100万英亩、拥有10万头牛的大牧牛公司①。这种兼并的结果是怀俄明的个体农场主在19世纪80年代中期只剩了三人②。北部牧区的大牧场主和牧牛公司的巨商想独霸牧区，使他们与中小牧场主的矛盾越来越尖锐。在牧牛业集团内部，还存在着大平原南北牧区的利益冲突。在1884年11月召开的牧场主代表大会上，南部牧区的代表要求开辟一条由雷德河直达美加边界的"国家牛道"，以便畅行无阻地把牛群从南部驱赶到北部牧区。怀俄明和蒙大拿等北部代表坚决抵制③。在北部平原，牧牛场主与牧羊场主也经常发生流血冲突，1895—1912年，这类事件在怀俄明发生多起。牧场主组织蒙面武装骑手袭击牧羊营地，枪杀牧羊人和牧羊场主，他们用棒杀、投毒和把羊群逼下悬崖等残忍手段杀死了大量的羊。如在1895年6月的一次袭击中，一夜间有2,000只羊被棒杀④。1901年，沿格林河的四个牧羊营地同时遇到武装蒙面人的袭击，共有8,000只羊被乱棒打死⑤。1904年，一个牧羊场主的500只羊被毒死⑥。在大平原北部，争夺土地的斗争使牧牛大王与擅入的牧羊场主和农场主展开了"围篱"和"毁篱"之战。大牧牛场主和大牧羊场主在围圈租用的土地时，不但多占一些公共土地以扩大自己的牧场，而且把一些小农场和小牧场也圈进其铁丝网围篱中。在1886年，包括"斯旺土地牧牛公司"在内，有10家大牧牛公司被列入非法围篱的名单⑦。非法围篱占地的激烈冲突，导致发生"毁篱"之战。不但大牧牛场主和大牧羊场主之间互毁对方的围篱，而且小牧主和小农场主也介入其中。矛盾和冲突愈演愈烈，在1892年4月6日到13日，酿成了怀俄明的"约翰逊县战争"。这次"战争"是在怀俄明家畜饲养者协会的支持下，由大牧场主和牧业公司巨商精心策划和发动的。怀俄明家畜饲养者协会是牧区的真正主宰，统治怀俄明领地20余年，该协会的领导权在牧牛大王们的手中，怀俄明的总督、两名参议员和牧畜检察官等

---

① Ray A. Billington，*Westward Expansion：A History of the American Frontier*，p. 595.

② Lewis Atherton，*The Cattle Kings*，p. 198.

③ Ernest S. Osgood，*The Day of the Cattleman*，pp. 235，180.

④ Edward N. Went worth，*America's Sheep Trails*，p. 539.

⑤ Charles W. Townc and Edward N. Went worth，*Shepherd's Empire*，p. 191.

⑥ Edward N. Went worth，*America's Sheep Trails*，p. 539.

⑦ Ernest S. Osgood，*The Day of the Cattleman*，p. 192.

政界要员都是协会的领导成员①。这个协会的权势不断扩大，管理着五个州和领地的牧牛业②。怀俄明家畜饲养者协会控制着牧牛业的经营，掌握着土地和水源的管理权。它制定了关于赶拢、打烙印、长途驱赶、追踪偷牛贼、检查印记和检疫等一系列规定，强制会员和非会员一律遵守。该协会具有很强的排他性，极力使北部牧区变成牧业大王独占的王国。1890 年怀俄明建州后，这个协会仍然是州内的政治强势集团。然而，到 19 世纪 80 年代末，大量拓荒农场主涌入怀俄明已成难以阻挡之势。1888 年，平均每天有 15 个家庭进入牧区③。长期以来，独占怀俄明牧区的大牧场主对这些新移民极为不满。他们借怀俄明家畜饲养者协会采取高压手段排斥移民，导致双方矛盾日益尖锐。移居到怀俄明的得克萨斯牛仔内森·D. 钱皮恩成为小农场主和小牧场主的领头人。1892 年他们组织起北怀俄明家畜饲养者协会，与大牧场主和牧业公司巨商对抗，宣布不再遵守"怀俄明家畜饲养者协会"的"赶拢"法规而独自赶拢。"约翰逊县战争"发动者们的阴谋计划是派一支 50 余人的武装远征队到约翰逊县城布法罗，处死被列入"黑名单"之首的当地行政司法长官安格斯和他的几个副手，占领布法罗，再杀死 20—30 名当地居民，然后进攻约翰逊县的其他几个定居点，杀死或驱逐几百人。得手后，远征队再到约翰逊县北部的三个县，处死那里上了"黑名单"的一些移居者，迫使那里的数百人迅速逃离怀俄明④。因为约翰逊县距夏延有 250 英里⑤，战争的策划者从得克萨斯等州雇了 22 名枪手，用专列将他们从丹佛运到夏延，牧场主和武装远征队的马匹、装备等在夏延上专列起程⑥。火车把 50 余人的武装远征队送往离夏延 200 英里的卡斯帕，远征队从那里骑行到布法罗去实施战争计划⑦。由于约翰逊县的民

---

① W. Eugene Hollon, *Frontier Violence*, London, Oxford, New York: Oxford University Press, 1974, p. 154.

② Robert E. Riegel, Robert G. Athearn, *America Moves West*, New York, Chicago: Holt, Rinehart and Winston, Inc., 1971, p. 487.

③ Phillip Durham and Everett L. Jones, *The Negro Cowboys*, Lincoln and London: University of Nebraska Press, 1960, pp. 149-150.

④ A. S. Mercer, *The Banditti of the Plainsor the Cattlemen's Invasion of Wyomingin* 1892, Norman: University of Oklahoma Press, 1975, pp. 47-48.

⑤ David Dary, *Cowboy Culture: A Saga of Five Centuries*, p. 226.

⑥ Howard R. Lamar, *The Reader's Encyclopedia of the American West*, p. 602.

⑦ A. S. Mercer, *The Banditti of the Plainsor the Cattlemen's Invasion of Wyoming in* 1892, p. 49.

众自发组织起来，进行武装自卫，“约翰逊战争”以入侵者的失败而告终。入侵者未能驱逐怀俄明北部的小农场主、小牧场主和新移居者。“约翰逊县战争”使敌对双方的矛盾进一步加深，怀俄明的社会分野更加明显，战争的结局表明不能靠武力解决牧区纠纷。在19世纪90年代初，牧业已经不是怀俄明的唯一产业了，牧牛大王们独霸牧区的时代也已经一去不复返了。

大平原北部放牧业的发展有盲目的投资狂热。在19世纪80年代初，牧牛业有一个旺销的市场。1882年，在得克萨斯用30—35美元买一头牛①，到怀俄明就可以卖到65美元的高价②。同年5月24日，在芝加哥百磅牛肉的价格达到9.35美元③。报纸杂志渲染牧牛公司的丰厚利润，很多人都想到大平原北部发一大笔财。他们对投资那里的牧牛业有一种盲目的狂热。弗雷德里克·O. 德比勒和休伯特·特舍马赫就是受媒体炒作影响而产生发财狂热的典型例子。

德比勒和特舍马赫是哈佛大学的同班同学，于1879年到怀俄明，合伙经营牧场。他们在九个月后成了拥有三个牧场、2,000头牛和35匹马的牧场主。虽然三个牧场取得所有权的土地共计只有1,740英亩，但他们可以把牛群放牧在公共土地上。他们总计15.8万美元的投资可以期望实现每年34,031美元的利润。这一年他们的牛群增加了三倍多④。他们1881年得到了极好的回报，认为实现好运的唯一制约因素是缺少资金。为了获得补充资金，1881—1882年冬特舍马赫回纽约和波士顿去筹集资金。集得资金以后，特舍马赫和德比勒牧牛股份公司于1882年8月28日在夏延成立。该公司控制资金25万美元，发行2,111股股票上市，每股100美元。特舍马赫和德比勒无法抵御利润的诱惑，决定第二次扩大股票的发行量。11月8日，他们把公司控制的资本由25万美元增至75万美元。两次集资上市有本质的区别。第一次集资25万美元到位共21.11万美元，未到位的3.89万美元由当年盈利5万美元的90%做投资储备金。因此，公司上市股票价值与拥有的实有资金相等，没有“掺水”股票。在不到半年的时间里，该公司把资金扩大两倍，增至75万美

① Walter P. Webb, *The Great Plains*, p. 235.

② Ray A. Billington, *Westward Expansion: A History of the American Frontier*, p. 594.

③ Ernest S. Osgood, *The Day of the Cattleman*, pp. 235, 94.

④ Gene M. Gresseley, "Teschemacher and de Biller Cattle Company, A Study of Eastern Capitalon the Frontier", *Business History Review*, Vol. 33, 1959, pp. 124-125.

元，而未到位资金为25.84万美元，有1/3是“掺水股票”①。在多发行的股票很难认购的情况下，该公司的未来有很大潜在风险。该公司在此后一年的时间里，以11.8万美元购买了两个牧牛场和一个牧羊场的一半股权，完成了牧场规模扩大的计划，拥有牛的总数达到了1.875万头②。然而，1883年却没有得到高回报，这是因为新增加的不动产是靠公司财政透支实现的，随着1884年经济危机的来临，牛肉价格连续下跌。此后四年，公司每年4%的红利是动用储备金和银行贷款支付的。在经历了1886—1887年历史上罕见的暴风雪之后，公司更是惨淡经营。1890—1891年，每年只支付1.5%的红利，这与1882年5%的红利已相去甚远③。由于特舍马赫和德比勒都参与了“约翰逊县战争”，他们在怀俄明威信扫地。两人于1892年年底变卖了土地和牛群，离开了怀俄明。

投资者责备公司经营不利使投资损失了1/3④。在19世纪的最后25年中，这样的投资损失在铁路、矿业的股票和债券中也在所难免。投资者在北部平原牧牛业的风险和回报与其他方面投资没有本质差别。投资者由最初购买北部牧区牧牛公司股票的盲目狂热陷入对遭受巨大损失的极度失望，在1887年牧牛公司股票价值跌至最低点时，把手中的股票匆忙抛出。这种现象导致在1890年以后很少有东部资本流入怀俄明和蒙大拿，这也是大平原北部放牧业衰落的一个原因。

在大平原北部放牧区的发展中，联邦政府对印第安人采取了驱逐、围剿、掠夺土地的种族灭绝政策，在美国西部开发史上留下了极不光彩的一页。1868年在大平原北部草原的5.4万名印第安人被集中到达科他的“布莱克山保留区”⑤。在暴虐的统治下，保留区的印第安人生活陷入了绝境。联邦政府还以“拨款”的方式，任意掠夺印第安人的土地，缩小保留区。在保留区里一旦

---

① Gene M. Gresseley, *Teschemacher and de Biller Cattle Company*, *A Study of Eastern Capitalon the Frontier*, pp. 126-127.

② Gene M. Gresseley, *Teschemacher and de Biller Cattle Company*, *A Study of Eastern Capitalon the Frontier*, p. 128.

③ Gene M. Gresseley, *Teschemacher and de Biller Cattle Company*, *A Study of Eastern Capitalon the Frontier*, p. 136.

④ Gene M. Gresseley, *Teschemacher and de Biller Cattle Company*, *A Study of Eastern Capitalon the Frontier*, p. 133.

⑤ Ray A. Billington, *Westward Expansion*: *A History of the American Frontier*, p. 571.

发现矿藏，政府就向涌入的采矿者和随之而来的牧场主开放那里的土地，赶走印第安人。1875年夏，有上千探矿者进入布莱克山，践踏印第安人的保留地，联邦政府不顾印第安人的强烈反对，向采矿者开放了那里的土地。到冬天，已有上万人闯入该地区。政府的背信弃义激怒了印第安人，不堪忍受暴虐统治的印第安人于1876年春冲出了保留区，进行反抗。联邦军于3月对印第安人开始一场新的战争，派出三支纵队围攻印第安人在大霍恩河地区的大本营。在夏季的一次伏击中联邦军抓获了3,000名印第安人。到10月31日，印第安人被迫投降①。最后一次杀戮印第安人的战争发生在1890年。南达科他州特顿苏族人不但面临严重干旱的威胁，而且他们的保留地又被割去了一半。许多感到绝望的苏族人举行"沃沃卡仪式"——通过跳某种舞蹈，使他们的土地被归还，让白种人销声匿迹。当地的白人请来军队制止，当军队指挥官企图制止被他们蔑称的"魔鬼舞"时，与苏族武士发生冲突，最后酿成了"翁弟德尼战役"的大屠杀，有200名苏族武士和妇女、儿童惨死在联邦士兵的速射枪下②。

联邦政府屠杀印第安人、缩小保留区和开放西部土地的政策使牧场主在大平原北部侵占了大量的草地，他们把广阔的草原据为己有，随意放牧牛羊，大平原北部的印第安人被不断驱逐、杀戮的过程就是那里的放牧业兴起、发展和繁荣的过程。1876年布莱克山保留区的土地向采矿者开放，第二年牧场主就在矿区周围建起了牧场。到1880年，随着印第安人的反抗被镇压下去，牧场主占据了达科他的整个地区。1866年末建在博兹曼附近的"斯托里牧场"是牧场主带领22名得克萨斯武装牛仔强行闯入印第安人地区建立的，这个牧场一直经营到20世纪初③。随着北部平原的印第安人被驱赶进布莱克山保留区，蒙大拿的牧牛区从西南部的山区扩展到东部平原。19世纪80年代，蒙大拿成为大平原北部的主要牧区。在怀俄明的牧区发展中，牧场主先是把夏延平原的印第安人赶到北部平原，后来印第安人被从北部平原赶入保留区。在怀俄明牧牛业大发展的1881—1883年，牧场主们又赶着牛群闯进保留区的保德河和通古厄河。一些大牧牛公司不断剥夺印第安人的土地，扩大自己的牧

---

① Ray A. Billington, *Westward Expansion: A History of the American Frontier*, p. 577.

② Ray A. Billington, *Westward Expansion: A History of the American Frontier*, p. 578.

③ David Dary, *Cowboy Culture: A Saga of Five Centuries*, p. 231.

场。怀俄明的牧牛大王们用欺骗、诬陷与暴力等手段，剥夺了印第安人数百万英亩的土地。印第安人原是大平原的主人，但在北部平原牧业兴起和发展的过程中，他们没有被融入牧业大王主宰的牧区社会，成了白人征服者的牺牲品，这成为美国边疆史上永久的污点和沉重的历史包袱。

美国大平原北部牧业发展的历史已经过去一个多世纪。它的历史经验教训或许能引发我们深入思考一些问题。在经济全球化的大环境下，发展中国家的牧业现代化如何面对工业化和国际市场的冲击？如何注意环境问题，走可持续发展的道路？如何保持社会和谐、共同发展？各个国家应根据国情走适合自己的发展道路，而不能重复发达国家走过的老路。

（原文载《史学集刊》，2008 年第 5 期）

镀金时代美国西部牧区的资本流入

美国内战后到19世纪末是美国经济迅猛发展的时期，美国官方把这段资本主义的繁荣时期称为“黄金时代”。现实主义文学大师马克·吐温却敏锐地看到经济繁荣掩盖下的垄断资本的黑暗面，他把垄断资本家津津称道的“黄金时代”辛辣地讥讽为“镀金时代”。此后，“镀金时代”便成了19世纪后半期美国社会的标志。正是在这一大背景下，美国西部的牧业开发进入新的阶段。大量美国东部和欧洲的资本流入西部牧区①。这种资本流入，带有过渡时期的明显特点，既有利于西部牧牛业的繁荣，又带有很强的投机性。西部牧牛业是美国学者长期研究的“热门”问题，但针对牧区投资的研究者甚少②，国内尚无对此问题的专门研究。探讨美国西部牧区投资的起因、特点和得失，会使我们得到一些有益的启示。

一、投资狂热的起因

美国大平原的牧牛业建立在大牧场经营基础之上，起步伊始就与市场经济联系在一起。内战以后，牧业经营有很高的利润。虽然1873年的经济危机使

---

① 本文论及的西部牧区为“牧牛王国”兴起的大平原地区，它东起密苏里河，西至落基山斜坡，南始美墨边界，北抵美加边界，约占美国领土的1/5。

② Gene M. Gressley, *Bankers and Cattlemen*, New York: University of Nebraska Press, 1966; Herbert O. Brayer, “The Influence of British Capital on the Western Range Cattle Industry”, *Journal of Economic History*, Vol. 9, No. 1, 1949; J. Fred Rippy, “British Investments in Texas Lands and Livestock”, *Southwestern Historical Quarterly*, Vol. 58, No. 1, 1955.

西部牧场主蒙受了巨大损失，但在美国第二次工业化浪潮的推动下，大平原牧牛业在 1876 年后以一种强劲势头不断扩展。牧区由得克萨斯向北部和西部草原地区拓展，形成广及整个大平原的“牧牛王国”。市场的牛价从 1878 年重新开始上扬。到 1882 年，每头牛的售价，在得克萨斯牧区为 30—35 美元[①]；在怀俄明牧区，则高达 65 美元[②]。1882 年 5 月 24 日，每百磅牛肉的价格在芝加哥达到 9.35 美元[③]。在大平原上养牛可以赚钱，这无疑是东部美国人和外国人投资西部牧区的巨大诱因。

19 世纪 80 年代媒体与舆论的商业炒作，更掀起了对西部牧区投资的狂热。在激发向西部牧区投资的热情的宣传中，有三本书起了重要作用。第一本书是斯特拉霍恩的《怀俄明手册》，作者认为每年获得 25％的利润是“很普通的”，甚至 40％—50％的利润也可以实现[④]。第二本书是布里斯宾将军的《牛肉财源，或如何在大平原致富》(James S. Brisbin, *The Beef Bonanza; or, How to Get Rich on the Plains*)，他声称，一个人最初在西部投资 5,000 美元，便可期望每年获得 25％—40％的利润[⑤]，这本书的夸张语气达到了顶点，其目的是吸引东部的投资者和西部的牧场主[⑥]。第三本书是沃尔特·冯·里希特霍芬男爵的《在北美平原上养牛》。他引用了一个爱尔兰女孩在蒙大拿的例子，牧场主给了她 15 头母牛，以顶替应付给她的 150 美元，她的牛靠不花钱的牧草喂养并不断繁衍后代，10 年后她把其牛群卖给了她的主人，得到了 2.5 万美元的回报[⑦]。该书作者在全书中持慎重态度，“这种慎重使所论问题更易为人所接受”[⑧]，故对投资者更具诱惑力。

---

① Walter P. Webb, *The Great Plains*, Waltham: Blasdell Publishing Company, 1959, p. 225.

② Ray A. Billington, *Westward Expansion: A History of the American Frontier*, New York: Macmillan Publishing Co., Inc., 1974, p. 594.

③ Ernest S. Osgood, *The Day of the Cattleman*, Chicago and London: University of Chicago Press, 1968, p. 94.

④ Robert E. Strahorn, *The Handbook of Wyoming*, Kansas City: Knight & Leonard, 1881, p. 35, from Gene M. Gressley, *Bankers and Cattlemen*, p. 48.

⑤ Robert V. Hine, *The American West: An Interpretive History*, Boston: Little Brown & Company, 1973, p. 128.

⑥ Gene M. Gressley, *Bankers and Cattlemen*, p. 50.

⑦ Walter Baron von Richthofen, *Cattle-Raising in the Plains of North America*, Norman: University of Oklahoma Press, 1964, p. 80.

⑧ Walter P. Webb, *The Great Plains*, p. 235, note 1.

西部报刊的编辑们以权威的口吻宣称 40%—50%的年利润是一般的情况[①]，这种信口开河的言论经过东部农业杂志的转载宣扬而得到更广泛的传播。其中，最典型的例子是《饲养者报》上的一则新闻，该新闻称：一个养牛人只要投资 5,000 美元买下 1,000 头牛开始经营，4 年内他就可以赚到 4 万—4.5 万美元[②]。

一些牧牛公司在其简介中也极力宣扬计划中的丰厚利润。"草原牧牛公司"宣布其 1882 年的红利为 42%[③]。"奥尔巴尼土地和牧牛公司"则声称扣除损失和开支，一般牛群的年利润可达 35%—40%[④]。刊载在家畜杂志上的这些高利率，使东部人投资西部牧牛业的欲望更加强烈。

发财致富这一"镀金时代"的主题在美国教堂里也被大加倡导。从 19 世纪后期，美国的教会开始大力传播社会达尔文主义，宣扬取得成功的标志就是获得"大量的金钱"，就是"变富"。拉塞尔·H. 考埃尔主教用生动的语言启示着不幸的信徒："我说你们应当变富"，"生而不富是不幸的，而且是双倍的不幸"，"钱就是力量"，"对一个人来说，'我不想要钱'就是说'我不想对我的追随者做任何好事'"。[⑤] 在西部牧牛业散发着金钱气味的 19 世纪 80 年代，这番话就更具感染力了。

投资大平原牧牛业可以发财的想法在人们的书信和谈话中也表现得非常狂热。康涅狄格的法官舍伍德在信中写道："这利润是巨大的"，"牛长膘'不吃'你的钱，它们实际上自己长大"。[⑥] 在整个伦敦，"聚集在客厅的人们都在喊喊喳喳地谈论着这个最后富源的情况。不知道菜牛和小母牛有何区别的稳重的老先生们，在喝葡萄酒和吃坚果时，也谈论着此事"[⑦]。

媒体与舆论对大平原牧牛业高利润的过度炒作和肆意渲染，使美国西部对于外界来说充满着诱惑，激起了东部美国人和欧洲人的狂热。在他们看来，

---

① Ray A. Billington, *Westward Expansion: A History of the American Frontier*, p. 594.

② Ernest S. Osgood, *The Day of the Cattleman*, p. 95.

③ Ernest S. Osgood, *The Day of the Cattleman*, p. 95.

④ Gene M. Gressley, *Bankers and Cattlemen*, p. 52.

⑤ Laurence I. Seidman, *Once in the Saddle: The Cowboy's Frontier, 1866-1986*, New York: Alfred A. Knopf, Inc., 1973, pp. 118-119.

⑥ Laurence I. Seidman, *Once in the Saddle: The Cowboy's Frontier, 1866-1986*, p. 121.

⑦ Ernest S. Osgood, *The Day of the Cattleman*, p. 101.

能在美国西部当个牧场主简直就是做了国王，人们唯恐对那片神奇的土地“插足”太迟而错失发财的良机。在这种狂躁的心态下，许多东部美国人和欧洲人都倾其所有，甚至贷款投资美国西部的牧牛业。美国东部和欧洲的资本大量流入大平原。

二、资本的流入

19 世纪 70—80 年代，美国西部牧区之所以能够吸引大量投资是因为英国等国和美国东部有了剩余资本。列宁指出：“自由竞争占完全统治地位的旧资本主义的特征是商品输出。垄断占统治地位的最新资本主义的特征是资本输出。”[①]从 19 世纪 70 年代起，主要资本主义国家开始从自由资本主义向垄断资本主义过渡。为了攫取高额利润，各国都把大量“过剩资本”输出到国外，主要是输往落后国家或落后地区，美国西部牧区当时尚属拓荒的落后地区，大量欧洲和美国东部的资本投向那里，以图获取巨大利润[②]。除了有过剩资本可供投资之外，美国西部存在大量“自由土地”和联邦政府鼓励西部开发的优惠土地政策也是吸引大量东部和欧洲资本流入西部牧区的一个重要原因。土地价格低廉对垄断资本具有巨大的吸引力，并使之有利可图。正是以上因素互相作用，使大量东部和欧洲资本流入了西部牧区。

英国在美国西部牧区的投资额有三组数据：到 1882 年，英格兰和苏格兰投入美国西部牧区的资本不少于 3,000 万美元[③]；在 1879—1889 年，英格兰和苏格兰在美国西部所建的 36 个牧牛公司的最初资本总计超过 3,400 万美

---

① ［俄］列宁：《帝国主义是资本主义的最高阶段》，北京：人民出版社，1979 年，第 55 页。

② 大量英格兰和苏格兰资本投入美国西部牧区。法国人库·德·多雷、威克托·阿尔朗、德·比耶和皮埃尔·威尔·威博等投资怀俄明的牧牛业。德·莫雷侯爵在达科他经营牧场和肉类加工厂。他的150万美元投资多是其富有的美国岳父资助的。德国人冯·里希特霍芬男爵在科罗拉多投资经营大牧场；奥托·弗兰和和查尔斯·赫齐在怀俄明拥有牧场。爱尔兰人霍勒斯·普伦基特爵士也在怀俄明经营“EK 牧场”。参见：LeRoy R. Hafen, W. Eugene Hollon and Carl C. Rister, *Western America*, Englewood Cliffs: Prentice-Hall, Inc., 1970, p. 432; Robert C. Athearn, *High Country Empire: The High Plains and Rockies*, Lincoln: University of Nebraska Press, 1960, pp. 140-141.

③ Edward E. Dale, *Frontier Ways: Sketches of Life in the Old West*, Austin: University of Texas Press, 1959, p. 15.

元[1]；在19世纪80年代，有4,500万美元的英国资本流入美国西部牧区，大约有33家牧业公司在英国注册[2]。上述三组数据之所以有差异，是因为统计的取向不同。第一组数据是截止到1882年，个人、合伙及牧牛公司投资的总额；第二组数据为36个牧牛公司投资资本的总计；第三组数据涉及投资范围更广，除33个牧牛公司外，还包括19世纪80年代的个人投资等。从这三组不同的统计数据中，我们可以明确英国在美国西部牧区的投资最高额是4,500万美元。

关于美国东部对大平原牧牛业的投资，现在我们能见到的只是几个牧区牧牛公司的统计。1800—1900年，蒙大拿、怀俄明、科罗拉多、新墨西哥分别建立了181家、188家、324家、186家牧牛公司，资本分别为2,714.18万、9,409.58万、10,201.5万、6,134.05万美元[3]。这些牧牛公司总计879家，资本总额达28459.31万美元。美国东部在这4个州和领地的投资是英国在美国西部牧区投资最高统计数字4,500万美元的6.3倍多，是其所建36个牧牛公司总资本3442.5万美元的8.3倍左右[4]。美国东部在西部牧区的投资大大超过英国的投资，也超过了所有外国的投资。因为法国、德国和爱尔兰等国的投资额远不及英国的投资额。

东部和欧洲资本流入美国西部牧区有两个明显的特点。

第一，投资方式多样。其中有个人和合伙者的投资，更多的是以组建牧牛公司的形式。约翰·阿代尔是英国首批的个人投资者之一，1866年，阿代尔在纽约市建立了经纪人机构，以4%的利率从爱尔兰获得大笔贷款，在美国以10%的高利率分成小额借出，从中获利[5]。他给在科罗拉多经营牧场的查尔斯·古德奈特提供了3万美元的贷款。1876年，阿代尔同意向古德奈特在得克萨斯潘汉德尔地区的新牧场投资50万美元[6]。德、法和爱尔兰的资本流入西部牧区多为个人投资。东部的美国人到西部经营牧场，最初也是个人投

① Herbert O. Brayer, "The Influence of British Capital on the Western Range Cattle Industry", *Journal of Economic History*, Vol. 9, No. 1, 1949, p. 92.

② Robert V. Hine, *The American West: An Interpretive History*, p. 128.

③ Gene M. Gressley, *Bankers and Cattlemen*, p. 52.

④ 根据上引Hine、Brayer和Gressley的统计数字计算所得。

⑤ Harley T. Burton, "A History of the J. A. Ranch", *Southwestern Historical Quarterly*, Vol. 31, No. 2, 1927, p. 109.

⑥ David Dary, *Cowboy Culture: A Saga of Five Centuries*, Lawrence: University of Kansas Press, 1989, p. 263.

入启动资金。英国的巴登·特威德穆斯和阿伯丁伯爵在1883年合伙投资购买了"摇椅牧场"[①]。组织投资公司和牧牛公司是英国资本流入美国西部牧区的主要形式。1872年，W.J.孟席斯组建了"苏格兰—美国投资公司"。该公司在苏格兰以低利率借钱，然后以高利贷向一些有发展前途的牧牛公司提供贷款[②]。更多的英国资本是通过直接组建牧牛公司的形式投入到大平原地区的。英国第一家最大的牧牛公司——"英美牧牛有限公司"于1879年春在伦敦成立。该公司拥有35万美元的股票资本，购买了怀俄明和达科他的"国际牧牛公司"的数个牧场和约2.7万头牛[③]。几个月后，英国议会中的苏格兰议员詹姆斯·W.巴克利创办了"科罗拉多牧场公司"，其资本很快由12.5万美元增加到35万美元。该公司购买了丹佛以北一片1万英亩的土地[④]。英国投资狂热的高峰期在1880—1884年，其间所成立公司的合计资本达2,815万美元，占36家公司资本总额3,437.5万美元的81.89%[⑤]。

美国对西部牧区投资的主要形式是集资建立牧牛公司。其中"特舍马赫和德比勒牧牛公司"最具典型性，弗雷德里克·O.德比勒和休伯特·E.特舍马赫于1878年毕业于哈佛大学，受媒体宣传的影响，他们在1879年到了怀俄明的夏延以北40英里处，合伙开始了牧场经营，成了拥有3个牧场和2,000头牛的牧场主[⑥]。1882年8月，"特舍马赫和德比勒牧牛股份公司"在夏延成立。该公司控制25万美元的资金。当时，怀俄明对牧牛业的投机狂热达到了巅峰。他们无法抵御这种诱惑，决定在一年内第二次扩大公司股票的发行量。到11月，该公司将资本增至75万美元[⑦]。

---

① J. Fred Rippy, "British Investments in Texas Lands and Livestock", *Southwestern Historical Quarterly*, p. 332.

② Robert C. Athearn, *High Country Empire: The High Plains and Rockies*, p. 140.

③ Herbert O. Brayer, "The Influence of British Capital on the Western Range Cattle Industry", p. 90.

④ Herbert O. Brayer, "The Influence of British Capital on the Western Range Cattle Industry", p. 91.

⑤ 根据Brayer提供的数字计算所得，参见Herbert O. Brayer, "The Influence of British Capital on the Western Range Cattle Industry", pp. 90-92.

⑥ Gene M. Gressley, "Teschemacher and deBiller Cattle Company: A Study of Eastern Capital on the Frontier", *Business History Review*, Vol. 33, No. 2, 1959, p. 125.

⑦ Gene M. Gressley, "Teschemacher and deBiller Cattle Company: A Study of Eastern Capital on the Frontier", pp. 126-127.

特舍马赫和德比勒牧牛公司在一年内两次集资扩大经营的举措有明显的不同之处。首先，该公司两次吸收东部资本的做法有异。第一次引资，是由特舍马赫亲自到波士顿和纽约游说，在金融圈里的亲友中争取投资者。公司控制的 25 万美元资金，有 21.11 万美元是已经交付的，发行 2,111 股股票上市，每股为 100 美元。特舍马赫家认购 906 股；德比勒家购买 494 股；波士顿的两位金融家共购 154 股；他们的两位哈佛同学合买 230 股；其余的 327 股按规定分成小股，分别由波士顿和纽约的众多企业家认购①。第二次扩大公司资本则是以两位经理给股东们发信的形式，征询是否愿意认购额外股票。在对西部牧牛业投资狂热不断升温的大环境下，该公司第二次集资比第一次快捷得多。其次，该公司两次吸引东部资本的未到位资金相差程度较大。第一次公司集资未到位资金仅为 3.89 万美元，当年的经营利润 5 万美元中的 90%又投入储备资金中。因此，公司上市股票的价值与公司拥有的资金相等。该公司第二次增资的未到位资金为 25.84 万美元②，超过第一次，第二次上市的股票中至少有 1/3 的“掺水股票”，这就意味着公司的未来潜藏着很大风险。

第二，欧洲和东部资本在西部牧区的流向较为广泛，但主要集中在得克萨斯，其次是怀俄明。英国建在得克萨斯的牧牛公司为 14 家，占其所建牧牛公司总数的 1/3 强。在怀俄明建的牧牛公司为 7 家，占总数的 1/6 强。科罗拉多为 4 家，新墨西哥和蒙大拿各有 3 家，达科他和堪萨斯各占 2 家，内华达只有 1 家③。从资本的投入来看，里庇统计 1800—1886 年在得克萨斯所建的 13 家英资公司的总资本为 2,508.47 万美元，占布雷耶统计的 36 家公司资本 3,442.5 万美元的 72.87%。因为两人提供的英国在得克萨斯所建牧牛公司中有三家有差异，我们把这三家的资本减去不计算在内。那么，英国在得克萨斯牧区的投资占它在美国西部牧区总投资的 47.81%，占它在大平原其他牧区所有投资的 91.62%。可见，英国资本的投资重点是得克萨斯牧区，其次是怀俄明。法国、德国和爱尔兰的投资多在北部牧区。其中在怀俄明经营牧场者居多，也有人在达科他和科罗拉多投资经营牧牛业。

---

① Gene M. Gressley, “Teschemacher and deBiller Cattle Company: A Study of Eastern Capital on the Frontier”, p. 126.

② Gene M. Gressley, “Teschemacher and deBiller Cattle Company: A Study of Eastern Capital on the Frontier”, pp. 126-127.

③ 根据 Brayer 提供的公司数目及牧区统计所得，参见 Herbert O. Brayer, “The Influence of British Capital on the Western Range Cattle Industry”, pp. 91-92.

流入西部牧区的东部资本分布更广，但也显示出在得克萨斯和科罗拉多、怀俄明居多的特点。诸如芝加哥的著名商人马歇尔·菲尔德通过他在“普拉特—费里斯牧牛公司”和其他小公司购买的股票分享蒙大拿、南达科他、内布拉斯加和怀俄明的牧场的红利①。芝加哥的经纪人和委托代理商波特斯·B.韦尔于1877年组建了“韦尔土地家畜公司”，4年后，该公司已拥有5万头牛，牛群被放牧在蒙大拿、怀俄明和南达科他的公共土地上②。在1880—1900年，东部资本在蒙大拿、怀俄明、科罗拉多和新墨西哥建立的牧牛公司达1.1577万个③。由上可见，东部资本广及大平原各个牧区。

奥古斯塔斯·孔策及其三兄弟是东部银行家中投资牧牛业的成功者。1885年，他们向得克萨斯海湾沿岸的牧场主尚海·皮尔斯提供资金，购买了20万英亩土地和1.2万头牛④。19世纪80年代中期，伊利诺伊州迪卡尔布的金属器具商伊萨克·埃尔伍德将其“冒险”的资本投入铁路、矿业、土地抵押和得克萨斯的三个牧场，土地总量达24.6347万英亩。这些牧场的牛、土地和改进的设施价值200万美元⑤。

从表面数据看，美国东部在怀俄明牧区的投资略低于在科罗拉多的投资。前者为9,409.58万美元，建188家公司，后者为10,201.5万美元，有324家公司。然而，前者每个牧牛公司的平均资本约为50.05万美元，后者每个公司的平均资本约为31.49万美元⑥，这体现了怀俄明牧区大公司经营的特点。美国东部资本在西部牧区流向广泛、重点突出，它早期主要流向得克萨斯，后期流向怀俄明等北部或西部牧区。因为得克萨斯是美国西部牧牛业的大本营，且在19世纪70年代中期较早开始了大牧场经营，故该牧区吸引了大量投资。怀俄明是大平原北部的重要牧区，在开放牧区后期其地位尤为重要。因此，大量东部和欧洲资本也流向那里。同时，随着大平原牧区向北部和西部扩展，东部和欧洲资本的触角几乎伸到各个州和领地。

通过对93名东部投资者基本情况的分析，首先我们可以看出，商人、银

---

① Gene M. Gressley，*Bankers and Cattlemen*，p. 76.

② Gene M. Gressley，*Bankers and Cattlemen*，p. 80.

③ 根据Gressley提供的公司数据计算所得，参见Gene M. Gressley，*Bankers and Cattlemen*，p. 105.

④ Gene M. Gressley，*Bankers and Cattlemen*，p. 80.

⑤ Gene M. Gressley，*Bankers and Cattlemen*，p. 78.

⑥ 根据Gressley提供的公司数据计算所得，参见Gene M. Gressley，*Bankers and Cattlemen*，p. 105.

行家、金融家和工厂主构成了投资者的主体，此外还有社会名流和政界要员等。其中，菲尔德、韦尔、孔策兄弟和埃尔伍德等人都是成功的投资者。博学的地质学家克拉伦斯·金及集编辑、外交官和作家于一身的约翰·比奇洛均属投资者中的社会名人。政坛要员、纽约州年轻的州议员西奥多·罗斯福于1883年在达科他的“麋角牧场”投资了5万美元。次年，政治上失意的罗斯福前往“麋角牧场”。随后，他与合伙人在离小密苏里河20英里的地方买了第二个牧场——“马尔特斯克洛斯牧场”①。1885年春，他又花了3.9万美元买了1,500头小公牛②。其次，东部金融资本在西部牧业的投资中占有极重要的地位。在投资者中，超过半数的人在纽约和波士顿有事务所。芝加哥有15名金融家投资牧牛业，位居第三③。

参与美国西部牧业投资的英国人涉及的社会面极为广泛。第一，在牧牛公司的创立者和董事中，有一些英国工业、农业和金融界的头面人物。“联合土地牧牛公司”的董事中有3位伯爵和2位勋爵。此外，1位公爵、4位伯爵、4位勋爵以及很多贵族、骑士和一些议会议员都被列在一些牧牛公司董事的名单中。第二，为数众多的英国人投入大量资本到美国西部牧业并参与投机。这些人广及英国社会的各个阶层，他们包括船主、各类厂主、土地所有主、农场主、商人、证券经纪人、保险推销员、银行家、工程师、外交使节、法务官、治安官、海军将军、退休上校和将军等。这些人是英国社会经济生活中广泛而混合的群体，在投资者中为数众多。第三，在英国投资者中，也包括一些低收入群体，如领退休养老金的低级军官、学校教师、小职员、工人、牧师、寡妇和未婚女子等④。尽管英国贵族在牧牛公司创立中起了重要作用，但在美国西部牧业的投资中，明显存在一个稳固的中产阶级投资者核心。

三、投资的得失

在美国西部牧业史的研究中，涉及早期牧场主的论著甚多，但对美国东

① John A. Garraty and Robert A. McCaughey, *A Short History of the American Nation*, New York: Longman, 1983, p. 29; Robert V. Hine, *The American West: An Interpretive History*, p. 136.

② 李剑鸣：《伟大的历险——西奥多·罗斯福传》，北京：世界知识出版社，1994年，第60页。

③ Gene M. Gressley, *Bankers and Cattlemen*, p. 71.

④ Herbert O. Brayer, “The Influence of British Capital on the Western Range Cattle Industry”, p. 93.

部和欧洲资本流入西部牧区问题的研究较少。东部和欧洲的投资对美国西部牧牛业的繁荣和西部开发做出了重要贡献。

第一，东部和欧洲资本的流入促成了美国西部牧区的繁荣。大平原的牧牛业从1880—1885年进入鼎盛时期，美国东部和欧洲资本投资的高峰期和美国牧区繁荣期相吻合。1882—1885年，蒙大拿、怀俄明、科罗拉多和新墨西哥牧区东部投资额分别为1,950.9万美元、5,123.2万美元、7,429.6万美元和2,395万美元①，总计达1.68987亿美元，占它们20余年吸收资本总额2.845931亿美元的59.38%。英国在1880—1886年向美国西部牧区投资3,355万美元，占它在1879—1889年总投资3,442.5万美元的97.46%。法国、德国和爱尔兰的个人投资者也多在19世纪80年代上半期到美国西部经营牧场。这些表明，美国东部和欧洲资本在美国西部牧区投资的高峰期与那里牧牛业繁荣的鼎盛期同步。

美国东部和欧洲的投资对美国西部牧区开发和牧牛业繁荣产生了积极的促进作用。在1860年，只有得克萨斯牧区蓄牛多达300万—400万头②，堪萨斯仅有9.3455万头牛，内布拉斯加只有3.7197万头。科罗拉多、怀俄明、蒙大拿、达科他的草原尚没有一头牛。在19世纪70年代，投入牧牛业的资金还是当地有限的资本。到1880年，只有堪萨斯和内布拉斯加牧牛业有了较快发展，产牛量分别达到153.31万头和111.3247万头③。北部牧区的牧牛业处于起步阶段。19世纪80年代上半期，东部和外国资本大量流入大平原的北部和西部，荒蛮的草原形成繁荣兴旺的“牧牛王国”。在1880年，蒙大拿还是野牛的故乡，其数量远远超过家牛。然而，3年过后，该牧区成了小公牛的故乡，野牛却全部消失了。素有“牛仔州”之称的怀俄明牧区，到1886年其蓄牛量已达900万头④，是1880年存牛量52万余头的17倍多，这种发展势头与资本大量流入北部牧区密切相关。

第二，欧洲资本和东部资本的大量流入改变了美国西部牧区的经营方式。它使早期的大量小牧场组建成大牧牛公司，扩大了生产规模。牧区的产畜量

---

① Gene M. Gressley, *Bankers and Cattlemen*, p. 109.

② T. R. Fehrenbach, *Lone Star: A History of Texas and Texans*, New York: Wings Book, 1991, p. 556.

③ Ray A. Billington, *Westward Expansion: A History of the American Frontier*, p. 590.

④ Ray A. Billington, *Westward Expansion: A History of the American Frontier*, p. 597.

大幅增加，达到了前所未有的程度。一些大牧牛公司把优质纯种的短角种牛和赫里福德种牛引进牧区，对美国西部牛进行品种改良。这些大牧牛公司在促进西部牧区由原始游牧方式向现代定居饲养方式的转变中做了有益的尝试，诸如在过度放牧的草原种植良种牧草，改良牧区土地；采用钢制风车和挖掘深井，建立牧区的水利设施，改善家畜的供水条件；花巨资修建铁丝围篱，阻止农场主和非本公司的牧场主闯入，防止牧区过度放牧；对大牛群采用冬季用干草饲养和建筑畜棚保护的先进方法，以减少其死亡率。这些大牧牛公司的经营者和管理者都是美国西部牧区家畜饲养者协会的组织者和主要成员，积极参与了改变牧区混乱状况和促进有序经营的活动。很多牧牛公司的经营者为了发展自己的牧场，积极参与了芝加哥、堪萨斯城、沃思堡、奥马哈和丹佛等城市的牲畜围场和牛贸易市场的建立，促进了跨越大西洋牛贸易的发展。

第三，有些牧牛公司取得了良好的回报。“西部牧牛有限公司”在支付红利方面留下了近似完美的纪录，它至 1911 年停业前，付出 4%—20%的红利达 27 年，股东们在此期间获得了平均 11%的分红，公司停办时，他们又得到了 17%的额外红利。“汉斯福德土地牧牛有限公司”在 1904 年结束经营，它支付了 17%的红利。在其经营期间，每年平均付出 4.33%的红利，该公司在停业时，给股东们外加了 15%的额外红利。从 1883 年起，“马特多土地牧牛公司”的年均红利为 8%，1910—1945 年，它的平均红利为 11.33%。经营长达 24 年的“密苏里土地牧牛公司”在成功支付 26%、30%、20%和两次 10%的红利后，于 1920 年结束经营，该公司存在期间对投资者的年返还率平均略高于 8%①。

虽然大量东部和欧洲资本流入美国西部牧区促成了牧牛业的短期过度繁荣，但并不是所有牧牛公司都取得了良好效益。有相当数量的牧牛公司因经营不善而破产。“特舍马赫和德比勒牧牛公司”从未取得创办者所期望的较高回报，1884 年和 1885 年，该公司各付了一次 4%的红利。第一次是靠动用储备金兑现的，第二次是靠从银行分别贷款 2.5 万美元和 3.6 万美元支付的。该公司的经营以后更无起色，到 1892 年宣布破产②。在 1879—1900 年组建的

① Herbert O. Brayer, “The Influence of British Capital on the Western Range Cattle Industry”, pp. 97-98.

② Gene M. Gressley, “Teschemacher and deBiller Cattle Company: A Study of Eastern Capital on the Frontier”, p. 129.

英国牧牛公司只有 8 家幸存下来。从 1900 年末至 1920 年初，除“马特多土地牧牛公司”“得克萨斯土地抵押公司”“土地抵押银行有限公司”外，英国在得克萨斯的其他牧牛公司均破产。1922 年以后，只剩下“马特多土地牧牛公司”依旧能够维持经营①。

在 1880—1885 年牧牛业的繁荣时期，整个大平原地区挤满了数以千计的牧场主和数百万头牛，但为什么比林顿在其著作中认为“比人流引起更大灾难的是东部和欧洲资本的流入”②呢？探究投资美国西部牧区的负面教训会使我们得到一些有益的启示。

第一，投资者对在西部牧区投资缺乏应有的风险意识。在媒体炒作下，投资者只着迷于牧牛业的巨额利润、回报，而不考虑投资的风险。有人甚至认为：“世界上没有任何企业像养牛一样，它的全部秘密是养牛不花任何代价。”③头脑发热的投资者不甚了解西部牧区的投资环境和经营牧牛业所面对的困难。许多牧牛公司面临导致经营亏损的相同难题：牧区因存牛过多而超载超牧，大量移民涌入圈占土地导致牧场土地减少，19 世纪 80 年代中期后牛肉出口锐减造成了市场的不景气，严寒的冬天使牛群损失严重，等等。特别是 1886—1887 年历史上罕见的暴风雪给西部牧牛业带来了毁灭性的打击，怀俄明牛的价值损失了 30%④。由于缺乏对美国西部牧区投资环境的真正了解，一些英国牧牛公司在使用公共土地时遇到了许多麻烦。在最初的地产购买中，投资者往往被欺诈的声明和部分卖主的不诚实交易所蒙骗。按照“优先放牧权”的原则转让给牧牛公司的大片土地，在实际经营中完全失效。这些花钱购买的土地使用权，有的正被美国东部移居来的小牧场主及农场主擅夺和占有。一些英国牧牛公司不得不再花大量资金购买和租用大片土地作为牛群的牧场，还要投资修建围篱。经营费用大幅度增加不仅减少了预期利润，而且导致了公司亏损乃至破产。一位长期居住在美国的英国人说：“英国人在这里享有比

① J. Fred Rippy, “British Investments in Texas Lands and Livestock”, p. 337.

② Ray A. Billington, *Westward Expansion*: *A History of the American Frontier*, p. 594.

③ Laurence I. Seidman, *Once in the Saddle*: *The Cowboy's Frontier*, *1866-1986*, p. 121.

④ Gene M. Gressley, “Teschemacher and deBiller Cattle Company: A Study of Eastern Capital on the Frontier”, p. 131.

别国人更易受骗的优胜者荣誉。”[1]

上面这些不利的外部投资环境是造成多数牧牛公司经营亏损的重要因素，但非根本性的原因。因为这些客观的不利因素是所有牧牛公司都要面对的，但有些牧牛公司的投资收到了很好的回报。因此，除了这些共性的外部因素使许多牧牛公司蒙受了巨大损失，一些牧牛公司自身的问题才是导致其破产的主要原因。

第二，一些牧牛公司自身存在不少弊端。其一，许多牧牛公司的组建者和管理者毫无牧牛的经历，他们缺乏管理牧牛公司的知识、经验和能力。特舍马赫、德比勒和西奥多·罗斯福三位哈佛毕业生的失败就是例证。其二，许多牧牛公司为了吸引更多的投资者，其资本投入有很大的“掺水”成分，如“特舍马赫和德比勒牧牛公司”第二次集资上市的股票。英国的“埃斯普埃拉土地牧牛公司”对外宣称拥有350万美元。其资本被“夸大”了近1倍[2]，带有很大的“掺水成分”。这使公司有很大的潜在风险。其三，多数牧牛公司在制订盈利计划时依据的是少数同类公司过时的经营报告，没有考虑美国西部牧区发生的变化。英国两位议员向议会提交的利润率超过30%的报告，其调查对象都是19世纪70年代末期成立的牧牛公司，反映的是这些公司在80年代前的经营情况[3]。当时，这些公司能获取较高的利润是因为经营者可以自由地和不受挑战地利用大片的美国西部公共土地，以免费的青草放牧牛群。然而，“牧牛大王”们投资少而获利大的时期在70年代末已结束。进入19世纪80年代，不仅牧牛公司之间形成激烈竞争之势，而且大量个体牧牛场主、牧羊场主和农场主都涌入牧区抢占土地。因此，19世纪80年代建立的牧牛公司必须投入大量资本购买牧场和土地，已无法取得少投入、多收益的效果。其四，各牧牛公司在分红上存在攀比现象。在见到“草原牧牛公司”支付高红利后，其他牧牛公司被迫攀比效仿，它们以超出其资本能力或过早计算牛群的市场价值的方式大量分红。这种攀比造成诸多不良后果：银行贷款没有转化为生产资本就被分掉；未成龄牛以成龄牛的市场价值分掉，其中包括一些两三年

① Richard Graham, “The Investment Boom in British-Texas Cattle Companies”, *Business History Review*, Vol. 34, No. 4, 1960, p. 444.

② 根据Brayer和Rippy提供的数据比较计算所得，参见J. Fred Rippy, “British Investments in Texas Lands and Livestock”, p. 333; Herbert O. Brayer, “The Influence of British Capital on the Western Range Cattle Industry”, p. 92.

③ Edward E. Dale, *Frontier Ways: Sketches of Life in the Old West*, pp. 14-15.

后卖不掉的牛；刚购买的幼牛为了分红随即卖掉等于削减公司资本。这些牧牛公司头一两年的"巨大红利是由掏空一个口袋装满另一个口袋的'常青'方案支付的"①。这种没有真正利润的分红难以坚持两到三年。在牧场经营状况不好的情况下，一些大投资者撤回投资更加速了一些牧牛公司的倒闭。其五，内部管理混乱和缺乏必要的监督机制是导致一些牧牛公司经营失败的更突出和更严重的问题。从 19 世纪 80 年代中期起，特舍马赫、德比勒和理查德·特林布尔共同负责管理公司的全部事务，牧场工头们经常收到两位或更多领导的相互冲突和矛盾的指示，如此混乱的后果大多起因于经理们分工不明确。因为缺乏必要的监督机制，有相当数量的支出不是用于生产经营，特舍马赫支走的 1,500 美元和德比勒支取的 500 美元这两笔私人开支以"普通开支"和"劳力"支出为借口，记入公司经营的账目中②。1889 年，约翰·比奇洛致函严厉责备在他们几人的管理下，公司的开支与所得利润严重失衡，使投资的资金减少了大约 1/3③。不少股东也不满公司因过度开支导致利润减少，但很少像比奇洛那样畅言无忌。一些牧牛公司的董事远在欧洲或美国东部，无法对经营者实行遥控和监督，只是通过经理的年度报告了解经营状况。经理们为保住职位和扩大自己的财富，往往在年度报告中报喜不报忧。他们夸大功绩，隐瞒过失，谎报盈利和牛群的数字，过分渲染灾害损失，推诿责任。其结果是掩盖了经营管理上的问题，使弊端得不到及时解决，且积重难返。因此，管理规章制度不严和缺乏股东监督机制是导致一些牧牛公司破产的主要原因。

第三，东部和欧洲投资者对美国西部牧区的投资带有很大的盲目性、功利性和投机性，很多投资者在决定投资之前，既没到过牧区，也不了解经营牧牛业的艰辛。他们只是在媒体炒作下才卷入投资的狂潮，甚至听信了没有钱在西部牧牛也能发财的神话。一种强烈的发财欲望使投资者为了追求 40% 的红利甚至冒着从每月 2% 上升到每天 1% 的高利率从银行贷款的风险，投资

---

① Richard Graham, "The Investment Boom in British-Texas Cattle Companies", p. 444.

② Gene M. Gressley, "Teschemacher and deBiller Cattle Company: A Study of Eastern Capital on the Frontier", p. 129.

③ Gene M. Gressley, "Teschemacher and deBiller Cattle Company: A Study of Eastern Capital on the Frontier", p. 133.

美国西部牧区[①]，由此可见投资者的盲目性。对各种行业的公司来说，百分之几的红利是普遍而正常的现象，但投资美国西部牧区的人总是牢记梦幻般获利的传闻，不能正视和接受一些牧牛公司利润不高和下跌的现实。在牧牛公司经营状况欠佳时，一些大投资者便撤回投资，这些都反映出投资者的一种急功近利的心态。为了投投资者所好，一些大牧牛公司发行"掺水股票"，许诺不可能实现的高红利，透支经营，借贷付账，账上升高牛群的市场价值。大牧牛公司的所有者、经营者利用投资者的盲目、粗心和浮躁损众肥私。凡此种种，使美国西部牧区的投资运作有很大的投机性，其结果是导致许多牧牛公司的破产，也使投资者未能得到期盼中的高红利。

第四，一些对西部牧牛业风险的研究带有一定程度的误导和言过其实的色彩，动摇了投资者的信心。在19世纪最后25年中，铁路和矿业的股票和债券也同样存在陷阱，投资者在西部牧牛业上面临的风险和所得回报相比其他投资没有本质的差别。"特舍马赫和德比勒牧牛公司"的一个投资者在1882年买下了价值1万美元的股票，到1893年公司清理时他还剩5,700美元。不算利息，他9年共损失4,300美元[②]。这种投资的损失在其他行业中也在所难免。那么东部投资者1887年以后为什么急于抛出手中的牧牛公司的股票呢？这是因为大多数股东的头脑中还保留着19世纪80年代初各牧牛公司许诺高回报的强烈记忆，他们不满足于与投资其他行业相比相差无几的红利，往往是在股票价格跌至最低时匆忙抛出。在西部牧牛业投资热时盲目买进大量股票，一有牧牛公司崩溃的传闻就大量抛出，这是投资者遭受重大损失的根本原因。一些研究者往往忽略"盲目性"这一重要因素，在牧牛业投资方面得出一些误导性和夸张的结论，他们或曰风险甚小，或曰损失惨重，其结果是投资者在对昔日的美好承诺保持强烈怀旧记忆的同时，也对遭受的损失留下了抹不掉的印象。因此1890年以后，很少有东部资本流入怀俄明、蒙大拿和科罗拉多等州的牧区。

总之，投资者的盲目、粗心和不理智与牧牛公司经营管理上的弊端结合在一起，使他们没有得到期望中的高利润。许多牧牛公司在19世纪90年代纷纷破产，美国西部牧牛业的黄金时期也随之逝去。此后，美国西部牧牛业

---

① Ray A. Billington, *Westward Expansion: A History of the American Frontier*, p. 594.

② Gene M. Gressley, "Teschemacher and deBiller Cattle Company: A Study of Eastern Capital on the Frontier", p. 136.

继续由原始粗放的游牧方式向集约化的现代经营方式转变。大约经过了半个多世纪，到 20 世纪 60 年代美国西部的牧牛业才实现了现代化。美国西部畜牧业现代化的历程之所以如此漫长，是因为受到多种因素的制约。其中，19 世纪 90 年代以后西部牧区投资的锐减无疑是一个重要原因。

由原始粗放的游牧经营转向集约现代化经营是各国实现畜牧业现代化的必由之路，有大量的充足资本投入畜牧业是实现这一转变的一个重要因素。总结美国西部牧区吸引投资的得失，吸取正反两方面的教训，这当是我们研究这一问题的意义所在。

（原文载《世界历史》，2004 年第 4 期）

怀俄明牧区的蓬勃发展与大公司经营牧业的方式

怀俄明是美国西部落基山区的一个州，它东与内布拉斯加和南达科他相邻，南和科罗拉多相接，西南与犹他毗连，北部界临蒙大拿。在这片面积达253,596平方千米的土地上，地形极其复杂。直到19世纪上半期，怀俄明还被视为美国的“大荒漠”。从美国东部来的拓荒者，只是从其境内的“俄勒冈小道”匆匆穿过，纷纷西去，很少有人愿意在怀俄明定居下来。1868年，怀俄明刚取得领地资格，美国西部“牧牛王国”的边疆便推进到那里。随后，怀俄明发展成为北部高平原牧牛业的中心，怀俄明牧畜区呈现一派蓬勃发展的景象。

一、怀俄明牧区蓬勃发展的原因

怀牧明的西部是属于落基山区的山地，占去其面积的大部分。怀俄明的东部虽属于大平原地区，但布莱克丘陵又从其东北角伸入南达科他。怀俄明境内既有甘尼特峰那样达4,204米的高峰，又有弗拉明各峡谷等深邃的峡谷，既有大湖泊黄石湖，又有大角盆地和大分水岭那样的沙漠地区，其地形构造极为复杂。怀俄明的气候非常干燥，在沙漠地区，年平均降水量只有127毫米。那里冬天寒冷，极端气温最低值达－51℃①，怀俄明的自然条件不适于农

① *Encyclopaedia Btitannica*, Vol. 19, Chicago, 1980, pp. 1052-1058.

耕，这是19世纪60年代前拓荒者不愿在那里定居的根本原因。

然而，怀俄明有丰富的牧草资源。在它的东部平原地区，到处长满牛很爱吃的鼠尾草，极为丰美茂盛。在西部山区，也间杂着一些绿草地。草原地区还有较好的牲畜饮水资源。因此，怀俄明是理想的牧牛区，适合进行大规模的放牧。

1868年，科罗拉多的牧场主J. W. 艾利夫成为第一个把牛群赶到怀俄明夏延平原的人。第二年，得克萨斯的长角牛也被驱赶到夏延附近。在19世纪70年代，放牧在怀俄明牧区的牛从1.1万头增长到25万头①，到1886年，则猛增到90万头②。怀俄明的牧牛业空前繁荣。牧场主们最初在水草丰美、地势起伏的拉勒米河谷地区放牧牛群，继之又把牛群放养到这个领地内的大部分草原地区；最后，把他们的牧牛场扩展到北部与沙漠临界地区和西部山区中的草地上。怀俄明牧牛业蓬勃发展、兴旺发达的原因何在呢？

第一，联合太平洋铁路的推动作用。第一条横贯美国大陆的铁路“联合太平洋铁路”穿过怀俄明境内。夏延被选作一个途经站。到1867年，随着联合太平洋铁路推进到怀俄明的夏延平原，一向沉寂的“大荒漠”地区活跃了起来。为了适应筑路的急需，夏延作为怀俄明领地的首府在1867年7月正式创建，4,000多名东部移民便云集夏延。4个月后，筑路大军也抵达那里③。联合太平洋铁路不仅使怀俄明的居民迅速增加，而且为牧牛业的发展开辟了当地的市场，艾利夫等牧场主把牛肉卖给联合太平洋铁路的筑路员工和在夏延平原附近的南山口地区进行探查的矿工们。1869年联合太平洋铁路贯通后，为怀俄明的牛贸易提供了极其便利的条件。1879年，第一批怀俄明牛在夏延被装车运往欧洲市场④。夏延这个联合太平洋铁路上的途经站迅速成为美国西部的典型牛镇，成了辽阔怀俄明牧区的“牛都”。与以往的全部海上运输相比，第一条横贯大陆铁路的建成，大大缩短了美国与欧洲的距离，使欧洲市场上的美国牛肉迅速增加。大批怀俄明牛从铁路被运往美国东部城市。不仅拉勒米像夏延一样成了怀俄明的重要牛镇，而且连格兰杰也被远在蒙大拿的牧场主

① Robert E. Riegel and Robert G. Athearn, *America Moves West*, New York: Holt, Rinehart and Winston, 1971, p. 486.

② Ernest S. Osgood, *The Day of the Cattleman*, Chicago and London: University of Chicago Press, 1968, p. 225.

③ Robert G. Ferris, ed., *Prospector, Cowhand and Sodbuster*, Washington: H. W. Wilson Co., 1967, p. 257.

④ Robert G. Ferris, ed., *Prospector, Cowhand and Sodbuster*, p. 258.

们选作集散牛群外运的装货站。1885年秋，约有20万头牛从怀俄明牧区装车外运[①]，牛贸易兴旺发达。在怀俄明牧牛业繁荣时期，那里运出的成牛与运入的小牛数目相当。联合太平洋铁路建成通车对怀俄明牧牛业的蓬勃发展起了巨大的推动作用。

第二，源源不断的牛群被从得克萨斯输进了怀俄明牧区。得克萨斯是美国西部"牧牛王国"的发源地和牧牛业的大本营。美国内战结束时，"大本营"牧场的存牛爆满，数目在500万头左右。每头小牛的售价在得克萨斯州内下跌到3—4美元[②]。1873年的经济危机使市场萎缩，大幅度地减少了对得克萨斯牛肉的需求，这对那里的养牛业是致命的一击。寻找出路的得克萨斯的牧场主们发现，把幼畜驱赶到北部公共牧场上，用免费牧草育肥后，在东部市场上可以卖到50—60美元的高价[③]。从19世纪70年代始，他们便把小牛赶到怀俄明的草原上放牧。1873年经济危机后，驱赶到那里的牛群逐年增多。这样，得克萨斯的牧场主们既可在市场萧条时期免遭破产，又可在少投资的情况下奠定日后发财致富的基础。得克萨斯小牛被源源不断地驱赶到怀俄明牧区放养、繁衍和贮存，使那里的牛群迅速增加。1870年，被赶到怀俄明牧区的牛为7.1万头[④]。1871年，约有10万头牛被放牧在那里[⑤]。1880年，怀俄明存牛上涨到52.1213万头[⑥]，六年后猛增到900万头的爆炸数字，这相当于"牧牛业大本营"得克萨斯在内战结束时存牛数的1.5倍。

第三，怀俄明在19世纪70年代仍有广阔的草原地区未被圈占，对牧场主们有很大的吸引力。内战以后，在美国西部迅速崛起的"牧牛王国"的疆域不断扩大。到19世纪60年代，大牧场已布满了堪萨斯和内布拉斯加州的大

---

① John K. Rollinson, *Wyoming: Cattle Trails*, Caldwell: The Caxton Publishing Company, 1948, p. 250.

② Richard N. Carrent, T. Harry Williams, Frank Freidel and Alan Brinkley, *American History*, Vol. 2, New York: Knopf, 1987, p. 480.

③ Ray A. Billington, *Westward Expansion: A History of the American Frontier*, New York: Macmillan Publishing Co., Inc., 1974, p. 591.

④ Philip Durham and Everett L. Jones, *The Negro Cowboys*, Lincoln: University of Nebraska Press, 1965, p. 126.

⑤ Ray A. Billington, *Westward Expansion: A History of the American Frontier*, p. 590.

⑥ Ernest S. Osgood, *The Day of the Cattleman*, p. 46.

部分地区。1869 年，科罗拉多领地内就放牧着 10 万头得克萨斯长角牛①。1868 年，“牧牛王国”的边疆开始推入怀俄明，但到 1871 年在那里放牧的牛的数量仅是科罗拉多 1869 年的 1/10。在 19 世纪 70 年代，怀俄明领地内尚有 5,000 万英亩的草地未被围占②。与怀俄明相比，它南边的科罗拉多牧区因为放牧了过多的牛羊，青草地未被围占的已极其有限，以致那里的牧牛人大声疾呼，要求领地制定法律，禁止得克萨斯牛输入科罗拉多。怀俄明广阔的公共牧场吸引着众多的牧场主们蜂拥而至，连科罗拉多的牧牛人也把牛群驱赶到那里放养。怀俄明的牧牛业便迅速发展起来。

二、怀俄明牧区的大公司经营牧业的方式

怀俄明牧牛业的蓬勃发展，伴随着美国工业化的进程和向垄断资本主义过渡的大变革，具有明显的时代特点。19 世纪 80 年代初，怀俄明的牧牛业进入一个投机活动猖獗的繁荣时期。渴望大发横财的美国东部和外国的资本家，在怀俄明纷纷建立起大牧牛公司。19 世纪的最后 20 年中，怀俄明有 188 家牧牛公司，吸引了 9,400.58 万美元的资金③，仅 1883 年就建起 20 家土地和牧牛公司，资本总计达 120 多万美元④。牧牛公司风靡一时。怀俄明的牧牛业日益采用大公司的经营方式。

拥有大量资本是大牧牛公司得以生存和发展的基础。为此目的，各牧牛公司极力渲染怀俄明免费的丰富的牧草资源和牧牛业的巨额利润。为了广泛吸引美国东部和外国的投资，各牧牛公司竞相发表有关牧牛业过去、现在和未来的市场调查，印制本公司的宣传小册子。牧牛大王们不仅在他们的活动中心“夏延俱乐部”里游说东部的客户，通过其亲属把小册子带往东部广为散发，而且还把极尽夸张的宣传品寄往纽约和芝加哥的金融机构。如“斯坦达德牧牛公司”把其宣传小册子向纽约的“道奇·克拉克公司”和芝加哥的“约翰·克莱公司”各寄了 500 份，并请两公司转送它们的客户⑤。怀俄明大牧牛公司

---

① Ray A. Billington, *Westward Expansion: A History of the American Frontier*, p. 590.

② Philip Durham and Everett L. Jones, *The Negro Cowboys*, p. 125.

③ Gene M. Gressley, *Bankers and Cattlemen*, New York: University of Nebraska Press, 1966, p. 105.

④ Ray A. Billington, *Westward Expansion: A History of the American Frontier*, p. 594.

⑤ Gene M. Gressley, *Bankers and Cattlemen*, p. 53.

的宣传极具诱惑力，说只要对牧牛业投入“适量的基础资本”，“巨大的利润”将流向东部[①]。美国东部的银行家、商人、律师和政客都被草原地区牧牛公司42％的红利煽起了发财的狂热，纷纷向怀俄明的牧牛业投资[②]。英国的投资者也被40％的利润所刺激，他们倾其财力组织牧牛公司，与美国人的公司竞争[③]。大牧场主和大牧牛公司的联合组织“怀俄明家畜饲养者协会”仅在1882年就引进了英国资本约3,000万美元，投入怀俄明和得克萨斯[④]。美国东部和外国的资本滚滚而来，使怀俄明的牧牛公司越办越多。

在怀俄明的牧牛公司中，一些是按照西部牧区约定俗成的“优先放牧权”划地取得放牧权的。如果一个牧场主抢先在某条河流的一侧河岸立界标表明他取得了从该河流一直延伸到那面的一条河流区域内的全部土地的放牧权。一些大牧牛公司经常发表占地通告，宣布其取得的“优先放牧权”，一则通告这样写道：“本公司的活动范围在小贝佛。其扩展范围从野马溪以北到羊孤山，东到落基山脊，南至派洛特丘陵。”[⑤]虽然这大片土地在法律上连一英尺也不属于该公司所有，但它有权阻止其他牧场主和农民侵入其先占的“领地”。

一些牧牛公司不断剥夺印第安人的土地，扩大自己的牧场。随着怀俄明牧区的不断扩大，居住在夏延平原的印第安人先被驱散到北部平原，后又被从北部平原赶进温德保留区。在怀俄明牧牛业大发展的1881—1883年，牧场主们驱赶着牛群冲进保留区的鲍德河和通古厄河流域。在联邦军北夏延小队极力压缩保留区的同时，一个邻近通古厄河的牧牛公司千方百计强迫印第安人从那里迁走。怀俄明的牧牛大王们以极尽欺骗、诬陷、恫吓与暴力等卑劣的手段，诈骗了印第安人数百万英亩土地。

在怀俄明，更多的大牧牛公司是通过合并现存的小牧场建立的。其中，拥有资本最多的“斯旺土地和牧牛公司”最为典型。该公司通过在东部发售股票筹款375万美元，合并了怀俄明东部的三个牧场，成为一个拥有10万头

---

① Gene M. Gressley, *Bankers and Cattlemen*, p. 60.

② Ray A. Billington, *Westward Expansion: A History of the American Frontier*, p. 595.

③ Ray A. Billington, *Westward Expansion: A History of the American Frontier*, p. 595.

④ LeRoy R. Hafen, W. Eugene Hollon and Carl C. Rister, *Western America*, Englewood Cliffs: Prentice-Hall, Inc., 1970, p. 432.

⑤ LeRoy R. Hafen, W. Eugene Hollon and Carl C. Rister, *Western America*, p. 422.

牛、占地100万英亩的大牧牛公司。它东起内布拉斯加的奥格拉拉，西至怀俄明的斯蒂尔要塞，从联合太平洋铁路向南扩展到普拉特河。“斯旺土地和牧牛公司”还准备购买联合太平洋铁路交叉地段的50万英亩土地。有人估算认为，在5年内该公司拥有的产业价值为5,000万美元①。

在怀俄明牧牛业繁盛时期，牧牛大王们为了确保其经济、政治利益，把领地变成牧牛业的专用地，组织建立了“怀俄明家畜饲养者协会”。这个由大牧场主和牧牛公司巨商组成的协会是领地内的真正主宰，统治领地达20年。“怀俄明家畜饲养者协会”是从1871年建立的“怀俄明家畜放牧者协会”起家的。1873年，“拉勒米家畜饲养者协会”取代了两年前成立的仅涵盖夏延周围的地方性组织。到1879年，随着牧牛业在怀俄明的蓬勃发展，“拉勒米家畜饲养者协会”更名为“怀俄明家畜饲养者协会”。此后，这个牧牛者组织的势力不断扩大，管辖权不仅扩大到怀俄明全境，而且延伸到相邻的州和领地，管理着5个领地和州的牧牛业②。“怀俄明家畜饲养者协会”发展成为“牧畜王国”里所有牧牛者协会中规模最大、实力最强的组织。它在一块大约与西欧面积相等的广袤土地上，制定和实行自己的法律，对怀俄明领地的立法机关施加强有力的影响，保护大牧场主和牧牛公司的利益，在美国西北部高平原上，建立起了“广阔的牧牛帝国”③。

“怀俄明家畜饲养者协会”制定了有关赶拢、打烙印、长途驱赶和检疫等规定，特别是通过了1884年的“马弗里克牛”法律(对未打烙印的迷路小牛处置的若干规定)，强令会员和非会员一律执行，加强了大牧场主和牧牛公司巨商们在怀俄明牧区的统治。协会制定了许多管理土地、使用水源的规定。它支持牧牛公司强占印第安人的土地，反对联邦政府修改赠予土地的优惠政策，竭力保持牧牛大王们对土地的控制权，使整个领地变成大牧牛公司的独占王国。“怀俄明家畜饲养者协会”还联合其他州和领地的牧牛者组织，向“联合太平洋铁路公司”施加压力，使其降低牧牛公司的运费。经多次交涉，使会员运货取得“半价待遇”。

---

① Howard R. Lamar, ed., *The Reader's Encyclopedia of the American West*, New York: Thomas Y. Crowell Company, 1977, p. 1152; Ray A. Billington, *Westward Expansion: A History of the American Frontier*, p. 595; Ernest S. Osgood, *The Day of the Cattleman*, p. 98.

② Robert E. Riegel and Robert G. Athearn, *America Moves West*, p. 487.

③ Louis Pelzer, "A Cattlemen's Commonwealth on the Western Range", *Mississippi Valley Historical Review*, Vol. 13, No. 1, 1926, p. 33.

“怀俄明家畜饲养者协会”的发展壮大与牧牛业的兴旺发达同步进行。1880—1885年是怀俄明牧区最繁荣时期，协会也达到其“鼎盛阶段”。1873年，协会只不过有10余名会员、2万头牛、价值35万美元的产业，到1885年，会员增到400余名，协会已拥有200万头牛，连同房屋、设备和不动产，价值达1亿美元①。“怀俄明家畜饲养者协会”的领导权掌握在牧牛大王的手中，领地的政界要员都是协会的重要领导成员。其中包括总督、两名参议员和领地家畜监督官②。他们在制定领地政策时，就必然同协会的利益联系起来，使政策向牧牛业倾斜，使牧牛公司在领地的政治、经济和社会生活中占据统治地位。“怀俄明家畜饲养者协会”是一个强大的集权者，几乎像“帝王”一样把怀俄明变成了一个“牧场主的联邦”③。

由于“怀俄明家畜饲养者协会”在领地内是主宰者，它制定的政策和法律极大地促进了牧牛业的发展。牧牛业在怀俄明的经济中占绝对优势，大牧牛公司成为领地的主要经济支柱。到1883年，牧牛业已占怀俄明经济产业的90%④。19世纪70年代至80年代中期，牧牛业的蓬勃发展使怀俄明成为西部“牧畜王国”的一个主要牧区。怀俄明牧牛业在美国牧牛业中占据十分重要的地位。在“大本营”得克萨斯的牧牛业衰落下去之后，怀俄明牧区却蓬勃发展起来，这就使它在“牧畜王国”的发展中更显出其重要性。在1860年，怀俄明与其南边的科罗拉多、东北部的达科他和北面的蒙大拿一样，都属于无牛区。然而，到1880年，怀俄明牧区已有52万多头牛，与蒙大拿和达科他拥有牛数的总和56万余头相差不多。虽然这一年怀俄明要比科罗拉多少20余万头牛⑤，但此时科罗拉多的牧场主们已经不断把牛群赶入怀俄明。到1886年，怀俄明牧区的牛群达到900万头的高峰，这远非其周围领地的牧区所能相比。在美国西北部高平原牧区中，怀俄明地处有利的中心地位。“怀俄明家畜饲养者协会”的管辖权一度延伸到它周边的科罗拉多、达科他、蒙大拿和内布拉斯加。怀俄明得益于联合太平洋铁路的便利运输条件，不仅向美国东部

---

① Louis Pelzer, “A Cattlemen's Commonwealth on the Western Range”, p. 34.

② W. Eugene Hollon, *Frontier Violence*, New York: Oxford University Press Inc., 1974, p. 154.

③ Ernest S. Osgood, *The Day of the Cattleman*, p. 158.

④ Howard R. Lamar, ed., *The Reader's Encyclopedia of the American West*, p. 1292.

⑤ Howard R. Lamar, ed., *The Reader's Encyclopedia of the American West*, p. 1292.

提供了大量牛肉，而且成为美国供应欧洲市场的主要牛肉基地之一。直到今天，作为怀俄明五大支柱产业之一的农业，仍然以畜牧业为主导①。从某种意义上讲，怀俄明牧牛业的蓬勃发展，是美国西部“牧畜王国”繁荣兴旺到19世纪80年代中期的重要因素之一。

三、怀俄明牧牛业发展的重大影响及其衰落的原因

怀俄明牧牛业蓬勃发展的黄金时期虽然只有短暂的十余年光景，但它在美国西部的开拓中、在美国的历史发展中留下了具有重大影响的一页。

第一，牧牛业的繁荣不仅使怀俄明保住了领地地位，而且使它最终在1890年以第44州的身份加入了联邦。由于怀俄明的自然条件不适于农耕，在领地初创时期，人口增长和经济发展都极为缓慢。为此，格兰特总统在1872年曾准备取消怀俄明的领地资格。正是由于怀俄明牧牛业的大发展，带来了经济繁荣，怀俄明被取消领地的潜在危险才彻底消除。特别是怀俄明领地政界要员沃伦、凯里等人是“怀俄明家畜饲养者协会”的重要成员，他们在联邦参议院代表着牧牛业集团的利益。由于他们在国会的多方游说，最终使怀俄明以正式州的身份被联邦接纳，成为合众国的重要组成部分。这一结果，使怀俄明这块在19世纪中期以前被认为是“荒漠”的地区被纳入美国垄断资本主义发展的轨道，使相当西欧面积的地区实现了“美国化”，从而加速了西部的开发和“边疆”的消失。

第二，怀俄明家畜饲养者协会实行自己管理自己的方式经营牧牛业，体现了美国西部边疆的民主精神，发展了美国人的自治传统。怀俄明远在美国的西北部，那里的土地所有权广泛而分散。远在东部华盛顿的中央政府想对那里实行严格控制可谓鞭长莫及。与牧牛业有关的经营管理、土地和水源的使用、牧区纠纷和社区生活等独特的地方问题，都需要地方来解决。牧场主们依照多数人同意遵守的原则，组成有代表性、有权威和别具边疆特色的自治组织——“怀俄明家畜饲养者协会”。在怀俄明领地，真正的主宰者不是联邦政府，而是这个协会；真正有威力的不是联邦政府的一般性政策，而是协会制定的有关规定和法律。这种要求扩大民主、削弱集中领导控制的自治趋势，在草拟的怀俄明州宪法中得到充分反映。诸如联合经营牧业、放牧权、土地和水源使用的规定以及扩大民主要求等地区性法律条款，都写进了州宪

---

① 《简明不死颠百科全书》中美联合编审委员会：《简明不列颠百科全书》第4卷，北京：中国大百科全书出版社，1985年，第37页。

法中。尤为突出的是在美国宪法史上怀俄明首次把妇女选举权问题列入了州宪法①。这一首创精神影响了西部其他各州，也推动了全美国妇女争取选举权运动的发展。

1886年以后，怀俄明“开放牧区”的牧牛业结束了其蓬勃发展的繁荣景象而衰落下去。第一，1886—1887年，怀俄明历史上罕见的暴风雪使一些牧场的牛群丧失了60%—70%②，许多牧牛公司出于对灾难的恐惧，都纷纷低价变卖了牛群。第二，由于在牧牛业繁荣时期的过度放牧，致使怀俄明牧区的存牛远远超过了市场的需求，导致牛价暴跌。芝加哥的牛肉售价从1882年的9.53美元跌至1.9美元③，这使牧牛公司陷入绝境。第三，更严重的是大批农民涌入怀俄明，牧羊场主和牧牛场主激烈争夺土地，使那里的牧牛业遭到最致命的一击。1880—1890年，在大角山定居的农民已灌溉了近200万英亩土地④。从牧区天灾过后的1888年起，火车不断把成千上万的农民送进怀俄明，两年后，怀俄明的人口增加到60.705万人，比1880年增长了近4万人⑤。农民总数已大大超过牧牛人。众多农民定居下来，在牧区筑篱圈占土地，经营农场，对牧牛业构成严重威胁。与此同时，羊群也不断蚕食牧牛场主的“王国”。牧羊场主们把大批羊群赶入怀俄明这个传统的牛放养中心，使那里羊的数量大大超过了牛的数量。1886年，怀俄明牧区的牛羊数量之比为3∶1，到1890年则变成了1∶8⑥。在定居农民和牧羊场主的夹击下，怀俄明的牧牛数量到1890年下降到300万头，仅是1886年的1/3⑦。基于上述原因，许多牧牛公司纷纷破产，连最大的“斯旺土地和牧牛公司”也在1887年倒闭。一些小牧牛场主不得不结束在怀俄明“开放牧场”游牧式的牧牛，转向围栏式的定居饲养。他们把牛群围圈在自己固定的牧场里，建筑畜棚，保护草地，

---

① Thomas D. Clark, *Frontier America: The Story of Westward Movement*, New York: Scribners, 1959, p. 751.

② W. Tarrentine Jackson, "'The Wyoming Stock Growers' Association: Its years Temporary Decline, 1886-1890", *Agriculture History*, Vol. 22, No. 4, 1948, p. 261.

③ Richard Hofstadter, et al., *The American Republic Since 1865*, Vol. 2, Englewood Cliffs: Prentice-Hall, Inc., 1959, p. 87.

④ Robert G. Ferris, ed., *Prospector, Cowhand and Sodbuster*, p. 73.

⑤ Howard R. Lamar, ed., *The Reader's Encyclopedia of the American West*, p. 1292.

⑥ Robert E. Riegel and Robert G. Athearn, *America Moves West*, p. 489.

⑦ Ray A. Billington, *Westward Expansion: A History of the American Frontier*, p. 597.

贮存冬草，培育优良牛种，改进饲养方法，精心照料自己的牛群。养牛业在怀俄明作为一种重要的行业被稳定而审慎地保持下去。

今天，我们来探究一个多世纪前怀俄明牧牛业的发展史，不是为发思古之幽情和回味昔日牛仔们那深沉感人的“咏叹调”，而是从美国畜牧业的发展史中寻求一些对我们有益的经验和教训。中国是世界第二大草地国，我们探究怀俄明牧牛业大发展的历史，反思其经验教训，对我国的畜牧业走向现代化，会有不少有益的启示。

（原文载《北方论丛》，1995年第3期）

第三部分　美国西部牧区社会史

美国西部城镇化的一种模式

——牛镇的兴起与变迁

在美国城市化的进程中，西部发展更为迅速。其中大批牛镇的兴起，是西部城镇化的一种重要模式。

一、牛镇的兴起

内战后，美国城市人口急剧增长对肉类产生巨大需求，仅靠东部牧场饲养的家畜已无法满足，加之内战使畜产品减产，肉类供求市场失衡。在东部城市急速增加新的肉类来源地时，美国西部“牧牛王国”却牛满为患。战后，得克萨斯的经济几近崩溃，除了四处游荡的500万头长角牛以外别无所有。每头牛仅卖3—5美元，在本州还找不到市场。但是，在得克萨斯卖不出的牛如果运到中东部，每头价格为30—40美元，而到纽约则可卖到85美元。得克萨斯的牧场主们为了重振家业，便雇用牛仔把四处漫游的牛围拢起来，经过“肖尼小道”把牛群赶往最近的铁路站点——密苏里州的锡达利亚出售。

由于牛道路途遥远，经过欧扎克森林区牛群易逃散藏匿，经过原住民(印第安人)保留区会发生很多纠葛、冲突，路上也常有劫匪偷盗抢劫和沿途武装农民的阻截，牛丢失很多。就在得克萨斯为寻找新的牛群装运站感到为难时，第一条横贯大陆的铁路——联合太平洋铁路向西修到了堪萨斯州境内的阿比林。伊利诺伊州的年轻肉商约瑟夫·G. 麦科伊经过两个月的紧张改建，使原本是荒野小村的阿比林成为大平原第一个设备齐全的典型牛镇。在堪萨斯境内，继阿比林之后又相继出现埃尔斯沃恩、威奇托、考德威尔和道奇城等新牛镇，牛镇位置不断西移，离牧区距离更近。

横贯铁路的建成，在美国西部大平原牧区和东部市场之间架起了桥梁，作为“长途驱赶”牛群出售终点站的“牛镇”得以迅速崛起，牛镇如繁星般布满从圣路易斯到落基山之间的辽阔牧区。牛镇的兴起也促成了牛贸易的繁荣。每个牛镇从建立之日起，就吸引着成千上万的得克萨斯赶牛人。中西部、东部和大平原北部的买主蜂拥而至，云集牛交易市场。

二、牛镇经济发展与市政改革

随着牛贸易的发展，大量牛仔和买主涌入牛镇，杂货、服装、制鞋、旅店、餐饮以及娱乐消遣等服务性行业迅速兴起，成为牛镇经济的重要组成部分。阿比林最早出现的杂货店向附近的牧牛营地出售各种牧牛设备和齐全的日用百货，同时也向镇上居民提供各种日常用品。阿比林“大西部商店”销售纺织品、男女服装、鞋靴和帽子等各种商品。另外，为牛仔提供食宿的旅店、饭馆和酒吧等行业也发展起来。牛镇各种店铺、旅店、酒馆等构成了城镇的中心区，形成了主要的商业街。在牛镇，娱乐消遣场所也是商业经营的重要组成部分，这些场所主要是妓院、舞厅和赌台。因获利颇丰，各个牛镇都有人经营。在赶牛季节，阿比林的娱乐消遣场所一天就从牛仔身上赚取 4 万美元，超过一家商店的月收入。除此之外，牛镇还有洗衣店女工、理发师、药商、承包商、经纪人、马车出租者、律师、银行机构、行政职员和工人等，各种服务性行业的建立，使牛镇初步具备现代城镇的综合功能。

随着经济的发展，牛镇也不断进行市政机构建设，使之逐步发展成为健全、稳固的西部城镇。每个牛镇通过选举产生市长，创建第一个牛镇阿比林的麦科伊在 1871 年被选为第二任市长。各牛镇以警察队来维持社会治安，建立良好的社会秩序。牛镇还制定了限制牛仔越轨行为的《市民条例》。阿比林和考德威尔等牛镇建立了关押罪犯的监狱。由于这些改革措施的实行，牛镇的社会治安得以维护。

牛镇也十分重视教育，借助道德力量来维护社会秩序。阿比林、考德威尔等牛镇设立学校，聘请优秀教师。牛镇居民的妻子是城镇新秩序的重要维护者，她们辛勤劳作，抚育子女，使孩子们在牛镇初建时粗野无度的社会环境中免受污染，牛镇废赌驱妓的条例就是在她们的强烈呼吁下出台的。一些牛镇还建立了教堂，从精神道德上引导信众。

经济的发展和政治社会改革的推进使牛镇成为美国西部牧区的经济、政治和文化中心。牛镇建立不久，很快就成为本州或本领地内经济活动的中心，有力地促进了大平原的开发，加速了这一地区融入美国垄断资本主义的发展进程。

三、牛镇顺势转型

虽然每个牛镇在牛贸易结束时已发展成为一个商业繁荣的城镇，但也面临经济转型和继续发展的问题。由于第二次工业革命发明的钢制犁和一系列农业机械、带刺铁丝、大风车以及冬小麦的引进等，解决了农场主征服大平原的难题，从 19 世纪 70 年代起，拓荒农场主开始挺进大平原。因此，从第一牛镇阿比林建立之日起就存在着牧场主、农场主、土地商和镇民之间的利害冲突和矛盾斗争。阿比林附近的农场主组织了“迪金森县农场主保护协会”，该镇的道德改革者、企业家和农场主联合起来，对得克萨斯牛实行有效的封锁。由于 1872 年牛贸易被中止，阿比林的经济变得越来越依赖于农业。1880 年，堪萨斯州长下令封锁全州，禁止得克萨斯牛群入境。该州所有牛镇的牛贸易中止，转变为以农业为城镇的主要经济支柱，其他州和领地的牛镇也有着与堪萨斯牛镇大体相同的经历。农场不断吞没大片草地，农场主与牧场主争夺土地的斗争日趋激烈。这一发展趋势对牛镇的经济结构产生深刻影响，使其越来越依赖于农业，多数牛镇由“牧牛”转向“农业”。

19 世纪 70 年代至 20 世纪初是美国工业化迅猛发展和向垄断资本主义过渡的大变革时期，这一浪潮两次对西部牛镇产生了巨大冲击，已经由“牧牛”转向“农业”的牛镇又经历着工业化。第一个牛镇阿比林在建镇不久就建立了两家木材厂和一家制铁厂。在工业化浪潮的影响下，阿比林又逐渐发展了轻工业。现在，阿比林仍然依靠铁路，成为牲畜、谷场和其他农产品的转运站。其他牛镇如夏延、拉勒米、海伦娜、林肯和银城等，也都经历了由“牧牛”到“农业”，尔后向“工业”的转变，现在都发展成为以“工业为主体”的多种经济形式并存的美国西部城市。

上述事实表明，昔日的牛镇并非单靠“牛贸易”的发展而成为今日美国西部城市。一些牛镇是在继“牧牛”之后，以“农业”和“工业”等新的经济形式为基础重新获得活力，才发展、巩固而持续至今的。可见，“牧牛—农业—工业”是大平原地区城镇化发展的基本模式。

在美国西部牛镇的转型发展中，也有失败的例子。美国西部有的牛镇在牛贸易高峰过后，没有适时转变经济形式，随着大平原上“牧牛王国”的衰落而被湮没在茫茫草原上，成为美国西部的“鬼镇”，曾是北达科他牛镇的“迈多拉”便是“鬼镇”的典型例证。

（原文载《光明日报》，“理论周刊·世界史”，2014 年 8 月 20 日第 15 版）

怀俄明家畜饲养者协会的历史作用及其衰落原因

怀俄明位于美国西部落基山区，1868 年取得领地地位，1890 年成为美国的第 44 州。在建立领地的当年，美国西部“牧牛王国”的边疆开始推入怀俄明。不久，怀俄明成为北部高平原开放牧牛业的中心，进入“牧牛王国”时期。大牧牛场主为确保其经济利益，扩大政治影响，把领地作为牧牛业的专用保留地，创立了“怀俄明家畜饲养者协会”。这个由大牧场主和牧牛公司巨商组成的协会是领地的真正主宰，统治怀俄明达 20 年之久。怀俄明牧牛业迅速崛起和蓬勃发展的状况可以从协会不断扩大的影响中体现出来。“怀俄明家畜饲养者协会”是在什么样的历史背景下建立的？协会的作用如何？什么原因致使它衰落？本文试图论述这些问题。

一

怀俄明北邻蒙大拿，南接科罗拉多，西南毗连犹他，东与南达科他和内布拉斯加接壤，西接爱达荷，其地形构造极为复杂。山地、丘陵、峡谷和沙漠占去怀俄明大部分地区。怀俄明气候干燥，沙漠地区大角盆地和大分水岭盆地的年平均降水量仅有 127 毫米[①]。在怀俄明东部的平原地区，长满茂盛的北美艾灌丛，它是一种极好的牧草。在西部山区，

① 《简明不列颠百科全书》中美联合编审委员会：《简明不列颠百科全书》第 4 卷，北京：中国大百科全书出版社，1985 年，第 37 页。

也参差散落着一些天然放牧场。草原地区水资源丰富，是理想的牧牛场①。

怀俄明的自然条件不适于农耕，只利于大规模放牧。长期以来，那里被视为美国的“大荒漠”，很少有西去的拓荒者定居下来。直到19世纪60年代末，情况才发生根本变化。随着联合太平洋铁路推进到怀俄明的夏延平原，那里很快发展成为典型的牧牛区。

联合太平洋铁路对怀俄明牧牛业的发展起了很大推动作用。该铁路公司选定夏延作为一个城镇点，不仅带来筑路员工和东部的移民，增加了怀俄明的居民，而且为那里牧牛业的发展创造了牛贸易的市场。为适应筑路急需，怀俄明首府夏延于1867年7月创建。4,000余人云集那里，帐篷、窝棚和货车厢等临时住所布满街道，成为人们的居所。4个月后，筑路工人抵达夏延②。1868年，科罗拉多的牧场主J. W. 艾利夫就向联合太平洋铁路筑路工人出售牛肉，成了第一个把牛群赶到夏延平原的人③。1869年，得克萨斯的长角牛被驱赶到夏延附近。第二年，首批怀俄明牛在夏延装车运往欧洲市场④。夏延是作为联合太平洋铁路上的一个车站而建立的，但它很快成为典型的牛镇，成为怀俄明辽阔牧区的牛都。1879年第一条横贯北美大陆的铁路——联合太平洋铁路建成后，便利了怀俄明牛群的集散和外运，这无疑促进了那里的牧牛业的发展。

“牧牛业大本营”得克萨斯为怀俄明牧区输送了源源不断的牛群。美国内战结束时，得克萨斯的存牛猛增到500万头左右，造成牧场爆满，牛价在本州内大跌，每头小牛仅卖3—4美元⑤。得克萨斯的牧场主们发现，把小牛群赶到北部草原的公共牧场上，用不花钱的青草育肥，过4—5年后，就可以在市场上卖50—60美元的高价⑥。于是，他们在19世纪70年代开始把小牛群

① Howard R. Lamar, ed., *The Reader's Encyclopedia of the American West*, New York: Thomas Y. Crowell Company, 1977, pp. 1291-1292.

② Robert G. Ferris, ed., *Prospector, Cowhand and Sodbuster*, Washington: H. W. Wilson Co., 1967, p. 257.

③ Ray A. Billington, *Westward Expansion: A History of the American Frontier*, New York: Macmillan Publishing Co., Inc., 1974, p. 589.

④ Robert G. Ferris, ed., *Prospector, Cowhand and Sodbuster*, p. 258.

⑤ Richard N. Carrent, T. Harry Williams, Frank Freidel and Alan Brinkley, *American History*, Vol. 2, New York: Knopf, 1987, p. 480.

⑥ Ray A. Billington, *Westward Expansion: A History of the American Frontier*, p. 591.

赶到怀俄明东部肥美的草原上放牧。特别是1873年的经济危机，造成市场对得克萨斯牛肉的需求大大减少，从而进一步压缩了得克萨斯牛的价格。一个牧场主在这一年把牛运到芝加哥市场，售价竟不能偿还运费①。这种状况迫使得克萨斯牧场主把牛群源源不断地驱赶到怀俄明公共牧区放牧、繁衍和贮存，使那里的牛群猛增。

到19世纪70年代，怀俄明尚有5,000万英亩草地未被圈占②。这个广阔的公共牧场对领地以外的牧牛者具有极大的吸引力，他们从四面八方蜂拥而来。相较之下，怀俄明南边的科罗拉多牧区因为放牧了过多的牛羊，青草牧地已非常有限。因此，科罗拉多的很多牧场主争相加入得克萨斯牧场主的行列，把牛群赶到怀俄明放养。

基于上述原因，怀俄明的牧牛业发展很快。1860年在那里还没有牛的踪影，1870年已有7.1万头牛被赶进怀俄明公共牧区③。1871年，又有约10万头牛被放牧在那里④。在19世纪70年代末，怀俄明牧区存牛数已从1.1万头增长到52万头⑤。牧场主们先是把牛群放牧在地势起伏、水草丰美的拉勒米河谷地区，拉勒米牧区遂成为领地牧牛业的中心。随后，他们又把牧牛场扩展到怀俄明的其他大部分草地上，“怀俄明家畜饲养者协会”就是在领地牧牛业迅猛发展的形势下在夏延建立的。

1871年10月28日，夏延周围的牧场主们建立了“怀俄明家畜放牧者协会”。11月14日，协会在夏延召开了第一次年会。这是领地内第一个牧牛者组织。创始人之一是海勒姆·莱瑟姆医生。他曾是联邦军队军医，又当过联合太平洋铁路公司的外科医生，最后定居拉勒米县，建了一个拥有上等牛群的牧场。莱瑟姆以“充满轶事”和“有魔力的健谈者”著称，在创建协会中起了很大作用。“怀俄明家畜放牧者协会”实际上仅仅是夏延周围的地方性组织。它的建立反映了牧场主们要求采取联合行动的愿望，但协会没有积极有效地

---

① Walter P. Webb, *The Great Plains*, Waltham: Blasdell Publishing Company, 1959, pp. 231-232.

② Philip Durham and Everett L. Jones, *The Negro Cowboys*, Lincoln: University of Nebraska Press, 1965, p. 125.

③ Philip Durham and Everett L. Jones, *The Negro Cowboys*, p. 126.

④ Ernest S. Osgood, *The Day of the Cattleman*, Chicago and London: University of Chicago Press, 1968, pp. 46, 97, 119, 121, 135, 136, 151, 158, 225.

⑤ Robert E. Riegel and Robert G. Athearn, *America Moves West*, New York: Holt, Rinehart and Winston, 1971, p. 486.

组织活动。因此，这个怀俄明牧场主的最初组织是短命的，很快被1873年成立的“拉勒米县家畜饲养者协会”所取代。

1873年经济危机后，拉勒米河谷的牧牛营地日渐增多。牧场主们无节制地把牛群赶入公共牧区，超量放牧不仅使小牛不能充分育肥，而且两个相邻牧场的牛群常常混杂在一起难以区分，使偷牛贼有机可乘。即使在个人的牧场之内，牛群被偷盗、捕捉也屡见不鲜。一些牧场主感到忧虑。这种状况如不加限制地任其发展，最终会毁掉他们的牧牛业。拉勒米地区的牧牛业已经到了不联合起来就无法坚持下去的地步，大牧场主们开始真正认识到组织起来的必要性。

迫于切身经济利益的需要，牧场主的11名代表于1873年11月29日组建了“拉勒米县家畜饲养者协会”。其中的重要人物有第一任领地总督J. M. 坎贝尔、莱瑟姆、领地最高法官和后来的参议员J. M. 凯里，协会后来的律师W. W. 科利特以及S. F. 纳科尔斯①。1874年2月，协会召开了第二次会议，代表人数增加到25人。这次会议除规定了年会时间和会费数额外，还向总督提交了一项关于在牧区进行周年“赶拢”(即围捕牛群)的法令，不久便获批准。6月1日(原定5月15日)，怀俄明牧区第一次有组织的赶拢在协会任命的赶拢工头的指导下，按预定计划顺利进行。

“拉勒米县家畜饲养者协会”成立后，除指导有序开展公共牧区的活动外，它本身也不断发展、健全。1875年，协会成立了一个负责侦缉偷牛贼的三人委员会，并从县政府争取到每年300美元的经费。同年，牧牛大王亚历山大·H. 斯旺当选为会长。② 协会管辖的牧区范围不断扩大。1876年，协会划分的赶拢区变成了2个，两年后扩大为4个③。在1875—1878年，年会代表增加到31人④。到1879年，“拉勒米县家畜饲养者协会”发展成全领地的牧牛组织。

从1873年“拉勒米县家畜饲养者协会”成立到1879年它更名为“怀俄明家

---

① Ernest S. Osgood, *The Day of the Cattleman*, pp. 46, 97, 119, 121, 135, 136, 151, 158, 225.

② Louis Pelzer, “A Cattlemen's Commonwealth on the Western Range”, *Mississippi Valley Historical Revievw*, Vol. 13, No. 1, 1926, pp. 32-36, 41.

③ Ernest S. Osgood, *The Day of the Cattleman*, pp. 46, 97, 119, 121, 135, 136, 151, 158, 225.

④ Louis Pelzer, “A Cattlemen's Commonwealth on the Western Range”, pp. 32-36, 41.

畜饲养者协会"是"协会的形成年代"，是其由地方性组织发展到领地组织的过渡时期。更名前协会虽然仍属于一县的地方组织，活动也多限于划分赶拢区和组织赶拢等经济方面，但在5年多的时间里，其会员逐年增多，管辖的牧区日益扩大。协会的领导权掌握在大牧场主手中，领地总督等政界要员是这个组织的主要创始人，这就使官方制定领地政策时不能不同协会的利益联系起来。大牧场主们因而能通过协会对怀俄明的经济和政治政策不断产生影响。牧区的扩大推动"拉勒米县家畜饲养者协会"由地方性组织转变为全领地范围的组织。正是在这个协会的保护和支持下，牧牛大王们在北部高平原上建立了"广阔的牧牛帝国"。

二

1879年3月，"拉勒米县家畜饲养者协会"更名为"怀俄明家畜饲养者协会"，总部设在夏延。从更名到1882年前，这个组织达到了"成熟阶段"。为了更好地管理全领地的牧牛业，协会不断建立、完善各种机构。更名当月，协会选举了凯里等3人组成的执委会，到1884年执委会增加到23人。这个执委会几乎像"帝王"一样在"牧场主的领地"内实行着统治①。协会还组建了一支武装侦探队，其首领是领地前治安官、联邦法院在拉勒米县的代理人纳撒内尔·K. 博思韦尔，在他手下工作的有30余人②。侦探人员被分散到整个牧区、车站和城市，追捕"偷牛贼"，监督赶拢，调查失职的赶拢工头，监视长途驱赶牛群，检验牛的烙印，查出会员被偷盗的牛群。偷牛贼和失职人员都被列入协会的"黑名单"。凡列入"黑名单"的人，不准参加协会组织的赶拢，会员雇用了上"黑名单"的人，将被协会除名。怀俄明的牧牛业被置于协会武装侦探的严密监视之下。1881年夏，12个有名气的牧场主集资2.5万美元建成了著名的"夏延俱乐部"。③ 它成了协会的活动中心。牧牛大王们在那里聚会或洽谈生意；立法者和协会领导在那里协商和推出领地的法律。

管理机构、侦探队伍和活动中心的建立，使协会从组织上更加巩固，对

① Louis Pelzer, "A Cattlemen's Commonwealth on the Western Range", pp. 32-36, 41.

② Lewis Atherton, *The Cattle Kings*, Lincoln: Nebraska University Press, 1972, p. 50.

③ David Dary, *Cowboy Culture: A Saga of Five Centuries*, Lawrence: University of Kansas Press, 1989, p. 266.

促进牧牛业的发展起了决定性作用。1880—1885年，怀俄明的牧牛业空前繁荣。牧牛的数量1880年上涨为521,213头①，到1886年更达到900万头的爆炸数字②。牧场主获利又快又多。据说每头牛每年仅有约1美元的花费，放牧后可增值5—8美元③。牧牛公司的利润高达35%—40%。④ 繁荣时期，怀俄明的牧牛业日益采用大公司的方式经营，仅1883年领地内就成立了20家土地和牧牛公司，资本总计120余万美元。其中最大的是"英美联合牧牛公司"及"斯旺土地和牧牛公司"，各拥有300万美元的资本⑤。这些大牧牛公司成为领地的主要经济支柱。

协会大力渲染怀俄明牧牛业的高额利润和不花钱的丰富牧草资源，吸引东部和外国投资。协会秘书斯特吉斯把"斯坦达德牧牛公司"的宣传小册子向芝加哥的"约翰·克莱公司"和纽约的"道奇·克拉克公司"各寄了500份，并请两公司转送其客户⑥。这些宣传极尽夸张地说，只要对牧牛业投入"适量的基础资本"，"巨大的利润将渗透回东部"⑦。东部的商人、银行家、律师和政客被高草原牧牛公司42%的红利煽起了发财的狂热，纷纷投资。⑧ 这种狂热也传到欧洲。英格兰和苏格兰的投资者为实现40%利润的梦想也倾其财力，建立牧牛公司与美国公司竞争。⑨ "怀俄明家畜饲养者协会"在1882年大约引进3,000万美元的英国资本，投入怀俄明和得克萨斯。⑩ 19世纪最后的20年

---

① Ray A. Billington, *Westward Expansion: A History of the American Frontier*, p. 590.

② Ernest S. Osgood, *The Day of the Cattleman*, pp. 46, 97, 119, 121, 135, 136, 151, 158, 225.

③ Robert C. Athearn, *High Country Empire: The High Plains and Rockies*, Lincoln: University of Nebraska Press, 1960, p. 136.

④ Gene M. Gressley, *Bankers and Cattlemen*, New York: University of Nebraska Press, 1966, p. 54.

⑤ Ernest S. Osgood, *The Day of the Cattleman*, pp. 46, 97, 119, 121, 135, 136, 151, 158, 225.

⑥ Gene M. Gressley, *Bankers and Cattlemen*, p. 53.

⑦ Gene M. Gressley, *Bankers and Cattlemen*, p. 60.

⑧ Ray A. Billington, *Westward Expansion: A History of the American Frontier*, p. 594.

⑨ Ray A. Billington, *Westward Expansion: A History of the American Frontier*, p. 595.

⑩ LeRoy R. Hafen, W. Eugene Hollon and Carl C. Rister, *Western America*, Englewood Cliffs: Prentice-Hall, Inc., 1970, p. 432.

中，怀俄明有 188 家牧牛公司，吸引资金达 9,409.58 万美元①。滚滚而来的东部和外国财源，加速了怀俄明地区的过度放牧。

牧牛业的兴旺，促进了怀俄明牛贸易的发展。联合太平洋铁路把大批牛肉运往东部城市，使廉价的美国牛肉在欧洲市场迅速增加。不仅夏延、拉勒米成为集散牛群的重要牛镇，而且连铁路沿线小站格兰杰也被远在蒙大拿的牧场主作为牛群外运的装运站。在牧牛业繁荣时期，怀俄明运出的成牛和运入的幼畜数目相当。1885 年秋，从怀俄明牧区装车外运了约 200 万头牛。②

"怀俄明家畜饲养者协会"的实力因牧牛业的迅猛发展不断扩大。1879 年，协会控制的赶拢区只有 4 个。到 1885 年，它决定划建第 32、第 33 赶拢区。③同年，协会牛印记书中已有大角盆地和牧场主登记在册，表明协会的势力已扩展到北部与沙漠临界地区。④ 更名前的县协会只能控制领地东南部地区，协会更名后，管辖权不仅扩大到整个领地，而且延伸到相邻领地和州。它管理着怀俄明、科罗拉多、达科他、蒙大拿和内布拉斯加 5 个领地和州的牧牛业⑤。协会会员也逐年增多，1883 年有 267 名，两年后增至 363 名⑥，到 1886 年则达到 416 人⑦。斯特吉斯在 1885 年的报告中自豪地说："1873 年协会仅有 10 名会员，2 万头牛，价值 35 万美元"，而现在"我们有 400 名会员"，"拥有价值 1 亿美元的 200 万头牛、房屋、设备和不动产"。⑧ "怀俄明家畜饲养者协会"在北部平原牧区所有的协会中，是规模最大、实力最强的牧牛者组织。

"怀俄明家畜饲养者协会"在美国西部几乎与西欧面积相等的广阔土地上制定和实施自己的法律⑨，对领地立法机关施加强有力的影响，保护大牧场主

---

① Gene M. Gressley, *Bankers and Cattlemen*, p. 105.

② John K. Rollinson, *Wyoming*: *Cattle Trails*, Caldwell: The Caxton Publishing Company, 1948, p. 250.

③ John K. Rollinson, *Wyoming*: *Cattle Trails*, p. 307.

④ John K. Rollinson, *Wyoming*: *Cattle Trails*, p. 246.

⑤ Robert E. Riegel and Robert G. Athearn, *America Moves West*, p. 487.

⑥ Fred A. Shannon, *The Farmer's Last Frontier*: *Agriculture*, *1860-1897*, New York: Farrar and Rinehart, 1945, p. 233.

⑦ W. Tarrentine Jackson, "'The Wyoming Stock Growers' Association: Its years Temporary Decline, 1886-1890", *Agriculture History*, Vol. 22, No. 4, 1848.

⑧ Louis Pelzer, "A Cattlemen's Commonwealth on the Western Range".

⑨ [美]丹尼尔·J. 布尔斯廷著，谢延光译：《美国人——南北战争以来的经历》，上海：上海译文出版社，1988 年，第 41 页。

和牧牛公司的利益。

第一，协会制定了关于赶拢、打烙印、长途驱赶和检疫等种种规定，特别是通过了1884年的《马弗里克牛》(未打烙印的迷路小牛)法律，强制会员和非会员一律执行。

协会规定会员必须把他为牛打烙印的印记在协会登记备案，不备案的印记协会概不承认。1883年的决议宣布将带“偷牛贼”的印记的小牛和“马弗里克牛”作为不知其主的“迷路牛”对待。① 这一规定迫使被怀疑为“偷牛贼”的牛主必须到协会去证明其清白。否则，他的牛将被协会没收。

协会规定每年进行春、秋两次赶拢。春季赶拢是围捕小牛。秋季赶拢为围捕成牛。每个赶拢区要在协会任命的赶拢工头的指导下围捕小牛和打烙印；禁止在2月15日到协会规定的春季赶拢日期开始前这段时间给牛打烙印。违者被处以罚款或监禁。② 协会这样规定是为了更好地保护会员的牛群，杜绝一些牧场主借单独进行赶拢发不义之财。因为他们可以围捕别人的牛群，打上烙印据为己有。为了阻止得克萨斯牛瘟在怀俄明牧区扩散，1882年通过了禁止病牛入境的《检疫法》。三年后，怀俄明总督弗朗西斯·F. 沃伦又发布通告，严禁病牛进入领地，并把已进入牧区的病牛强行集中在一些地方处理。③

1884年制定的《马弗里克牛法》是协会最重要的法律。它规定任何参加赶拢的人如不服从赶拢工头的命令，将被处以罚款或监禁，甚至两者并罚。围捕到的小牛如不知“归属”，须打上“无牛主”的烙印。被集中起来的“无牛主”牛每10天进行一次拍卖，卖出的牛由赶拢工头给它们烙上协会和买主的印记，并登记存档以备公开检查。售牛款归协会所有，作为经费补贴。④ 赶拢工头在履行职责时如有违法舞弊行为，经查证属实者，协会将予以解雇并处以3,000美元罚款。⑤ 1884年《马弗里克牛法》在怀俄明历史上具有重大意义，它使协会由成立之初的私人牧业管理机构变成了统治全领地的权威机关。协会

---

① Ernest S. Osgood, *The Day of the Cattleman*, pp. 46, 97, 119, 121, 135, 136, 151, 158, 225.

② Ernest S. Osgood, *The Day of the Cattleman*, pp. 46, 97, 119, 121, 135, 136, 151, 158, 225.

③ Louis Pelzer, “A Cattlemen’s Commonwealth on the Western Range”.

④ Ernest S. Osgood, *The Day of the Cattleman*, pp. 46, 97, 119, 121, 135, 136, 151, 158, 225.

⑤ Ernest S. Osgood, *The Day of the Cattleman*, pp. 46, 97, 119, 121, 135, 136, 151, 158, 225.

在牧区创立了合法的赶拢制度，以其不可抗拒的权力强制实行诸如赶拢、打烙印和出售无主牛等规定，完全控制了全领地牧牛业。牧区早期盛行的独自赶拢已被禁止。在该法通过的当年，没有发生在协会规定的春季赶拢日期前私自给牛打烙印的事件。这项法律使武装侦探人员检查、监督牛的出售更有了法律依据。仅1886年春天，他们就查出2,276头马弗里克牛，协会获得售牛款25,605美元，与侦探队全年花费的2.6万美元大体相抵。① 总之，1884年"马弗里克牛法"更好地维护了协会会员的利益，加强了大牧场和牧牛公司巨商们在牧区的统治。

第二，"怀俄明家畜饲养者协会"制定了许多管理土地、使用水源的规定。它支持会员占有印第安人的土地，反对修改联邦政府赠予土地的政策，千方百计地保持大牧牛公司对土地的控制权，使整个领地变成大牧场主的独立王国。

按照协会的规定，当一个牧场主在某条河流的一侧河岸立界标明其所有权时，即取得了从"先占"的河流一直延伸到"分水岭"的全部土地的"放牧权"。大牧场主们据此趁机划占在法律上并不属于他们的大片土地，取得"优先放牧权"。大牧牛公司经常在报纸上发表这样的占地通告，例如一则通告说："本公司的活动范围在小贝佛。公司扩展范围从野马溪以北到羊孤山，东到落基山脊，南至派洛特丘陵。"②这则公告的目的是警告其他牧场主不得进入该公司已取得"优先放牧权"的地区去放牧，也阻止农民进入该地区定居和扰乱牧区。牧场主们为独霸牧区，还不断逐赶印第安人，剥夺他们的土地。怀俄明领地建立后，夏延平原被占为牧场，生活在这里的万余名印第安人被迫散落到北部平原。经过1875—1877年的对苏族战争，印第安人又被逐出北部牧区，进入领地内的温德保留区。为扩大牧区，牧场主们不断侵占保留区内印第安人的土地。1881—1883年，牧场主们驱赶牛群冲入鲍德河和通古厄河流域。在联邦军北夏延小队尽力压缩保留区的同时，临近通古厄河地区的一个牧牛公司令其牛仔们采用一切手段，迫使印第安人从那里迁走。在协会的庇护下，牧牛大王们以极尽欺诈、诬陷、恫吓和暴力等手段，诈骗了印第安人数百万英亩的土地，使他们陷于绝境。

怀俄明的牧场主利用联邦政府鼓励移居垦殖西部的土地优惠政策，贪婪

---

① Louis Pelzer, "A Cattlemen's Commonwealth on the Western Range".

② LeRoy R. Hafen, W. Eugene Hollon and Carl C. Rister, *Western America*, p. 422.

地占有土地。1879 年，国会"公共土地委员会"试图对赠予土地的政策做某些修改。问题一提出，立刻遭到怀俄明牧场主的强烈抗议。同年 11 月，"怀俄明家畜饲养者协会"召开了一次专门会议，还邀请了科罗拉多和内布拉斯加的代表前往。会议通过了一项提交"公共土地委员会"的决议，强烈反对政府修改"赠予土地政策"。①

第三，"怀俄明家畜饲养者协会"联合其他牧牛者组织，向"联合太平洋铁路公司"施加压力，竭力使该公司降低牧场主的运费。铁路运费不断上涨，引起牧场主们的反感。他们纷纷致信协会秘书出面交涉，要求铁路公司降低运费。1879 年，"怀俄明家畜饲养者协会"起草了一份要求"联合太平洋铁路公司"降低运费的文件，并把副本送往科罗拉多和内布拉斯加的牧牛者协会，以便采取联合行动向铁路公司施加压力。1884 年 11 月，牧场主和货主在圣路易开会，强烈谴责铁路公司的高运费。随后，"货物运输委员会"成立。经"怀俄明家畜饲养者协会"的多方交涉，"联合太平洋铁路公司"同意给其会员"半价待遇"运货，从而使他们在 1885 年节省了 7.2 万美元的运费。②

"怀俄明家畜饲养者协会"在领地政治生活中居于主导地位，对确保怀俄明的"领地"地位和取得"州"的资格起了决定性的作用。由于怀俄明的自然条件不适于耕种，领地建立后经济发展缓慢，格兰特总统在 1872 年曾准备取消其领地资格。"拉勒米县家畜饲养者协会"成立后，促进了牧牛业的大发展，遂使怀俄明的经济繁荣起来。1880 年领地人口达到 20,789 人，比 1879 年增加了万余人。1883 年，牧牛业已占怀俄明经济活动的 90%。③ 怀俄明被取消"领地"资格的危险已不复存在。协会会员中包括总督、两名参议员和领地家畜监督官④。其主要人物沃伦、凯里和约翰·B. 肯德里克不仅在领地内具有强有力的影响，保证协会的法律得以通过、贯彻，而且在国会参议院任职，代表着牧牛业集团的利益⑤。经过沃伦和凯里等人的努力，终于使怀俄明在 1890 年以第 44 州的身份加入联邦。1880—1885 年是怀俄明牧区兴旺发达的时期，也是"怀俄明家畜饲养者协会"发展壮大的鼎盛时期。这个协会在领地

---

① Louis Pelzer, "A Cattlemen's Commonwealth on the Western Range".

② Louis Pelzer, "A Cattlemen's Commonwealth on the Western Range".

③ Howard R. Lamar, ed., *The Reader's Encyclopedia of the American West*, pp. 1291-1292.

④ W. Eugene Hollon, *Frontier Violence*, New York: Oxford University Press Inc., 1974, p. 154.

⑤ Lewis Atherton, *The Cattle Kings*, p. 268.

内是个势力强大的集团。它制定领地的政策和法律，主宰当地的政治、经济和社会生活。因为牧牛业在怀俄明的重要性，人们便默认了协会的权威和对领地的统治。在怀俄明建州后，牧区的居民则生活在“牧场主的寡头政治下”①。

“怀俄明家畜饲养者协会”的建立，体现了美国西部边疆的民主精神，发展了美国人的自治传统。源于欧洲和美国东部的美国资产阶级民主制在怀俄明这个相宜的场所得以进一步发展。怀俄明是美国的主要牧区之一，在美国牧牛业中居于重要地位。特别是在得克萨斯牧牛业衰落之后，怀俄明牧区蓬勃发展起来。怀俄明在北部高平原牧区占据中心地位，铁路交通便利，不仅为美国东部提供了大量牛肉，而且也是美国供应欧洲市场牛肉的主要基地之一。然而，怀俄明地处美国远西北部，联邦政府远在东部的华盛顿，欲对那里实施有效治理实属鞭长莫及。况且，在怀俄明建立领地初期，联邦政府一度曾想放弃它。因此，在怀俄明牧区只能实行自我管理。那里的土地所有权广泛而分散。与牧牛业有关的经营管理、土地和水源使用、牧区纠纷和社区生活等独特的地方问题，都需要通过自治来解决。怀俄明的牧场主们按照多数人同意遵守的原则，组成有代表性的、具有边疆特色的自治组织——“家畜饲养者协会”。“拉勒米县家畜饲养者协会”是作为地方性组织建立起来的，这是怀俄明领地自治组织的雏形。在夏延平原，初步组织起来的牧场主们，制定了一些协议条款，保护牧地，联合经营，使牧牛业能够在尽少出现混乱的条件下继续发展。随着领地牧牛业的广泛发展，牧区地方性协会日益增多。这些协会在1879年联合成“怀俄明家畜饲养者协会”，并逐步发展成为跨越相邻领地和州的成熟自治组织。这个协会不仅为入会的大牧场主提供管理机构和实行保护，而且强制所有进入牧区的人必须遵守它制定的一切法律。在怀俄明领地，真正起着政府作用的是这个协会，真正主宰牧区的也是这个协会。

“怀俄明家畜饲养者协会”实行自我管理的方式经营牧牛业，反映出一种要求扩大民主权利、削弱集中领导控制的自治趋势。这一趋势在制定怀俄明州宪法时得到了充分反映。该州宪法不仅吸收了南、北达科他，爱达荷，蒙大拿等西部州宪法中有关扩大民主要求的条款，而且把诸如放牧权、土地水源使用和联合经营牧业等地区性法律条款也写入其中。更富有首创精神的是

① Ernest S. Osgood, *The Day of the Cattleman*, pp. 46, 97, 119, 121, 135, 136, 151, 158, 225.

怀俄明州宪法列入了“妇女选举权”的问题。[①] 这在美国宪法史上是首创。在怀俄明的影响下，其他西部各州也相继把妇女选举权纳入本州宪法，怀俄明州的创举无疑对全美国妇女争取选举权的运动产生重大影响。

三

1887—1890 年，是怀俄明领地牧牛业萧条衰落的时期，同 4 年前的繁荣景象形成巨大反差。其之所以衰落，有以下几方面因素：1886—1887 年冬天恶劣的气候和历史上罕见的暴风雪给牧牛业造成极其严重的损失。一些牧场主的牛群失掉 60%—70%。怀俄明牧区的财产损失达 30%。[②] 出于对灾难的恐惧，许多牧牛公司都低价卖掉了牛群。英国对来自美国的牛施行检疫，使怀俄明牛的出口贸易几乎被中断。不计后果的过度放牧使牧区存牛爆满。怀俄明的存牛远远超过美国东部市场的需求，导致牛价暴跌。在芝加哥，每百磅牛肉的售价从 1882 年的 9.35 美元下跌到 1887 年的 1.90 美元。[③] 这使那些在牧牛业繁荣时期不顾后果地以高利息贷款引资的牧牛公司陷入绝境。

尤应强调的是大批农民涌入以及羊牛争地的激烈竞争，使怀俄明的牧牛业遭受最致命的打击。特别是在牧区天灾以后，从 1888 年起，火车把成千上万的农民送到怀俄明。1890 年，怀俄明人口已增至 60,705 人[④]，比 10 年前增长了近 4 万人，农民总数已大大超过牧牛人。众多农民定居下来经营农场，与牧场主争夺土地。到 1890 年，农民们已在大角山以东修建了约 5,000 英里的沟渠，用以灌溉近 200 万英亩的土地。[⑤] 这对牧牛业构成严重威胁。与此同时，牧羊场主也把大批羊群赶进了这个传统的牛放牧中心。1886 年怀俄明牧区的牛羊数之比为 3∶1，到 1890 年则变为 1∶8。[⑥] 羊群不但吃草，而且连草

---

① Thomas D. Clark, *Frontier America, The Story of Westward Movement*, New York: Scribners, 1959, p. 751.

② W. Tarrentine Jackson, "'The Wyoming Stock Growers' Association: Its years Temporary Decline, 1886-1890".

③ Richard Hofstadter, William Miller and Daniel Aaron, *The American Republic*, Vol. 2, Englewood Cliffs: Prentice-Hall, Inc., 1959, p. 87.

④ Howard R. Lamar, ed., *The Reader's Encyclopedia of the American West*, pp. 1291-1292.

⑤ Robert G. Ferris, ed., *Prospector, Cowhand and Sodbuster*, Washington: H. W. Wilson Co., 1967, p. 257-258.

⑥ Robert E. Riegel and Robert G. Athearn, *America Moves West*, p. 489.

根都啃光，严重地破坏了牧场草被，致使大片草地变为荒漠。羊争牛地，羊群不断蚕食牧牛场主的“王国”。牧牛场主为阻止农民和羊群侵入其“领地”，一方面用“枪的法律”保护土地，另一方面置联邦政府关于拆掉牧场围栏的命令于不顾，继续用铁蒺藜圈占土地。“斯旺土地和牧牛公司”在1886年非法筑起130英里长的围栏。[①] 尽管如此，由于农民和牧羊人大量涌入牧区，结束了牧牛大王独霸牧区的局面，牧牛业繁荣的黄金时期不可挽留地逝去。到1895年，怀俄明牧区放养的牛已降至300万头[②]，仅为1886年的1/3。

由于上述原因，许多牧牛公司纷纷破产。最大的“斯旺土地和牧牛公司”也在1887年垮台。一些小牧牛场主结束了“开放牧地”的放养方式，转向圈养——围栏养牛。他们把牛圈在自己的牧场里精心喂养。养牛业作为一种重要的行业稳定而谨慎地保持下去，并由原始的游牧方式开始向现代化的定居牧业经营方式过渡。

1886年是“怀俄明家畜饲养者协会”盛极而衰的转折点。此后，随着领地牧牛业的衰落，协会的影响和活动日渐减少，组织日趋缩小，到1890年几乎沉寂了。首先，协会的权威地位因舆论抨击、内部纷争和失去陪审团支持而发生动摇。牧牛大王与小牧场主等其他居民之间长期积累的矛盾在1887年后更尖锐起来。被歧视、压制和排挤的小牧场主指责协会是由外国资本支持的大公司的代理人，对协会不满的报刊编辑纷纷撰文对其进行抨击。J. C. 弗兰德在《卡本县杂志》上披露了协会歧视小牧场主的具体细节，指责它在每年赶拢时节“偷盗和占有穷人的家畜”[③]。1887年，协会执委会也因意见分歧而发生激烈的公开争论。秘书亚当斯把执委P. L. 史密斯召到夏延谈牛仔汤姆·柯林斯的问题，因为侦探报告说史密斯庇护了那个“声名狼藉”的牛仔，史密斯却指责执委会没有认真处理协会律师W. W. 科利特之弟非法打烙印和司库亚历山大·H. 里尔的牛仔私自卖马的事件，史密斯因此被解职。与他来自同一县的另一名执委R. B. 康纳则以辞职相要挟，亚当斯和博思韦尔以证据不足坚持不起诉律师之弟阿瑟·J. 科利特，康纳则对科利特提出正式指控。这些矛盾暴露出执委会内部的关系已经十分紧张，他们无休止的争论不仅浪费了大

① David Dary, *Cowboy Culture: A Saga of Five Centuries*, p. 325.

② Ray A. Billington, *Westward Expansion: A History of the American Frontier*, p. 597.

③ W. Tarrentine Jackson, "'The Wyoming Stock Growers' Association: Its years Temporary Decline, 1886-1890", pp. 260-270.

量时间，也削弱了协会的力量。同年5月，执委会执意把柯林斯带到他经常活动的罗林斯县审判定罪，但却没有得到法院陪审团的支持。年底，协会又把柯林斯带到夏延法院，企图终审时给他定罪。然而法院提供的证据却表明协会的侦探在努力鼓励被怀疑的当事人打烙印，这几乎等于判决侦探自己应对实施犯罪负责。亚当斯十分懊恼地说“花了大量钱”，结果是“比无用更糟”①。事实表明协会说一不二的一言堂局面已经结束，它在领地独霸政治的局面已受到挑战。

其次，协会因经费困难不得不削减、取消一些重要活动。严重的天灾使协会在1888年陷入财政危机的绝境。上年度所做的5.7万美元的预算实际下跌到3.5万美元。尽管削减了各种费用，协会仍有3,658美元的赤字。同年，领地立法议会决定把监督春季赶拢的权力移交给新成立的“家畜委员会”，协会又丧失了出售“马弗里克牛”的基金。1888—1889年的协会经费预算仅为6,295美元。到1890年年底，协会的库存只剩29美元②。协会因经费拮据不得不削弱活动。执委会先是减少了1887—1890年的定期会议。1887年7—9月，协会又决定减少兽医、检疫人员、侦探的薪金，解聘一些律师。12月，执委会又指示解雇与侦探队有联系的雇员。侦探首领博思韦尔因月薪下降至150美元而辞职。1888年，协会已无法给“家畜委员会”提供赶拢的最基本的经费。到8月1日，“家畜委员会”解雇了各县的检查人员。正式的检查工作多半绝迹。在秋季装运牛高峰的紧急关头，150名牧场主捐助了一笔“特别检查基金”。用这笔钱在芝加哥、奥马哈和圣保罗雇佣检查人员，按新编印的捐款牧场主印记清单，为他们查找、追回丢失的牛。这次检查范围不仅缩小在三个大城市，而且失去了昔日那种为协会全体会员服务的性质。因为在150名捐款者中只有15名会员。③ 实际上这次检查工作只是为大多数捐款的非会员牧场主进行的。

“怀俄明家畜饲养者协会”是创立“全国养牛者协会”的发起者，它曾积极参加过这个全国性组织1883—1886年的历届年会。然而，到1887年“怀俄明

① W. Tarrentine Jackson, "'The Wyoming Stock Growers' Association: Its years Temporary Decline, 1886-1890", pp. 260-270.

② W. Tarrentine Jackson, "'The Wyoming Stock Growers' Association: Its years Temporary Decline, 1886-1890", pp. 260-270.

③ W. Tarrentine Jackson, "'The Wyoming Stock Growers' Association: Its years Temporary Decline, 1886-1890", pp. 260-270.

家畜饲养者协会”竟派不出出席“全国养牛者协会”年会的代表团。执委会选中了 70 位名人，结果只有 4 人答应出席。这表明怀俄明的牧牛场主们已变得只关心与切身利益有关的地方事务，而无经费和兴趣参加领地以外的活动。协会失去了号召力，说明它确实衰落了。

最后，会员人数锐减迫使协会不得不改组并取消一些不受欢迎的规定。1887 年，协会的会员降为 363 人；1889 年，仅剩 183 名。其中 2/5 是会员个人退会，其余人是因为不交会费被除名。与 3 年前的 416 人相比，会员是大大减少了。① 会员锐减导致协会改组势在必行。对执委会 1887 年发出的调查通知，一些牧牛场主表现得非常沮丧，认为协会改组也毫无希望。前协会秘书斯特吉斯却认为允许协会因缺少资金而失败，就会使牧牛业“陷入危险境地”。亚当斯强调为了对付企图使牧牛业“衰退下来”的“邻居集团”(即农场主和牧羊主)，会员们必须站在一起“维护上一个立法机关制定的法律”。为此，协会在 1887 年进行了第一次改组，开除了会长卡雷，提升副会长 A. T. 巴比特为会长。为维护协会生存，执委会通过决议，对会员 70%的牲畜(包括牛和马)每头征税 2 美分。② 虽然协会砍掉了大多数活动项目，从征税中增加了一些收入，但在 1888 年也未做到收支平衡。在 1889 年春季的会议上，亚当斯宣布执委会不再负责侦探和检查工作，其基本作用是清理债务。同年夏巴比特死去，在 1890 年的年会上，大牧场主小约翰·克莱当选为新会长，这是协会的第二次改组。为应付牧区变化了的形势，协会修改了一些难以再执行的规定。1887 年 4 月，执委会决定删去协会通知中有关“黑名单”的所有条文。协会拥有处置“马弗里克牛”的广泛权力是招致普遍怨恨的主要原因，领地立法议会便在 1888 年通过法案，取消了“1884 年法律”。协会将所有赶拢的管理权移交给由家畜监督官组成的领地委员会。协会的会员减少、重要法规被修改、取消以及权力的削弱，使所有人都认识到协会的任务变了、作用小了。因为牧牛场主的利益是共同的，所以他们千方百计让协会存在下去。克莱在当选会长时表示，他“将上前线”，为这个领地牧场主的利益“尽最大努力”③。

---

① W. Tarrentine Jackson, “‘The Wyoming Stock Growers’ Association: Its years Temporary Decline, 1886-1890”, pp. 260-270.

② W. Tarrentine Jackson, “‘The Wyoming Stock Growers’ Association: Its years Temporary Decline, 1886-1890”, pp. 260-270.

③ W. Tarrentine Jackson, “‘The Wyoming Stock Growers’ Association: Its years Temporary Decline, 1886-1890”, pp. 260-270.

在1890年的领地会议上，“怀俄明家畜饲养者协会”争得了两项具有重大意义的成果。其一是使在1888年被仓促取消的“1884年法律”在领地法令书中又得以恢复；其二是“家畜委员会”得到一笔1万美元的直接拨款，并可继续得到政府的财政支持①。这两项成果表明协会的作用和影响在跌至低谷后有所回升。

“怀俄明家畜饲养者协会”与领地的牧牛业兴衰与共。在19世纪80年代后半期，它所经历的“暂时衰落”的厄运是北部高平原地区所有牧牛者组织的共同遭遇。“怀俄明家畜饲养者协会”只不过更典型、更具代表性罢了。

怀俄明建州以后，协会的权力实际被削弱了，它所履行的若干职责由州政府的相应机构所承担。但是，大牧场主为了同农民和牧羊场主集团抗争，顽强地把他们的组织保留下来。“怀俄明家畜饲养者协会”以其改组后的组织形式竭力保持它的权力和影响，维护大牧牛场主的利益。在涉及怀俄明州的经济政治和牧区利益方面，该协会仍然是一个强有力的集团。为了排挤新来的移民，牧牛大王们在协会的策划、领导下，对约翰逊县的小养牛人和拓荒农民发动了有组织的武装进攻。入侵者因受到联邦政府的庇护而未受到“真正惩处”。1892年的“约翰逊县战争”是表明改组后的“怀俄明家畜饲养者协会”仍企图在该州内称雄一方的佐证。

［原文载《东北师大学报(哲学社会科学版)》，
1995年第5期，收入本书时略有修改］

① W. Tarrentine Jackson, "'The Wyoming Stock Growers' Association: Its years Temporary Decline, 1886-1890", pp. 260-270.

美国西部牛镇的兴起与变迁

美国内战后，伴随着西部牧牛业的蓬勃发展，大批牛镇在辽阔牧区的铁路沿线如雨后春笋般迅速出现。牛镇的兴起，不仅解决了牛贸易中牛群的集散和外运等难题，促进了西部的开发和经济发展，而且牛镇成了“牧畜王国”的经济和政治中心，成为西部城市化的一种模式。牛镇在大平原地区沿着“牧牛—农业—工业”的趋势发展，为美国西部城市的兴起奠定了一定的基础。

一

从 1867 年阿比林这个荒野小村被改建成第一座牛镇起到 19 世纪 80 年代早期，是大平原地区牛镇迅猛发展和繁荣兴旺的时期。其间，大批牛镇兴起不是偶然的。这主要是适应内战后西部牧牛业迅速扩大和逐步走向商品化、市场化的需要而产生的一种必然结果。

首先，得克萨斯的牛贸易在内战后进一步发展起来。为了把牛群更多地输送到东北部市场，需要更多的牛镇作为中转的集散地和装运站。得克萨斯被誉为美国西部“牧畜王国”的“摇篮”，那里牧牛业的历史可以追溯到西班牙殖民统治时期。1830 年，漫游在得克萨斯的牛群已有 10 万头。[1] 美国兼并得克萨斯后，那里的牧牛业发展更加迅速。美国内战

---

[1] Clara M. Love, “History of the Cattle Industry in the Southwest”, *Southwestern Historical Quarterly*, Vol. 19, No. 4, 1916.

爆发前，牛群已猛增到 354 万头。[①] 得克萨斯的牧场主们具有较强的市场意识。早在 19 世纪 40 年代，他们已开始把得克萨斯长角牛赶往新奥尔良、俄亥俄出售，甚至销往芝加哥。19 世纪 50 年代早期，牛仔们穿过沙漠，把牛群赶往加利福尼亚金矿区，在那里每头牛可以卖到 150 美元的高价[②]，比得克萨斯的牛价高出 15—30 倍。1854 年 7 月 3 日，60 头得克萨斯长角牛被铁路、水路辗转运到了纽约。[③] 这些事实充分说明，早在内战以前，得克萨斯的牧牛业已经具有了相当大的规模，开始了商品化的过程。然而，由于市场的限制，得克萨斯牛的出口量还很小，而且主要是输送到新奥尔良。即使在新奥尔良，1853 年运抵那里的得克萨斯牛也仅有 4 万头。[④] 内战严重阻碍了得克萨斯牛贸易的发展。内战期间，牛市场仅限于靠近本州的地区。其结果使得克萨斯的存牛增长过快，到 1865 年已达 50 万头。[⑤] 由于牛满为患，每头牛价在本州由内战前的 5—10 美元跌至 3—5 美元。内战以后，美国工业化运动的规模和范围不断扩大，城市人口迅速增长，对肉类的需求量不断增加，致使畜类的地区差价悬殊。一头得克萨斯牛在中西部市场可以卖到 30—40 美元，而在纽约则可以猛增到 85 美元。[⑥] 素有市场意识的得克萨斯人首先抓住了这一机会，要让他们的牛去占领北部和东部市场。得克萨斯的牛贸易迅速发展和兴旺起来。为适应得克萨斯牛贸易规模不断扩大的需要，建立一批能把数百万头牛迅速集散、外运的“牛镇”势在必行。

其次，横贯大陆铁路的修建为大平原上的牧牛业和东北部的广阔市场之间架起了桥梁，为大批牛镇的兴起创造了便利条件。北部巨大的牛市与得克萨斯相距 1,200 英里或 1,600 英里之遥。[⑦] 为了获得丰厚的利润，得克萨斯人

---

① [美]吉尔伯特·C. 菲特、吉姆·E·里斯著，司徒淳、方秉铸译：《美国经济史》，沈阳：辽宁人民出版社，1981 年，第 512 页。

② Robert G. Ferris, ed., *Prospector, Cowhand and Sodbuster*, Washington: H. W. Wilson Co., 1967, pp. 45, 257.

③ Harry S. Drago, *Wild, Wooly & Wicked: The History of the Kansas Cow Towns and the Texas Cattle Trade*, New York: Clarkson N. Porter Inc., 1960, pp. 2, 20, 119-120, 178, 276.

④ Robert G. Ferris, ed., *Prospector, Cowhand and Sodbuster*, pp. 45, 257.

⑤ Richard N. Carrent, T. Harry Williams, Frank Freidel and Alan Brinkley, *American History*, Vol. 2, New York: Knopf, 1987, p. 450.

⑥ J. Frantz, *Texas: A Bicentennial History*, New York: Norton, 1976, p. 51.

⑦ [美]J. 布卢姆等著，杨国标、张儒林译：《美国的历程》(下册第一分册)，北京：商务印书馆，1993 年，第 16 页。

从 1866 年 3 月开始了“长途贩运”(Long drives)。这一年，赶牛人沿着最直的肖尼小道，经过漫漫长途，把 26 万头牛赶到了最后的铁路终点——密苏里的锡达利亚。[①] 这种长途赶牛途经欧扎克森林，长角牛到此往往四处乱窜，失散于密林之中，难于管理。途中，盗匪拦路抢劫，印第安人不时袭击牛群，密苏里农民持枪阻塞牛道，致使牛群损失巨大。往锡达利亚的“长途贩运”已难以适应得克萨斯牛贸易迅速发展的需要，开辟更多新的“赶牛小道”成了当务之急。在牛道上遇到的诸多麻烦中，印第安人袭击的威胁尤为突出。因为最初的赶牛路线一般是取道俄克拉何马、阿肯色和密苏里，这些地方当时不少是印第安人的保留地。过路的牛群少则上千头，经常因遭到印第安人的袭击而惊散，“得失系于一线”的大笔财产遇此麻烦便荡然无存。因此，赶牛人开始寻找避开印第安人袭击的办法。唯一的出路是把赶牛小道转移到印第安人较少的西部，但这样便远离了铁路，增加了建立市镇的困难。恰在 1867 年，第一条横贯大陆的铁路——联合太平洋铁路向西推进到堪萨斯的阿比林。这年春天，阿比林被改建为大平原上第一个著名的牛镇。随着联合太平洋铁路不断向西延伸和在 1869 年全线贯通，“长途贩运”的牛道不断西移，作为赶牛终点的“牛镇”也一步步向西发展。继阿比林之后，不仅堪萨斯的埃尔斯沃思、威奇托、道奇城等都成为新的牛镇，而且在内布拉斯加、怀俄明和蒙大拿都有很多牛镇出现。牛镇如繁星般散布于从圣路易到落基山的广大牧区。联合太平洋铁路及其他横贯大陆铁路的建成，在西部牧区与东北部市场之间架起了桥梁，使作为“长途贩运”终点站的“牛镇”得以迅速崛起。

二

大平原上第一个最著名的典型牛镇阿比林是由伊利诺伊的年轻肉商约瑟夫·G. 麦科伊建立的。他为得克萨斯人的“长途贩运”找到了一条更安全的赶牛小道。在麦科伊看来，更好的牛道是为南部的赶牛人和北方的买主找到一个避开林区和暴徒袭击而相遇的地点。他认为这个地点必然位于从堪萨斯城正在向西修筑的堪萨斯太平洋铁路线上。1867 年春，麦科伊几经磨难和周折，最终选择了阿比林作为建立“牛镇”的镇址。

阿比林位于堪萨斯州迪金森县的中心，在麦科伊选中它时，它还是个历

① Walter P. Webb, *The Great Plains*, Waltham: Blasdell Publishing Company, 1959, p. 223.

史不足6年的边疆小村。[①] 这个小小的草原村落之所以被麦科伊选作“牛镇”镇址，是因为它藏于斯摩柯山盆地。那里“居民稀少，水源丰富，牧草肥美”[②]，麦科伊以较低的价钱买下阿比林周围250英亩的土地。[③] 经过60天的紧张改建，麦科伊使之变成了一座设备齐全的牛镇。它拥有一个可以容纳3,000头牛的围栏、两台大型的费尔班克斯磅秤、一个牲口棚、一间办公室和一座漂亮的三层楼的旅店。[④] 牛镇建立不久，由得克萨斯赶往北部的牛群纷纷转向了阿比林。阿比林成为大平原上的第一个牛镇后，进一步促进了得克萨斯牛贸易的发展。首先，阿比林取代锡达利亚，成了得克萨斯牛外运的集散中心。1867年秋，有3.5万头得克萨斯牛经麦科伊的装货槽运往北部市场。此后，得克萨斯赶牛人便沿着“肖泽姆小道”把牛群源源不断地赶往阿比林。1868年赶到阿比林的得克萨斯牛为7.5万头。1869年猛增到35万头。1870年为30万头。1871年比前年翻了一番，上升至70万头。[⑤] 1867年阿比林新的牛贸易市场建成时，大批得克萨斯牛群朝锡达利亚方向已相去甚远，无法拦回。这年抵达阿比林的3.5万头牛与到达锡达利亚的26万头牛相比似乎微不足道。阿比林新牛镇的作用亦显得无足轻重。然而，因为阿比林的出现，到1868年已没有得克萨斯牛被赶往锡达利亚。从1869年以后，在阿比林牛市得克萨斯牛的数量已大大超过锡达利亚最兴旺的1867年。1867—1871年，是阿比林作为第一个牛镇的全盛时期，5年中共接收了146万头得克萨斯牛。[⑥] 事实说明，阿比林从作为第一个牛镇之日起，便很快取代锡达利亚成了大平原上的牛贸易中心和牛群转运站。其次，阿比林的牛贸易市场呈现一片繁荣兴旺景象。阿道夫·勒尼格克推算，在阿比林的“得克萨斯街”上，一天内云集的牛

① Laurence I. Seidman, *Once in the Saddle: The Cowboy's Frontier*, 1866-1986, New York: Alfred A. Knopf, Inc., 1973, p. 51.

② Joseph G. McCoy, *Historic Sketches of the Cattle Trade of the West and Southwest*, Kansas City: Amsey, Millett, and Hudson, 1874, p. 50, from Walter P. Webb, *The Great Plains*, p. 221.

③ David Dary, *Cowboy Culture: A Saga of Five Centuries*, Lawrence: University of Kansas Press, 1989, p. 154; Robert R. Dykstra, *Cattle Towns*, New York: Alfred A. Knopf, 1968, p. 21.

④ Harry S. Drago, *Wild, Wooly & Wicked: The History of the Kansas Cow Towns and the Texas Cattle Trade*, pp. 2, 20, 119-120, 178, 276.

⑤ Walter P. Webb, *The Great Plains*, p. 223.

⑥ Walter P. Webb, *The Great Plains*, p. 223.

仔、牛主和买主达 4,000 人。[①] 1870 年《阿比林纪事报》核实的人数为 1,500 人。《道奇城太阳报》在 1878 年的分类数字为牛仔 1,300 人，牛主和买主有 250 人。[②] 在人迹罕见的大平原地区，阿比林一条街上一日之内就聚拢这样熙来攘往的人群，足见其牛市盛况空前。阿比林对得克萨斯牛贸易的发展起了有力的推动作用。

随着牛贸易的发展，城镇服务性行业在阿比林迅速兴起。在阿比林最早出现的是杂货店，店主主要是把大宗货物出售给靠近牛镇的牧牛营地，从牧牛装备到日用百货无所不有。同时，杂货店也向镇民供应日常用品，并让旅馆、饭店代销商品，卖给过往客商。服装、制鞋业的生意在阿比林也很兴旺。一套牛仔服要花掉其 2—3 个月的工资，约 60—90 美元。一双靴子可卖到 12—20 美元。第一个在阿比林经营制鞋店的托马斯·C. 麦金纳尼在夏天赶牛旺季时，要雇 10—20 人帮他做得克萨斯牛仔喜爱的靴子。雅各布·卡拉托夫斯克 1870 年在阿比林开的"大西部商店"经营的品种有织物类、服装、靴子、鞋、各类帽子和绅士服装等。[③]

为牛仔提供食宿和娱乐消遣的行业在阿比林也发展起来。在兴建牛镇之初，麦科伊就盖起了一座被称为"赶牛人小屋"的二层楼旅馆。此后，随着牛贸易的兴旺，阿比林又建起了其他一些为牛仔和客商提供膳宿的新客店。阿比林也为经过长途跋涉而疲劳的牛仔们提供有限数量的娱乐和消遣场所。在牛贸易的全盛时期，阿比林的酒馆不超过 11 家，其中大多数是供应廉价威士忌的小酒店。最著名、最时髦的酒吧是"阿拉莫"，它以明亮的灯光吸引、招揽顾客，三个玻璃门使来客能方便地走到卖酒的长柜台和赌桌前，一支乐队不分昼夜地演奏着。阿比林的妓院和舞厅更少，1869 年有 3 家妓院共 21 个妓女，到 1871 年有了 1 家舞厅。[④] 从表面上看，阿比林是牛仔饮酒、赌博、嫖妓甚至发生决斗的地方，但实际上提供娱乐消遣场所成为这个牛镇商业经营中采用的一种方式，是全镇商业收入的一个重要组成部分。在赶牛季节，每天都有 300—400 名牛仔骑马进入这个牛镇。这意味着每天至少有 4 万美元的

---

① Adolph Roenigk, ed., *Pioneer History of Kansas*, Denver: KanColl Books, 1933, p. 36.

② Robert R. Dykstra, *Cattle Towns*, p. 86.

③ Robert R. Dykstra, *Cattle Towns*, pp. 88-90.

④ Ray A. Billington, *Westward Expansion: A History of the American Frontier*, New York: Macmillan Publishing Co., Inc., 1974, pp. 557, 614.

收入源源不断地流入阿比林。[1] 牛仔们几天之内就花掉他们以数月辛劳所挣的工资。

在牛镇经济发展的同时，阿比林率先加强了城镇管理和治安措施。一方面娱乐消遣服务成为阿比林商业经营中的一个重要组成部分；另一方面，也带来了犯罪和不道德行为。但是，无法律控制只是暂时的现象。不久，阿比林便有效地控制了邪恶的活动。1870 年，该镇制定了控制牛仔活动的"市民条例"，[2] 雇用了一位最有名的警察局长怀尔德·比尔·希科克。他主持日常工作，巡逻、逮捕罪犯和保卫牛镇的安全。同年，镇民们还在"得克萨斯街"上酒吧的对面，用石头修建了一座监狱。第一个被关押的是一名违犯治安的牧牛营地的炊事员。[3] 这一年 5 月 20 日的条例中，规定驱逐镇内妓院的老鸨和妓女。[4] 镇民的妻子们是阿比林新秩序的重要支持者，她们辛勤劳作，抚养子女，使他们在粗野无度的社会环境中免受污染，她们以优良品德呼唤一种良好的社会秩序和风气。[5] 由于加强了市政管理和治安措施，阿比林住区以铁路为界分成了两部分。教堂、政府办公处和体面镇民的住区占据了该镇的北部。铁路以南形成一个隔离区，那里是"得克萨斯的阿比林"，有下等酒馆和被从北部赶过来的妓女。

到 1871 年，阿比林的人口已近 1,000 人。它建有一所学校、两家银行、三家旅店和饭馆、两家木材厂和一家制铁厂，还有杂货、服装和制鞋等店铺。[6] 阿比林已成为第一个由牛镇发展起来的颇具规模的西部新兴城镇。阿比林作为第一个牛镇出现在大平原上具有重要的意义，它为牧牛业的"大本营"得克萨斯提供了良好的牛交易市场，为南牛北运和东运提供了便捷的装运站，使"长途贩运"更加安全和以更大的规模发展。阿比林已发展成为大平原上的

---

① Laurence I. Seidman, *Once in the Saddle: The Cowboy's Frontier, 1866-1986*, p. 57.

② Howard R. Lamar, ed., *The Reader's Encyclopedia of the American West*, New York: Thomas Y. Crowell Company, 1977, p. 184.

③ Laurence I. Seidman, *Once in the Saddle: The Cowboy's Frontier, 1866-1986*, p. 94.

④ Lewis Atherton, *The Cattle Kings*, Lincoln: Nebraska University Press, 1972, p. 34.

⑤ Robert E. Riegel and Robert G. Athearn, *America Moves West*, New York: Holt, Rinehart and Winston, 1971, p. 478.

⑥ John W. Reps, *Cities of American West*, Princeton, 1979, p. 549.

一个重要的商业中心，每年的商业收入高达30万美元，[1] 有力地促进了大平原的开发。作为第一个牛镇，阿比林成为大批后建牛镇仿效的样板。继阿比林之后，很多牛镇在大平原上由东向西、由南而北迅速兴起。

三

在美国西部兴起的牛镇除阿比林外，著名的还有堪萨斯境内的埃尔斯沃思、威奇托、道奇城和考德威尔，内布拉斯加的许凯勒、卡尼堡、北普拉特、奥加拉拉和西德尼，北达科他的迈多拉，新墨西哥的林肯和银城，怀俄明的夏延和拉勒米以及蒙大拿的海伦娜等。大批兴起的牛镇，成为对辽阔大平原开发的推动力之一，也有力地促进了西部经济的发展。

第一，大批牛镇为美国国内外的牛贸易开辟了更广阔的市场，促进了“牧畜王国”的崛起。

每一个牛镇从建成之日起，就吸引着众多的得克萨斯赶牛人和来自中西部、东部及大平原北部的买主云集而来。1867—1880年，从得克萨斯赶往堪萨斯境内7个牛镇的牛多达3,963,497头。[2] 得克萨斯牛在牛镇可以卖出较高的价钱，在东北部市场则获利更高。1868年，M. A. 威瑟斯在得克萨斯买了600头牛。他把这群牛赶到阿比林出售后，共得利润9,000美元。乔治·F. 海因兹1872年把一群牛赶抵威奇托，得纯利高达15,000美元。[3] 70年代中期，一头重900磅的菜牛在得克萨斯售价为11—14美元，运抵芝加哥或圣路易可以上涨到30—35美元，而远销纽约则可得70美元或更高的价钱。[4] 1875—1885年，每年有25万头牛被赶往道奇城。从那里运往堪萨斯城和芝加哥的牛仅1884年就多达3,648车厢。[5] 很多东部的肉商聚集在牛镇。美国东西部的牛贸易非常兴旺。牛镇不仅繁荣了美国东部的牛肉市场，而且也增加

---

① Laurence I. Seidman, *Once in the Saddle: The Cowboy's Frontier, 1866-1986*, p. 100.

② Harry S. Drago, *Wild, Wooly & Wicked: The History of the Kansas Cow Towns and the Texas Cattle Trade*, pp. 2, 20, 119-120, 178, 276.

③ John Marvin Hunter, *The Trail Drivers of Texas*, Austin: University of Texas Press, 2000, pp. 96-98, 823-824.

④ Ernest S. Osgood, *The Day of the Cattleman*, Chicago and London: University of Chicago Press, 1965, p. 95.

⑤ Robert E. Riegel and Robert G. Athearn, *America Moves West*, New York: Holt, Rinehart and Winston, 1971, p. 478.

了对欧洲的牛贸易出口量。从1870年起，另一个牛镇夏延就成为美国向欧洲出口肉牛的装运站。1870—1879年，从美国出口到欧洲的活牛计达542,180头。①

牛镇在促进美国国内外牛贸易发展的同时，还为牧牛业从得克萨斯扩展到整个大平原和最终形成一个地域辽阔的"牧畜王国"迈出了关键的一步。1866—1885年，从得克萨斯赶往牛镇出售的牛多达5,713,976头。② 这些牛并非全部运往东部和欧洲市场。很多牛被来自北部的牧场主买走。科罗拉多、南达科他、北达科他、怀俄明和蒙大拿等地的牧场主们在牛镇选购1—2岁口的幼畜，放养到北部牧区育肥后出售，以图厚利。于是19世纪60年代末，开放牧区从得克萨斯扩展到堪萨斯和内布拉斯加。从1886年起，得克萨斯牛被赶进科罗拉多领地。两年后，"牧畜王国"的疆域延伸到怀俄明。1871年，大牧场遍及蒙大拿，随后又扩展到南、北达科他。到19世纪80年代初，牧牛业占据了整个大平原。"牧畜王国"的疆界还不断向西扩展到亚利桑那和俄勒冈。牛镇对于这个相当半个欧洲大的"牧畜王国"的最终形成，无疑起了巨大的推动和促进作用。

第二，以牛贸易为核心的城镇经济有了迅速的发展，其他与之相关的城镇经济也发展起来，并不断得到加强和扩大。

首先，杂货、服装、制鞋和旅店等服务性行业成为牛镇经济的重要组成部分。各牛镇杂货店的生意兴旺。在不景气的1874年，杂货店占威奇托总销售额的31%。该镇的W. A. 托马斯公司1872年的销售额达10万美元。次年，该公司计划向镇周围的牧牛营地每月出售1.2万美元的货物。③ 因为每套服装可以卖到平均90—100美元的好价钱，在阿比林经营"大西部商店"的卡拉夫托斯克随后又在埃尔斯沃思开了服装店，在威奇托开了两家店铺。最后，他又把服装店开到了阿肯色的温泉城。④ 约翰·米勒是成功的鞋商之一，在19世纪70年代，他先后在埃尔斯沃思和道奇城经营制鞋业。

除上述进行单一经营的店铺外，在一些牛镇出现了综合性商店。1867年，从俄国移居美国的迈耶·戈德索尔在埃尔斯沃思开了一家综合商店。1871年、1872年，他又在阿比林和得克萨斯的登申开设了两家分店。其综合商店经营

---

① Ernest S. Osgood, *The Day of the Cattleman*, p. 99.

② Ernest S. Osgood, *The Day of the Cattleman*, p. 32.

③ Robert R. Dykstra, *Cattle Towns*, pp. 87-88.

④ Robert R. Dykstra, *Cattle Towns*, pp. 89-90.

的商品有服装、靴鞋、毛毯、行李、珠宝首饰、手表、银器、餐具、乐器、玩具和枪支弹药等，从价值500美元的一块钻石到1品脱的盐都可以买到。1873年他在埃尔斯沃思的总销售额是15万美元。夏季每月的平均销售额达3万美元。①

旅店也是牛镇特别需要的服务性行业。19世纪70年代早期，威奇托有8家大旅店和5家寄宿处。从1872年7月1日到1873年3月底，其中3家大旅店日登记住客共达19,410人。道格拉斯旅馆是座巨大的三层砖楼。1873年，从6月1日至7月中旬，它共接待了1,260位客人。② 由此可见，旅店经营已成为牛镇经济活动中重要的一项。

各种店铺、旅馆和酒吧等构成了各牛镇的中心区，形成主要的商业街，使牛镇初具现代城镇的规模。到1873年，由商店、旅馆和酒吧等组成的商业区占据埃尔斯沃思主街的三个街区。那里南北店铺数目相当，相对而立。其中坚固的"塞茨杂货店"一直使用到1947年。③

其次，控制经营的娱乐消遣场所也是牛镇商业经济的重要成分。乔治·M. 胡佛的帐篷酒馆，是第一家在道奇城进行商业经营的。他1883年和1884年10月的收入分别达6,228.12美元和5,523.59美元。④ 应当说明的是，娱乐消遣场所在各牛镇都不允许数量太多。1873年酒吧在威奇托不超过15家，埃尔斯沃思不超过10家，道奇城1878年有8家，考德威尔在1880年有11家。赌台一般设在旅馆和大酒吧中，单独经营的较少。妓院和舞厅数量更少，威奇托的妓院不过2—3家，牛贸易全盛时期道奇城只有2家舞厅。⑤ 经营这些场所必须交纳高额的营业执照税。如在埃尔斯沃思，1873年一个酒吧需交500美元的营业税。⑥

在牛镇，除各类企业家外，还有医生、洗衣店女工、理发师、药商、承包商、房地产经纪人、马车出租者、律师、行政职员和工人等。牛镇的各行各业配套较为齐全，初步具有了现代城镇的综合功能。根据阿比林19世纪70年代中期的统计表明，只占该镇劳动力26%的企业家和专业人员据有的财富

---

① Robert R. Dykstra, *Cattle Towns*, p. 92.

② Robert R. Dykstra, *Cattle Towns*, p. 97.

③ Walter P. Webb, *The Great Plains*, p. 223.

④ Robert R. Dykstra, *Cattle Towns*, p. 96.

⑤ Robert R. Dykstra, *Cattle Towns*, pp. 101-102.

⑥ Harry S. Drago, *Wild, Wooly & Wicked: The History of the Kansas Cow Towns and the Texas Cattle Trade*, pp. 2, 20, 119-120, 178, 276.

和人均财产却高达总数的82.6%和85.7%。[①] 可见，各类企业在牛镇的经济生活中已占主导地位，起支配作用。

最后，铁路和银行是促进牛镇发展的两个重要因素。铁路公司为牛贸易提供的服务包括牛栏、电报设备和少量管理人员。铁路的主要作用是把牛群运到中西部和东部，也承运西部地区内的运输业务。道奇城1881年运牛费的收据数字为62,880美元，1883年上升到134,080美元。足见铁路对牛镇的影响日益加深，牛镇的经济活动也越来越和现代化的铁路联系在了一起。银行对牛镇的发展也至关重要。19世纪70年代初，在赶牛季节的财产转换的数额是巨大的。有时，某笔交易成功，就能使其财产由5万美元变为10万美元。因此，在牛镇建立可靠、安全的储蓄、交换机构十分必要。同时，牧场主、赶牛人都需要贷款扩大经营。为便利牛镇的经济活动，对信用卡的需要也日益迫切。在此情况下，银行机构在牛镇迅速出现。1870年，堪萨斯城的“第一国家银行”在阿比林设立了办事处。头两个月，交给它的本钱就超过90万美元。随后，1881年建立了“威奇托储蓄银行”和“考德威尔证券交易银行”，1882年建立了“道奇城银行”等。银行发放大量短期贷款，以10%的利息分6个月偿还，[②] 有力地促进了牛贸易和牛镇经济的发展。

第三，牛镇不断进行市政机构建设，施行政治改革，制定法律维护治安秩序，逐渐发展成为健全稳固的西部城镇。

牛镇在发展经济的同时，不断加强城镇的政治建设，完善市政机构。各牛镇均通过选举选出市长，创建第一个牛镇的麦科伊1871年被选为阿比林的第二任市长，同年组成了新的市政委员会。威奇托在1872年就成为一个拥有市政府和一支警察队的“二等城市”。[③] 牛镇市府机构的建立和不断完善引导着该镇的发展方向，保证城镇经济、政治活动的正常运转。

在牛镇的改革中，对酒吧、妓院和赌场征收高额营业执照税是一项重要的举措。一些牛镇还辅以驱妓废赌的改革，把妓女限制在隔离区。这些限制性措施是为了防止容易产生腐败堕落的场所泛滥成灾，败坏新兴牛镇的社会风气。

为了维护城镇治安，保护良好的社会秩序，各牛镇建立了规模不大的警察队，费用由取自酒吧、赌场和妓院的高额赋税支出。警察局长的月薪一般

---

① Robert R. Dykstra, *Cattle Towns*, p. 109.

② Robert R. Dykstra, *Cattle Towns*, pp. 83-85.

③ Harry S. Drago, *Wild, Wooly & Wicked: The History of the Kansas Cow Towns and the Texas Cattle Trade*, pp. 2, 20, 119-120, 178, 276.

为 100 美元，警察月薪 75 美元。每逮捕一个犯罪者另加 2 美元。[①] 这些警察把各种被称之为“罪恶巢穴”的娱乐场所管理起来，使之不论白天黑夜都必须遵守秩序。他们严格执行星期日不准饮酒娱乐等法律和禁止在牛镇携带枪支的条例。阿比林和考德威尔等牛镇还建起了关押犯人的监狱。杀人事件被控制在最低限度。堪萨斯州的 5 个牛镇在 1870—1885 年的 15 年间，只有 45 人被杀害(包括 16 名警察)。除 1873 年在埃尔斯沃思和 1878 年在道奇城外，每年被杀者未超过 5 人。[②] 牛镇绝不像美国西部影片和小说中大肆渲染的那样，“一切都靠武力解决”。

牛镇还重视教育，借助道德力量来维护社会秩序，推进政治改革。在酒吧、赌场和妓院出现在各牛镇的同时，学校和教堂也很快建立起来。为了子女的教育，不仅阿比林建立了学校，1881—1882 年考德威尔也盖了一座全砖结构的学校，聘用了很好的教师。牧师们在布道时谴责社会的腐败现象，向镇民呼吁“精神的追求”。1873 年，威奇托长老派牧师在演讲中强烈谴责该镇的主要罪恶，批评在进行革除弊端的改革中那无休止的“令人失望的”争论。[③] 这些对牛镇的政治改革起了一定的影响和促进作用。

大平原面积约 290 万平方公里。1860 年后，散居的白人有 17.5 万人。即使在 1970 年，大平原每平方千米仅约有 1.5 人。[④] 相较之下，牛镇的人口较多、较集中。1885 年，道奇城人口为 1,402 人，考德威尔为 1,972 人。[⑤] 夏延在 1867 年就有居民 4,000 人。[⑥] 大平原地广人稀，牛镇人口相对集中是一个突出特点。从经济角度看，每个牛镇不仅供应周围牧牛营地，而且与辽阔牧区的牧场建立起紧密的联系，牛镇服务中心半径要比东部城镇大得多。牛镇建立不久，很快成为本州或本领地内不同地区的经济活动中心，有力地促进了大平原的开发，加速了使大平原融入合众国垄断资本主义的发展进程。

---

① Harry S. Drago, *Wild, Wooly & Wicked: The History of the Kansas Cow Towns and the Texas Cattle Trade*, pp. 2, 20, 119-120, 178, 276.

② W. Eugene Hollon, *Frontier Violence*, New York: Oxford University Press Inc., 1974, p. 200.

③ Robert R. Dykstra, *Cattle Towns*, pp. 210-214.

④ 丁则民等:《美国内战与镀金时代——1861—19 世纪末》, 北京: 人民出版社, 1990 年, 第 110 页;《简明不列颠百科全书》, 北京: 中国大百科全书出版社, 1985 年, 第 2 卷, 第 393—394 页。

⑤ Robert R. Dykstra, *Cattle Towns*, pp. 358-359.

⑥ Robert G. Ferris, ed., *Prospector, Cowhand and Sodbuster*, pp. 45, 257.

同时，牛镇也是沟通和加强西部与东部联系的枢纽，推动了芝加哥等城市的肉类包装加工和罐头制造业的发展，并使芝加哥在此行业中成为世界上最大的中心。牛镇不仅是牧牛大王和商界领袖的聚集地，也是牧区的政治中心。如夏延、林肯和海伦娜等既是著名的牛镇，又是领地或州的首府。“夏延俱乐部”不仅是怀俄明政界领袖和牧牛大王们策划经济、政治法律的场所，也是吸引外国富商们聚会的国际性文化中心。

四

每个牛镇牛贸易的全盛时期只不过是短暂的3—5年时间。这不仅因为新旧牛镇之间存在着激烈的竞争，而且每个牛镇在建立之初就存在着牧场主、农场主、土地商和镇民之间的利害冲突和矛盾斗争。斗争的结果是牛镇初期从以“牧牛”为核心逐渐转向发展“农业”。

1871年，阿比林附近的得克萨斯牛群毁坏了数百英亩的庄稼。第二年年初，该地区的农场主组织起了“迪金森县农场主保护协会”。[①] 不久，阿比林的道德改革者、企业家和农场主联合起来，对得克萨斯牛实行有效的封锁。1872年，阿比林在牛贸易结束时，已发展成为商业繁荣的成熟的城镇。由于牛贸易被中止，该镇变得越来越依赖于农业。在1871—1872年的严酷冬季中，埃尔斯沃思附近牧场的牛群因饥饿而毁坏农场主们的围篱，吃掉成捆成捆的干草。结果使“排牛”运动更强烈地发展起来。1872年秋天，当地的农场主成立了保护协会，阻止牛群进入该地区。到1874年，埃尔斯沃思作为牛贸易中心再也无法维持下去了。威奇托在1872年成为牛镇时就遭到当地“排牛者”的反对。1876年，“排牛”势力凭借严厉的《畜群法》不准得克萨斯牛进入该地区。1877年后，威奇托也被迫由牧牛转向发展农业。从1877年起，道奇城在短期内垄断了圣菲铁路的牛贸易，但农场主们在牛道经过的大部分土地上筑起围篱阻止牛群进入。1884年，州长下令封锁全州。这一年道奇城也由牛贸易经济转为以农业经济为主要支柱。1880年开始考德威尔“牛贸易繁荣”，与其他牛镇一样，也只是昙花一现，到1886年也衰落下去。大平原上其他领地和州内的牛镇，同堪萨斯州的上述牛镇一样，有着大体相似的经历。牛镇的时代到1889年结束了。多数牛镇由“牧牛”转向“农业”，农业成为这些城镇经济的基础。

---

① Howard R. Lamar, ed., *The Reader's Encyclopedia of the American West*, p. 184.

1870—1890年，数百万农民蜂拥西进，布满大平原。在19世纪70年代的10年中，堪萨斯州的新移民增加了34.7万人。内布拉斯加、得克萨斯和大平原其他各州的人口也以同等的比例增长，这种趋势在19世纪80年代仍在继续。1870—1890年，大平原上有4.3亿英亩土地有居民定居，2.25亿英亩土地被开垦。① 农场主与牧场主争夺土地的斗争日趋激烈，农场不断吞没大片平坦的草地。这一发展趋势对牛镇的经济结构产生深刻影响，使其发展越来越依赖于农业。

19世纪70年代至20世纪初，是美国工业化迅猛发展和向垄断资本主义过渡的大变革时期，这个浪潮对西部牛镇再次产生巨大影响和冲击。已经由"牧牛"转向"农业"的牛镇经济经历了工业化。

第一个牛镇阿比林在建镇不久就建起了木材厂和制铁厂，以后逐渐发展了一些轻工业。现在，阿比林仍然依靠铁路，成为牲畜、谷物和其他农产品的转运站，其工业有面粉、饲料厂及乳脂制造厂。1872年成为牛镇的威奇托，现已成为堪萨斯州最大的制造业中心，发展成为拥有279,835人的西部现代化城市。昔日的"牛都"——道奇城已发展成为堪萨斯西南部的贸易中心，其制造业与农牧业密切相关，该城是农牧产区的农牧机械供应中心。其他的牛镇如夏延、拉勒米、海伦娜、林肯、银城等也都经历了由"牧牛"到"农业"，而后向"工业"的转变，现在都成为以工业为主体的多种经济形式的西部城市。② 上述事实表明，昔日的牛镇并非单靠"牛贸易"发展、繁荣起来而成为今日美国西部的城市。一些牛镇是在继"牧牛"之后，以"农业"和"工业"等新的经济形式为基础重新获得了生命力，才发展、巩固并保留至今。相反，另一些牛镇在"牛贸易"的高峰期后，没有适时转换新的经济形式，便随着"牧畜王国"的衰落被湮没在茫茫草原，在今天的美国地图上再也找不到它们的名字了。曾是北达科他的牛镇之一的"迈多拉"便是一例。可见，"牧牛—农业—工业"是大平原地区城市发展的基本模式。

从美国西部牛镇的变迁中，我们可以得到几点有益的启示：第一，牛镇是把畜牧业由原始游牧的自然经济转向市场经济的重要环节。第二，像牛镇

---

① Ray A. Billington, *Westward Expansion: A History of the American Frontier*, pp. 557, 614.

② *The Encyclopedia Americana (International Edition)*, Vol. 1, New York: Americana Corporation, 1955, p. 39; Vol. 28, New York: Americana Corporation, 1986, p. 744; Vol. 19, New York: Americana Corporation, 1986, p. 232.

这类靠开发性行业兴起的城镇，其发展、繁荣不能单靠最初的一种经济形式。这样的城镇要不断以新的经济形式为它的继续发展补充血液、增添活力，形成以工业为主导的多种经济形式。第三，在城镇经济发展繁荣的同时，必须加强法制和市政建设，以保证城镇经济的健康发展。美国西部牛镇的兴起和变迁，对我国畜牧业的发展和城市化道路，无疑会有一些启迪和借鉴之处。

[原文载《首都师范大学学报(社会科学版)》，1997 年第 2 期]

美国西部拓荒时期的牧区冲突与影响

美国内战以后，在第二次工业革命的推动下，其西部开发进入新阶段。在东起密苏里河，西至落基山斜坡，南始格兰德河，北到美加边界的大平原之间，兴起了一个辽阔的“牧牛王国”（Cattle Kingdom）。同时，一个“牧羊帝国”（Sheep Empire）也迅速崛起，疆域覆盖从太平洋沿岸至密西西比河之间的广袤土地。在美国西部史中，“牧牛王国”和“牧羊帝国”合称为“牧畜王国”（Livestock Kingdom）。在美国西部的牧业开发中，经历了“先游牧后畜养”的演变过程，即由在开放牧区的原始、粗放的游牧方式转化为现代集约化的固定饲养。内战结束至19世纪80年代中期，“牧畜王国”繁荣、兴旺了20余年。1885年后其鼎盛时期终止，到19世纪90年代“牧畜王国”逐渐衰落下去。诸多因素导致了“牧畜王国”的衰落，本文仅就人为的残酷竞争导致的牧区冲突及其影响作一论析。

一、争夺公地的激烈冲突

在密苏里河以西的辽阔地区有丰富的牧草资源，特别是大平原地区的牧草资源在美国内战前基本上还未得到开发利用。从19世纪70年代到80年代初，大平原的印第安人被联邦政府的军队逐出了广袤的草原，野牛被有组织地猎杀、屠杀殆尽。[①] 在这

① 周钢：《野牛的灭绝与大平原印第安人的命运》，《史学月刊》，2002年第7期。

片属于联邦政府的土地上，牧草和水源最初对所有的人都是免费开放的。尤其是大平原北部的牧区，在一段时期内为牧场主提供了发财致富所需要的一切东西：丰美的草地、水源、自然增长的畜群和良好的市场价格。到1880年，大平原成了独具活力和充满前途的新土地。大批东部和欧洲的投资者，下赌注般地把资本投入了美国西部的牧牛业。被称为“牧牛大王”的大牧场主和经营牧牛公司的巨商，在内战后不久就进入了大平原，他们以“先占权”占据各个州和领地中最好的草地和水源，建立起大牧场，放牧区从得克萨斯不断向北、西扩展，一个疆域辽阔的“牧牛王国”在大平原崛起。

适合放牧牛群的牧区同样适合放牧羊群。美国西部的牧羊业在内战以前以新墨西哥为中心，不断向其周围的州和领地扩散。加利福尼亚“淘金热”引发的向西部赶羊运动，使该州成为重要的绵羊生产州。随后，牧羊业在太平洋沿岸、亚利桑那、得克萨斯和俄勒冈等地都有了一定程度的发展。内战以后，在美国西部迅速崛起的“牧羊帝国”，是由西部向东的大赶羊运动和东部养羊者移居西部相结合的产物。① 内战结束后，由东向西的赶羊运动结束，尔后开始了由西向东的大赶羊运动。来自加利福尼亚、犹他和俄勒冈的羊群被赶往落基山以东，直抵密苏里河，进入南起美墨边界、北至美加边界的草原地区。

美国内战结束后，移民的洪流从密西西比河向大平原推进。随着1869年第一条横贯大陆铁路的建成，大平原在1870年以后向拓荒者开放。此后，其他几条横贯大陆的铁路及其支线相继建成，美国东部和来自欧洲的移民洪流被火车带进了大平原。在大平原向农场主开放时，美国的第二次工业革命正在深入展开，工业革命提供的大量现代化农业机械有助于农业在干旱地区的发展。拓荒农场主不仅能在堪萨斯、内布拉斯加和得克萨斯西部以及南、北达科他等干旱地区定居下来，而且得以进入最不适宜农耕的北部牧区，如怀俄明和蒙大拿。农场主依靠第二次工业革命的科学发明和提供的农业机械、现代交通运输条件征服了辽阔的大平原，使其被开垦成美国主要的产粮基地。

美国西部的国有土地（即所谓“公地”）属联邦政府所有。在理论上，美国西部的公共牧区是向所有人开放的，牧牛场主、牧羊场主和农场主都有使用公共牧区的权利。然而，根据牧区风俗和惯例，一个经营者只要先占一块草地，建立牧场，他的先占权就应被他人承认，并有优先使用其牧场周围土地

① 周钢：《美国西部“牧羊帝国”的崛起》，《世界历史》，1999年第4期。

和水源的权利。在大平原地区的一些州和领地，牛群被驱赶到牧区的时间早于从沿海地区来的羊群的时间。大牧牛场在19世纪70年代便占据了大平原最好的牧区，那里的草地和水源被牧牛场主所控制。作为先到者，这些牧牛场主极力维护其“先占权”，反对所有后来的入侵者。后来的小牧牛场主、牧羊场主和农场主也认为他们有权占有西部的土地和水源，便向牧牛大王们的“先占权”挑战。“牧牛王国”主要占据大平原地区，“牧羊帝国”的疆界在向落基山以东扩展中与“牧牛王国”的疆界重合，拓荒农场主的西进运动也主要是开发大平原。为了独占牧草资源，获得土地和水源的使用权，牧牛场主、牧羊场主和拓荒农场主展开了激烈的争夺，在西部牧区存在诸多矛盾，并引发了剧烈的冲突乃至流血事件。

首先，在牧牛业集团内部存在着矛盾和冲突。牧牛场主最先进入大平原牧区。随着一些牧牛大王的发迹，他们便称霸牧牛区，主宰了这个王国的一切，得克萨斯的潘汉德尔地区便是典型一例。潘汉德尔原本是印第安人的家园和野牛的故乡，但从19世纪70年代后半期就被牧牛场主占为牧区。1876年，大牧牛场主查尔斯·古德奈特与约翰·阿代尔合伙在帕洛杜罗建起了第一个大牧场——“J·A牧场”，占地近70万英亩。① 第二个牧场——“T-锚牧场”由利·戴尔于1877年建立。到1883年，它被卖给英国的“锡达河谷土地牧牛公司”时，已拥有土地225块(约合144万英亩)和牛2.4万头。② 1880年，亨利·坎贝尔与布里顿上校合伙组成“斗牛士牧牛公司”，1882年他们以125万美元将牧场卖给了苏格兰的“马特多土地牧牛公司”。到1910年，该公司拥有86.1万英亩土地，还在北部牧区租用65万英亩土地，牧养了6.6万头牛。1885年，由英国资本建立的“XIT牧场”占据了305万英亩的土地。“马刺牧场”围起了50万英亩的土地。与“斗牛士”相距几十英里处，还有“利亚诺土地牧牛公司”“肯德里克土地牧牛公司”。此外，还有“LS牧场”等牧场，一些小牧场主也进入潘汉德尔地区。为了阻止小牧场主侵入，“斗牛士”“马刺”“利亚诺”“肯德里克”四个大牧场主达成联合协议，共同管辖所在牧区的牧牛业，分享社区的利益。③ 1880年，古德奈特协助组建了“潘汉德尔家畜饲养者

① Harry S. Drago, *Great American Trails*, New York: Dodd, Mead, 1965, p. 23.

② Robert G. Ferris, ed., *Prospector, Cowhand and Sodbuster*, Washington: H. W. Wilson Co., 1967, p. 243.

③ Lewis Athern, *The Cattle Kings*, Lincoln: Indiana University Press, 1961, p. 93.

协会”。[①] 到19世纪80年代初，那里已被大牧场主和牧牛公司的巨商所把持，牧牛大王们排挤中小牧场主和农场主等新来者，极力把潘汉德尔地区变成他们独占的王国。潘汉德尔地区只是牧牛大王称霸“牧牛王国”的一个缩影。在疆域广及整个大平原的“牧牛王国”里，大牧场主和牧牛公司的巨商控制着各个州和领地的牧牛者协会，制定使用土地、水源、“赶拢”和长途驱赶等一系列规定和法律，强迫会员与非会员共同遵守，其目的就是确保牧牛大王们独霸牧区。

尽管牧牛者协会采取了种种限制措施，但并没有解决牧区超载过牧的问题，反而使牧牛大王同中小牧场主的矛盾日益尖锐。原因何在？第一，在某一牧区，先到者已感到那里牛群过量时，一些准备新进入者仍持有旧观念。如潘汉德尔牧区在经历了1884年的暴风雪后，因牧草短缺造成很多牛死亡，一些牧牛场主因感到过载过牧的危险而不得不往新墨西哥和亚利桑那扩展。然而，一些准备进入潘汉德尔牧区的牧牛者仍认为那里的青草是免费的，能满足更多的牛去享用。第二，一些小牧场主利用“惯例”，挤进某个州或领地的牧区从事经营。如果一个新来者在某个牧区购买早已在那里落户的牧场主的牛群，那么人们就承认他也买到了放牧权，此后他就可以不断扩大自己的牛群，成为挤进该牧区的新牧场主。第三，一些小牧场主联合起来，自己组织“赶拢”，与牧牛者协会按照“赶拢法”进行的“赶拢大会”相抗衡。[②] 第四，造成牧区超载过牧的主要原因是牧牛协会自身。牧牛大王们从自身利益出发，要限制其所在牧区经营者的数量，然而，阻止一些新来者并不能够禁止牛群数量的增加。由于贪婪的发财欲望作祟，牧牛大王们无节制地在自己的牧场上增加牛的数量，导致牧区超载过牧。总之，牧牛者协会制定法规阻止新来者进入牧区，企图剥夺中小牧场主的放牧自由和经营权利，维持牧牛大王的独霸局面。试图挤进某牧区的中小牧场主极力抗争，谴责牧牛大王的“厚颜无耻”和“傲慢的垄断行为”。[③] 在牧牛者集团内部，也存在南、北牧区大牧场主之间的冲突。1884年11月，在圣路易斯召开了牧场主代表大会，由于西南部牧区的代表占大多数，他们提议建立一条“国家牛道”[④]，这样便可畅行无阻地

① Robert G. Ferris, ed., *Prospector, Cowhand and Sodbuster*, p. 136.

② 周钢：《美国西部牧区的“赶拢大会”》，《世界历史》，2002年第3期。

③ Ernest S. Osgood, *The Day of the Cattleman*, Chicago and London: University of Chicago Press, 1968, pp. 179-180.

④ 它南起雷德河，北抵美加边界，宽6英里。

将南部的牛群赶到北部牧区出售或放牧。怀俄明和蒙大拿的代表坚决反对建"国家牛道"，并得到北部其他牧牛者组织的支持。① 原因是那些牧牛大王想独占北部牧区，不让更多的南部牛进入。由此可见，南北部牧场主集团之间的利益之争也相当尖锐。牧牛场主各种内部矛盾是导致牧区冲突和纠纷的一个重要诱因。

其次，大量羊群涌入大平原引发了牧牛场主与牧羊场主的冲突。1870—1900 年，大约有 1,500 万只羊从西部被驱赶到东部②，除了被送往市场作为肉羊出售外，很多羊在不同的羊道终点落地生根，在那里繁衍后代。咩咩低叫的羊群不断蚕食、侵占牧牛区的草地，形成羊牛争草争牧的残酷竞争局面。

开放牧牛区受到大量羊群涌入的威胁。在 19 世纪 70 年代，来自新墨西哥的羊群进入了得克萨斯的潘汉德尔地区。大约在 1874—1884 年，羊群布满了加拿大河谷。在古德奈特建立"J·A 牧场"的当年，卡斯米罗·罗梅罗从新墨西哥驱赶着 3,000 只羊，举家迁居斯塔科莎，在那里建立了牧羊场。到 1880 年，潘汉德尔地区从事牧牛和牧羊业的人超过了 1,500 人。包括 400 个牧羊场和其他一些牧羊场场主在内，共放牧了 10.8 万只羊。该牧区放牧的牛超过了 9.7 万头。③ 在潘汉德尔地区，形成了牛羊争牧之势。19 世纪 70 年代早期，来自加利福尼亚、犹他和俄勒冈的羊群也进入了北部牧区。1870 年蒙大拿有羊 1.1 万只，1890 年羊产量上升为 222.8 万只，1900 年则高达 450.4 万只，④ 在 1881 年，蒙大拿羊的数量超过了牛的数量。80 年代中期以前，怀俄明牧区牛的数量多于羊的数量。然而，到 1886 年，怀俄明羊的数量上升到 87.5 万只；至 1890 年，其羊的数量则攀升到 330 万只。⑤ 牧羊场主在原先牧牛场主独占的公共牧区建立牧羊场。羊群不断繁衍增长，使开放牧区超载过牧的现象更加严重，草地的承载力进一步下降。

牧牛场主凭借"占有权"，要把西部牧区变成他们的"独占王国"，牧羊场主则把羊群源源不断地赶进山区和平原，扩大"牧羊帝国"的疆域，双方为扩

① Thadis W. Box, "Range Deterioration in West Texas", *Southwestern Historical Quarterly*, Vol. 71, 1967, p. 40.

② Robert G. Ferris, ed., *Prospector, Cowhand and Sodbuster*, p. 63.

③ Paul H. Carlson, *Texas Woolbacks: The Range Sheep and Goat Industry*, College Station: Texas A & M University Press, 1982, p. 95.

④ Edward N. Wentworth, *America's Sheep Trails*, Ames: The Iowa State College Press, 1948, p. 307.

⑤ Edward N. Wentworth, *America's Sheep Trails*, pp. 315-316.

大自己的势力范围展开了争夺公共牧区的激烈斗争。这场斗争是西部两个牧业集团的较量，长期的严重不和导致牧牛场主和牧羊场主之间经常发生流血冲突。

最后，大批拓荒农场主进军大平原更加剧了对土地和水源的争夺。对牧牛场主来说，拓荒农场主是更危险和更具威胁的"入侵者"。因为农场主的闯进是要犁掉草原，缩小"牧牛王国"的疆域。在 19 世纪的最后 30 年中，美国定居化的土地超过它此前所有的定居地。从 1607 到 1870 年，美国有 4.07 亿英亩土地被占据，1.89 亿英亩得到改良。从 1879 到 1900 年，美国又有 4.3 亿英亩土地被作为定居地，2.25 亿英亩被开垦。① 到 1900 年，西部 19 个州和领地②新增农场 114.1276 万个，改良的土地约为 1.3073 亿英亩。同年，西部地区谷物和小麦的产量为美国全国产量的 32%和 58%。③ 数百万拓荒农场主涌入西部，不顾一切地占领、取得逐渐减少的土地。对先期到达的牧牛场主和牧羊场主来说，这既是严峻的挑战也是严重的威胁。在 1880 年，怀俄明领地仅有 2,000 英亩能够耕作的改良土地。④ 在 19 世纪 80 代，拓荒农场主在怀俄明开垦了 200 万英亩土地，筑起了 5,000 英里的灌溉渠。⑤ 1886 年，蒙大拿经过改良的土地达 400 万英亩。⑥ 1890 年，改良旱地占比在怀俄明和蒙大拿都不到本州的 2%。到 1920 年，前者的农场面积约占到全州土地的 20%，后者的农场面积约占全州的 37%以上。⑦ 这标志着旱作农场主已顽强地挺进北部牧区。在 19 世纪末，怀俄明的牧场主认为，旱作农场主毁坏了放

① Gillbert C. Fite, *The Farmers' Frontier*, 1865-1900, New York: Holt, Rinehart and Winston, 1966, p. VI.

② 吉尔伯特·C. 菲特在《1865—1900 年农场主的边疆》中论及的 19 个州和领地为明尼苏达、艾奥瓦、堪萨斯、内布拉斯加、南达科他、北达科他、怀俄明、蒙大拿、科罗拉多、新墨西哥、亚利桑那、爱达荷、华盛顿、犹他、俄勒冈、加利福尼亚、内华达、得克萨斯和俄克拉何马。

③ Gillbert C. Fite, *The Farmers' Frontier*, 1865-1900, p. 223.

④ Lekoy R. Hafen, et al., *Western America*, Englewood Cliffs: Prentice-Hall, Inc., 1970, p. 423.

⑤ Ray A. Billington, *Westward Expansion: A History of the American Frontier*, New York: Macmillan Publishing Co., Inc., 1974, p. 625.

⑥ Ernest S. Osgood, *The Day of the Cattleman*, p. 232.

⑦ Ernest S. Osgood, *The Day of the Cattleman*, p. 237.

牧的土地。[①] 在蒙大拿的牧牛场主因不能独占牧区而诅咒农业这个“主体和支柱”产业“该死”。一位牧牛场主狂吼道：“一想到在野马驹奔驰和套四岁口小公牛游荡的牧区种葱头和爱尔兰土豆，我就病得需要药物和精神两位医生医治才行。”[②]一个牛仔高手在给朋友的信中怒斥：那些土地改良“最好的”地区“简直像个地狱”。[③] 从牧牛场主和牛仔的这些愤怒言词中可以看出，拓荒农场主大量涌入北部牧区后，更激化了农牧矛盾和冲突。

二、“筑篱与毁篱”之战

拓荒农场主不顾牧牛场主的敌视和可怕的自然障碍，闯入“牧畜王国”。农场主最焦急的是在大平原找不到有效而廉价的围篱材料，对他们来说，无论是饲养牲畜、存贮粪肥，还是保护水源、保证庄稼免遭牛群祸害，修筑围篱都是绝对必要的。特别是在 19 世纪 70 年代，当农场主与牧牛场主因放牧问题而引起日趋激烈的斗争时，筑篱问题变得更加突出。前者强烈要求后者筑篱圈养牲畜，后者则坚持敞开放牧，要求前者自筑篱栏，防止牲畜进入。双方不断发生纠纷，甚至流血冲突。因为大平原缺乏树木，筑篱一英里须花数百乃至上千美元的高价，新移居来的农场主不敢问津。因此，必须找到代替木材的新材料，才能解决在大平原筑篱的问题。

伊利诺伊州的农场主约瑟夫·格利登发明设计的带倒刺铁丝[④]解决了在大平原筑篱的难题。1874 年 11 月 24 日，格利登的廉价带刺铁丝获得了发明专利。三年以后，格利登的工厂已经安装了 202 台自动生产的机器。大规模的生产方法使带刺铁丝的价格不断下降，每百磅从 1880 年的 10 美元到 1890 年的不到 4 美元。[⑤] 带刺铁丝的生产和销售量迅速增加，1874 年为 5 吨，1876

---

① John K. Rollinson, *Wyoming: Cattle Trails*, Caldwell: The Caxton Publishing Company, 1948, p. 297.

② Merrill C. Burlingame, *The Montana Frontier*, Helena: University of New Mexico Press, 1942, p. 35.

③ Robert G. Athern, *Hight Country Empire: the High Plains and Rockies*, Lincoln: University of Nebraska Press, 1960, p. 201.

④ 从 19 世纪 70 年代后期至 80 年代初，发明的“带刺铁丝”有 400 余种。格利登的设计是把两根铁丝拧在一起，在小小的间隔之间装上带倒刺铁丝。因这种带刺铁丝更容易操作，故流传至今。后来，在这种两股倒刺铁丝基础上，又发展为三股或四股带刺铁丝。

⑤ Ray A. Billington, *Westward Expansion, A History of the American Frontier*, p. 601.

年上升到1,420吨，到1880年则猛增到40,250吨。[①] 牧牛场主和农场主都大量购买带刺铁丝。首先是农场主使用它来修建围篱，防止牛群侵入耕地。拓荒农场主占地围篱，开荒经营。他们甚至进入自然条件最差的北部牧区，使农耕面积不断增加。习惯于开放游牧的牧牛场主最初反对修建围篱，眼见牧区被农场主占据的土地越来越多，对牧场构成严重威胁，一些牧场主开始用带刺铁丝筑篱，把自己的放牧场围起来，以防止其他人的牲畜和农场主侵入。在1874年，赶牛群北上的牛道沿路还没有围篱，到1885年，从得克萨斯至蒙大拿的牧牛场主已经普遍使用带刺铁丝筑篱。

1870年，安德鲁·德拉姆少校在“切罗基长廊”北部建立了牧场。格利登的带刺铁丝问世后，德拉姆与合伙人安迪·斯奈德最先沿着其15万英亩牧场的北部筑起铁丝网栅栏[②]，其他牧场主也随着修建栅栏。

进入19世纪80年代，越来越多的牧牛场主和牧牛公司在牧场周围修筑围篱。1883年，古德奈特用250英里带刺铁丝围起了“J·A牧场”。[③] 科罗拉多的“阿肯色牧牛公司”在1884年围起了100万英亩的土地。[④] 在北部的怀俄明和蒙大拿，不论小牧场主或大牧场主，都在自己的牧场上修筑围篱。在西部牧区，修筑围篱最长的是得克萨斯的“XIT牧场”，共筑了6,000英里的围篱[⑤]，该牧场在蒙大拿还占有100万英亩土地。[⑥] 牧羊场主也竞相在牧区修筑围篱，圈占土地。

19世纪70—80年代，怀俄明拉勒米平原的牧羊业发展得很快。到1884年，那里已经有40个牧羊场，修筑围篱成为极为重要的问题。牧羊场主不但在自己的牧场筑起带刺铁丝围篱，还筑篱圈占公共牧区，夺取冬储干草地、水源和较好的放牧区。一些牧羊场主和牧羊公司也在铁路两旁占据铁路公司和政府的土地。牧羊场主W. D. 柯里尔于1884年在铁路两边一片较大的地段养过2万只羊。1889年，“沃伦家畜公司”在拥有的28.4万英亩的土地上都修

---

① Walter P. Webb, *The Great Plains*, Waltham: Blasdell Publishing Company, 1959, p. 309.

② David Dary, *Cowboy Culture: A Saga of Five Centuries*, Lawrence, 1989, p. 314.

③ David Dary, *Cowboy Culture: A Saga of Five Centuries*, p. 318.

④ Ernest S. Osgood, *The Day of the Cattleman*, p. 191.

⑤ Cordia S. Duke, et al., 6000 *of Miles Fence*, *Life on the XIT Ranch of Texas*, Austin: University of Texas Press, 1961, p. 9.

⑥ Don Worcester, *The Chisholm Trail*, *High Road of the Cattle Kingdom*, New York: Indian Head Books, 1994, p. 150.

筑了围篱。[1] 带刺铁丝问世后的短短几年里，美国西部就发生了巨大变化。特别是大平原地区的原始风貌被彻底破坏。牧牛场主、牧羊场主和农场主竞相筑篱圈占土地，激烈的"筑篱之战"使大平原被人为设置的蜘蛛网般的铁丝网缠了起来。

牧牛场主、牧羊场主和拓荒农场主为了自身的利益非法围篱圈占土地。特别是牧牛场主，最初是以"先占权"圈占部分公地，以"枪的法律"来保护他们所占有的土地。继而，牧牛场主在围圈租用的土地过程中，也多占有一些公地，一些大牧羊场主也有类似的情况。在筑篱占地的激烈争夺中，一些大牧牛场主不仅圈占公地以扩大自己的牧场，而且把其他小牧场和小农场也圈进了他的铁丝围篱中。大牧场的围篱切断了向北驱赶牲畜的"牛道"和"羊道"，隔断了通往学校和教堂的公共交通道路，妨碍了邮件的传递。"布莱顿牧场"是在内布拉斯加圈占公共土地的牧场之一。在堪萨斯南部，几个牧牛场主围占了西部、西南部数个县的土地。在怀俄明，包括"斯旺土地牧牛公司"在内，10 个公司被列入非法筑篱的名单。[2] 德莫雷侯爵在达科他领地也圈占了一大块公地。在内华达，牧牛场主甚至企图圈占公地上的牧草地。

大牧场主围篱圈占公地，实质上是一种土地垄断行为。这种霸道行径不仅引起农场主和小牧场主的愤怒抗争，也妨碍了牧区社会的正常生活秩序。在 19 世纪 70 年代末和 80 年代初，西部牧区因围篱占地引发了很多毁篱的暴力冲突事件，特别是得克萨斯牧区的毁篱事件最多。

带刺铁丝围篱于 1880 年后在得克萨斯被广泛采用。曾经开放的牧区被封闭起来，牧羊场主和牧牛场主的冲突因此尖锐起来。牧羊场主进入得克萨斯牧区较牧牛场主晚，租不到毗连的草地，只能得到被他人地产分割开的放牧地。羊群从一块放牧地被赶往另一块放牧地时，必须经过牧牛场主所有的草地，牧牛场主坚决反对羊群穿过其牧场。他们制定了一个规则：要求牧羊人在平坦地带驱赶羊群时，每天平均行走不少于 5 英里；在难行走地区，每天行程不得少于 3 英里。[3] 但在实际赶羊的过程中，牧羊人往往受到牛仔的刁难和牧牛场围篱的阻拦。为了保护放牧地和水源，牧羊场主也在其牧场筑起了围篱，阻止了牛群的自由漫游。于是，在牧牛场主和牧羊场主之间展开了愈演愈烈的毁篱之战。

---

① Edward N. Wentworth, *America's Sheep Trails*, pp. 312-313.

② Ernest S. Osgood, *The Day of the Cattleman*, p. 192.

③ Paul H. Carlson, *Texas Woolbacks: The Range Sheep and Goat Industry*, p. 182.

在1882年以前，进入得克萨斯的牧羊主除非用石头砌羊栏，否则不论用其他任何材料建围栏，一年之内其羊栏或被烧毁或被砍断的次数可达十次之多。1881年，盖伊·马奥尼在科尔曼县的筑篱牧场牧养了几千只羊。1883年，牧牛场主唆使一伙武装分子砍断了马奥尼的围篱，他们在两根篱桩之间砍两个断口，总共有数英里之长。有人还在马奥尼围篱的入口处放了一具棺材，上面写着："如果你继续保有围篱，这棺材便是为你准备的。"霍勒斯·斯塔克韦瑟所建的围篱被剪断，羊圈和牧羊人的住处被烧毁，毁篱人还把2,000根木桩插到了他住宅的近旁。斯塔克韦瑟立即重新以石头做地基筑起了五股铁丝网围篱，但新围篱又被剪断了30英里，有人还把患传染性疥癣的羊扔进了其羊群中，斯塔克韦瑟被迫在寒冷的冬天把8,000只羊浸泡消毒。① 这给他带来了灾难性的后果。

牧羊场主也破坏牧牛场主的围篱。一些牧羊场主在得克萨斯租不到土地，只能赶着羊群游牧，遇到牧牛场主筑有三股以上的铁丝网围篱时，牧羊场主就剪断围篱，以便让羊群和工具车能够穿过。1884年，一个墨西哥的游牧者赶着羊群进入斯奈德以南的斯卡里县，因羊群离水井太近，一个牛仔和他发生争吵后开枪把他打成重伤，开枪打人的牛仔随后又叫来几个同伙烧了牧羊人的营地和工具车，随后牛仔们吊死了另一个游牧者，杀死一些羊并驱散了羊群。② 总体来看，牧羊场主在同牧牛场主的较量中处于下风。究其原因：一是牧羊场主进入得克萨斯牧区较晚；二是牧牛场主的数量大大超过了牧羊场主的数量；三是得克萨斯的法律对牧牛场主有利。如在1881年3—4月，该州的立法机关就通过了两项与牧羊场主相关的法律。第一项禁止患疥癣的游牧羊群进入牧区，第二项规定未经土地主人允许禁止把羊群放牧在他人的土地上，违反该法的牧羊场主应付100美元的罚款。③ 牧羊场主对这些限制性法令非常不满，向州长和立法机关进行了抗争，但毫无结果。

小农场主和小牧牛场主也介入了筑篱和毁篱的冲突之中。毁篱者中有拥有15—200头牛和少数牧马的小牧牛场主，还有拥有100英亩或更多一点土地的小农场主，以及占有少量无主牧草地的自耕农。④ 由于大量小农场主和小

---

① Paul H. Carlson, *Texas Woolbacks: The Range Sheep and Goat Industry*, pp. 183-184.

② Paul H. Carlson, *Texas Woolbacks: The Range Sheep and Goat Industry*, p. 183.

③ Paul H. Carlson, *Texas Woolbacks: The Range Sheep and Goat Industry*, p. 98.

④ Walter P. Webb, *The Great Plains*, p. 314.

牧牛场主的涌入，西部牧区的土地被他们占有，自由放牧区变得越来越小。大牧牛场主仇视所有在牧区农耕和放牧的人，他们凭借自己拥有的雄厚资本，拼命筑篱占地。有时，一些小农场和小牧牛场完全被大牧场主的围篱包围起来，连外出的通路也被截断了。这些小农场主和小牧牛场主为了生存，经常联合起来砍断大牧场的围篱。得克萨斯的牧牛场主 R. A. 戴维斯在 1,000 英亩草地的周围筑了四股带刺铁丝的围篱，两天后围篱被剪断了 3,500 处。① 小牧牛场主也筑篱护住水源和自己的土地，切断大牧牛场主所需要的水源和通往放牧地的道路。有的小农场主筑篱的材料就是从大牧场围篱上剪下来的带刺铁丝。从南部到北部牧区，都有互相毁坏围篱的事件发生。在得克萨斯、新墨西哥和怀俄明，毁篱事件更多，尤其在得克萨斯西部牧区的毁篱之战，几近白热化。

在西部牧区毁篱的争斗中，牧牛大王、牧羊场主、小牧牛场主和农场主都互相切断竞争者的围篱，甚至还有偷牛盗马贼参与其中，这种状况使毁篱之战更加混乱和复杂。在这种争斗中，牧牛场主的行为更具“侵略性”。② 大牧牛场主为了在同农场主和小牧牛场主的争夺中占据上风，他们雇人保护自己的围篱，毁坏他人的围篱，最严重的毁篱事件发生在从雷德河向南至得克萨斯中部一带，大多数毁篱事件发生在夜间。一伙自称“标枪队”“蓝色魔鬼”“猫头鹰”等的武装分子，进行破坏活动。毁篱者砍断围篱或拔出篱桩后还发出警告，不许受害者再建围篱。

制止毁篱冲突成了西部牧区急需解决的问题。首先，立法机关制定了禁令。在毁篱冲突日趋剧烈的情况下，得克萨斯州长约翰·爱尔兰不得不于 1884 年 1 月 8 日召开特别立法会议，经过激烈争论最终制定了禁令。毁篱被定为重罪，毁篱者将受到 1—5 年监禁的惩罚；故意或未经允许圈占公地或他人土地者被视为行为不端，筑篱者被勒令在 6 个月内拆除围篱；如果围篱与公共道路交叉，筑篱人必须在围篱每 3 英里处开一个门，并经常进行维修。③ 这一立法无疑对非法筑篱和毁篱冲突起到了一定程度的遏制作用。其次，公众舆论反对毁篱。一些农场主和无地牧牛场主曾联合举行公众集会，他们致

---

① William Forbis, *The Cowboys*, Alexandria: Time-Life Books, 1977, p. 217.

② Ogden Turner, *The Ranchers*, Alexandria: Time-Life Books, 1977, p. 120.

③ T. R. Fehrenbach, *Lone Star: A History of Texas and Texans*, New York: Wings Book, 1991, p. 608; W. Eugene Hollon, *Frontier Violence, Another Look*, New York: Oxford University Press, 1974, p. 170.

信、致电立法机关成员和州长，控诉大牧牛场主用带刺铁丝围篱充当作恶的工具和对土地实行垄断，正是公众向特别立法会议提出大量诉求，才使立法者们最终做出禁止毁篱和非法筑篱的法令。最后，得克萨斯骑警队的巡察对制止犯罪起了有效作用。1886 年，骑兵艾拉·阿滕和其他得克萨斯的骑警守候在以某地方执法官为首的毁篱团伙出没的皮坎拜乌附近，巡察骑兵当场撞见四人，他们首先向骑警开枪，骑警被迫还击，两名毁篱者被击毙，另外两人受了伤。[①] 为了击败纳瓦罗县的毁篱者，阿滕决定在一些围篱的沿线每隔一定距离埋一颗小炸弹。[②] 虽然州长命令他无条件将炸弹引爆拆除，但周围几英里的人都听到了爆炸声。随着一位骑兵在围篱下埋炸弹的消息传遍全县，毁篱活动突然停止了。[③]

三、冲突造成的损失

在美国西部牧区，牧牛场主和牧羊人的长期不和以及流血冲突使牧区损失巨大。

首先，造成了巨大的经济损失。19 世纪 80 年代和 90 年代初，频发的干旱更使亚利桑那牧区难以承载过量的牲畜，故引发了更多流血冲突。[④] 1884 年，在亚利桑那领地靠近圣弗朗西斯科山峰的弗拉格斯塔夫北面，发生了一起由牧牛场主精心策划的血腥屠杀羊群的残暴事件。骑马的牛仔驱赶着百余匹野马闯进牧羊营地，每匹惊马的尾巴上拴着极具杀伤力的“兽皮刀”，[⑤] 20 匹野马还带有声音极响的巨大牛铃，牛仔们开着枪并拼命喊叫着向前驱赶着马群。那些半疯狂的野马冲入毫无戒备的羊群中，野马蹄和锋利的“兽皮刀”使 2.5 万只羊挤在一起，形成了一个恐惧、流血和哀叫不已的乱团，成千上万只羊在混乱中死亡和致残。[⑥]

1895 年 6 月 15 日，在怀俄明的派恩代尔，牧牛场主组织了为数众多的蒙

---

① David Dary, *Cowboy Culture: A Saga of Five Centuries*, p. 324.

② 这种炸弹是将黄色炸药填装在用猎枪管切割成的短管内制成的。

③ David Dary, *Cowboy Culture: A Saga of Five Centuries*, p. 324.

④ James A. Wilson, “West Texas Influence on EarlyCattle Industry of Arizona”, *Southwestern Historical Quarterly*, Vol. 71, 1967, p. 30.

⑤ “兽皮刀”用晒得又干又硬的兽皮制成，非常锋利。由飞奔的野马拖拉，其砍伤力极强。

⑥ Charles W. Towne, et al., *Shepherd's Empire*, Norman: University of Oklahoma Press, 1945, pp. 195-196.

面人在夜晚袭击 4、5 个牧羊场主的羊群，这些暴徒焚烧了每个牧羊营地的装备，乱棒打死约 2,000 只羊。① 在 1901 年，怀俄明的牧牛场主组织一群蒙面人沿格林河而上，同时袭击了 4 个牧羊营地，把总共 8,000 只羊棒打致死。1902 年 5 月，一帮蒙面的武装骑手在大霍恩盆地攻击了一个大牧羊营地，杀害了牧羊人，杀死一些羊并驱散了羊群。在 1904 年，牧牛场主用毒药把弗雷德·亨德森的 500 只羊毒死。② 1912 年 2 月，艾伯特·约翰逊与查尔斯·威尔逊赶着一群羊越过克罗支流时，5 个袭击者打伤驾车人，烧毁数辆工具车，并杀死约 60 只羊。③ 在 19 世纪 90 年代，仅在科罗拉多至怀俄明边界，约有 60 万只羊被毁掉。④ 在得克萨斯的 171 个县中，有 12 个以上的县发生了切断围篱的事件。⑤ 到 1883 年秋，得克萨斯毁篱造成的损失约为 2,000 万美元，税收因此减少了 3,000 万美元，⑥ 布朗县的损失达 700 万美元。⑦ 上述例证充分说明西部牧区的暴力冲突造成的损失是巨大的。

其次，造成了严重的人员伤亡。1887 年的"通蒂盆地战争"是在亚利桑那中部发生的流血冲突，这次事件起因于格雷厄姆和图克斯伯里两个家庭的长期不和。他们在得克萨斯时都是牧牛场主，移居亚利桑那后图克斯伯里投资于牧羊业，这引起了格雷厄姆所在牧区牧牛场主的忌恨。8 月的某日下午，8 个牛仔经过长途骑行抵达"通蒂盆地"，又累又饿的牛仔们因与一间孤立木屋内的图克斯伯里兄弟等人话不投机而发生 10 秒钟的交火，牛仔两死三伤；前来报复的牛仔包围了图克斯伯里牧场，将约翰·图克斯伯里和威廉·雅各布斯击毙。"通蒂盆地战争"导致在 5 年多的时间里有 26 名牧牛场主和 6 个新来的牧羊场主丧生。⑧ 1889 年 1 月，"奇利卡瓦牧牛公司"的一个牛仔袭击了在唐佩德罗山区放牧的墨西哥牧羊人，杀死 5 人，伤 1 人。⑨ 犹他的牧羊场主与

---

① Edward N. Wentworth, *America's Sheep Trails*, p. 593.

② Charles W. Towne, et al., *Shepherd's Empire*, pp. 191, 539.

③ Edward N. Wentworth, *America's Sheep Trails*, p. 543.

④ Ray A. Billington, *Westward Expansion: A History of the American Frontier*, p. 598.

⑤ Robert G. Ferris, ed., *Prospector, Cowhand and Sodbuster*, p. 82.

⑥ W. Eugene Hollen, *Frontier Violence, Another Look*, p. 170.

⑦ David Dary, *Cowboy Culture: A Saga of Five Centuries*, p. 321.

⑧ Charles W. Towne, et al., *Shepherd's Empire*, pp. 183-185; Robert E. Riegel, et al., *America Moves West*, New York: Holt, Rinehart and Winson, 1971, p. 490.

⑨ Charles W. Towne, et al., *Shepherd's Empire*, p. 197.

科罗拉多的牧牛场主经常为争夺牧区发生冲突。在19世纪90年代，仅在科罗拉多至怀俄明边界牧地，至少有20人被杀死，100余人受伤。[①] 在得克萨斯的毁篱暴力冲突中，有6人丧生。[②]

在19世纪后半期，美国西部牧牛场主、牧羊场主和农场主都从掠夺性开发中发财致富，有过他们的黄金时代。牧牛场主和牧羊场主不择手段地竭草而牧使大平原的丰茂牧草渐渐被超载放牧的牛羊啃光，在数百万拓荒农场主涌入西部后，更加剧了争夺土地和水源斗争的残酷性。原先一望无际、碧绿如波的大草原，被无数农场、牧场的铁丝围篱分割缠绕，大部分不适合农耕的荒原被农场主靠现代化机械开垦成农田。如果说大平原的牧业开发是以一种适应自然的开放牧场经营方式破坏了草原植被，那么那里的农业开发则是以现代化机械和技术征服自然的开发，彻底毁掉了草原。被开垦成农田的草地在秋收以后直到春播前完全变成了光秃秃的裸露土地。西部的草地日益减少，春天裸露的土地越来越多，牧区沙化日趋严重。

依靠带有血腥暴力的掠夺性开发，昔日美国西部的牧牛场主、牧羊场主和农场主为自己聚敛了财富。然而，他们却给其子孙后代造成了灾难性的后果，20世纪30年代，大平原地区沙尘暴肆虐。究其原因，这种伴有暴力的掠夺式开发难辞其咎。美国西部牧区在开发过程中，经历了由原始、粗放的游牧方式向围栏固定饲养的现代化集约经营的转变。在这个转变过程中，充满着血腥和暴力，产生了许多负面影响，破坏了西部的生态平衡。这种掠夺式的开发模式是不足取的，我们今天在对落后地区进行开发时，或许能从中得到一点警示。

［原文载《河南大学学报(社会科学版)》，2006年第1期］

① Ray A. Billington, *Westward Expansion: A History of the American Frontier*, p. 598.

② David Dary, *Cowboy Culture: A Saga of Five Centuries*, p. 321.

历史上的美国牛仔

百余年来，美国廉价小说、好莱坞影片、西部题材电视剧和商业广告等共同创造了一个持久、迷人的“牛仔神话”，这种“牛仔神话”编造了许多“英雄救美”的浪漫传奇故事。然而，历史上真实的牛仔是怎样的？他们在开拓美国西部牧区的过程中付出了怎样的艰辛？下面这篇文章会告诉你一个真实的美国牛仔。

历史上真实的美国牛仔是被牧场主雇用的马背劳工。在美国西部牧区，牛仔们终年劳作在巨大的牧场上，被分配做不同的工作。

“走马巡边”的牛仔们日复一日地重复着赶牛的艰苦工作，过着非常枯燥、单调和孤独的生活。骑马巡边的牛仔两人组成一组，两组间相隔20英里。每日清晨，每组的两名牛仔骑马相背而行，边骑行边把其他牧场越界的牛赶走，将本牧场出界的牛赶回来，直到与下一组的一名巡边牛仔相遇，然后折返回其巡视点。这样重复往返，直到夜幕降临。把越界混在一起的牛分开并赶向它们各自的牧场绝非易事，因为野性未脱的得克萨斯长角牛并不驯从。巡边牛仔住的“边界营地”极其破旧、简陋，还要自备吃的东西。比这种艰苦生活更难耐的是，除了同组伙伴和骑行相遇的另一组的一个骑手外，“巡边牛仔”有时在茫茫草原上好几天都遇不到其他的人。

牧牛队的牛仔因人多少了一点孤独，但多了些危险。牧牛队要到远离牧场本部的牧区或公共牧区放牧牛群，十余人组成的牧牛队由牧牛队老板负责，队中有一名厨师和多名牛仔。牧牛队备有一辆炊事工具车，为牛仔们提供每日三餐。放牧的牛群有千头以上，多的有两三千头。牛仔换乘的备用马有6—8匹。牧牛队到放牧区随水草而牧，安设临时放牧营地，牛仔的住处多为帐篷。牧牛队晨起而牧，日落收牧。夜晚牛仔们还要值班守护牛群，防止野兽的攻击和盗贼的偷盗，也要阻止牛因受到意外惊扰而炸群逃散。在牧牛营地，牛仔们最怕的是突遭暴风雨的袭击。有时，猝不及防的暴风雨使牛仔们来不及躲避就被电击而死。

牧区"赶拢"是牛仔们承担的最繁重、艰苦的工作。牧场主们每年以春秋两季"赶拢"的方式来分开他们的牛群，给新生的未打烙印的小牛打上与其母身上相同的烙印。每个"赶拢区"的牛仔们要连续不断地工作一个月到一个半月。每个赶牛小队的牛仔在队长的指挥下，骑马穿越荒野，涉过河流，翻过山岭，把匿身灌丛中，散落在山脚下或溪河边的牛找到，赶回中心集合地。因过度劳累而不能奔跑的马由备用马换下，但过度疲劳的牛仔却在换乘新马后继续去驱赶牛群。到近午时，赶拢中心已聚集了数千头牛。在那里，赶拢工头指挥着参加赶拢的各牧场的牛仔依次骑马穿行于大牛群中，把属于其牧场的母牛赶出，它所生的小牛也会尾随其母。很快，从大牛群中分离出来的牛会形成若干个不同牧场的小牛群。紧接着，牛仔们顺次从小牛群中将未打烙印的小牛用套索一头头套出，在它身上打上与其母相同的烙印。打过烙印的小牛还要被割掉尖利的长角，以防它与其他牛抵撞相残或伤人。如果被打烙印的是一头小公牛，牛仔还要对它进行阉割，以使它快些长膘。在每个赶拢现场，每天要完成给两三千头小牛打烙印的繁重任务。夜幕降临后，必须有牛仔值班看守每个牧场被打过烙印的小牛，以防它们再逃往四野。从早至晚，牛仔们每天要连续工作12—15个小时，有时多达18—20个小时。在赶拢季节，牛仔们天天食宿在荒野之中，每天那样高度紧张、极度疲劳的超时劳作会使牛仔们精疲力竭。

在赶拢的每个环节，都会有危及牛仔生命的突发事件发生。在牛仔们驱赶牛群时，不愿顺从的大公牛会用长长的尖角冲撞他们，被套住的小公牛会拼命用力地把牛仔拽下马踩踏。1879年，得克萨斯的报纸报道牛仔在赶拢现场丧生的不幸消息。1883年，在里帕布利克的弗伦斯岔口的赶拢现场，两个牛仔骑马追赶一头公牛时，其中一名因被公牛撞入滚滚的激流中而不幸身亡。虽然牛仔的伤亡事故在赶拢中不断发生，但美国西部牧区的赶拢仍然年年进行。因为赶拢是牧场主们分割财富的"庆典"，一心想尽快发财致富的牧场主们从不考虑牛仔们的生命安危。

牧场的牛仔还要承担追踪、围捕和驯服野马的工作。牛仔骑乘的马大多是由野马驯化的，追踪野马群把它们拖得疲惫不堪，再把它们引进设好的围栏中，然后通过驯马的牛仔反复骑乘每匹马，到基本把它们驯服后再分配给其他牛仔使用。因为追踪、围捕和驯服野马太辛劳和危险，白人牛仔都不愿意干这种工作，很多黑人牛仔被牧场主雇来做驯马人。

牛仔们还要承担牧场的各种杂活。春季，他们要四处把陷在泥沼中的牛救出。夏季，牛仔们要在草地上挖多道防止草原火灾的防火线。秋季，牛仔们要为牛群贮备冬饲料。冬季，被牧场留用的少数常年雇工的任务也很繁重，他们要修补畜栏，收集取暖的柴草，干一些铁匠活和防止狼群袭击伤害牛群。对他们来说，最艰巨的任务是要保证牛在严冬季节不被饿死或冻死。1886 年的暴风雪始于 1885 年最后一天，连续下了三天。从南、北达科他到得克萨斯都遭受了这场暴风雪的袭击。从 1886 年 10 月至 1887 年 2 月，从美加边界到得克萨斯，整个大平原牧区又遭受了另一次更大暴风雪的袭击。在近五个月的时间里，暴风雪几乎天天不断，导致数百万头牛因冻饿而死。牧场主们沮丧无奈地躲在室内，却让牛仔们冒着暴风雪去追寻大小牛群，设法把牛带到能暂避风雪的地方。

美国牛仔为牧场主创造了巨额财富，但他们的境遇比同时期美国工矿企业的工人更差。19 世纪 80 年代，美国普通牛仔的月工资为 30—40 美元，头等牛仔为 45 美元，他们每周的工作时间长达 105 个小时。同期，美国制造业工人的月工资为 33 美元，劳动时间为 60—72 小时。牛仔的居住与生活条件也很差，虽然到 19 世纪 80 年代中期一些牧场为牛仔准备了睡地铺的简陋工棚，但他们四季都需要在荒野中劳作。牛仔的伙食也单调乏味，一年四季，天天重复吃的主要食物是玉米面面包、烤腌的肥猪肉、豆子和咖啡等，吃不到新鲜蔬菜。他们还因饮用了含碱量多的水而常感胃部不适。牛仔们还要受到牧场各种严苛规定的限制，这些十余岁至二十余岁的青年男子不能在牧场结婚，甚至连和牧场主的妻女说句恭维的话都不被允许。总之，美国牛仔就是受牧场主和牧牛公司巨商剥削的马背劳工。“英雄与美女”的牛仔神话基本没有历史的真实性。

[原文载《光明日报(理论·世界史)》，2013 年 8 月 13 日第 007 版]

在美国西部牧区殉职的牛仔

一个多世纪以来，美国通过廉价小说、好莱坞影片、西部题材电视剧和商业广告等创造了一个持久、迷人的牛仔神话，编造了许多“英雄救美”的浪漫故事。这种牛仔“英雄”神话掩盖了牛仔开拓美国西部牧区的真实历史，历史上真实的牛仔只不过是牧场主雇用的马背劳工。美国内战后，有数万名牛仔受雇于西部牧区，短短的20余年间，靠着牛仔的艰辛开拓，牧牛业从得克萨斯南部扩展到整个大平原地区。牛仔的辛劳把占美国领土1/5的大平原开发成了新的畜产品生产基地，[①] 满足了工业化时期美国人对肉类的需求。牛仔们为牧场主创造巨额财富，却只能得到微薄的工资，与同期美国工矿企业的工人相比，牛仔每日劳动时间更长、劳动强度更大并且具有较高的危险性，其工资所得也更少。在西部牧区开发中，很多牛仔以身殉职，有人甚至连名字也没有留下。

一、牧场劳作中殉职

在大平原南部牧区，在牧牛营地突遭暴风雨的袭击对于牛仔而言是最易遭受致命伤害的。在得克萨斯西部，伴有雷电的暴风雨会酿成使牛仔丧生的悲剧。一天，W. Z. 鲍勃斯所在的牛队在克洛厄尔西部的四五英里处刚把1,500头牛围拢成群，暴风雨

① Laurence I. Seidman, *Once in the Saddle: The Cowboy's Frontier, 1866-1896*, New York: Alfred A. Knope, Inc., 1973, p. 13.

猝然而至，闪电像箭一样迅速地掠过牛群周围，把四五头牛击倒在地，有三头牛被电击而死。一个在牛群边骑行的牛仔及其坐骑被击倒失去了知觉，而另一个骑行的牛仔在同一时间、同一条路的东边被这次闪电击死。①

在冬季严寒的北部牧区，突然袭来的暴风雪会使很多保护牛群的牛仔丧生。1886—1887 年美国历史上罕见的两次暴风雪就是如此。1885 年最后一天下午，突然下起了雨夹雪，从南、北达科他到得克萨斯，都遭受到这场历史上罕见的暴风雪的袭击。暴雪连续下了三天三夜，第一夜大雪深达 18 英寸，气温降至－20℃以下，火车和邮政被中断。② 堪萨斯的道奇城在 1886 年新年第一天的夜晚就饱尝了暴风雪的严酷，一夜积雪深达 24 英寸。次日夜晚，更大的暴雪再次袭来，时速 40 英里的狂风和大雪使道奇城的气温猛降至－65℃。从 1886 年 10 月至 1887 年 2 月，暴风雪几乎天天不断，从北部的美加边界向南直达得克萨斯的美墨边界，到处都遭受持续不断的暴风雪的袭击。③ 这样的严寒天气一直持续到 1887 年 2 月，最冷时竟达－56℃。④ 牛群被狂风暴雪席卷着从北向南裹挟而去，数百万头牛因冻饿而死。为了减少损失，牧场主们要求牛仔们冒着暴风雪去追踪牛群，把牛群引领到能暂避风雪的地方。在茫茫荒野之中，除了被暴风雪席卷着向南而去的大小牛群外，就是跟随着牛群并尽力把它们赶到较安全地方的牛仔们，很多牛仔为此付出了生命的代价。1885—1886 年的暴风雪造成整个西部牧区有 300 余人死亡，仅堪萨斯州就有 100 多人，其中多数是牛仔。⑤ 仅在内布拉斯加西部，就有 38 名牛仔在救护牛群时被冻饿而死，⑥ 有的牛仔是与牛群在一起被厚重的冰雪罩住而憋死的。埃默森·霍夫在他的著作中讲述了两名牛仔惨烈死去的故事，

---

① Jim Lanning and Judy Lanning, ed., *Texas Cowboys Memories of the Early Days*, College Station: Texas A&M University Press, 1984, p. 51.

② Laurence I. Seidman, *Once in the Saddle: The Cowboy's Frontier, 1866-1896*, pp. 130-131.

③ Robert S. Fletcher, "That Hard Winter in Montana, *1886-1887*", *Agricultural History*, Vol. 4, No. 4, 1930, p. 125.

④ Thomas A. Bailey, David M. Kennedy, *The American Pageant: A History of the Republic*, Vol. 2, Lexington: D. C. Heath And Company, p. 530.

⑤ Laurence I. Seidman, *Once in the Saddle: The Cowboy's Frontier, 1866-1896*, p. 135.

⑥ J. Frank Dobie, *The Mustangs*, Boston: Little, Brown and Company, 1952, p. 294.

这两名牛仔和他们要保护的牛群一起，在厚厚的冰雪盖帐中丧生。[①]

在大平原牧区的赶拢季节，牛仔以身殉职的事故也经常发生。赶拢是为把相邻几个牧场混杂在一起的牛围拢来，给新生的小牛打上其主人登记注册印记的烙印，确定它们的归属。为了把几个牧场经常混在一起的牛区分开，每年有春秋两季的赶拢活动。赶拢区的范围规模巨大，一个赶拢区广及四五千平方英里乃至更大。[②] “赶拢”这一商业运作也是一项连续“作战”的活动，持续时间长且极具危险。分群之后，两名牛仔骑在马上用套索把一头头小牛依次套出来，拖到烤着烙铁的火堆前，由两名牛仔把小牛压倒在地，再由一名牛仔用烧红的烙铁在它身上烙上与其母相同的烙印，尔后再给它割角和割耳记。如果是头小公牛，还要对它进行阉割。每日赶拢程序复杂，要把散于四处的牛赶到中心集合，分群、套件、打烙印、割角和割耳以及阉割小公牛等。这样一天下来，要完成2,000多头牛的打烙印工作，而一个赶拢区的工作要持续进行一个半月的时间。[③] 牛仔每天工作的时间不少于12—15小时，有时要连续工作18—20小时。[④] “赶拢”是牛仔们在牧场劳作中最艰苦、最疲劳和最危险的工作。随着赶拢活动的持续进行，围集的牛群越来越多，牛仔工作的紧张程度、劳动强度和疲劳程度便越来越大，到牛仔们难以承受时，就极易发生意外事故。当牛仔的坐骑极度疲劳时，不愿屈从的小公牛一旦被套住便拼死反抗，它或是把牛仔连马一起拉倒在地，然后冲过来踩踏牛仔，或是在被打烙印时因疼痛挣脱按压而用尖角抵向牛仔。在此情况下，牛仔有时要付出生命的代价。尽管会出现伤亡事故，但美国西部牧区的赶拢还是照样年年进行[⑤]，因为“赶拢”是美国西部牧区牧场主分割财富的“盛典”，一心想发财的牧牛大王们是不在乎牛仔的生命安危的。

牛仔约翰·杨记得，约在1879年，得克萨斯的报纸曾经报道在赶拢现场牛仔丧生的消息。一个星期日，位于泰勒县境内布拉索斯的克利尔支流的辛普森牧场正进行赶拢，离此约30英里处，年轻的弗兰克·谢利骑的马超越一

---

① Emerson Hough, *The Story of the Cowboy*, New York and London: D. Appleton and Company, 1930, p. 187.

② Walter P. Webb, *The Great Plains*, Waltham: Blasdell Publishing Company, 1959, p. 256.

③ 周钢：《美国西部牧区的赶拢大会》，《世界历史》，2002年第4期。

④ Walter P. Webb, *The Great Plains*, p. 258.

⑤ Walter P. Webb, *The Great Plains*, p. 259.

头一岁的小公牛时，马把他摔到地上，谢利头肩着地，因颈部折断而失去知觉，次日死去。[①] 牛仔特迪·布卢曾目睹过牛仔在赶拢中丧生的悲剧。1883年某日中午，特迪·布卢所在的赶牛队行进到里帕布利克河的弗伦斯岔口，在此地一个放牧队的牛仔们正在"赶拢"，戴维斯和另一名牛仔追赶一头烙印模糊的公牛，试图把它套住，追至河岸的30英尺断口处，两名牛仔的坐骑已超过了那头公牛。戴维斯的套索因受到公牛冲击而落在地上，正当他俯身试图捡起套索时，那头公牛飞奔而来，将他撞入汹涌澎湃的激流中，戴维斯被那头公牛所害身亡。[②]

二、殉职于牛道沿途

在美国西部牧区，还有更多的人在长途驱赶牛群的牛道上丧生。美国内战以后持续了20余年的"长途驱赶"是美国历史上最富传奇色彩的壮丽篇章，数万名牛仔相继踏上条条"赶牛小道"，把数百万头长角牛长途驱赶到堪萨斯、密苏里和科罗拉多的铁路装运站，输往美国东部市场；或把牛群赶至大平原西部和北部的新牧区。在当时美国西部交通尚不发达的情况下，"赶牛小道"是把西部牧区和东北部市场联系起来的唯一途径。然而，牧区通往遥远市场的牛道走起来极为艰辛危险，因为条条"赶牛小道"不仅路途很长，而且自然地理环境十分复杂，沿途气象条件变幻莫测。走最重要的"奇泽姆小道"，从得克萨斯到堪萨斯的阿比林等牛镇要经过2—4个月，而到蒙大拿或科罗拉多则需要6个月。[③] 每支赶牛队的一次长途赶牛要越过多条河水暴涨的河流，经过深山峡谷，遭遇暴风雨雪等严酷自然环境的阻碍，承受毒蛇猛兽的侵扰和面对各种人为的凶险。12个人组成的赶牛队要把3,000头牛平安赶到出售地有很大损耗和风险。[④] 在牛道上，牛群比牛仔的生命更重要，牛仔们必须舍生忘死地保护好牛群，在各种突发危险出现时，常常会有牛仔为保护牛群而

---

① J. Frank Dobie, *A Vaquero of the Brush Country*, Dallas: The Southwest Press, 1929, p. 105.

② E. C. Abbott ("Teddy Blue Smith") and Helena H. Smith, *We Pointed Them North: Recollection of a Cowpuncher*, Norman: University of Oklahoma Press, 1939, p. 38.

③ Laurence I. Seidman, *Once in the Saddle: The Cowboy's Frontier, 1866-1896*, p. 81.

④ Joe B. Frantz and Julian Ernest Choate, Jr., *The American Cowboy: The Myth & the Reality*, Westport: Greenwood Press, 1955, p. 44.

殉职。

在赶牛群渡过河水暴涨的河流时最易发生牛仔溺水死亡的不幸事件。从得克萨斯通往市场或新牧区的牛道基本上是南北走向，要经过多条东西流向的河流或支流。每年春季赶牛时，落基山脉融化的雪水和天降的雨水会使条条河流暴涨淹没堤岸，即使在前一年旱季枯水断流的河道，在春季赶牛时河宽也会很快变得目不可及，水深难以触底。在涨水期，一条水深仅有 6 英寸的河在一天的时间内竟上涨到 25 英尺深，大水还把大段的牛道淹没。[①] 面对暴涨的河水，牛是不肯过河的，有的牛仔必须骑马进入河中，赶着头牛领其他牛游过河，其他牛仔必须在岸上奋力赶牛下水。一些牛下了水因水急浪大就是不肯向对岸游去，甚至掉头往回游，困在河水中挣扎而精疲力竭的牛有的被旋涡吞没，有的被浊浪卷走。在这危险时刻，骑在马上的牛仔必须赶到旋涡处用脚踢、鞭打和高声叫骂，试图从一角把旋涡冲开，驱赶着牛向对岸游去。并不是每个牛仔都是游泳能手，有的人甚至还不会游泳，然而，为了使牛脱离危险，牛仔们都不顾个人安危，奋力在激浪中搏击。有的牛仔被突来的巨浪拍下马，有的牛仔在混乱中随牛被激流冲走[②]，再也不能生还。1866 年 5 月 29 日，乔治·道菲尔德所在的赶牛队渡雷德河时，一个牛仔被淹死。[③] 在很多关于牛仔的著作中留下了牛仔赶牛群渡河时以身殉职的记载。1871 年赶牛季节，雷德河更是洪水泛滥，洪流把百英里宽范围内的一切植物连根拔掉，沉重的灌丛、折断的树和其他漂浮物伴着激荡的奔流轰鸣向东滚滚而去，35 支赶牛队共计 6 万头牛聚集在南岸无法渡河。少数赶牛队老板要牛仔们冒险赶牛下水，结果人、马、牛被激流冲得乱作一团，一个正在赶牛过河的墨裔牛仔因其坐骑突遭一块沉没的木头撞击而把他抛入水中，另一个牛仔想救那个墨裔牛仔失败，结果两人都被洪水吞没。[④] 1882 年某日午后，安迪·亚当斯所在的牛队抵达雷德河时，他们看到了河边有 5 个坟堆，其中一个建成的还不足 10 天。几年中雷德河使赶牛人溺水而死的人数之多超过了其他所有

---

① William H. Forbis, *The Cowboys*, New York: Time-Life Books, 1973, p. 144.

② Laurence I. Seidman, *Once in the Saddle: The Cowboy's Frontier, 1866-1896*, p. 78.

③ David Dary, *Cowboy Culture: A Saga of Five Centuries*, Lawrence: University Press of Kansas, 1989, p. 178.

④ Bart McDowell, *The American Cowboy in Life and Legend*, The National Geographic Society, 1977, pp. 83-84.

河流之和。[1] 使牛仔丧生的不只是雷德河，一支赶牛队在一个雨天强渡河水暴涨的加拿大河，激流把牛队老板掀下马，使其落入水中溺水而死。[2] 有鉴于多条河水暴涨的河流吞噬了很多牛仔的生命，有的著作称河流成为他们的真正敌人。[3]

围堵追踪受惊炸群逃散的牛群也易使牛仔以身殉职。野性十足的得克萨斯长角牛是极易神经过敏的牛种，一旦受到惊扰，长角牛就会炸群四处逃散。即使在明亮而宁静的夜晚，诸如一声狼嚎，一声马嘶，或一只野兔和一头鹿的蹦跳，甚至炒锅的响声或一个牛仔点烟时火柴的闪光等微不足道的小事，都会使已卧地休息的牛群突然受惊站起，炸群四处逃散。如一个牛仔口袋中散出的一点烟叶碎末偶然掉到一头小公牛的眼睛上，这头受惊小公牛的乱撞，使整群牛失控逃散，结果导致两个牛仔丧生和400头牛丢失。[4] 至于在无月光的漆黑之夜或闪电雷鸣交加的暴风雨之夜，牛群受惊逃散的事情则更易发生。牛群先是因恐惧不安而乱走乱撞，长角牛的尖角因撞击而发出刺眼的光亮，牛因身体的挤压摩擦而产生电光，狂乱的牛群随后在黑暗中疯狂冲出宿营地，向四野奔去。发生这种情况，牛群与牛仔都要付出生命的代价，牛仔在追赶堵截逃散的牛群时，他们的坐骑会因蹄陷鼠洞或泥坑中而摔倒，马和它的主人极易被后面逃散的牛无意中踩踏而死。第二天，宿营地会留下一个牛仔的新坟。[5]

在很多情况下，悲剧是由雷电引起的。1876年7月初，约翰·弗莱彻所在的赶牛队经道奇城前往怀俄明。离开道奇城几天后，赶牛队路遇一匹遭雷电击杀的马尸，旁边就是那匹马的骑手的坟墓。在三年之内，那条牛道沿途有四名牛仔遭遇雷电击丧命，其中三人还被严重烧焦。[6] 1876年，年仅15岁的特迪·布卢第一次加入赶牛队，将约翰·莱特尔出售的500头母牛从林肯赶往布卢里弗，在抵达布卢里弗附近宿营的那天夜晚，赶牛队遭遇了可怕的

---

① Andy Adams, *The Log of A Cowboy: A Narrative of the Trail Days*, Lincoln: University of Nebraska Press, 1903, p. 121.

② Caleb Pirtle, ed., *The American Cowboy*, Birmingham: Oxmoor House, Inc., 1975, p. 69.

③ Joe B. Frantz and Julian Ernest Choate, Jr., *The American Cowboy: The Myth & the Reality*, p. 46.

④ William H. Forbis, *The Cowboys*, p. 160.

⑤ Dee Brown, *Trail Driving Days*, New York: Bonanza Books, 1952, p. 41.

⑥ William H. Forbis, *The Cowboys*, p. 162.

暴风雨，特迪·布卢与莱特尔的三个牛仔虽然尽力守护牛群，但最终牛还是受惊逃散。他们奋力去追堵牛群，后来发现少了一人。次日清晨，布卢等人发现一个骑手倒在巨大的洞坑中，从摔在地上的六响枪柄认出死去的骑手就是他们的同伴。[①] 布卢还记得，一个经常与他一起唱歌的牛仔在1885年赶牛时被雷电击死。[②] 在短短几年的赶牛中，特迪·布卢就帮助他所在的赶牛队用薄土掩埋了三个因追堵惊逃牛群而丧生的牛仔。[③] 1882年的一天，M.A. 威瑟斯与G.B. 威瑟和格斯·约翰逊一起骑行时突遭雷电袭击，约翰逊的衬衣下部着起了火，一直被烧到头部而丧生。G.B. 威瑟被雷电击瞎了一只眼睛，M.A. 威瑟斯因头戴的棉帽被烧到了顶部而受了轻伤。[④]

在牛道上，突降的雹暴也会使一些牛仔丧生。1874年，利奥·图克所在的赶牛队行进到赫尔·罗灵支流附近，遇到了雹暴。那天夜晚也是他感到最寒冷的一夜，地上的冰达1.5英尺厚。与图克的牛队相近而行的博伊·麦克科拉特和阿尔·菲尔兹两支赶牛队的马全都被冻死。素尔·威斯特引领的赶牛队损失最严重，在向前骑行了5英里后，该牛队的一些马和它们的骑手都被冻死。[⑤]

在牛道上，生病的牛仔因得不到医治而死亡。后来成为牧场主的非裔牛仔丹尼尔·韦伯斯特·华莱士，曾亲自埋葬了一位在牛道上因病致死的年轻牛仔。有一次他所在的赶牛队刚准备启程，一名年轻的牛仔下腹疼痛难忍，厨师见年轻人无法骑马，就让他上了炊事工具车。这个牛仔得的是阑尾炎，在牛道上，他痛得呼叫着妈妈而死去，他去世后被用毯子裹着葬在了草原，连姓名也没有留下。[⑥]

---

① E. C. Abbott ("Teddy Blue Smith"), Helena H. Smith, *We Pointed Them North: Recollection of a Cowpuncher*, p. 37.

② E. C. Abbott ("Teddy Blue Smith"), Helena H. Smith, *We Pointed Them North: Recollection of a Cowpuncher*, p. 223.

③ E. C. Abbott ("Teddy Blue Smith"), Helena H. Smith, *We Pointed Them North: Recollection of a Cowpuncher*, p. 36.

④ J. Marvin Hunter, ed., *The Trail Drivers of Texas*, Austin: University of Texas Press, 2000, p. 103.

⑤ Sara R. Massey, ed., *Black Cowboy of Texas*, College Station: Texas A & M University Press, 2000, p. 109.

⑥ Sara R. Massey, ed., *Black Cowboy of Texas*, p. 184.

三、以身殉职的原因

在美国西部牧区，导致牛仔以身殉职的原因是多方面的。既有劳动环境的险恶，劳作强度过大导致的极度疲劳，管理的牛群和骑乘的马匹野性未脱等客观原因，又有“忠于职守”的牛仔准则等主观因素。

牛仔们生活在极易造成伤亡事故的严酷恶劣的自然环境中。被牛仔开发为“牧牛王国”的大平原，实为干旱、半干旱的高原，在内战前，还被称为美国的“大荒漠”，其地理结构复杂，气候条件多变。大平原南部多为无树、少树的平坦草地，间有丘陵山脉，北部平原多高山峻岭和幽深峡谷，还有多条东西走向的大河把条条南北走向的牛道截断，大平原也有一些沙漠地带是牛道必须穿越的地区。大平原的天气更是变幻莫测，在得克萨斯南部牧区，有时在5月末还会被来自北方的大雪袭击。① 至于北部牧区更是暴风雪频发，是冰雪世界。与暴风雪相比，大平原上伴有雷电的暴风雨更多，春季落基山脉的雪水也给牛仔和牛群带来极大的凶险。

在平原上还有伤害牛仔和牛群的毒蛇猛兽以及给人畜制造丧命陷阱的“草原狗”。从得克萨斯南部踏上牛道至终点，毒蛇经常威胁着牛仔。得克萨斯南部有响尾蛇，该州北部和俄克拉何马境内，这种毒蛇更多。科罗拉多河和布拉索斯河有水生毒蛇，每次牛道赶牛总会有一名牛仔讲述他被蛇咬伤的经历。因为没有医治毒蛇的药物，牛仔和他的马常受到致命的伤害。② 大平原有大量的灰狼等猛兽，尤其是个头较大的灰狼专门袭击牛群和伤害人。在“古德奈特-洛文小道”上赶牛时，从黄昏到次日天亮，有多只狼一直跟随着比尔·威尔逊。他疲惫至极，躺在了牛道上，被狼叫声惊醒，威尔逊见多只狼把他围起来，只能用一根棍子轰打着狼为自己开路。③ 年轻的牛仔杰克骑马到远离牧场的地方搜寻走失的牛，亲眼看到一大群狼轮番向聚集在一起的18—20头牛冲击，直到把一头肥壮的母牛咬死。他纵马到离狼群一百码处开枪射击，狼群才散去。④ “草原狗”虽不是食肉的猛兽，但它对人畜造成的致命伤害更大。

---

① William H. Forbis, *The Cowboys*, p. 144.

② Sara R. Massey, ed., *Black Cowboy of Texas*, p. 111.

③ J. Frank Dobie, *Up to the Trail from Texas*, New York: Random House, Inc., 1955, pp. 153-154.

④ George B, Grinnell, *Jack The Young Cowboy: an Eastern Boy's Experience on a Western Round-up*, New York: Frederick A. Stokes Company, 1913, pp. 133-135.

这种鼠类在干燥的大平原上成群结队地生活在一起，数量极多。据估计，“草原狗”在得克萨斯就有8亿只之多，在该州有一个“草原狗”镇位于圣安吉洛与克拉伦登之间。约4亿只“草原狗”占据方圆2.5万平方英里的地盘，挖了很多大深洞。它们吃草不仅食叶，还挖根吃，破坏根茎。这种大鼠与牛争草，在得克萨斯，它们消耗了约312.5万头牛的牧草。① 很多牛马和牛仔跌入“草原狗”挖的巨大坑洞中丧命。总之，大平原险恶的自然环境有很多使牛仔受致命伤亡的自然因素，许多牛仔在劳作中遇险殉职。

得克萨斯长角牛与牛仔骑的马都带有野生动物的兽性，有时也会伤及牛仔的生命。得克萨斯长角牛是西班牙牛与美国东部牛杂交繁衍的后代，西班牙牛是由西班牙殖民者带入得克萨斯的，美国东部牛是由移居得克萨斯的美国人在19世纪20年代带去的。在19世纪20—30年代，大量疏于管理的西班牙牛变成了野牛，西班牙野牛的遗传基因使得克萨斯长角牛野性十足。美国内战期间，牛群在四年的时间内无人管理，战后数百万头长角牛大多成了野牛。内战结束后，牧场主和牛仔把野性十足的得克萨斯长角牛围拢成群，打上烙印，赶往东部市场和大平原的新牧区。得克萨斯长角牛的公牛暴烈异常，即使最轻微的刺激发生，它都会成为最具攻击性和最危险的猛兽。即使稍微驯服的母牛，为保护幼犊，也像公牛一样凶猛和危险。② 得克萨斯长角牛的野性和暴烈使得牛仔们必须骑在马背上，使用套索和六响枪才能放牧、围捕和驱赶。即使在这种情况下，受到惊吓的长角牛也会对骑手进行疯狂的冲击或穷追不舍。牛仔们管理长角牛骑乘的马匹，也都是由野马驯服后使用的，这些马也是由殖民者带到美洲大陆的西班牙马后代。到美国内战结束，在得克萨斯草原已繁衍了大量的野马。各个牧场使用的骑乘马多是驯服后的野马。因为每个牧场的牛群数量很多，使用的马的数量也很多。特别是在赶拢季节围拢牛群和踏上牛道长途驱赶时，每个牛仔需要有多匹备用马，因此，很多野马并未完全被驯服就得投入使用。牛仔们在驯服野马的过程中，经常从马背上摔下。大多数供牛仔骑乘的备用马还都是半带野性的烈马。③ 牛仔们管理的牛群和骑乘的马匹在受到意外刺激时会变得像野兽一样凶猛疯狂，牛仔稍有不慎，就会付出生命的代价。

---

① Walter P. Webb, *The Great Plains*, p. 39.

② David Dary, *Cowboy Culture: A Saga of Five Centuries*, pp. 71-72.

③ Cordia B. Duke and Joe B. Frantz, 6000 *Thousand Miles of Fence: Life on XIT Ranch of Texas*, St. Austin: University of Texas Press, 1961, pp. 116, 127.

牛仔们终年过度疲劳而得不到很好的休息也易酿成伤亡事故。在牧区放牧时，牛仔们日出而作，日落而止，夜间还须轮流值班守护牛群。在春秋赶拢季节，牛仔们更是数月连续作业，四处转战。在 19 世纪 80 年代，牛仔每周的工作时间高达 105 小时，远远高于其他行业工人的每周 60—72 小时。① 在牛道上长途赶牛，牛仔们更加劳累艰辛。在不发生任何意外的日子里，牛仔每天要工作 18 个小时，夜晚只能睡 5—6 个小时。② 如果遇到暴风雨雪等恶劣天气，发生牛群炸群惊逃事件，牛仔们要围堵和到荒野中寻找丢失的牛，他们会连续几天不能休息。在牛道上，牛仔们还要在月光下赶牛，走过沙漠地带。不论是在牧牛营地、赶拢现场，还是在牛道上，牛仔们都在荒野露宿。从大平原南部牧区到北部牧区，不论是春寒料峭，还是秋风萧瑟，也不论是酷暑严冬，还是突遭雷电交加的暴风雨或狂风怒号的暴雪之夜，牛仔的卧具只有几条粗线毯。他们只能以草地为床，任凭风吹雨打，暴雪肆虐，没有任何其他遮蔽物。牛仔们终年超时、超忍耐极限地艰苦劳作着，根本得不到很好的休息和充足的睡眠，他们都疲惫不堪。牛仔们在极度疲劳和工作高度紧张的状态下，恶劣严酷的自然环境和野性十足的牛马更易对他们造成致命的伤害。

牛仔们面对各种凶险而以身殉职的更重要的原因是“忠于职守”的职业操守。在美国西部牧区，一个人一旦当了牛仔，“忠于职守”便成了他始终坚守的信条。在牧场或在牛道上，牛仔们都要尽职尽责地保护好牛群。草原火灾和暴涨的河流，频发的牛群炸群逃散，暴风雨、雪，伤人致死的烈马和好打斗的长角牛，置人畜于死地的巨大鼠洞，陷奔跑的牛马于险境的林木森林，暴徒、劫匪和印第安人的拦截等，都是牛仔每日劳作和生活中必须面对的一切，有些牛仔会在这些险境中殉职。牛仔手中的套索、马鞭和缰绳的偶尔失手脱落，也会使他付出生命的代价。然而，不论是一个单独骑行的牛仔，还是一个放牧队或赶牛队群体，他们能坦然面对随时随地遇到的危及生命的险情，没有牛仔在经历生死之险和同伴丧生后放弃自己的职务。牛仔们之所以舍生忘死地保护牛群而不惜以身殉职，是因为在他们的观念中有“根深蒂固”的“忠诚规则”。③

（原文载《历史教学问题》，2014 年第 2 期）

---

① John Parkins, “What Cowboy Ever Wished to Join a Union? Wild West Industrial Relations before 1914”, *The Journal of Industrial Relations*, Vol. 36, No. 3, 1994, p. 324.

② Walter P. Webb, *The Great Plains*, p. 268.

③ J. Frank Dobie, *The Mustangs*, p. 324.

第四部分　美国西部牧区环境史

美国西部牧区的掠夺开发及后果

美国内战后的西部牧业开发取得了巨大成就。内战前还被称为“大荒漠”的大平原地区，被开发成美国重要的畜产品生产基地。辽阔的西部兴起了一个“牧畜王国”。美国西部史和牧业史著作都津津乐道“牧畜王国”繁荣兴旺的“黄金时代”，对美国西部牧业开发的失误却关注不够。[①] 美国西部牧业开发中的掠夺式经营造成了牧区的过载过牧，形成牛羊夺草、农牧争地的混乱局面，甚至引发牧区冲突，酿成流血事件。掠夺性的经营带来了灾难性后果，它破坏了草原植被，导致草原的荒漠化，也破坏了美国西部的自然风貌和生态环境，社区生活缺乏和谐。

一、“牛吃牛”

密苏里河以西的辽阔地区有丰富的牧草资源，特别是大平原的牧草资源在内战前基本上还未得到开发利用。在这片土地上，牧草和水源最初对所有的人都是免费开放的。当时流行的说法是在西部草原养牛只需很少的费用和不多的劳作，牛便能自然繁衍。尤其是大平原北部的牧区，在一段时间内为牧场主提供了发财致富所需要的丰美草地、水源、自然增长的畜群和好的市场价格等。大平原成了独

① 美国学者的论著少有专门论述掠夺性开发的。笔者只见到一篇塞迪斯·W. 博克斯论述得克萨斯西部牧区衰落的论文，主要着墨于牧区天灾造成的危害，参见：Thadis W. Box，“*Range Deterioration in West Texas*”，*Southwestern Historical Quarterly*，Vol. 71，1967.

具诱惑的地方，大批东部和欧洲的投资者下赌注般地把资本投入到美国西部的养牛业。

大平原的丰富牧草资源不是无穷无尽的，草原对牲畜的承载能力是有一定限度的。19世纪70年代中期，大平原地区牧养一头小公牛需要10至30英亩的天然牧草。在得克萨斯草原地区，1898年养活50头牛需要一平方英里的牧草①。换言之，平均每头牛每年需要靠12.8英亩草地生存。这是经过19世纪70年代至80年代的疯狂放牧之后才得到的理性认识，如违背自然规律，牧场主就会自食恶果。

在美国西部牧区，牧场主放牧的牛群数量大大超过了草地的承载能力。1867年，得克萨斯的牧场上每平方英里竟放牧着300头牛②。19世纪80年代初，在得克萨斯的沃思堡附近，一个牧场主在1万英亩的放牧区养了2.5万头牛③；在怀俄明"斯旺土地牧牛公司"的60万英亩放牧区的牛多达11.3万头④。概而言之，在整个"牧牛王国"，南起得克萨斯、北至美加边界，牧区到处都呈现过载过牧的饱和状态。牧场主放牧的牛群一般都超过草地承载能力的6至10倍。沃思堡附近的那个牧场的超载量竟达25倍。

牧场主在西部地区采用的是垄断资本与原始游牧方式相结合的掠夺式经营，这种经营方式只是一味地向草原索取而很少甚至基本不向土地投入。涌入牧区的牧牛场主除了在初期建立牧场设施、购买牛群投入资金外，很少在牧草资源和水源保护方面投资。在19世纪80年代以前，西部牧区的大多数牧场没有围篱和畜栏。牛群被赶到公共牧区，任其四散漫游。每个牧场主都想利用免费的天然青草和水源，无节制地扩大牛群，致使牧场牲畜爆满超载。

过剩的牛群吃掉了过多的青草，在许多严重超载的牧区，牛群啃光了青草，有的草地甚至被永久毁掉。很多过载过牧的牧区都需要补种新草，这样

---

① Ernest S. Osgood, *The Day of the Cattleman*, Chicago and London: University of Chicago Press, 1968, p. 194; Clara M. Love, "History of the Cattle Industry in the Southwest", *Southwestern Historical Quarterly*, Vol. 19, No. 4, 1916.

② Clara M. Love, "History of the Cattle Industry in the Southwest", *Southwestern Historical Quarterly*, Vol. 19, No. 4, 1916, p. 14.

③ Walter P. Webb, *The Great Plains*, Waltham: Blasdell Publishing Company, 1959, p. 237.

④ David Dary, *Cowboy Culture: A Saga of Five Centuries*, Lawrence: University of Kansas Press, 1989, p. 252.

的草种要在靠近水源 15 至 20 英里的地方才能获得[①]。但是，只求多获利、少投入的牧牛场主从不花费财力和人力去补种牧草和保护草原。他们主要关心的是如何扩大自己的牛群，出售更多的牛，其结果使牧区的牛群越来越多。不同牧牛场主的牛争草争牧，在“牧牛王国”里上演着“牛吃牛”的悲剧。

二、“羊吃牛”

适合放牧牛群的牧区同样适合放牧羊群。美国西部的牧羊业在内战以前就以新墨西哥为中心发展起来了。内战以后，在美国西部迅速崛起的“牧羊帝国”，是由远西部向东的大赶羊运动和东部养羊者移居西部相结合的产物。1865 年，新墨西哥、加利福尼亚和俄勒冈的产羊量占全美国产羊总量的 1/8 多。这些州和领地牧羊业蓬勃发展的状况激发了牧羊场主为其羊群寻求新“领地”的强烈要求。

在 19 世纪 60 年代结束前，赶羊的方向明显地转变为由西向东。从美国内战结束至 20 世纪初，由西向东的大赶羊运动持续了 30 年左右。1880 年与 1870 年相比，爱达荷、蒙大拿、怀俄明、内华达、犹他和科罗拉多绵羊产量的增长率分别为 27∶1、91∶1、22∶1、95∶1、4∶1、6∶1。这些领地的绵羊增长率远远超过了羊群的繁衍增长率。考虑到因死亡和出售等因素会使羊在牧区的增加量有一定比例的减少，那么上述领地的绵羊产量至少有一半是从加利福尼亚、俄勒冈，或从其他州长途驱赶来的。特别是像蒙大拿和怀俄明等主要的牧牛区，羊群涌入的数量更多，增长速度更快。在 12 年间，大约有 150 万只绵羊靠着蹄子的奔跑，从新墨西哥抵达了堪萨斯、内布拉斯加和密苏里等州。其中有一些羊来自得克萨斯的潘汉德尔地区[②]。

美国内战结束至 19 世纪末，农场羊群西进到密苏里河以西 100 至 150 英里或更远处。这些羊群的目的地是东内布拉斯加中部的普拉特河地段。后来，羊群前往科罗拉多的卡什拉普勒德河谷、阿肯色河谷和内布拉斯加的北普拉特河流域。19 世纪 70 年代，辽阔的南普拉特河流域及其支流地区和沿卡什拉普勒德河地区已成为最大的羊群育肥区，每年饲养的羊多达 100 万只。1884

① Clara M. Love, “History of the Cattle Industry in the Southwest”, *Southwestern Historical Quarterly*, Vol. 19, No. 4, 1916, p. 14.

② Edward N. Wentworth, *America's Sheep Trails: History, Personalities*, Ames: The Iowa State College Press, 1948, pp. 189, 264; Charles W. Towne and Edward N. Wentworth, *Shepherd's Empire*, Norman: University of Oklahoma Press, 1946, p. 170.

年，阿肯色河谷成为第二个较大的育肥区，它在1900年饲养了67万只羊。此外，西部还有圣路易斯河谷和沿大章克申西坡等一些较小的饲养区，美国饲养的绵羊和羊羔有1/4是在科罗拉多育肥的。南、北达科他是最后建立起养羊业的地区。西部是牧羊区，东部发展成饲养羊的育肥地。羊群主要来自怀俄明、新墨西哥、科罗拉多和蒙大拿等牧羊区。1890年，南达科他拥有的绵羊为238,448只，到1900年，其数量增长到775,236只。北达科他在1890年的绵羊仅有136,413只，到1900年则达到68.2万只①。

得克萨斯的牧羊史久远，只不过在当初并不被人们所重视。到1880年，该州牧羊业突然扩展开来。在格兰德平原、潘汉德尔地区、爱德华高原和佩科斯以西至新墨西哥边界地区，都出现了养羊业的繁荣景象。这一年，得克萨斯绵羊的数量为241.1万只。到1884年，该州农场饲养和牧场放牧的绵羊数量上升到了660万只。还有些著作者称，1884年得克萨斯拥有绵羊的数量多达800余万只，比前4年增长了约33%②，得克萨斯这个牧牛大州成了产羊大州和向东部赶羊的羊源供应地。

与硕大且尚未完全脱离野性的长角牛相比，绵羊只不过是“毛茸茸的小动物”。然而，正是这些被牧牛场主看不起的小动物，靠着短短的四蹄走四方。在牧羊人的驱赶下，羊群从太平洋沿岸抵达落基山区，进入大平原，又到了密苏里河畔。从1870至1900年，大约有1,500万只羊被从西部驱赶到东部。除了被送往市场作为肉羊出售外，很多羊在不同的羊道终点落地生根，在那里繁衍后代。从太平洋沿岸至密西西比河之间，形成了一个疆域辽阔的“牧羊帝国”。这个帝国在落基山至密苏里河之间的大平原与“牧牛王国”的地域相重合。毛茸茸的羊群不断蚕食、侵占牧牛区的地盘，形成羊牛争草争牧的残酷竞争局面。

在大平原地区的一些州和领地，牛群被驱赶到牧区，时间上要先于从沿海地区来的羊群。大牧牛场主在19世纪70年代便占据了大平原最好的牧区，他们极力维护其“先占权”，不能容忍大量羊群涌入平原牧区。然而，建立牧

---

① Charles W. Towne and Edward N. Wentworth, *Shepherd's Empire*, 1946, pp. 171-172; Edward N. Wentworth, *America's Sheep Trails: History, Personalities*, pp. 342, 345.

② LeRoy R. Hafen, W. Eugene Hollon and Carl C. Rister, *Western America*, Englewood Cliffs: Prentice-Hall, Inc., 1970, p. 434; Robert G. Ferris, ed., *Prospector, Cowhand and Sodbuster*, Washington: H. W. Wilson Co., 1967, p. 61.

羊场比牧牛场的投资低，管理费用和投入的人力也少得多。2至3个牧羊人可以管理一大群羊，比牧羊人多几倍的牛仔只能管理与大羊群1/4数量相当的牛[①]。因为牧羊场比牧牛场投资少、见效快，到19世纪70年代，在美国西部牧羊业变得比牧牛业更具吸引力。

尽管牧牛场主竭力反对牧羊主进入牧牛区，但他们难以从根本上阻止羊群的涌入，因为公共牧区是对所有人开放的。在持续向东部赶羊的过程中，有大量羊群涌入了大平原各州和领地，使原本牛满为患的牧区又增添了暴涨的羊群。尽管堪萨斯州在19世纪80年代中期后禁止羊群进入，其他州和领地在1890年后禁止羊群进入[②]，但向东部赶羊的活动又持续了十余年。

大量羊群涌入平原牧区带来了严重的后果。在一些州和领地，羊的数量大大超过牛的数量。1882年，得克萨斯格兰德平原的牛为728,247头，羊则达到了2,461,088只[③]，同年该州的羊达到了486.4万只。1883至1885年，得克萨斯每年出栏的羊的数量都超过600万只。1886至1887年，该州每年产羊超过500万只。1883至1887年，得克萨斯每年的产羊量都超过了内战结束时该州最高的存牛量500万头。在怀俄明，1886年拥有900万头牛，羊的数量仅为牛的1/3。到1900年，该州有羊500万只，牛的数量仅为羊的1/9，约为52.4万头[④]。同年，蒙大拿有羊600余万只；新墨西哥有羊400多万只；犹他、爱达荷和俄勒冈各有羊300多万只，科罗拉多和加利福尼亚各有羊200多万只[⑤]。这些州和领地拥有羊的数量都大大超过了牛的数量。羊牛争草争牧，实际上就是“羊吃牛”“牛吃羊”，是牛羊相残。

三、“农毁牧”

直到19世纪70年代以前，向西移居的农场主大多停留在堪萨斯和内布拉

---

① Robert G. Ferris, ed., *Prospector, Cowhand and Sodbuster*, p. 63; Edward N. Wentworth, *America's Sheep Trails: History, Personalities*, p. 523.

② Robert E. Riegel and Robert G. Athearn, *America Moves West*, New York: Holt, Rinehart and Winston, 1971, p. 488.

③ Paul H. Carlson, *Texas Woolly Backs: The Range Sheep and Goat Industry*, College Station: Texas A&M University Press, 1982, pp. 63, 69.

④ Ray A. Billington, *Westward Expansion: A History of the American Frontier*, New York: Macmillan Publishing Co., Inc., 1974, p. 597; Robert E. Riegel and Robert G. Athearn, *America Moves West*, p. 489.

⑤ Edward N. Wentworth, *America's Sheep Trails: History, Personalities*, p. 285.

斯加东部的大草原边缘地区。随着1869年第一条横贯大陆铁路的建成，大平原在次年向拓荒者开放。移民洪流乘火车西进，使大平原东部的空地变得越来越少。再后来的移居者不得不涌入半干旱和干旱地区，在堪萨斯、内布拉斯加和得克萨斯西部以及南、北达科他等地定居。第二次工业革命的科学发明和提供的农业机械使拓荒农场主成了大平原的"征服者"，辽阔的西部被开垦成美国的主要产粮基地。

美国的城市人口在第二次工业革命中增长得很快。一个美国人每年吃的粮、肉、蛋和家禽要由2.5英亩农田和10英亩牧场来提供。美国农场主的产品有不断扩大的国内市场，国外对美国粮食的需求量也很大。国内外市场的兴旺，使每蒲式耳小麦在1866至1881年很少跌至1美元以下[①]，这成为吸引数百万农民在1879至1890年蜂拥西进的经济动力。拓荒农场主挺进了将他们阻拦了一个多世纪的大平原。

内战前，在堪萨斯和内布拉斯加的东部边缘地带的河边低地中，拓荒者已建立了几个规模不大的农业区。内战后，拓荒者大军开始沿河流西进到有肥沃冲积土和树木的地带。1870至1872年，火车载着移民沿堪萨斯太平洋铁路线把边疆向西推进了100英里。1875年后，移民流沿圣菲铁路而行，到达堪萨斯西南部。拓荒者还在内布拉斯加沿联合太平洋铁路的筑路地带定居。到1880年，这两个州的定居区都推进到了西经98°。同年，堪萨斯的人口达到了996,096人，内布拉斯加为452,402人。这两个州每一英亩的可耕地都被开垦了。在1868至1878年，由于几条铁路几乎同时修到东北部边缘地带和布莱克山"淘金热"等原因，达科他出现两次"繁荣"，促成了往那里移民的热潮。在1873年，明尼苏达的小麦种植专家奥利弗·达尔林普尔采用机器，在雷德河谷地进行种麦试验。他在4,500英亩土地上获得的利润超过了100%，这一震惊整个西部的结果吸引着越来越多的拓荒农场主移居雷德河谷。很快，拓荒农场主吞没了达科他平坦的草地。到1890年，南、北达科他的人口分别达到了346,800人和190,938人[②]。

---

① Ray A. Billington, *Westward Expansion: A History of the American Frontier*, p. 617.

② Ray A. Billington, *Westward Expansion: A History of the American Frontier*, pp. 621-622; Donald B. Dodd, compiled, *Historical Statistics of the States of the United States, Two Centuries of the Census*, 1790-1990, Westport: Greenwood Press, 1993, pp. 34, 58, 70, 80.

拓荒农场主还占领了怀俄明和蒙大拿的起伏不平的山麓地区。它们的人口在 1890 年分别达到了 74,450 人和 457,607 人。1870 年，科罗拉多的农牧场之和仅为 1,728 个。这一年，修到丹佛的铁路为农场主移居科罗拉多提供了便利条件。仅在 1887 至 1888 年，根据《育林法》移居该州者有 15,225 人。在这两年移民的高峰期，拓荒者占据了科罗拉多的 4,217,045 英亩土地，移民几乎布满了该州东部的平原地区。其人口由 1870 年的 39,864 人增至 1880 年的 194,327 人①。

在农业边疆向大平原西北部扩展时，另一批拓荒者进入西南部的得克萨斯。在 19 世纪 70 年代，该州的农场由 61,125 个增加到 174,184 个。定居区的边疆几乎推进到了半干旱线。该州的人口由 1870 年的 61,125 人增加至 174,184 人。随后，拓荒者又涌入俄克拉何马，把印第安人挤出最后一个避难所，占领了这块美国最后的公地。1889 年 4 月 22 日中午，俄克拉何马正式向移民开放。此前，那里有 7.5 万印第安人，白人定居者甚少。到 1890 年，其白人人口上升到 258,657 人。至 1906 年，在俄克拉何马的印第安人只剩下了分散的残余部落，白人居民却达到了 50 万人。4 年后，白人人口猛增到 1,657,155 人②。

在 19 世纪的最后 30 年中，美国新增的有定居者的土地数量超过它此前的总量。从 1607 至 1870 年，美国有 4.07 亿英亩土地被占据，1.89 亿英亩土地得到改良。从 1879 至 1900 年，美国又有 4.3 亿英亩土地有了定居者，其中 2.25 亿英亩土地被开垦。在 1860 年，西部的 19 个州和领地中，明尼苏达、堪萨斯、得克萨斯和加利福尼亚分别建有农场 18,181 个、10,400 个、42,891 个和 18,716 个；其余的州和领地共有 19,098 个。在 1.2 亿英亩土地中，得到改良的只有 7,437,819 英亩。到 1900 年，西部 19 个州和领地新增农场 1,141,276 个，改良的土地约为 1.3073 亿英亩。同年，西部地区谷物和

---

① Donald B. Dodd, compiled, *Historical Statistics of the States of the United States, Two Centuries of the Census*, 1790-1990, pp. 12-13, 210, 306; Gilbert C. Fite, *The Farmers' Frontier*, 1865-1900, New York: Holt, Rinehart and Winston, 1966, pp. 124, 181.

② Ray A. Billington, *Westward Expansion: A History of the American Frontier*, pp. 625-626, 629; Donald B. Dodd, compiled, *Historical Statistics of the States of the United States, Two Centuries of the Census*, 1790-1990, pp. 74, 277.

小麦的产量为美国全国产量的32%和58%[①]。

数百万拓荒农场主不顾牧牛场主和牧羊主的敌视，闯入“牧畜王国”。他们围篱占地，开荒经营。牧区被农场主占据的土地越来越多，对牧场构成严重威胁。牧牛场主和牧羊主也开始用带刺铁丝筑篱，把自己的放牧场围起来，以阻止其他人的牲畜和农场主侵入。修筑围篱是与大批拓荒者涌进牧区和带刺铁丝的发明同步进行的。在1874年，赶牛群北上的牛道沿路还没有围篱。到1885年，从得克萨斯至蒙大拿的牧场和农场已经普遍使用带刺铁丝围篱，农牧争地的状况日趋严重。在一些不适合农耕只宜放牧的地区，农场的建立破坏了草原，造成因农毁牧。

四、悲剧后果

内战以后的西部牧区开发是在自由放任的资本主义方式下进行的。掠夺性的开发在创造西部繁荣“奇迹”的同时，却给美国带来了严重的“悲剧后果”。

第一，掠夺性的开发破坏了大平原的自然风貌。

未开发前的大平原到处遍布野牛草之类的短草，落叶树散见在沿河流地带，松树等生长在岩层上。当时，人们习惯把内布拉斯加中部以北称北部平原，以南叫南部平原。南部平原平坦，偶尔有河谷、峡谷和山脉出现。南部平原的草绝大多数长得较矮，以格兰马草和野牛草居多。得克萨斯南部平原广阔无垠，到处布满终年常绿的牧草。新墨西哥是天然的绿色牧场。俄克拉何马大部分地区水草丰足，适合放牧。堪萨斯有一块8万平方英里的草地，高草生长在较潮湿的东部低地，野牛草蔓延在年均降水量不足20英寸的西部。在堪萨斯西北部和科罗拉多东部的高平原地区，潮湿年份能够提供丰美的牧草。从科罗拉多东部向南至丹佛东南50英里处的迪尔特雷尔附近，到处长满齐膝高的格兰马草与齐腰高的白草，绿草随风起伏，宛如滚滚的波浪。内布拉斯加东部是地势起伏的草原，该州中部以北的大平原，因有较多的峡谷和孤山出现，变得更加起伏。再往北部，山脉中断了连续的平原。北部平原也多为矮草覆盖，但有像蓝茎草和针线草一类的高草。南、北达科他的东部没有森林，草原一望无际；西部绵延起伏的高平原地区，也有很多地方绿草丰美。在蒙大拿和怀俄明，蓝茎草和蓝结草等在夏季很少受冷、热气候的侵袭，占蒙大拿面积2/3的东部地区牧草繁茂。在怀俄明的东部平原地区，到

① Gilbert C. Fite, *The Farmers' Frontier*, 1865-1900, pp. 2, 12, 223; Ray A. Billington, *Westward Expansion: A History of the American Frontier*, p. 613.

处长满茂盛的鼠尾草，它的西部地区也间有一些绿草地①。

由于自然条件的障碍和受技术条件的限制，大平原在美国内战以前被开发的地区有限。大平原向世人展现的是一派迷人的草原风光。然而，1873 年带刺铁丝网问世不久，在短短一二十年的时间里，美国西部发生了巨大的变化。牧牛场主、牧羊主和拓荒农场主竞相筑篱圈占土地。原先一望无际、碧绿如波的大草原被大量密如蜘蛛网的带刺铁丝围篱分割缠绕。数条横贯大陆的铁路及其支线纵横交错，爬满大平原，上面奔跑着长鸣的铁马——“火车”。大部分不适合农耕的半干旱和干旱的草地荒原被农场主利用现代农业机械开垦成农田，到处耸立着巨大的风车。大平原的原始自然风貌被彻底破坏了。

第二，掠夺性的开发彻底打破了牧区的生态平衡。

在漫长的自然演进中，大平原形成了一个稳定的“草地—野牛—印第安人”的生态圈。在这个生态圈中，广袤草地的主要作用是固定水土，为野牛等生物提供基本的生活条件，草地是大平原生态圈保持平衡的基础。野牛是大平原最重要的动物之一，它们以野草为食，群体活动，在大平原繁衍生息。在白人进入大平原之前，那里的野牛达 1,500 万至 5,000 万头。野牛与大平原印第安人的生存息息相关，是他们赖以为生的“奔驰的百货商店”。野牛身上的每一部分都被印第安人取来利用，成为他们衣食住行和各种用品的来源。到 1860 年，散居在大平原地区的印第安人约有 25 万人，他们崇拜野牛，在狩猎时举行宗教祈祷仪式，感谢上苍给他们送来亲如手足的“兄弟”。虽然大平原的印第安人以弓箭和带尖石的枪矛等原始武器猎杀野牛为生，但他们比较“节俭”“节制”，是在不破坏自然生态平衡的状况下生活。直到美国内战结束，大平原依然漫游着 1,300 万头野牛②。

内战后在大平原上的牧业开发，是在一种放任无序的状态下进行的。牧

① *The New Encyclopaedia Britannica*, Vol. 29, Chicago: Encyclopaedia Britannica, Inc., 1998, p. 363; Howard R. Lamar, *The Reader's Encyclopedia of the American West*, New York: Harper & Row, 1977, p. 607; John Marvin Hunter, *The Trail Drivers of Texas*, Austin: University of Texas Press, 2000, p. 929.

② LeRoy R. Hafen, W. Eugene Hollon and Carl C. Rister, *Western America*, Englewood Cliffs: Prentice-Hall, Inc., 1970, p. 425; Laurence I. Seidman, *Once in the Saddle: The Cowboy's Frontier*, 1866-1986, New York: Alfred A. Knopf, Inc., 1973, pp. 104, 106; John A. Garraty and Robert A. McCaughey, *A Short History of the American Nation*, New York: Longman, 1983, p. 277; Ray A. Billington, *Westward Expansion: A History of the American Frontier*, p. 579.

牛场主和牧羊场主为了利用“不花钱”的青草榨取超额利润，无节制地把牛羊从四面八方赶进草原。结果导致牧区存畜爆满，过载过牧，造成牛羊争啃牧草和相残的局面。垄断资本与原始游牧方式相结合的牧业开发是一种残暴的掠夺经营，牧业大王们无节制的贪婪和发财的欲望，使他们不择手段地滥用草地。牛羊把一些牧区原本丰茂的牧草连根啃光，很多草地逐渐沙化，再也不能复青。

数万拓荒农场主进军大平原后，使夺取土地和水源的斗争更加残酷。他们靠着现代化农业机械毁草造田，开荒种地，使只适合放牧的北部和西部牧区被开垦成农田，草原面积日益锐减。农争牧地不仅毁掉了大片大片的草原，而且使大平原土地的沙化日趋严重。被开垦成农田的草地在秋收以后到来年春播之前，完全成了光秃秃的裸露土地。草地被连续耕种数年后逐渐贫瘠，水分更易流失，土地极易沙化。在草地日益锐减的同时，大平原畜群过载过牧的趋势也日益严重。农牧争地的掠夺性开发首先毁掉了大平原生态圈的基础——草地。继而，以草地作为栖息生存地的野牛也遭到了灭绝的下场。白人移居者用现代武器对野牛进行了有组织的大屠杀。1867 至 1883 年短暂的 17 年间，千万余头野牛都被屠杀殆尽。到 1903 年，在大平原只发现了 34 头野牛①。取代野牛群的是牛羊，占据大平原的是大量的牧场和农场。

野牛的灭绝破坏了野牛与印第安人之间的生态平衡。失去衣食所依的印第安人在联邦政府的种族灭绝政策的打击之下，陷入严重的生存危机。掠夺性的开发使大平原原有的生态平衡圈被摧毁了。

第三，掠夺性的开发未能在大平原构建和谐社会。

争夺公地和水源使用权的斗争引发了牧牛业集团内部的牧牛大王与中小牧牛场主、牧牛业集团与牧羊业集团、牧业集团与拓荒农场主之间长期的纠纷和流血冲突。19 世纪 70 至 80 年代，他们展开了“筑篱和毁篱”之战。在得克萨斯的 171 个县中，有 1/2 以上的县发生了剪断围篱的事件②。到 1882 年秋，毁篱给该州造成的损失约为 2,000 万美元，税收因此减少了 3,000 万美元③。

---

① Ray A. Billington, *Westward Expansion: A History of the American Frontier*, p. 579.

② Robert G. Ferris, ed., *Prospector, Cowhand and Sodbuster*, p. 82.

③ W. Eugene Hollon, *Frontier Violence*, New York: Oxford University Press Inc., 1974, p. 170.

牧区的流血冲突造成大量家畜死亡。19 世纪 80 年代至 90 年代初，亚利桑那牧区因干旱和过载过牧而导致流血冲突频发。1884 年，牧牛场主精心策划了血腥屠杀羊群的残暴事件。牛仔赶着百余匹尾巴上拴有锐利“兽皮刀”的野马，践踏有 2.5 万只羊的羊群，使成千上万只羊在恐惧、流血和哀叫中死伤①。怀俄明牧区也是流血事件多发的牧区，棒杀和毒死羊群的事件经常发生。1895 年 6 月的一个夜晚，牧牛场主指使一伙蒙面人袭击四五个牧羊营地，棒杀了 2,000 只羊。1901 年，蒙面人一次棒杀的羊达 8,000 多只。在 19 世纪 90 年代，仅在科罗拉多和怀俄明边界，有 60 万只羊被毁掉②。

牧区战争造成人员大量伤亡，加剧了社会矛盾和政党冲突。1887 年 8 月，在亚利桑那中部发生的“通蒂盆地战争”，是因两个牧场主家庭的不和而起。敌对双方长达 10 秒钟的交火使牛仔两死三伤。这场战争导致在此后 5 年中有 26 名牧牛场主和 6 名牧羊场主丧生。19 世纪 90 年代，仅在科罗拉多至怀俄明边界的放牧地，流血冲突导致至少 20 人被杀死，100 余人受伤。1878 年 2 月在新墨西哥发生的“林肯县战争”，造成了 37 人死亡③。怀俄明的牧牛大王们为了独霸牧区，在 1892 年 4 月发动了“约翰逊县战争”，他们组织 50 余人的武装远征队向小牧场主和小农场主施暴。“约翰逊县战争”历时不足一个星期，有 3 至 4 人死亡，但它付出的代价和对美国政治产生的深刻影响是其他牧区战争无法相比的。这次战争使牧牛大王们耗费了 10.5 万美元，这笔“战争基金”在经济不景气的 19 世纪 90 年代初绝非小数目。“约翰逊县战争”进一步加深了怀俄明的社会矛盾，小牧场主、小农场主和城镇居民面对牧牛大王们的暴行，不畏强暴，奋力自卫。这次战争对怀俄明的政治斗争产生了巨大影响，共和党的怀俄明“政治机器”在该州的州长选举中落败。因为民主党和人民党联合拒绝再选弗朗西斯·F. 沃伦任参议员，故在此后的两年内怀俄明

---

① James A. Wilson, “West Texas Influence on the Early Cattle Industry of Arizona”, *Southwestern Historical Quarterly*, Vol. 71, No. 1, 1967, p. 30; Charles W. Towne and Edward N. Wentworth, *Shepherd's Empire*, p. 196.

② Edward N. Wentworth, *America's Sheep Trails: History, Personalities*, p. 593; Charles W. Towne and Edward N. Wentworth, *Shepherd's Empire*, p. 191; Ray A. Billington, *Westward Expansion: A History of the American Frontier*, p. 598.

③ Charles W. Towne and Edward N. Wentworth, *Shepherd's Empire*, pp. 183-185; Ray A. Billington, *Westward Expansion: A History of the American Frontier*, p. 598; Philip Durham and Everett L. Jones, *The Negro Cowboys*, Lincoln: University of Nebraska Press, 1965, p. 106.

州在国会只有一名参议员约瑟夫·M. 凯里。"约翰逊县战争"还成为1892年美国总统大选中争论的一个主要问题，它使怀俄明这个被共和党长期控制的地盘也不是"一个可靠的共和党州了"①。

大平原是印第安人的家园，但他们被白人移居者排除在社会之外。白人移民与印第安人种族冲突的核心问题是土地。为了不断剥夺印第安人的土地向白人移居者开放，美国政府在内战后对大平原印第安人连续发动了30年的血腥"讨伐战争"。1867年，"和平委员会"又谋划把大平原所有的印第安人集中到两个保留区。在北部漫游的5.4万印第安人进入达科他的布莱克山保留区。在南部的8.6万印第安人进入俄克拉何马保留区②。缩小和减少保留区的政策使印第安人的土地不断丧失，甚至连俄克拉何马保留区也成了"牧场主的最后边疆"③。被迫迁入两个保留区的印第安人继续遭受白人移居者的暴虐统治。联邦政府在法律上限制、剥夺部落酋长的权力，使印第安人丧失活动自由，再不能得到传统的生存资源，处于半饥饿状态。野牛的灭绝使大平原印第安人丧失了赖以生存的"命根子"，他们不得不接受美国政府的同化政策，成为联邦政府监护的对象。大平原印第安人作为一个独立的社会实体被清除了，他们的处境更加悲惨，生存危机日益严峻。其文化、宗教传统和生活方式也遭受了严重破坏，这是垄断资本对印第安人犯下的种族灭绝罪行。白人拓居者对大平原的掠夺性开发使那里充满凶残、暴力、流血冲突和讨伐战争。美国大平原农牧区没有和谐，而是在垄断资本控制下白人富有者主宰一切的社会。

昔日，美国西部的牧业大王和拓荒农场主以带有血腥暴力的掠夺性开发在大平原上聚敛了巨额财富，然而，他们的"黄金时代"却给其子孙后代造成了灾难性的后果。到20世纪30年代，大平原的沙尘暴肆虐，使东部沿海地区的居民都深受其害。过度的放牧和垦殖毁了上亿英亩草地。到20世纪30

① Robert C. Athearn, *High Country Empire: The High Plains and Rockies*, Lincoln: University of Nebraska Press, 1960, p. 145; Ernest S. Osgood, *The Day of the Cattleman*, p. 255; Russel B. Nye, *Midwestern Progressive Politics: A Historical Study of Its Origins and Development*, 1870-1958, East Lansing: Michigan State University Press, 1959, p. 62.

② Ray A. Billington, *Westward Expansion: A History of the American Frontier*, p. 571.

③ Edward E. Dale, "The Ranchman's Last Frontier", *Mississippi Valley Historical Review*, Vol. 10, No. 1, 1923, p. 41.

年代，大平原的生态平衡几近崩溃，南部平原成了产生沙尘暴的重灾区。大平原白人拓居者对自然界的疯狂掠夺，最终使他们的后代不得不吞食自然界无情报复的苦果。

今天我们探讨大平原掠夺性开发这一问题，不仅是因为以往的研究对它关注不够，以及20世纪六七十年代我国西部牧区毁草造田的惨痛教训，而且是因为在我们实施的西部大开发战略中还有不尽如人意的事件发生。2005年，主流媒体曾披露一个典型个案。内蒙古某贫困县因为急于引进大的投资项目，把花费多年努力才恢复的草地又开垦成了农田，结果绿色的庄稼没有长出来，由此导致的沙尘暴肆虐却使当地居民无法再在那里待下去了，公司的数百万元的投资也无法收回。由此可见，没有科学发展观的指导，我国西部的一些牧区仍难走出掠夺式开发的怪圈。美国大平原掠夺式开发的负面教训，或许对我们领会、落实“科学发展观”和“构建和谐社会”的方针能提供一点历史启示。

（原文载《世界历史》，2007年第2期）

美国西部野马的驯养、使用与保护

在美国西部史中，关于野马有两个专门术语："Mustang"是指保留了西班牙血统的马；"Wild Horse"则是对保持着野性或未被驯服的马的称谓。如今，人们更易接受的"野马"定义在使用"Mustang"和"Wild Horse"时可以互换，其义是"野性的""自由驰骋的""无人认领的马"。马在美国西部开发与美国现代化进程中，发挥了重要而独特的作用。本文拟对野马在北美扩展以及野马的驯养、使用和保护等问题做一论述。

一、野马在新大陆的扩展

考古研究表明，早在 1.5 万年前，北美大陆广泛分布着大量土生土长的野马。由于尚不知晓的原因，野马群在此后 7000 年间完全绝迹①。故本文论及的不是北美的土生野马，而是西班牙殖民者从欧洲带到新大陆的"西班牙马"②。公元 8—13 世纪，摩尔人把马从北非带入西班牙③。其中，一些由西班牙人在瓜达基维尔盆地等地饲养的马所繁衍的后代被

---

① Howard R. Lamar, ed., *The Reader's Encyclopedia of American West*, New York: Thomas Y. Crowell Company, 1977, p. 514.

② 英国、法国和荷兰等国的殖民者曾把马带到北美大陆，但输入地主要集中在弗吉尼亚、卡罗莱纳及其毗邻的岛屿。西班牙不仅使北美大陆西部野马的数量达到顶峰，而且使之具有西班牙马的血统特征。

③ Robert G. Ferris, ed., *Prospector, Cowhand and Sodbuster*, Washington: H. W. Wilson Co., 1967, p. 44.

称为“安达卢西亚马”[①]，即“西班牙马”。在16世纪以前，西班牙马已闻名世界。

野马出现在美国西部始于克里斯托弗·哥伦布的第二次新大陆航行。1492年10月，哥伦布首抵新大陆时没有发现马、牛等家畜。他在1493年第二次驶向新大陆时，带去了一些牛、马、羊作为种畜。1494年1月2日，他的船队抵达海地角附近的伊斯帕尼奥拉北岸，在那里卸下一些家畜。其中包括24匹雄马和10匹牝马[②]。此后，在圣多明各岛和西印度群岛的其他岛上，西班牙王室牧场及私人牧场的马逐渐多起来，并开始被输送到墨西哥、佛罗里达和南美洲[③]。1519年，埃尔南·科尔特斯及其同伴首次把11匹雄马和5匹牝马带到墨西哥的韦拉克鲁斯[④]。1520—1542年，一些西班牙远征队把马带进了佛罗里达和亚利桑那之间的地区。西班牙殖民者带来的驯养马，为什么又变成了野马呢？个中原因有的学者认为是西班牙人探险队中带来的未经阉割的雄马和牝马挣断系绳逃进了荒野地区；有的学者认为是牧区的马群被野牛群或印第安人惊吓而逃入荒野；也有研究者认为，一些马因太疲弱或跛足等原因已无用处而被主人放归自然[⑤]。在多树木的地区只有少量野马出现。在大平原地区，野马由南向遥远的北方扩散，变成庞大的野马群。这不仅是因为野马没有受到白人移居者的干扰，更重要的是野马在大平原地区找到了适合它们生存、繁衍和广泛扩散的自然环境。野马与野牛分享了辽阔的大平原。

野马的扩散始于1541年，到1784年遍布大平原地区。但是，在此期间，野马在密西西比河以东和落基山以西两个地区的扩散是极其有限的。野马向东从未扩及弗吉尼亚以北或俄亥俄以东，向西未达加利福尼亚北部[⑥]。然而当19世纪美国人移居西部时，西班牙血统的马已遍及各地。直到现在，西班牙马在西部也以最大的种群被保留下来。

---

① Robert M. Denhardt, “The Horse in New Spain and Borderlands”, *Agriculture History*, Vol. 25, 1951, p. 145.

② David Dary, *Cowboy Culture*, Lawrence: University of Kansas Press, 1989, p. 4.

③ C. J. Frank Dobie, *The Mustangs*, Boston: Little, Brown and Company, 1952, p. 4.

④ David Dary, *Cowboy Culture*, p. 6.

⑤ Walter P. Webb, *The Great Plains*, Waltham: Blasdell Publishing Company, 1959, p. 57.

⑥ Walter P. Webb, *The Great Plains*, p. 57.

美国西部的野马在繁衍过程中形成两种类型。一种是骨架小、形体漂亮的马，被称为轻型马或坐骑马。另一种是重骨骼、形体平常的马，被叫作负重马(驮马或拖拉重物的马)。在轻型马中，还可以细分为更健壮的饲养马和矮种马。西部马的马肩隆是不同的，为 14 手—15 手 2 英寸不等(1 手＝4 英寸)，完全成龄马的体重达 800—1,050 磅。马肩隆低于 14 手的马叫小马(即矮种马)[①]，这种马因生活在印第安人部落的环境中，缺乏精良的饲料，其成长受到了限制，故成了矮种型。

在美国西部，野马数量的增加非常迅速。得克萨斯是野马活动的中心地区。何塞·德·埃斯坎东在 1747 年开始沿格兰德河建立殖民地时，发现得克萨斯野马的数量并不多。得克萨斯被美国吞并时，那里的野马数量已多得惊人。1847 年，托马斯·A. 德怀尔打算在努埃西斯河下游建一个牧马场，他初抵得克萨斯时，曾看到在该州西部地区有数千匹或数万匹野马组成的野马群飞奔而过[②]。据推测，到 19 世纪 70 年代，得克萨斯的野马近 100 万匹，分散在西部其他地区的野马约为 100 万匹[③]。后来的研究者估计，到 19 世纪末，美国西部的野马已达数百万匹[④]。

二、野马的捕获与驯养

随着欧洲殖民者在北美殖民地范围的扩大和美国西进运动的持续发展，对马的需求量越来越大。除建立牧马场或在牧牛场养马外，围捕和驯养野马供拓居者使用亦成为一种主要手段。

围捕野马是非常困难的，因为“一个野马群是由一匹雄马统领着一批牝野马组成的一个群体，这正如一个印第安人部落一样。”[⑤]一个野马群在方圆不超过 25 英里的区域内迅捷驰骋，行动规律令人难以捉摸[⑥]。

在长期的实践中，拓居者发展了很多围捕野马的方法并不断予以改进。

---

① Howard R. Lamar, ed., *The Reader's Encyclopedia of American West*, p. 514.

② Thomas A. Dwyer, *Horse and Mule-Raising in Western Texas*, St. Antonio, 1872, p. 43. 转引自 C. J. Frank Dobie, *The Mustangs*, p. 104.

③ C. J. Frank Dobie, *The Mustangs*, pp. 108-109.

④ Howard R. Lamar, ed., *The Reader's Encyclopedia of American West*, p. 516.

⑤ J. Frank Dobie, *A Vaquero of the Brush Country*, Boston, 1943, p. 229. 转引自 Philip Durham and Everett L. Jones, *The Negro Cowboys*, Lincoln: University of Nebraska Press, 1965, p. 165.

⑥ Philip Durham and Everett L. Jones, *The Negro Cowboys*, p. 165.

墨西哥牧民捕捉野马的方法是把野马群赶入筑好的围栏中。在围捕时，牧民们骑上最好的马到荒野中四处搜寻，当找到一个野马群后，一部分人把野马群看住，另一部分人在附近筑起围栏。在大围栏内的一面留一个通入小围栏的门，围栏从入口到底部犹如一只鸟展开的双翼。筑好围栏后，牧民们合力把野马赶到大围栏里。通常，他们只将“少量的而非大群的野马”赶进围栏，以免大批野马在围栏内互相践踏使部分马匹死亡或撞毁围栏成群逃跑。倘若一次把两三百匹野马赶入一个大围栏中，则只选择那些最健骏、最幼龄的马，将其用套索套住，放入小围栏中而把其余的马放掉。随后，牧民们再慢慢驯养关在小围栏的马。

许多得克萨斯人都是捕捉野马的能手。特别是得克萨斯南部和西南部的牧人，更精于围捕野马之术。在现今的科珀斯克里斯蒂西北部地区，猎马者会把一个木偶人绑到一匹被捉的野马背上，然后放开它，被放的野马会冲向野马群，引动成群的野马疯狂地追赶它。有时，聚集起的野马可达数千匹之多。等到野马狂奔得精疲力竭时，猎马人再把它们赶进围栏里。到 19 世纪 30 年代末期，位于努埃西斯河和格兰德河之间的得克萨斯边界地区已有几百个捕猎野马的围场①。

一些黑人牛仔围捕野马的本领更为高强。1875 年，黑人牛仔洛夫・纳特带领精选的 20 人去围捕一群野马。他们围成一个方圆 10—15 英里的包围圈，将野马群围住。当野马奔跑时，骑马的牛仔则慢行。野马跑到离一个骑手 2 英里时，种马会领着马群掉头在圈内朝另一个方向奔跑。用这种方式使野马每天奔跑 60—70 英里，而牛仔大约只需骑行 10 英里。10 余天后，野马奔跑的速度便减慢下来。包围圈逐渐缩小，牛仔们靠近到足以能击毙领头种马的距离。到 30 天时，野马就精力耗尽而束手就擒了。20 名牛仔经过一个月的日夜围捕，可捉获 60 匹野马②。黑人牛仔围捕野马的另一种方法是两人骑马沿着野马的足迹追踪，两个牛仔交替奔骑，不时更换马匹，一直把野马群追得因不能停蹄而累倒为止，然后再把马群赶进围栏中，但有时牛仔的坐骑在追赶野马群时也会因过度疲劳而死。黑人牛仔鲍勃・莱蒙斯的捕马本领更是令人称绝。他能随野马的足迹跟踪，即使他的马的脚印与其他野马的很多脚印混杂交叉在一起，他也能辨别得出来。他还能识别自己的坐骑的粪便和野马的粪便的不同。莱蒙斯在追踪一群野马时，中断与人的一切交往，不换衣服，

① David Dary, *Cowboy Culture*, p. 76.

② Philip Durham and Everett L. Jones, *The Negro Cowboys*, pp. 199-200.

不换马匹，把食品放在一棵树上，直到食品带有的人类气味完全消失后才食用。在最初几天，莱蒙斯远远地尾随野马群，然后逐渐接近它们。在追着野马群到达一个狭小的牧区时，他开始被野马所接受，成为其中的一分子。第二周时，他进入到马群之中，取代种马成为这些牝马的统领。经过这段旅程，莱蒙斯赢得了野马的信任，他带领马群找到水源，躲避凶险，也会搅得野马惊慌乱窜。在野马不知不觉中，莱蒙斯把它们带到一个新的牧区。在那里，野马对他的信任经受了进一步的考验。"除不吃草和保有人的长远思维外"，无论从哪方面看，莱蒙斯已成了"野马群中一匹领头的种马"[①]。在这群野马完全被他控制时，莱蒙斯把它们带回牧场。他一阵飞奔，跑进临时性的牲口棚的大门。整群野马也精神抖擞地随他跑进去。多比和弗洛伦斯·芬利在书中写到莱蒙斯时，曾不约而同地使用了同一个标题："变成野马的猎马人"[②]。多比称赞莱蒙斯是"最有创造性的人"，尽管他无法说出这位黑人牛仔具有非凡才能的全部原因，但他认为只有墨西哥人和黑人是纯朴的人，他们"纯朴的天性并未被社会机器磨圆滑"[③]，这或许是这位黑人牛仔被野马视为同类的主要原因。

野马一旦被捉住，随时企图逃跑，还经常自杀或自残[④]。因此，围捕的野马必须驯服后才能饲养、使用。通常的做法是不让被赶进围栏的野马有片刻安静，也不给饲料，直到它们因疲劳和饥饿而慢慢变得老实起来，最后顺从地让人给它们套上笼头，备上马鞍。被捕获的种马，要在两周内将它们驯服才行。否则，它会变成一头恶兽，使驯马人不得不把它放弃。

要给一匹野马拴上缰绳、套上笼头或马勒和马鞍也是极其困难的。传统的西班牙方式是驯马人用套索把野马的前腿套住，用力将马搬倒在地，接下来在马头上套上用软绳做成的临时制服它的马勒或笼头，随后将一条粗 1 英寸、长 20 英尺的缰绳的一端绕马脖子系一圈，从马颏下的马勒或笼头的下端穿过，缰绳的另一端拴到一棵树或结实的木桩上。不喜欢被约束的野马拼命地向后挣或向前蹿跳或用一只前蹄踩住缰绳狂怒地嘶鸣，试图挣开羁索。它要跨立、蹿跳和挣扎好长一段时间，最后才精疲力竭地躺倒在地上。"野马挣

① C. J. Frank Dobie, *The Mustangs*, p. 240.

② Philip Durham and Everett L. Jones, *The Negro Cowboys*, p. 166.

③ C. J. Frank Dobie, *The Mustangs*, p. 240.

④ Richard W. Slatta, *The Cowboy Encyclopedia*, Santa Barbara: ABC-CLIO, 1994, p. 207.

扎得越猛烈，它最后屈服得越彻底。”[①]被拴住的野马，嘴戴着马勒或被绳子系紧，不让它吃草，这样的野马要挣扎 2 天才彻底放弃。在这段时间里，要有人监视着它，当它的脖子疼痛难忍，再也不能向后拉拽缰绳，其后腿疼得再也不能尥蹶子时，驯马人从旁边第一次给它备上马鞍。至此，饥饿过度的野马才被允许去吃青草，直到它吃得过饱，胃十分不舒服为止。为了进一步使它驯服，这匹吃得过饱的马要被数名骑手轮流骑乘数小时，直到它彻底精疲力竭[②]。在草地上骑乘时，有的骑手一天被烈性的野马摔下来 2—3 次[③]。有的野马要经过数天才能彻底驯服，其标志是这匹马载着骑手平静地低头往前奔跑，不再挣扎反抗，完全习惯了骑手的命令[④]。

这种驯服野马的方法也广泛用于对饲养马的驯养中。在美国西部牧区，特别是加利福尼亚，早期牧民从不驯服小于 3 岁口的饲养马，因此很多马变成了半野性的马，到这些马长到了 3—4 岁口时，牧民才采用前面述及的驯服野马的方式对其进行驯化。在北部怀俄明牧区，除了保留这种传统的驯马方式之外，人们更喜欢采用一种较温和的、渐进式的方法。在夏延地区，从小马驹出生，直到第二个秋天它长到 18 个月时，人们不会对它进行驯服工作。这些小马通常在草原上与孩子们一起玩耍，每天由牛仔照料、放牧它们。一匹小马的主人还时常到草原上看它，给它唱歌，抽着烟斗，把烟吹到它的脸上。等小马长得稍大时，由孩子们骑着玩，锻炼它载一定重量。正式驯马由兽医配合马的主人进行，让马在歌唱和烟雾的氛围中走过，并逐渐习惯于人给它套上软绳笼头、备上马鞍和让骑手骑乘。对于拉扦和驮运包裹的负重马，其驯服方法更温和，并且多半由妇女和女孩进行。只有对用于狩猎和作战的雄马，才采取大强度的、严格的西班牙方式驯服，以使它们更富于攻击性和不怕火枪与弓箭[⑤]。相较之下，夏延人更愿采取有兽医配合进行的现代驯马方法，而不是残酷的西班牙传统的方式。

---

① H. T. Lilliencrantz, “Recollections of a California Cattleman”, *California Historical Society Quarterly*, Vol. 38, 1959, p. 341.

② John H. Moor, *The Cheyenne*, Cambridge: Blackwell Publishing, 1996, p. 44.

③ Cordia S. Duke and Joe B. Frantz, 6000 *of Miles Fence*: *Life on the XIT Ranch of Texas*, Austin: University of Texas Press, 1961, p. 129.

④ John H. Moor, *The Cheyenne*, p. 44.

⑤ John H. Moor, *The Cheyenne*, p. 43.

三、马所扮演的重要角色

不论是野马，还是饲养马，都需要经过驯养才能使用。马在殖民扩张、西部开拓和美国人的生活中都扮演了重要角色。马的使用以美国内战前后为界，可粗略地分为两个时期。从殖民地时期至美国内战前为第一个时期，其间马被殖民者所用。马影响、改变印第安人的生活方式，并在早期西进运动和西部初步开发中发挥了作用。第二个时期从美国内战后至20世纪20年代，马对美国西部开拓和美国人的生活产生了重大影响。马是西班牙殖民者征服印第安人和在美国西部扩展殖民地的重要工具。1519年，科尔特就是靠着印第安人对马的恐惧征服了墨西哥阿兹台克人。当地的印第安人把从未见过的可怕的马称为“大狗”，认为人和这怪兽是连在一起的。1590年，一名西班牙人在信中写道：“尽管这个地区的人拼命抵抗，但他们怀着极大的恐惧，很快就被这些骑兵打败了。”①正因为马在当时的战斗中作用如此巨大，故西班牙殖民者在征服墨西哥城后，只允许西班牙人拥有马匹。直到18世纪后期，他们还不允许加利福尼亚的印第安人拥有马或骑马②。在西班牙殖民者征服中、南美洲建立庞大殖民帝国的过程中，马起到了十分重要的作用。

马在西班牙牧场主的牧场上有广泛的用途。在16世纪结束时，西班牙人经营的牧牛业已经在新世界发展起来。随后，牧牛业越过格兰德河，扩展到得克萨斯、加利福尼亚和新墨西哥等地。在开放牧区，巡牧、管理牛群，春秋季赶拢时把混杂在一起的牛群分开并给小牛打烙印，把需要驯服的马从马群中分离出来，把成龄牛围捕起来送往市场，进行这些工作都需要有好马作为坐骑。围捕野牛、猎杀伤害牛群的灰熊也需要骑马。马还是牧场主的交通工具。加利福尼亚的牧场主们把牧场交由总管管理，自己整日忙于社交和其他娱乐活动。他们跃上马背的敏捷和活跃与平日的怠惰形成奇特的对比③。赴宴、赌博或仅仅是为到朋友家喝杯咖啡，牧场主们都要策马前往。牧场女主人为确保过河的安全，让牛仔集合4—5个马群多次往返涉水，直到把河床踩实。再者，加利福尼亚牧民喜欢骑着最好的马进行斗牛或赛马。跑马赛异常激烈，银币、牛，甚至牧场都成为抵押的赌注。西班牙人的这一运动传到了墨西哥大部分地区，在加利福尼亚更为流行。虽然在西班牙殖民统治时期西

① David Dary, *Cowboy Culture*, p. 6.

② David Dary, *Cowboy Culture*, pp. 12, 47.

③ David Dary, *Cowboy Culture*, p. 59.

部开放牧区的规模不能与美国内战后相比，但它却为后来“牧畜王国”的兴起奠定了基础。马在早期牧区初创和发展中发挥了重要作用。

马对土著印第安人的生活产生了直接而深远的影响。在1650—1770年，所有的印第安人部落都获得了马匹①。在没有马之前，印第安人是徒步迁徙、狩猎的民族。掌握骑马技术后，他们成了马背上的民族。马对印第安人的重要性是非常明显的。首先，马使印第安人行动更快速，更具流动性。其次，印第安人骑马狩猎可以更靠近野牛，比徒步时更易获得猎物而危险更少。再次，马可以使印第安人更具战斗力，骑马的印第安人能更有效地抵抗西班牙等殖民者入侵和美国联邦军队的驱赶。印第安人在1650年抗击西班牙殖民者时已开始使用马匹②。19世纪50年代，联邦政府派遣约1,500人的军队侵入阿帕奇和纳瓦霍部落所在的西南部山区，完全适应峡谷和沙漠地区的阿帕奇人和纳瓦霍人骑着快马同联邦军队进行了殊死战斗，仅1863—1864年，双方交战就多达143次。直到基特·卡森上校的军队将7,000名印第安人围在一个峡谷中，使两个部落崩溃，印第安人的反抗斗争才停止③。大平原诸部落的印第安人都是技艺高超的骑手，能迅速穿过大平原打击劫掠者，又像一阵风似地消逝。即使到19世纪50年代，联邦军使用了柯尔特式“六响枪”，也未能完全抵消印第安人的优势。此后，在联邦军队进行的长期征讨战争中，大平原的印第安人一直是顽强的抵抗者。最后，马的使用使印第安人部落的男子有了更多的闲暇时间去发展大平原地区复杂而多彩的文化。

马为到西部去的探险者提供了巨大的帮助。为实现杰斐逊总统向西部探险、进攻的战略，梅里韦瑟·刘易斯和威廉·克拉克1804年率领远征队前往太平洋沿岸探险。他们先是经水路行进到密苏里河的源头三岔口处，沿最北面的杰斐逊河艰难跋涉前行。然后经肖肖尼山坳，在海拔7,373英尺高的伦希山口(今蒙大拿的阿斯特德以西)，越过大陆分水岭④。远征队必须翻越落基山才能继续前进，但如果没有马匹和供应品补充将寸步难行。萨蒙河河源附近部落营地的肖肖尼族印第安人为远征队提供了马匹，并引导刘易斯等人翻过了山地。否则刘易斯和克拉克率领的远征队是不会在1805年11月中旬到达

① Richard W. Slatta, *The Cowboy Encyclopedia*, p. 142.

② David Dary, *Cowboy Culture*, p. 36.

③ Ray A. Billington, *Westward Expansion, A History of the American Frontier*, New York & London: Macmillan Publishing Co., Inc., p. 564.

④ David Laverder, *The Great West*, New York: Coward-McCann, 1965, p. 66.

太平洋岸边的。1806 年，泽布伦·M. 派克中尉从密苏里河到科罗拉多落基山区的探险也是用印第安人的马匹装备自己的驮队。

在 19 世纪上半期毛皮贸易和通向新墨西哥市场的圣菲小道上，马也是重要的运输工具。最早到西部去的毛皮商之一是威尔逊·P. 亨特①。1811 年他率领毛皮商队从圣路易斯前往哥伦比亚河口，把船留在南达科他的阿里卡拉村，依靠印第安人的马匹向西，翻越高山后奔向斯内克河。其他皮毛商也在西部购买数百匹印第安人的马，用作坐骑和驮运供应品及皮货。密苏里印第安商人威廉·贝克内尔曾于 1821 年和 1822 年两次远征圣菲。第一次他带着约 20 人和一队驮着商品的驮马沿阿肯色河西行，穿过曲折的拉顿山口，随后抵达圣菲。第二次他率 21 人带着 3 辆满载的马车，从家乡富兰克林镇出发，跨过危险的马伦沙漠，开辟了一条通往圣菲的更短的道路。圣路易斯的商人托马斯·詹姆斯、雅格布·福勒和休·格伦率领 18 个拓荒者组成的商队，也在 1821 年前往圣菲。这些贸易商以马为交通运输工具，带着衣料和金属器具前往圣菲，换得银子、马、骡子以及毛皮等返回。他们成功的远征，吸引着更多的贸易商踏上“圣菲小道”。到 1824 年，圣菲贸易已经发展起来。该年有 80 人带着 25 辆牛车、159 匹驮马及价值 3 万美元的货物抵达圣菲，返回时他们带的是价值 19 万美元的白银和毛皮等②。“圣菲小道”是穿越平原地区通向西部的新通路，从密苏里的独立城抵达现在新墨西哥州的首府圣菲，约长 900 英里③。每一次商旅可以获得平均 10%—40% 的利润。故美国商人不顾墨西哥政府不准进入圣菲的禁令和征收 60% 进口税的威胁继续前往④。圣菲贸易在美墨战争中曾中断，战后随即恢复并一直很兴旺。这种状况一直持续到圣菲贸易的运输被铁路所取代时为止。

当时在俄勒冈小道这条交通要道上必须依靠马匹。这条小道以密苏里的独立城为起点，终点是俄勒冈的哥伦比亚河口地区，全线约 2,000 英里。19 世纪 40 年代，渴望得到土地的移民纷纷踏上这条小道，奔向俄勒冈地区。自 1843 年始，马拉的运货大篷车，排成长列，在俄勒冈小道上向西滚滚而去。

---

① Howard R. Lamar, ed., *The Reader's Encyclopedia of American West*, p. 514.

② Ray A. Billington, *Westward Expansion, A History of the American Frontier*, pp. 389-390.

③ John A. Scott, *The Story of America*, Washington: National Geographic Book Service, 1984, p. 181.

④ Robert E. Reigel and Robert G. Athearn, *America Moves West*, New York: Holt, Rinehart and Winston, 1971, p. 325.

约有 1.2 万移民的大篷车通过小道去了俄勒冈，仅 1845 年通过小道西去的人就多达 3,000 人①。19 世纪 40 年代末期，大批淘金者也由这条小道的东段前往加利福尼亚。车队在经过落基山区和爱达荷南部的沙漠地区时损失的马匹，要由从居住在爱达荷南部的内兹珀斯、华盛顿和俄勒冈的凯尤斯印第安人手中购买的马替换。更新过的马匹，继续拉着大篷车翻越俄勒冈南部的山脉，向着远处的哥伦比亚河口驶去。在俄勒冈小道上，形成了西去移民和印第安人之间的马贸易，以至于在那个时期所有的西部马都被称为"印第安种"马。

从殖民地时期至美国内战前，马被用于开放牧场，帮助美国人到西部探险。马改变了印第安人的生活方式，为他们创造较有利的生活条件。马是毛皮贸易和圣菲贸易的主要运输工具，沟通了美国东部与西部的联系。马帮助美国东部的移民通过难以行走的俄勒冈小道，到西部拓居。在西部开发的初创时期，马帮助拓居者改善生存环境，为内战后美国西部的大开发奠定了一定的基础。

美国内战结束后，美国西部开拓规模空前，全国迅速由农业社会向现代工业社会转变。马在这个进程中做出了重要贡献。

在"牧牛王国"的兴起和发展中，马也有着重要的作用。内战以前，美国西部的牧牛业主要集中在得克萨斯和西南部地区。在美国内战后不到 30 年的时间里，开放牧区从得克萨斯南端北延到美加边界，由密苏里河西推至落基山区，形成了一个疆域辽阔的"牧牛王国"，其面积相当于半个欧洲②。大型的开放牧场遍布牧区，西班牙统治时期形成的由骑马牧人在开放牧区管理牛群的方式得到进一步发展。从春季到秋季赶拢，每个牛仔大约需要 10 匹备鞍马当坐骑。春季"赶拢"时，牛仔们整日骑马在开放牧场上围捕混群的牛和马，把它们赶到"赶拢"的集合地。"赶拢"中，牛仔们将混群中的幼畜分离出来，用套索把马驹或牛犊套住、放倒，再给它们打上烙印。属于同一马主的"放青"幼马被赶离牧场，需要育肥的牛犊被赶往北部牧区。到秋季"赶拢"时，牛仔们要把混群的成龄牛分离出来，赶往市场出售。他们还要分离马群，将被骑过的老马、过剩的母马和一般的幼马卖掉。牛仔在牧场的一切劳作、管理活

---

① Dean Albertson, etc., *The Encyclopedia of American History*, Gilford: Facts on File, 1973, p. 250. 另外参见《简明不列颠百科全书》第 2 卷，北京：中国大百科全书出版社，1985 年，第 764 页。

② Ray A. Billington, *Westward Expansion, A History of the American Frontier*, p. 591.

动都离不开马匹。他们从得克萨斯把牛群长途驱赶到东北部市场或北部牧区，马是必不可少的帮手。内战以后，得克萨斯的存栏牛爆满。东北部的牛肉市场和得克萨斯形成巨大的地区差价。1865 年，在得克萨斯一头小公牛只能卖到 4 美元，但到了北部市场则可以卖到 30—40 美元的高价①。19 世纪 70 年代，在得克萨斯花 7—8 美元买的一头小公牛，到北部公共牧区放牧 4—5 年后，销往东北部市场，可得到 50—60 美元②。于是，以获得高额利润为目的的"长途驱赶"在内战后持续了近 20 年。在牛道上，每支赶牛队由 8—18 名牛仔组成，驱赶着 1,000—3,000 头牛组成的牛群③。每个牛仔在赶牛前往目的地时，要有 10 匹换乘的马，返回牧场时则仅需要 2 匹。一支赶牛队从得克萨斯前往堪萨斯市场时，就会把 100 余匹马带到北方④。兴起的"牧牛王国"是内战后美国政府在西部实施的三大行业性开发之一。牛仔是牧业开发的主要劳动者，马是牛仔骑着进行艰辛劳动的工具，也是牛仔在艰苦环境下赖以生存的朋友和伙伴。牛仔和马结合在一起，使西部的牧牛业蓬勃兴旺地发展了近 30 年。牧牛业成为美国当时最赚钱的行业之一，对美国的经济发展起了积极的促进作用。其中，牛仔和马的贡献是不能忽视的。

在美国西部的矿业开发和横贯大陆铁路的修建中，马承担了运输原料和供应品的繁重任务。19 世纪后半期，在美国西部兴起的采矿业是内战后西进运动的重要组成部分，对西部开发产生了重要的推动作用。采矿营地处在远离东部的偏远山区。落基山区和大平原虽有许多河流，但大部分不适于航运。在铁路修到落基山区之前，那里的运输主要是靠马拉货车和马驮子队解决。俄勒冈小道和加利福尼亚小道等是前往矿区的几条主要运输通道。马拉的货车和马驮子队把供应品送到矿区，再把矿石送到冶炼厂。1864 年 8 月末，有 150 辆马拉货车从奥马哈抵达蒙大拿的弗吉尼亚城⑤。1865 年马驮子队经"马伦小道"运到蒙大拿的货物达 750 吨，价值 120 万美元⑥。马使西部各个矿区

---

① T. R. Fehrenbach, *Lone Star, A History of Texas and Texans*, 1991, p. 557.

② Ray A. Billington, *Westward Expansion, A History of the American Frontier*, p. 591.

③ Laurence I. Seidman, *Once in the Saddle, the Cowboy's Frontier*, 1866-1896, New York, p. 67.

④ Howard R. Lamar, ed., *The Reader's Encyclopedia of American West*, p. 515.

⑤ Harold E. Briggs, *Frontiers of Northwest*, New York, 1940, p. 20.

⑥ Michael P. Malane and Richard B. Roadered, *Montana's Past Selected Essays*, Montanas, 1973, p. 135.

之间的联系日益密切，也使它与东部建立了经常性的交往。因此，西部矿区开始摆脱封闭孤立的状态，初步形成一个地方性的市场。在促进西部矿区交通运输的发展中，马起了非常重要的作用。到 1893 年，美国政府在 30 年的时间里，先后在西部修建了 5 条横贯大陆的铁路。在西部一望无际的荒原上修建铁路，物资极为匮乏。宾夕法尼亚铁厂供应的铁轨、明尼苏达林场提供的枕木和威斯康星采石场送来的石头，都需要由汽船从东部运到西部，然后再由马车装运到施工营地；筑路员工的供应品也靠马的运输解决；马在横贯大陆铁路的修筑中发挥了重要作用。

在大平原的农业开发中，马是农田耕作和运输的重要工具。19 世纪 70 年代，开始开发大平原东部和西部的一些河谷地区。大平原是一片荒草地，拓居条件非常艰苦。那里气候异常恶劣，整个地区的降水量严重不足，年均降雨量在 15 英寸以下①，这种气候条件只能保证每年种一茬农作物。农场主们必须靠大面积种植小麦才能有利可图。他们的犁地、播种和收割必须靠农业机械进行。在内燃机发明以前，农业机具都是马做动力。耕地和播种通常是一次操作完成。拉犁的马有 6—36 匹不同的规模。在耕犁后面是一组圆盘耙，播种机跟在最后。操作由一个机手掌握。联合收割机用 18—42 匹马拉，由数人组成的作业组操作②。在收割季节，还需要装运作业队赶着马车，把打下的粮食送往粮仓储藏或送到火车站运走。马拉的农业机械，使大平原上的农场主提高了耕种和收割的效率。以前每个农民一年种植的小麦不能超过 7.5 英亩，因为在小麦成熟的 10 天时限内，其手工收割只能完成这么多。然而，在 1890 年，同一个农民在使用了马拉的高效率收割打捆机后可以种 135 英亩的小麦了③。

马与西部居民的生活息息相关，成为他们开发西部必不可少的交通运输工具。在横贯大陆的铁路没有建成前，西部的交通运输和通信完全靠由数百个驿站组成的驿站路线网进行运转，所有的邮件、快投、专递和旅客交通都由马承担。旅客乘坐着由 4 匹或 6 匹马拉的马车，每行进 10—15 英里换一次

---

① LeRoy R. Hafen, W. Eugene Hollon and Carl C. Rister, *West America*, Englewood-Clenis: Prentice-Hall, Inc., 1970, p. 473.

② Howard R. Lamar, ed., *The Reader's Encyclopedia of American West*, p. 516.

③ Ray A. Billington, *Westward Expansion, A History of the American Frontier*, p. 606.

马队[①]。在矿区、牧区、林区和农业拓居区，马负担着所有的运输任务。马载着骑手和包裹，拉着轻便马车、四轮弹簧马车和运货车，保证人员的交通往来，为居民运送牛奶、肉类、杂货和其他家庭用品。马在西部拓居区的作用是如此重要，致使在小城镇马房成为多种活动的中心。到 20 世纪 20 年代后，虽然挽马已基本消失，但在西部的牧场和山区，马仍被作为坐骑使用。

马在东部也有广泛的用途。西部的马是在开放牧区放牧的，放养一匹马只需要 5 美元或更少的钱。那里不仅饲养了足够的马供西部开拓使用，而且每年可以向东部市场出售大量的马。这些马被装运到东部农场上饲养和使用。佩舍龙马则被选作种马出售到东部，以便能产出一种重 1,300—1,400 磅的优等马[②]。东部需要这些马在农场上干农活或在城市里拉运乘客和货物。直到 20 世纪 20 年代中期，马才在城市的街道上消失。

西部马在骑乘和消遣娱乐方面非常著名。19 世纪 80 年代以后，骑马的牛仔被西部小说和西部影片描绘成昔日征服荒野和开拓边疆的传奇英雄，在公众中产生了深刻的影响。人们骑马的兴趣与日俱增，十几岁少女以骑马作为主要消遣，服饰考究的牧场主以骑备鞍马在牧场上驰骋为特征。西部城镇举行边疆节日的庆祝活动时以赛马来吸引观光者。在这些因素的影响下，一个十来岁的男孩子想要的马必须是西部饲养的马且备有西部马鞍。在公众心目中，有两种优等的骑乘马与西部有联系。一种是在得克萨斯牧养的能每分钟奔跑 1/4 英里的赛马，这种马世界范围内注册量最大，有 60 万匹登记在册[③]。另一种是阿帕路斯马，它是由西班牙原种马在美国西部培育出来的粗壮骑乘马品种。这种马因其久远的历史对人们来说特别具有吸引力，以其颜色和毛皮的不俗特点提高了它在饲养和娱乐骑乘方面的价值。

在 1893 年经济萧条时期，因为有大批美国西部马出口英国，给西部牧区带来了繁荣。美国经济危机的后果特别严重，马在西部牧区的售价不够支付到市场去的运费。此时恰逢英国准备在南非对布尔人发动战争，需要很多马用于运输和作战。英国的购马商来到蒙大拿的迈尔斯、怀俄明的谢里登和科罗拉多的丹佛等城市，买走了成千上万匹牧区马。在 1899—1902 年进行的英布战争中，英方投入的马、骡和驴的总数有 400,346 匹，其中有印度马、缅

① LeRoy R. Hafen, W. Eugene Hollon and Carl C. Rister, *West America*, p. 346.

② Howard R. Lamar, ed., *The Reader's Encyclopedia of American West*, p. 515.

③ Howard R. Lamar, ed., *The Reader's Encyclopedia of American West*, p. 516.

甸马、阿根廷马和美国西部牧区的马[1]。英国在购买美国西部马时支付了大量现金，这极大地刺激了迈尔斯等城镇经济的复苏，立即给美国西部牧区带来了繁荣。

从美国内战后至20世纪20年代中期，马在西部的牧业、农业和矿业三大行业开发中发挥了重要作用。马支持了横贯大陆铁路的修筑，确保了西部的交通运输和拓居区的生活品供应。在东部，马是农场的主要畜力，是城市交通运输的重要工具，马影响到美国人生活的方方面面。马在美国从农业社会向工业社会转变的现代化进程中做出了重要贡献。

四、野马的保护

由于马的用途广泛，其数量迅速增加。在1910年，北美驯养马的数量达到了顶峰，约为2,000万匹[2]。然而，第一次世界大战从根本上改变了马的命运。其一是在高利润军事合同的刺激下，汽油发动机和内燃机的制造者迅速改进、提高了产品性能，使发动机和内燃机被广泛地用于交通运输和农业机械中。到20世纪20年代，美国已进入汽车时代。20年代中期，马在城市的街道上几乎完全消失，交通运输任务完全由汽车承担；在农场，马随之被卡车和拖拉机等所取代。马的用途发生了根本变化，它仅仅被用于诸如赛马和竞技表演等体育运动。其二，因对马匹需要量的减少，农场主们把大量种饲草的草地用来种植粮食。这些变化导致农场上的一些老马和一些马队的马被弃用，由于疏于管理，其中一些马逐渐变成了野马。有些马被送到动物罐头食品厂，被制成狗和狐狸等的食品。其三，很多牧场主反对将野马作为公共牧区非生产性的一部分。他们认为，如果野马被保护，这一政策将开创危险的先例，以致扩展到其他动物而危害他们的经济利益。其四，宠物罐头业的发展给野马带来了灭顶之灾。因为野马捕获者使用了极其残忍的手段屠杀野马，使野马面临灭绝的危险。

由于上述原因，特别是大量雄野马被捕杀，野马的数量锐减，到20世纪中期仅剩下了少量分散的马群，约为1.7万匹[3]。为了拯救濒临灭亡的野马，内华达州里诺的一位妇女韦尔玛·B. 约翰斯顿发动了一个营救运动，她为促

---

① Thomas Pakenham, *The Boer War*, Johannesburg: Jonathan Ball Pub., 1979, pp. 572, 318.

② Richard W. Slatta, *The Cowboy Encyclopedia*, p. 188.

③ Howard R. Lamar, ed., *The Reader's Encyclopedia of American West*, p. 516.

使国会通过一项保护野马的法案进行了长期斗争。

1950年，约翰斯顿一次驾车跟在一辆运畜货车的后面，她发现有血从货车后滴落下来。她紧随货车驶进了装货点的院内，看到那里集中了大量被捕获的野马，准备运往宠物食品厂加工。约翰斯顿随后对此进行了调查，她发现这种以营利为目的的野马捕杀是合法进行的，野马捕猎者从联邦政府管理和保护牧区土地的机构——"土地管理局"获得了许可证。捕杀者的手段是极其残忍的，他们以卡车、装有报警器的飞机和霰弹枪等现代化装备围剿野马群，或者当场将野马击毙，或者捕捉起来再运到宠物食品厂宰杀。约翰斯顿被其所见震惊，义无反顾地展开了营救野马的活动。

在美国，反对保护野马的大有人在，诸如一些牧场主和宠物食品厂主等。一个批评者讥讽地称约翰斯顿为"野马珍妮"。她采用了这个名字的寓意，并为提出一项保护野马的法案不懈努力。约翰斯顿创造性地发动了一个"儿童写信运动"。她通过孩子们给国会议员和联邦政府的说客们写信的方式，使国会在1959年9月8日通过了"野马珍妮法案"。该法案规定："利用飞机猎杀联邦土地上的野马是非法的。"①在整个20世纪60年代，约翰斯顿为争取通过一项更重要的国会立法以保护西部土地上所有的野马继续努力。在霍普·赖登等人的帮助下，她发动了更广泛的写信运动，并在多种全国性杂志上发表文章。她的不断努力促使美国政府于1968年9月宣布，在普赖尔山建立一个野马保护区。该保护区位于蒙大拿南部，有一小部分在怀俄明境内，占地3.2万英亩，漫游着200—300匹野马②。经过约翰斯顿等人20余年的努力，美国国会终于在1971年12月15日通过一个自由漫游的野马和野驴法案③，由尼克松总统签署生效。该法案称："国会查明并宣布：自由漫游的野马和野驴是西部历史和开拓精神的象征。它们在使美国生活方式多样性和丰富人民生活方面做出了贡献。"④国会的政策是：当自由漫游的野马遭到捕捉、被打烙印、受到惊扰和被屠杀时，应对其予以保护。

到20世纪70年代末，美国已建立了两个野马保护区。一个是前面已提

---

① Public Law 86-234, in Congress Acts, ABC News, http://www.webcom.com/lady hawk1/.

② Congressional Record, Dec. 2, 1971, Vol. 117, p. H11701.

③ "野驴"(Burro)指位于美国西南部及邻近墨西哥地区处于野生状态的小驴，因其不是本文讨论的问题，故后面略去。

④ Wild Horses of the Pryor Mountains, in Congress Act, ABC News, http://www.webcom.com/lady hawk1/.

及的沿蒙大拿—怀俄明边界的普赖尔山野马保护区，另一个是在内华达州已废弃的尼里斯空军基地的投弹区。联邦政府保护野马所依据的权威性法律文件是：(1)1959 年“野马珍妮法案”；(2)1971 年“自由漫游的野马和野驴法案”；(3)1934 年 6 月 28 日法案，即“泰勒牧草法案”；(4)1969 年“国家环境保护政策法案”；(5)1976 年“联邦土地政策和管理法案”。依据这些权威性法律文件，政府制定出具体保护野马的政策。主要有以下几点：第一，对于野马群的管理应使健康马的数量与栖息于该地区的其他动物的数量平衡。第二，在制定土地使用规划时，应将野马视为与其他资源价值相似的资源。第三，对野马的管理应保证其自由地漫游。第四，实施管理法规时，政府官员应与联邦和州的野生动物机构和其他有影响的土地利益占有者协商，把管理公共土地上的野马纳入计划。第五，对于数量过多的野马，可以由有能力的个人(或单位)收养，并建立保护和照顾野马的“收养中心”，以保证这些野马继续生存。第六，内政部长可以下令用尽可能人道的方法将老、病、残的野马处死①。保护野马法还规定了犯罪行为的条款：(1)未经内政部长授权故意或试图将自由漫游的野马从公共土地上迁走；(2)强占自由漫游的野马作为私用；(3)蓄意使自由漫游的野马致死或受到惊扰；(4)为商业性生产占有或被允许占有仍在自由漫游的野马；(5)直接或间接地出售在私人或租用的土地上自由漫游的野马；(6)蓄意破坏为实行保护野马法案而颁布的相关法规。凡有以上犯罪行为者，将被处以 2,000 美元以下的罚金或不足一年的监禁，或两者并罚②。

保护野马的法规在内政部长的领导下，由联邦“土地管理局”负责贯彻执行。依照规定，内政部长和农业部长要定期向国会提交一份有关法案的联合行政报告，包括正在实施和已施行过的行动的摘要、费用等。

实行野马保护政策的目的是把现在发现野马活动的地区作为美国整个公共土地自然保护体系的一个组成部分，把对野马的保护置于联邦政府的管理下，承认它们是美国历史遗产的典型代表之一。在实行野马保护法以前，美国人对野马在区域生态学中所起的作用及野马的自然史的研究较少。在该法案颁布后，这方面的研究得以加强。美国人把现在自由漫游的野马作为西部

---

① KBR Wild Horse and Burro Information Sheet；KBR Wild Horse and Burro Information Sheet，§1333，ABC News，http：//www. webcom. com/lady hawk1/.

② KBR Wild Horse and Burro Information Sheet，§1338，ABC News，http：//www. webcom. com/lady hawk1/.

开拓者面临险恶环境所需要的强健、有耐久力和不屈性格的象征。从美学的角度看，他们认为野马作为无约束的自由象征和整个西部荒野风光的一部分也十分重要。

（原文载《历史研究》，2001 年第 3 期）

美国大平原的“围篱”

美国内战后的西部开发因第二次工业革命的推动而力度加大，大平原成为重点开发区。在1873年带刺铁丝网发明之前，那里的牧场都没有围篱。因为牧牛场主、牧羊场主和拓荒农场主的大量涌入，产生了牛羊争草、农牧争地的残酷竞争。他们为了抢占牧草、土地和水资源，纷纷用带刺铁丝筑篱，把自己的牧场或农场围起来。在十余年的时间里，大平原布满被带刺铁丝网围圈分割的牧场和农场。本文拟对美国大平原“围篱”产生的历史背景、“筑篱”与“毁篱”引发的后果作初步论析。

一、“围篱”背景

美国西部的大平原，东起密苏里河，西至落基山斜坡，北起美加边界，南抵美墨边界格兰德河，约占美国本土面积的1/5。① 大平原地区有丰富的牧草资源。在美国内战前，除得克萨斯的牧牛业发展较快外，其他地区的放牧业尚未起步。大平原的丰富牧草资源基本上还未得到开发利用。内战以后，美国西部开发的力度加大。从19世纪70年代至80年代初，大平原的印第安人被联邦政府的军队逐出了广袤的草原，千万余头野牛被有组织地屠杀殆尽。在这片属于联邦政府的辽阔土地上，牧草和水源最初对所有的人都是免费开放的。在西部的三大行业

① Laurence I. Seidman, *Once in the Saddle: The Cowboy's Frontier*, New York: Alfred A. Knopf, Inc., 1973, p. 13.

性开发中，牧业开发成了当时最赚钱的行业之一。丰美的草地、水源、自然增长的畜群和上扬的市场价格，在一段时间内，大平原为牧场主提供了发财致富所需要的一切东西。到1880年，大平原成为独具活力和充满前途的新土地。大批美国东部和欧洲的投资者，下赌注般地把资本投入大平原的牧牛业。被称为“牧牛大王”的大牧场主和牧牛公司的巨商，在内战后不久就进入了大平原。他们以“先占权”占据各个州和领地(准州)最好的牧草和水源，建立起大牧场和牧牛公司。放牧区从得克萨斯向北、向西扩展。从格兰德河至美加边界，一个疆域辽阔的“牧牛王国”在大平原上勃然兴起。

在适合放牧牛群的地方，同样适合放牧羊群。美国西部的牧羊业在内战前以新墨西哥为中心不断向其周围的州和领地扩展，内战后由远西部向东的大赶羊运动与东部养羊者移居西部相结合，使一个“牧羊帝国”迅速崛起，疆域覆盖从太平洋沿岸至密西西比河间的广袤土地，并在大平原与“牧牛王国”重合。因为牧羊场比牧牛场投资少，见效快，到19世纪70年代，在西部牧羊业变得比牧牛业更具吸引力。在一些州和领地，羊的数量大大超过了牛的数量。得克萨斯州是大平原牧牛业的“摇篮”。该州年存牛量的最高峰是内战结束后的1865年，达500万头。然而，该州羊的年产量在1883—1885年都超了600万只①。北部的怀俄明牧区，1886年拥有900万头牛，其羊的数量仅为牛的1/3。但到1900年，该州有羊500万只，牛的数量仅为羊的1/8②。犹他、爱达荷和科罗拉多等州和领地拥有羊的数量也都超过了牛的数量。

因为气候、土质等自然条件的妨碍，向西移居的拓荒农场主在1870年前大多止步于堪萨斯和内布拉斯加的东部草原地带。1869年，美国第一条横贯大陆铁路建成，大量移民乘火车西进定居，使大平原东部的空地变得越来越少。再后来的拓荒者不得不进入西经98度以西的半干旱和干旱地区定居③。他们靠着第二次工业革命的科学发明和提供的农业机械，成了大平原的“征服者”。其中，“带刺铁丝”围篱的发明是至关重要的一环。到1890年，堪萨斯

① Paul H. Carlson, *Texas Woolly Backs: The Range Sheep and Goat Industry*, College Station: Texas A&M University Press, 1982, p. 69.

② Ray A. Billington, *Westward Expansion: A History of the American Frontier*, New York: Macmillan Publishing Co., Inc., 1974, p. 595.

③ Ray A. Billington, *Westward Expansion: A History of the American Frontier*, p. 621.

和内布拉斯加的人口分别达到了 996,096 人和 452,402 人。[①] 这两个州每英亩的可耕地都被开垦了。不久，拓荒农场主又吞没了达科他平坦的草地。到 1890 年，南、北达科他的人口分别达到 346,800 和 190,938 人。[②] 拓荒农场主也没有放过蒙大拿和怀俄明起伏不平的山麓地区，他们在那些只适合放牧不宜农耕的地方建起了大农场，到 1890 年，两州人口分别达到了 457,607 和 74,500 人。[③] 科罗拉多和得克萨斯也都成了拓荒农场主竞相占据的地区。最后，拓荒农场主把印第安人挤出了最后一个避难所，涌入了俄克拉何马。1899 年该州向移民正式开放前，那里只有 7.5 万印第安人，白人定居者甚少。该领地开放一年后，其人口在 1890 年上升到 258,657 人。到 1906 年，俄克拉何马的居民达到了 50 万人，而印第安人只剩下了分散的残余部落[④]。4 年后，俄克拉何马的人口猛增到 1,657,155 人[⑤]，这个州完全被移居者占据。印第安人最后的“家园”丧失了。在 1870—1890 年，数百万拓荒农场主挺进了将他们阻拦了一个多世纪的大平原，贪婪地占领越来越少的“无主土地”。

在“带刺铁丝”问世之前，大平原上的牧场大多都没有“围篱”。牧场采用开放的游牧经营方式。每个牧场的面积都很大，一般都有数万英亩、几十万英亩乃至百余万英亩。牧场与牧场之间按照“先占权”原则或以溪流两岸、上下游划界，或以山丘两侧分场。由于牧牛业获利丰厚，牧牛大王和中小牧场主对牧草资源竭草而牧。他们放牧的牛群远远超过了草地的实际承载能力的 6—10 倍[⑥]，个别牧场的超载量高达 25 倍[⑦]。在“牧牛王国”里，从南部牧区到北部牧区，到处呈现超载过牧的饱和状态。不同牧场主的牛群四处漫游，混

---

① Donald B. Dodd, *Historical Statistics of the State of the United States: Two Centuries of the Census*, 1790-1990, London: Greenwood Press, 1993, pp. 34, 58.

② Donald B. Dodd, *Historical Statistics of the State of the United States: Two Centuries of the Census*, 1790-1990, pp. 80, 70.

③ Donald B. Dodd, *Historical Statistics of the State of the United States: Two Centuries of the Census*, 1790-1990, pp. 210, 306.

④ Ray A. Billington, *Westward Expansion: A History of the American Frontier*, pp. 626, 629.

⑤ Donald B. Dodd, *Historical Statistics of the State of the United States: Two Centuries of the Census*, 1790-1990, p. 74.

⑥ Walter P. Webb, *The Great Plains*, Waltham: Blasdell Publishing Company, 1959, p. 252.

⑦ David Dary, *Cowboy Culture: A Saga of Five Centuries*, Lawrence: University of Kansas Press, 1989, p. 237.

在一起，争草争牧，上演着“牛吃牛”的“惨剧”。大量羊群涌入大平原以后，使原本牛满为患的“牧牛王国”又猛增了大量的羊群。大平原牧区更呈现牛羊争草争牧和牛羊相残的局面。拓荒农场主不顾牧牛场主和牧羊主的“敌视”闯入牧区，成了更具威胁和危险的“入侵者”。因为农场主的侵入，要犁掉草地改作农田，使草原面积日益缩小。19 世纪的最后 30 年，美国新增定居者的土地超过此前所有的定居土地数量。1607—1870 年，美国有 4.07 亿英亩土地被占据，得到改良的为 1.89 亿英亩。从 1879—1900 年，美国又有 4.3 亿英亩土地有了定居者，被开垦的达 2.25 亿英亩①。数百万拓荒农场主涌入西部，不顾一切地占领、取得大量土地，使草原面积逐日缩减。在一些不适合农耕只宜放牧的地区，农场的建立破坏了草原，大平原地区因农限牧、毁牧。

就是在牛羊争牧、农牧争地的状况日益严重的历史背景下，大平原上到处建起了“带刺铁丝网”围篱。

二、“筑篱”与“毁篱”

美国大平原上修筑围篱与大批拓荒农场主涌入和带刺铁丝的发明同步进行。19 世纪 70 年代，当涌入大平原的农场主因游牧问题与牧牛场主和牧羊场主的矛盾日益尖锐时，修筑围篱成为解决这些突出问题的途径。

拓荒农场主在 1870 年把农业边疆推进到位于堪萨斯和内布拉斯加州“牧牛王国”的东部边缘时，就认识到首先需要的是有效的围篱材料。为了阻止四处漫游的牛群践踏新种的玉米，农场主要求牧场主修筑围篱圈住牲畜，而牧场主坚持自由游牧，要求农场主在农场周围筑围篱保护田地，农牧双方为此不断发生纠纷乃至流血冲突。在“带刺铁丝”取代木材作为围篱材料前，大平原上多是没有围篱的牧场。因为大平原树木稀少，筑篱的木材是用马车从遥远的威斯康星森林运来的，价格昂贵。在 1871 年，获得一块 160 英亩的宅地交费为 20 美元，而在这块土地周围筑围篱的费用高达 1,000 美元②，这样的投资款项是拓荒农场主前所未闻也不敢问津的。

对廉价围篱的迫切需求给发明家和制造商提供了巨大的市场。1873 年，伊利诺伊州的农场主约瑟夫·格利登发明的“带刺铁丝”成了修筑围篱的新材

---

① Glbert C. Fite, *The Famers' Frontier*, 1865-1990, New York: Holt, Rinehart and Winston, 1966, p. vi.

② Ray A. Billington, *Westward Expansion: A History of the American Frontier*, p. 600.

料。在19世纪70年代后期至80年代初，发明的"带刺铁丝"有400余种[①]。但格利登发明的"胜利者"更简单、适用且更容易操作，故流传至今。格利登把两根铁丝拧在一起，并在小小的间隔之间装上像蒺藜的短"带倒刺铁丝"。"胜利者"较别的"带刺铁丝"生产成本低，而且用它筑起的围篱占空间很小。除了固定铁丝的木桩或石桩外，围篱不接触土地，也不遮盖植物，能承受大风的吹袭，冬天也不会使雪堆积[②]。格利登利用他发明的带刺铁丝在自己的600英亩的草原农场修建了围篱[③]。1874年11月，格利登的"带刺铁丝"获得发明专利后，他在伊利诺伊州的迪卡尔布租了个小工厂，以带刺围篱公司的名义开始生产其产品。为了扩大生产规模，格利登以6万美元和每磅25美分专利费的价格将其工厂的一半所有权卖给了马萨诸塞州生产普通铁丝网的"奥什伯恩-芒制造公司"。三年后，格利登的工厂已成为两层楼房的庞大建筑物，安装了202台自动生产的机器，每10小时就能把1,400英里长的直铁丝变成600英里长的带刺铁丝围篱[④]。格利登的工厂成为世界上第一个大规模生产实用带刺铁丝围篱的工厂。

格利登一方面扩大生产规模、降低生产成本，另一方面通过示范表演来推销他的产品。由于采用了大机器生产，其产量逐年增加。1874年带刺铁丝的产销量仅5吨，1879年上升为25,188.5吨，1880年又增长到40,250吨[⑤]。在产量逐年增加的同时，带刺铁丝的价格却不断下降。每百磅从1879年的20美元降至1880年的10美元。到1890年，其价格又降至不足4美元[⑥]。为了满足不同用户的需求，格利登的工厂还不断有新产品推出，带刺铁丝由最初的两股增加为三股、四股等不同的品种。格利登还雇用专门人员到得克萨斯这个牧牛大州去亲自建带刺铁丝围篱，进行示范推广活动，以消除牧场主和农场主害怕带刺铁丝会弄伤家畜的疑虑。1881年，格利登与人合伙在得克萨斯潘汉德尔地区购买了面积为12.5万英亩的"长柄锅"牧场，花费了3.9万美

---

① David Dary, *Cowboy Culture: A Saga of Five Centuries*, p. 316.

② David Dary, *Cowboy Culture: A Saga of Five Centuries*, p. 312.

③ Ray A. Billington, *Westward Expansion: A History of the American Frontier*, p. 600.

④ Ray A. Billington, *Westward Expansion: A History of the American Frontier*, p. 601.

⑤ Walter P. Webb, *The Great Plains*, p. 309.

⑥ Ray A. Billington, *Westward Expansion: A History of the American Frontier*, p. 601.

元，为它筑起了长150英里的四股带刺铁丝围篱①。示范推广使人们相信了格利登的带刺铁丝的价值，订货单有时竟超过了当年的生产能力，这促使带刺铁丝的产量逐年增加。“带刺铁丝围篱”实际上是伴随第二次工业革命进行的美国西部农牧业开发的衍生物，随着“带刺铁丝”的推广和应用，围篱农场和牧场在美国西部蔓延起来。19世纪70年代后期到80年代，是大平原围篱迅猛发展时期。

19世纪70年代后半期，在带刺铁丝被推广用作围篱的材料后，农场主首先用它在自己的农场周围修筑围篱，阻止畜群的侵入。1872年移居堪萨斯州诺顿县中心地区的78个农场主到1875年无一人修筑围篱。同期，移居该县的59个农场主只有3人建了围篱②。然而，1883年堪萨斯州规定移居者都要修筑带刺铁丝围篱。大平原上的其他州和领地也规定移居者要修筑围篱，如科罗拉多在1879年、蒙大拿在1885年都分别规定修筑带刺铁丝围篱③。牧牛场主和牧羊场主眼见农场主在牧区围篱圈占的土地越来越多，为了占据更大的草场和阻止别人的侵入，他们也在自己的放牧场上修筑“带刺铁丝”栅栏或围篱。牧牛场主最初只使用带刺铁丝在自己的牧场北边建一条东西走向的栅栏，以阻止北部牧区的牛群漫游到南部牧场。1870年，安德鲁·德拉姆与人合伙在“切罗基长廊”北部牧草丰美的草地上建立了牧场，放养着5万头牛。得克萨斯乃至堪萨斯的一些牧场主也把牛群放养到切罗基长廊上。格利登的带刺铁丝问世后，安德鲁·德拉姆率先在其15万英亩的牧场北部筑起了带刺铁丝的栅栏，其他牧场主随之效仿。到1881年，三股或四股的带刺铁丝栅栏已经在得克萨斯潘汉德尔地区北部边缘出现④。进入19世纪80年代，随着带刺铁丝的大幅度降价，越来越多的牧场主和牧牛公司开始在牧场周围修筑围篱。1883年，得克萨斯潘汉德尔地区的大牧场主查尔斯·古德奈特用250英里长的带刺铁丝围起了“J·A牧场”⑤。1884年，科罗拉多的“阿肯色牧牛公

---

① David Dary, *Cowboy Culture: A Saga of Five Centuries*, p. 318.

② Glbert C. Fite, *The Famers' Frontier*, 1865-1990, p. 43.

③ Fred A. Shannon, *The Farmer's Frontier: Agriculture*, 1860-1987, New York: Farrar and Rinehart, 1945, p. 239.

④ David Dary, *Cowboy Culture: A Saga of Five Centuries*, p. 314.

⑤ Thadis W. Box, "Range Deterioration in West Texas", *Southwestern Historical Quarterly*, Vol. 71, 1967, p. 318.

司"围起了 100 万英亩的土地①。在北部的怀俄明和蒙大拿，牧牛场主都在自己的牧场周围筑起了围篱。在西部牧区，修筑围篱最长的"XIT 牧场"，共筑了 6,000 英里长的围篱②。在蒙大拿，"XIT 牧场"还占有 100 万英亩的土地③。牧羊场主也争相筑篱，圈占草地，阻止新来者进入其先占的地盘。牧羊场主和牧羊公司还筑篱圈占公共牧区，夺取冬储干草地、水源较好的放牧区。他们也在铁路两旁占据铁路公司和政府的土地。牧羊主 W. D. 科里尔于 1884 年在铁路两边一片较大的地段放养过 2 万只羊。1889 年，"沃伦家畜公司"在其拥有的 28.4 万英亩土地周围筑起了围篱④。

围篱扩展的速度快得令人吃惊。在 1874 年，赶牛北上的牛道沿途还没有围篱。到 1885 年，南起得克萨斯，北至蒙大拿，牧场差不多都修筑了围篱。农牧场主竞相筑篱不仅要保住他们已占有的土地不容他人侵入，而且还要乘机围占成千上万英亩的公地和兼并一些中小农、牧场主的土地。围篱的激烈竞争，使大平原上争夺土地和水源的冲突越趋频繁，引发了"毁篱之战"。牧牛场主、牧羊场主、农场主乃至中小农、牧场主也卷入其中。得克萨斯著名牧场主阿勃·布罗克尔就曾有砍断他人围篱之举。布罗克尔自己筑篱占了公共土地，但他也有被人用围篱阻拦的痛苦经历。1884 年，布罗克尔兄弟的牛群从得克萨斯被赶往科罗拉多。在俄克拉何马狭长地带南部边界，牛队被擅自占地者筑起的篱障所阻拦，并有 14 名持枪骑手巡守。数日内，牛队无法通过。无奈之下，一些牛队的牛仔用斧子在围篱上砍了一个长 1/4 英里的缺口，牛群才得以继续前行⑤。

牧牛场主与牧羊场主互相毁篱的冲突尤为激烈。在相互筑篱的争斗中，牧羊场的围篱可以有效地阻止牛群通过，但牧牛场的带刺铁丝围篱如果不是三股以上，羊群穿行则无太大困难。牧牛场主对牧羊场主闯入他们先占的牧区极为敌视，便极力毁坏牧羊场的围篱。1883 年，得克萨斯科尔曼县的牧牛场主在对牧羊场主盖伊·马奥尼极尽威胁和恐吓不奏效时，便指使一伙武装

---

① Ernest S. Osgood, *The Day of the Cattleman*, Chicago, London: University of Chicago Press, 1968, p. 91.

② Ernest S. Osgood, *The Day of the Cattleman*, p. 6.

③ Ernest S. Osgood, *The Day of the Cattleman*, p. 150.

④ Edward N. Wentworth, *America's Sheep Trails: History, Personalities*, Ames: The Iowa State College Press, 1948, p. 312.

⑤ J. Marvin Hunter, ed., *The Trail Drivers of Texas*, Austin: University of Texas Press, 2000, pp. 507-508.

分子把他的围篱砍了数英里长的两个断口，并把一具棺材放在围篱的入口处，威胁他不得再保有围篱。霍勒斯·斯塔克韦瑟的牧羊场与马奥尼的牧羊场相邻。斯塔克韦瑟的围篱被剪断，羊圈和牧羊人的住处被烧毁。毁篱人还把2,000根木桩插到了他住宅的近旁。他重新修筑起的五股带刺铁丝围篱不但又被剪断了30英里，毁篱者还把患有传染性疥癣的羊扔进他的8,000只羊群中①。斯塔克韦瑟遭受了更大的损失。牧羊人也破坏牧牛场主的围篱。羊群在游牧时，如果遇到牧牛场主筑有三股以上的带刺铁丝围篱，牧羊场主便让人把围篱剪断，使羊群和工具车穿过。一个墨西哥的游牧者因能把围篱卷起让其羊群到私人草地上吃草而非常闻名②。尽管有一些牧羊场主进行了抗争，但是总体来看，他们在同牧牛场主的较量中处于下风。

小农、牧场主也介入了“毁篱”的冲突之中。这些毁篱者中有拥有15—200头牛和少量马的小牧场主，有拥有100英亩或者更多一点土地的小农场主以及占有少量无主土地的自耕农③。由于他们的大量涌入，“自由”放牧区变得越来越小，大牧场主仇视所有在牧区农耕及其他放牧者。他们凭借其拥有的雄厚资本，不择手段地围篱占地，把一些小农、牧场主的土地包围起来，连其外出的通道也被截断。这些小农、牧场主为了生存，经常联合起来砍断大牧场主的围篱。得克萨斯的牧牛场主B. A. 戴维斯用四股带刺铁丝围住了一块1,000英亩的草地。两天后，他的围篱被剪断了3,500处④。小农、牧场主也筑篱，护住水源和自己的土地，切断大牧场主所需要的水源和通往放牧地的道路，有的小农场主筑篱的材料就是从大牧场围篱上剪下的带刺铁丝。

总之，从南部牧区到北部牧区，都有毁篱事件发生。在得克萨斯、新墨西哥和怀俄明毁篱事件更多，其中，尤以得克萨斯西部牧区的毁篱事件更为典型。到1883年，那里的“毁篱之战”已近白热化。

尽管毁篱事件屡屡发生，但围篱农牧场在大平原的迅猛发展已成不可逆转之势。19世纪70年代以前遍布大平原的无围篱大牧场和农场，到80年代中期已被围篱封闭起来。

---

① Paul H. Carlson, *Texas Woolly Backs: The Range Sheep and Goat Industry*, p. 184.

② Paul H. Carlson, *Texas Woolly Backs: The Range Sheep and Goat Industry*, pp. 183-184.

③ Donald B. Dodd, *Historical Statistics of the State of the United States: Two Centuries of the Census*, 1790-1990, p. 314.

④ William H. Forbis, *The Cowboys*, New York: Time-Life Books, 1973, p. 217.

三、历史教训

美国大平原的围篱是内战后西部大开发的产物，是资本主义自由放任政策和垄断资本相结合的结果，在内战前还被称为“美国大荒漠”的大平原被开发成美国重要的畜产品生产基地和主要的粮食生产基地。西部创造“镀金时代”的牧业和农业繁荣的同时，却给美国带来“悲剧”后果。

第一，牧场主与农场主竞相筑篱围占土地，在大平原引发“围篱”与“毁篱”之战，造成了大量流血冲突、人员伤亡和经济损失。

大牧场主（牧牛场主、牧羊场主）和大农场主在筑篱时，乘机圈占一些公地，把一些小牧场主和小农场主的土地圈在自己的牧场和农场之中，以此来多占土地。小牧场主和小农场主也把他们的牧场和农场围起来，阻止大牧场主和大农场主占用。大牧场和大农场的围篱，切断了从南向北长途驱赶畜群的“牛道”和“羊道”，隔断了通往学校和教堂的公共交通道路，妨碍了邮件的传递。“围篱之战”实质上是大牧场主和大农场主的土地垄断行为，兼并和侵占更多公地和他人土地的霸道行径，不仅引起中小牧场主和中小农场主的激烈抗争，也影响了当地社会的正常秩序。为了防止这种非法行为，仅怀俄明就有 10 家牧牛公司被列入了非法围篱者名单①。大平原的围篱占地，引发了许多毁篱暴力事件。在混乱、复杂的“毁篱”争斗中，大牧场主的行为更具“侵略性”②。这种“毁篱之战”尤以得克萨斯州最多，甚至有偷牛、盗马贼参与其中。在得克萨斯的 171 个县中，有 1/2 以上的县发生了毁篱事件③。1883 年，该州因毁篱造成的损失为 2,000 万美元，税收减少了 3,000 万美元④。在毁篱的暴力冲突中，得克萨斯有 6 人丧生⑤。

第二，围篱破坏了大平原的自然风貌和生态平衡。

开发前的大平原到处布满青草。堪萨斯中部以南的南部平原地势平坦，偶尔有河谷、峡谷和山脉出现，遍布格兰马草和野牛草等矮草。得克萨斯南部平原广阔无垠，牧草全年常绿。大平原北部多有峡谷、孤山，走势更加起

---

① Ernest S. Osgood, *The Day of the Cattleman*, p. 192.

② Ogden Tanner, *The Ranchers*, Alexandria, 1977, p. 120.

③ Robert G. Ferris, *Prospector*, *Cowhand and Sodbuster*, Washington: H. W. Wilson Co., 1967, p. 82.

④ W. Eugene Hollon, *Frontier Violence*, New York: Oxford University Press, Inc., 1974, p. 170.

⑤ David Dary, *Cowboy Culture: A Saga of Five Centuries*, p. 321.

伏。再往北，山脉中断了连续的平原。北部平原也多有矮草覆盖，亦有蓝茎草和针线草等高草，不少地方还有灌丛。内战前的大平原，向世人展现的是一派迷人的草原自然风光。由南向北，极目眺望，绿草随风起伏，宛如滚滚碧波。然而，自带刺铁丝问世以后，牧场主和农场主竞相围篱占地，在短短的十余年间，草原美丽的自然风貌不再。原先一望无际、碧绿如波的大草原被牧场和农场密如蛛网的带刺铁丝围篱分割缠绕，到处耸立着借助强劲风力汲取地下水的大风车，公路要穿过围篱留出的大门。大部分不适合农耕的半干旱和干旱草原地区，被农场主用现代农业机械开垦成了农田。大平原的原始自然风貌被彻底破坏了。

围篱也破坏了大平原的生态平衡。未开发前的大平原是印第安人的家园，是各种植物和野牛等动物栖息的场所，进入大平原的白人定居者很少。在漫长的自然演进中，大平原形成了一个稳定的“草地—野牛—印第安人”的生态平衡链。在这个生态链中，广袤草地的主要作用是固定水土，为野牛等生物提供基本生活条件。草地是保持大平原生态链平衡的基础，以草为食的野牛是印第安人赖以生存的物质基础。野牛成为印第安人衣食住行和各种用品的来源，被印第安人誉为他们赖以为生的“奔驰的百货商店”。白人进入大平原以前，那里的野牛有1,500万至5,000万头①。到1860年，大平原的印第安人约有25万②。虽然大平原上的印第安人以用弓箭、枪矛等原始武器猎杀野牛为生，但他们是在不破坏自然生态平衡的情况下，过着“节俭”“节制”的生活。直到美国内战结束，大平原上依然漫游着1,200万至1,300万头野牛③。“草地—野牛—印第安人”的生态平衡链并未受到破坏。

内战以后，牧场主和农场主围篱占地，首先毁掉了大平原生态链的基础——草地，使许多草地逐渐退化、沙化。继之，白人移居者又用现代武器对野牛进行了有组织的大屠杀，在不到20年的时间里，千万头野牛被屠杀殆尽。到1903年，在大平原上仅发现34头野牛④。取代野牛群的是牧业大王的牛群和羊群，占据大平原的是牧场和农场。大平原生态链的中间环节被消除

---

① LeRoy R. Hafen, W. Eugene Hollon and Carl Coke Rister, *Western America*, Englewood Cliff: Prentice-Hall, Inc., 1970, p. 425.

② John A. Garraty and Robert A. McCaughey, *A Short History of the American Nation*, New York. London: Longman, 1989, p. 227.

③ Walter P. Webb, *The Great Plains*, p. 44.

④ Ray A. Billington, *Westward Expansion: A History of the American Frontier*, p. 597.

了。野牛的灭绝，不仅使美国的一大笔宝贵国家财富被彻底毁掉，而且破坏了大平原野牛与印第安人之间的生态平衡。印第安人丧失了赖以生存的“命根子”，失去衣食所依的印第安人在联邦政府的驱逐、剥夺和军事讨伐下，他们在大平原的保留区一个个丧失，最后不得不接受同化，放弃狩猎，定居农耕，成为联邦政府监护的对象，他们的文化、宗教传统和生活方式遭受了严重破坏。围篱农耕、过度放牧、草场过载毁了大平原上亿亩草地，到 20 世纪 30 年代，大平原的生态平衡几近崩溃。大平原南部成了美国产生沙尘暴的重灾区。“镀金时代”美国西部牧业大王和拓荒农场主的掠夺性开发，使他们的子孙后代不得不吞食自然界无情报复的恶果。20 世纪 30 年代，大平原沙尘暴的肆虐，使从大平原到东部沿海地区的居民都深受其害，居民承受了灾难性的后果。

四、结语

带刺铁丝围篱最终结束了美国大平原上长期存在的开放牧场的原始游牧方式，使其牧业生产走上了固定牧场式的现代化的集约经营。美国大平原的围篱牧场已有了百余年的发展历史，在这些大牧场里，天然草地经过多年实验改造，引进优良草种，变成了人工种植的饲草地。除了利用江河水和贮存雨雪水外，牧场更多的是利用大风车和机械打的深井汲取地下水。牧场主的畜产品由现代运输工具送往市场，大平原的大牧场成了美国重要的畜产品生产基地。拓荒农场主围篱、毁草造田，靠现代化农业机械建起了大农场，大平原变成了美国重要的粮食产地。到 1900 年，美国西部谷物和小麦的产量分别达到全国产量的 32％和 58％①。其中，大部分产自大平原地区。内战前还被称为美国“大荒漠”的大平原地区，在内战后不到 30 年的时间里，被白人移居者开发为现代化的大牧场和大农场。其中，修筑围篱是实现这一转变的重要因素。但是，这种农牧业现代化的实现是以破坏大平原自然风貌和生态平衡，驱逐、杀戮印第安人及剥夺他们的土地为代价实现的，留下了很多难以弥补的惨痛历史教训。在人类生存环境日趋恶化的今天，反思这些负面历史教训，或许能给我们有益的警示。

（原文载《历史教学》，2009 年第 22 期）

---

① Glbert C. Fite, *The Famers' Frontier*, 1865-1990, p. 233.

1886—1887 年的暴风雪与美国西部牧区原始游牧方式的终结

美国内战以后，在其西部崛起一个地域辽阔的“牧畜王国”。在没有围篱的开放牧区，牧场主们把国有土地据为己有，以原始粗放的游牧方式经营牧场，使牧牛业成为美国向垄断资本主义过渡时期最营利的行业之一。“牧畜王国”繁荣兴旺了 20 余年，到 1885 年达到其鼎盛时期。此后，诸多因素使西部的牧畜业盛极而衰①。1886—1887 年美国历史上罕见的暴风雪使“牧畜王国”遭受了灭顶之灾，是导致西部原始游牧方式终结的重要原因之一。

一

在茫茫的美国西部牧区草原，1885 年的秋天温暖而柔和，极目远望，蓝天和碧草连在一起，数不尽的牛群放牧在一望无际的绿色草原上，牛儿饱餐着多汁鲜嫩的野草，个个长得膘肥肉壮。端坐在健步矮马上的牛仔，闪现在牛群之中，挥鞭自如地驱赶着牛群，牧场主们看着这牧区迷人的景色，心中充满无限欢乐。他们凭经验推断，冬天的气候将会是好的，估算着明春牛肉的销售仍然兴旺。想着牛群带来的“黄金”般的利益，使一心只盘算着继续发财的牧场主们产生了麻痹思想，丧失了对可能出现的严寒冬天的警惕。

---

① 参见周钢：《美国“牧畜王国”的兴衰》，《东北师大学报》，1992 年第 5 期。

暴风雪来得猝不及防。1885年最后一天的上午，天气依然温和、晴朗。到了中午，太阳却隐没进云层里，云层低压到地平线上，在牧区的北部和西北部，云层更厚更暗。活跃的牧区变得沉闷起来，牛都停止了吃草，抬起头向北方望去。空气逐渐变冷，冷风吹得草丛发出瑟瑟的颤抖声。牛儿摇着头，大声吼叫着东奔西跑，它们对自然界的变化表现出了比人还强的感受能力。不久，天下起了冷飕飕的毛毛雨。到下午，雨变成洁白的粉粒状的雪散落下来。白雪很快粘在野草、灌木丛和树上。突然，狂风怒吼，白雪漫天，刮得看不清牛马，也看不清人。牛群、草地、山丘和牧区万物在旋转的大雪中瞬息消失。从南、北达科他到得克萨斯，都被美国历史上这场罕见的暴风雪连续袭击了三个昼夜。第一夜的大雪下了18英寸，气温降到－20℃以下，火车和邮政全被中断①。

许多人在这场暴风雪中丧生。整个西部死了300余人，仅堪萨斯就死了100多人，很多是牛仔，一些农民也被困在他们的小木屋中冻死。在得克萨斯的柄状狭长地区，莱斯·卡特走到一辆定居农民的货车旁，寻找他的牛群，看见死马仍然套着马具。往车的遮雨棚内一看，卡特的心沉了下去，他看见了3个孩子和父母挤在一起被冻死了。在堪萨斯草原，一个男人从城镇返回到自己的宅地，看到他家七口人都冻死在雪中②。1886年春，草原上到处可见肿胀、恶臭的死牛。鲜花在死牛的恶臭中失去了香味。从暴风雪中唯一得利的是皮货商，他们取走了牛皮后又把牛骨收集了起来。当然，狼和秃鹰在那个冬天也吃肥了。

二

怀俄明、科罗拉多、蒙大拿和达科他躲过了1885—1886年的大风雪，但没有躲过1886—1887年暴风雪的袭击。

预报说1886—1887年的冬天将是最坏的一个冬天。牧区出现了种种反常征兆。麝鼠造的越冬房子比往年高出了两倍，墙也比过去厚得多。据老辈人讲，麝鼠的毛皮也比以前长得更厚更长。河狸昼夜忙碌着，贮藏下比平常年份多两倍的越冬食物。往常在10月份才到南方去的野鸭在1886年秋天也提

---

① Laurence I. Seidman, *Once in the Saddle: The Cowboy's Frontier*, 1866-1986, New York: Alfred A. Knopf, Inc., 1973, p. 136.

② Laurence I. Seidman, *Once in the Saddle: The Cowboy's Frontier*, 1866-1986, p. 146.

前一个月南飞了。只有在严冬才飞临草原的北极枭在刚入秋时也提早来到数千只鸟聚集的丛林中。与往年相比，牛马都长出了不寻常的长毛。一心只想发大财的牧场主们却忽视了这些反常现象。

1886年10月，西部牧区开始下雪。进入12月，天气非常寒冷。气温降至－37℃以下，这样的严寒一直持续到1887年2月中旬，温度最低时，达到－56℃。1月9日，牧区经历了一场最厉害的暴风雪，在16个小时内雪下了16英寸。一星期后，蒙大拿又下了一场同样的大雪。随后暴风雪持续了10天，毫不减弱，四野茫茫，万物皆白，任何地方都露不出一点地皮，许多肥壮的小公牛都冻死在牛道上①。暴风雪连着暴风雪，这对散居在牧区的男男女女来讲是一个极其可怕的难熬的时期，这几个月带给牧场主们的折磨和痛苦是以往未经受过的。他们透过窗户，看到自己的牛有的站立着被冻僵了；有的被狂风卷到冰与雪的当风处成群成群地死去；有的迷失的牛群被暴风雪吹到牧场的围篱前被截住，在那里挣扎着，最后冻饿而死。1月末，来自南方的一股暖风曾融化了部分积雪，但随之而来的另一股冷风又把大地变成硬的冰块。有时，数千平方英里牧场被2—3英寸甚至4英寸的坚硬冰雪盖得严严的。牛因为吃不到一点草，大量冻饿而死。

在整个牧区，牛仔们都竭尽全力抢救遭受暴风雪严重摧残的牛群。成千上万的牛被暴风雪卷入河流中，很多被旋涡吞没。为了救出在激流中挣扎的牛群，把这些濒临死亡的牲畜带到可以掩护的地方，牛仔们全副装备起来，骑马穿过暴风雪，踏进激流中顽强搏斗。可以想象，整日骑马行走在看不清路的暴风雪中，在刺骨的冷水里，没有饭吃是什么滋味。冰冷的空气直穿进他们的肺部和腹部，致使他们气喘吁吁和伤了内脏。牛仔们被冻僵了双手、双脚，很多人被冻死，仅西内布拉斯加就死了38人②。

遇到这样的暴风雪，分散在保留区的印第安人更难以生存。一群奈齐-珀西印第安人在科尔维尔保留地被大雪掩埋了，4英尺深的积雪阻止了他们的狩猎并使很多人冻饿而死。1月末，克拉克要塞的50多个克罗印第安人的营地

① Laurence I. Seidman, *Once in the Saddle: The Cowboy's Frontier*, 1866-1986, p. 142.

② Fred A. Shannon, *The Farmer's Last Frontier: Agriculture*, 1860-1897, New York: Farrar and Rinehart, 1954, p. 202.

小屋中的人都濒临死亡①，很多人已经冻死饿死了，活下来的人靠吃埋在雪堆中的死牛维持生命。

春天雪融化时，牧区更展现出一幅悲剧景象。人们突然听到来自密苏里河上游河水奔泻而下的咆哮声，目睹了那终生难忘的惨状。汹涌的河水漫出两岸，冲走了三叶杨。一股浑浊狂暴的急流从河底冲出，裹着磨盘般巨大的冰块旋转着、猛撞着，势不可当地向前奔流。在河流中，无数牛尸与冰块来回旋转翻滚和沉浮。一些死牛的四条僵硬的腿直直地指向天空，随后而来的牛尸在激流和浮冰的推动下，又把前面的牛尸撞沉河底，一些沉没，另一些浮起。这种可怕的景象不是持续了一小时、几小时，而是数日。人们被这从未见过的惨状惊呆了，一个人只要在河岸上站几分钟，注视这惨不忍睹的死牛行列在河水中不停地沉没下去，就会完全了解在过去的几个月内发生的灾害的严重程度。

三

历史上罕见的暴风雪给美国西部牧区造成的损失是惨重的。1886年的暴风雪过后，很多牧场主的家畜损失了50%—85%。雷诺兄弟的7,000头小牛损失殆尽。“圆圈M牧场”的6,000头牛，到春天只围捕到150头活牛。堪萨斯的一个牧场主对牛群的2.5万美元投资，暴风雪后他卖掉了牛后仅得500美元。得克萨斯的雷德·科克伦在冬天把2,300头小公牛赶到南达科他牧区育肥，到春天，他只剩下了50头牛。科克伦因欠债破产，由牧场主变成了做工的牛仔。数百个牧场被1886年的暴风雪彻底毁掉了。

1887年的暴风雪更给美国西部的牧牛业以毁灭性的打击。数百万头的牲畜死于暴风雪中。蒙大拿、怀俄明、科罗拉多的牧场主遭受的损失较东邻数州牧场主上年的厄运更为严重。有历史学家估计，蒙大拿牧区牛群的损失达75%②，黄石地区牛群的损失高达95%③。怀俄明很多牧场主的损失达

---

① J. Frank Dobie, *The Mustangs*, Boston: Little, Brown and Company, 1952, p. 294.

② James M. Hamilton, *From Wilderness to Statehood, A History of Montana*, 1805-1900, Portland: University of Portland Press, 1957, p. 99.

③ Robert S. Fletcher, "That Hard Winter in Montana, 1886-1887", *Agricultural History*, Vol. 4, No. 4, 1930.

65%[①]，最大的"斯旺土地和牧牛公司"拥有的11.3万头牛仅剩5.7万头[②]，怀俄明领地的财产损失为80%[③]。在科罗拉多，牛群的损失也达75%以上[④]。近年来，一些美国史学家估计：1886—1887年的暴风雪使美国西部牧区牛群的损失高达80%—90%。这对大多数牧场主和牧牛大王来说，唯一的结果就是破产。无怪西奥多·罗斯福1887年4月在"麋鹿牧场"悲伤地写道："我们的整个牧牛区彻底垮掉了。[⑤]"

出于对灾难的恐惧，很多牧牛公司低价变卖了牛群。迫于债主整日在门前吵嚷讨债，一些牧场主急切无奈地在市场上倾销菜牛，致使牛肉价格暴跌。在芝加哥，百磅牛肉从1883年4月的4.25美元降至1887年冬的1美元[⑥]。牧牛大王们从此对在开放牧区从事发大财的牧牛业变得心灰意冷，勇气顿消。怀俄明牧牛大王们的"夏延俱乐部"因无力履行债务合同，被迫把1美元的债券以20美分出售。"圣路易鞋业公司"购买了价值25万美元的一大群牛，暴风雪后把剩牛抛售，所得仅够付一个牛仔一年的工资。多数牧牛公司相继破产[⑦]。虽然在1888年夏季西部牧区又恢复了良好的自然放牧条件，但只有少数小牧场主重整旗鼓、惨淡经营。1886—1887年的暴风雪导致了美国西部开放牧牛业的终结。原始、传统的游牧经营方式被定居的围栏圈养牧场所取代，并逐步向集约化、现代化的畜牧业经营方式过渡。养牛业在美国西部不再是代价昂贵、漫无边际和充满危险的冒险活动，逐渐成为一种严肃而审慎的事业。

1886—1887年的暴风雪，对于美国西部牧区来说其教训和意义是多方面

---

① John K. Rollinson, *Wyoming: Cattle Trails*, Caldwell: The Caxton Publishing Company, 1948, p. 258.

② Robert G. Ferris, ed., *Prospector, Cowhand and Sodbuster*, Washington: H. W. Wilson Co., 1967, p. 141.

③ W. Tarrentine Jackson, "'The Wyoming Stock Growers' Association: Its years Temporary Decline, 1886-1890", *Agriculture History*, Vol. 22, No. 4, 1848.

④ Lewis Atherton, *The Cattle Kings*, Lincoln: Nebraska University Press, 1972, p. 154.

⑤ John A. Garraty and Robert A. McCaughey, *A Short History of the American Nation*, New York: Longman, 1989, p. 290.

⑥ Ernest S. Osgood, *The Day of the Cattleman*, Chicago and London: University of Chicago Press, 1968, p. 105.

⑦ Ray A. Billington, *Westward Expansion: A History of the American Frontier*, New York: Macmillan Publishing Co., Inc., 1974, p. 597.

的。首先，掠夺性的原始经营方式破坏了生态平衡，使牧场主们处在“靠天养牧”的恶性循环之中，缺乏抵御自然灾害的能力。“牧畜王国”的兴起，伴随着美国工业化的迅猛发展和向垄断资本主义过渡的大变革。因此，美国西部牧牛业的粗放经营具有鲜明的时代特点，往往与大量投资和土地兼并结合在一起。在相当于美国 1/4 领土的“牧畜王国”里，牧牛大王们不择手段地占有开放的国有土地。19 世纪 70 年代初，牧羊场主又把大量羊群赶进“牧畜王国”里的北部牧区。一群群“毛茸茸”的羊便不断“蚕食”牧牛人的王国。由于畜多草少，大大超过了草原的承受能力。过载过牧更加剧了掠夺性经营，形成恶性循环。牧草好的地方，被牲畜拼命采食。牛吃完了羊啃，不给草原以喘息之机。羊群连草根一起吃光，致使大片草原逐渐沙化。19 世纪 70 年代后，大批农民开始在大平原上定居。牧牛业大举北上，同西进农民的冲突日益加剧。“牧畜王国”呈现一派牛羊争草、农牧抢地的残酷竞争局面。贪得无厌的牧场主们为追逐利润，在牧场基本建设上很少投资。他们用粗糙、浪费的方法管理牛群，不修建坚固抗寒的牛棚，不储备冬草。在冬季寒冷的大平原地区，对牛群没有采取必要的喂养和保护措施。由于牧牛大王们“靠天养畜”，他们的牧场几乎没有抵御自然灾害的能力。牧牛大王们一味向大自然索取的掠夺式经营毁坏了西部的草原植被，破坏了公共牧区的生态平衡，最终他们也难逃大自然的惩罚。

其次，连续两年的暴风雪给美国西部牧区造成的灾害特别严重，也源于投入抗灾的力量十分薄弱。“牧畜王国”遭受历史上罕见的暴风雪时，不仅美国联邦政府、地方政府没有采取有效的救灾措施，而且各牧场主之间也没有互相协作、联合抗灾。即使在一个牧场里，也仅仅是被雇做工的牛仔去与暴风雪搏斗，抢救牛群。牧场主们吓得躲在火炉旁不敢出门，无奈地看着无依无靠的牛群成千上万地死去。在竞争残酷激烈的资本主义制度下，不可能调动美国全国的人力、物力用于抗灾，因而加重了受灾的程度。

最后，在 1886—1887 年暴风雪后，美国西部牧区开始了由原始、粗放的游牧方式向集约化、现代化的畜牧生产方式的转变，但转轨速度缓慢，大约经历了半个世纪。暴风雪后残存下来一些小牧场，其主人们经过天灾后认识到必须要有一些在紧急关头饲养和保护牛群的设施。于是，牧场主们放弃了原始的游牧经营方式，转向用围栏牧场养牛。他们把牛群围在固定的草场内，精心饲养管理，培养优良牛种。在资本主义生产条件下，美国西部的牧场主们仍在被动地同自然灾害的搏斗中走完了 19 世纪和 20 世纪的头 30 年。第一次世界大战后，美国在密西西比河一带大量开垦草原，种植粮食作物，结果毁坏了上亿英亩草原植被，导致1934年在美国发生了震惊世界的“黑色风暴”。连续3天黄沙飞舞，越过了2/3的美国土地，吹走了3亿多吨的黄土①，以致纽约海域的轮船进不了港，空中的飞机无法降落。这次大风暴才真正引起美国政府对生态的高度重视。随后，美国建立了土地管理局，推广《免耕法》，用亡羊补牢的方法改善生态平衡。此后，美国西部牧区才逐渐由集约化、现代化的畜牧生产方式代替了原始游牧的畜牧生产方式，走出了被动抗灾的圈子。

我国是世界第二大“草国”。改革开放以来，我国的畜牧业生产取得了长足进步，肉产量已居世界第一，但是，我国牧区过度放牧的现象仍较严重，我国的畜牧业也远远没有摆脱被动抗灾的局面。虽然我们依靠社会主义制度的优越性，发挥集体抗灾的能力，能把自然灾害减少到最低程度，但用于抗灾的投入过大。几十年来，我们用于抗灾的经费占到牧区基本建设的42%。我国的畜牧业尚未跨越“靠天养牧”的阶段。在我国牧区，没有分工的小农养畜还占较大比重，社会大生产的家庭式牧场还不占主导地位。这些都制约着我国畜牧业的现代化进程。

我国辽阔的牧区与美国西部牧区的自然条件相似。温暖季节短，寒冬时间长。为了保证我国的畜牧业持续、稳定和健康地发展，我们应从美国西部牧区1886—1887年的灾难中吸取深刻教训，尽快从被动抗灾的圈子中走出来。为此，我们要加大对牧区基本建设的投入。加强天气预报能力，修建牢固的牛棚。备足冬草，增强抵御自然灾害的应变能力。我们应采取现代化的科学经营方式，实行划区轮牧和牛羊分牧，保持牧区的生态平衡，防止草原沙化。这样，才能把我国的畜牧业纳入良性循环。我们还应使小生产的“户养”转向“专业户”家庭牧场的社会化生产，采用专业化畜牧业与社会化畜牧业并存的方针，建立家庭式牧场和畜牧业公司，充分发挥畜牧业领导机构的宏观协调作用，为我国的畜牧业商业生产创造良好的条件。这样，就能使我国的畜牧业生产从小农经济转向社会主义市场经济，告别原始的游牧生产方式，缩短走向集约化、现代化生产方式的进程。

（原文载周钢主编：《教学研究文集》，成都：电子科技大学出版社，1996年）

① 许谋清、石晶：《第二草原（续）——关于中国的草原、中国的肉食、中国人的肠子的报告》，《北京文艺》，1991年第8期。

第五部分　美国西部牧业史学

美国“牧畜王国”史学评介

在美国西部的开拓中，“牧畜王国”的兴衰是一个十分重要的方面。自19世纪70年代迄今，那里的牧畜业一直吸引众多的美国历史学家，激发他们浓厚的研究兴趣，成为他们著书立说的重要主题。美国历史学家对“牧畜王国”的“研究热”历经百年而长盛不衰，论著浩瀚。然而，我国对有关“牧畜王国”的英文论著藏书极少，我们对这一重大问题的研究也尚属空白。有鉴于此，本文拟对美国“牧畜王国”的重要史学著作试作初步评介。

一

美国西部牧畜业成为广泛研究和著述的主题始于19世纪70年代。早期著作多数出自到西部去的观察家和牧牛业经营者之手。约瑟夫·G. 麦科伊是早期作者中的重要一员，曾在美国西部牧牛业中扮演过重要角色。麦科伊生于伊利诺伊州，与两个兄长从事养牛和装运业务。内战后，麦科伊发现积存过量的得克萨斯牛外运是个极为棘手的难题。于是，1867年，这个30岁的年轻人“诚心诚意地想要干一番利己利人的事业。”①这一年，他在堪萨斯州创建了阿比林牛镇。在19世纪60年代末至70年代初，阿比林成为把得克萨斯牛群长途赶到北部牧区的第一个铁路装运站。阿比林不仅是首建的牛市贸易集散

① [美]丹尼尔·J. 布尔斯廷著，谢延光译：《美国人——南北战争以来的经历》，上海：上海译文出版社，1988年，第20页。

地，而且成为后建的众多牛镇的样板，它对“牧畜王国”的发展起过重要作用。1874年，麦科伊出版了《西部和西南部牛贸易史略》，他在书中描述自己为实现建立牛镇的宏愿，如何以极大的热情和决心奔波于两大铁路公司之间。在遭到密苏里太平洋铁路公司总经理倨傲轻蔑的拒绝后，如何不屈不挠，在60天内建成了设有牲畜围栏和配套设施齐全的阿比林牛镇。9月5日，第一批牛从阿比林装火车外运，他热情洋溢地描绘了伊利诺伊的牧场主为此而举行的热烈庆典。麦科伊认为“西部赶牛人和北部买主可以在那里平等相见”，谁也不会受到暴徒和偷牛贼的干扰。① 尽管麦科伊对美国西南部的牧牛场做了乐观的描述，但与另外两本流行的著作相比，他的态度是较谨慎的。

指挥几个西部军事要塞的詹姆斯·S. 布里斯宾将军，在1881年写了《牛肉财源，或如何在大平原致富》一书，这一著作的标题极富夸张色彩，在书中布里斯宾以极尽渲染的口吻说美国东部的牧场主无法同“大平原的牛肉竞争”。因为东部的牧场每英亩要花50—100美元，还得储备喂牛的冬草；而“西部不花钱的野草”使牧场“没有市场价值”，天然的野草使牛群冬天也能在外面放牧，1—3月都能“使牲口长膘”。他宣扬“西部财富唾手可得”，抱怨人们“为什么要待在过分拥挤的东部”。② 四年后，瓦尔特·巴龙·冯·里希特霍芬出版了《北美平原牧牛业的兴起》一书，作者介绍了一些在科罗拉多获得成功的牧牛大王，进一步提供了在西部牧场能够赚钱的证据。③ 1885年，小约瑟夫·尼莫对西部牧牛业的增长和市场状况提供了统计数字。④

在19世纪晚期至20世纪20年代，有许多关于西部牧畜业及牛仔生活的著作和论文面世，其间涉及方方面面，大致有以下几类：

(1)论述地区牧牛业的发展状况方面的重要文章包括克拉拉·M. 洛夫的

---

① Joseph G. McCoy, *Historic Sketches of the Cattle Trade of the West and Southwest*, Kansas City: Amsey, Millett and Hudson, 1874, from Laurence I. Seidman, *Once in the Saddle: The Cowboy's Frontier*, 1866-1986, New York: Alfred A. Knopf, Inc., 1973, p. 49.

② James S. Brisbin, *Beef Bonanza, or How to Get Rich on the Plains*, Norman: University of Oklahoma Press, 1959, 转引自[美]丹尼尔·J. 布尔斯廷著，谢延光译：《美国人——南北战争以来的经历》，上海：上海译文出版社，1988年，第11—12页。

③ Walter Baron von Richthofen, *Cattle-Raising in the Plains of North America*, Norman: University of Oklahoma Press, 1964, from Michael P. Malone, *Historians and the American West*, Lincoln: University of Nebraska Press, 1984, p. 221.

④ Walter Baron von Richthofen, *Cattle-Raising in the Plains of North America*, from Michael P. Malone, *Historians and the American West*, p. 221.

《西南部牧牛业史》(《西南部历史季刊》，1916 年第 19—20 期)、W. E. 格思里的《怀俄明的敞开放牧业》(《怀俄明年刊》，1927 年第 5 期)和哈罗德 · E. 布里格斯的《牧场和饲养业在南达科他的兴起》(《南达科他历史集成》，1928 年第 14 期)。[①]

(2)爱德华 · E. 戴尔围绕牧场主侵占印第安人土地这一问题撰写了一系列论文。1920 年，《美国历史学会年度报告》上刊登了他的《俄克拉何马开放牧牛业的历史》；3 年后，他又发表了《牧场主最后的边疆》一文(《密西西比河流域历史评论》，1923 年第 10 期)；《俄克拉何马记事》(1928 年 3 月)刊出了他的文章《从夏延至阿罗伯赫保留区上的牧场》。[②]

(3)介绍西部一些著名的大牧场这方面的重要文章有哈利 · T. 伯顿的《J · A 牧场史》(《西南部历史季刊》，1927 年第 31 期，1928 年第 32 期)和伯莎 · A. 屈恩的《在密苏里斜坡上的 W-B 牧场》(《北达科他历史学会编年史》，1923 年第 5 期)。[③]

(4)关于开放牧区的衰落问题，罗伯特 · S. 弗莱彻发表了《蒙大拿开放牧业的终结》(《密西西比河流域历史评论》，1929 年第 14 期)，作者研究了开放牧牛业向大饲养牧场转变的情况。[④]

从 19 世纪 80 年代末期到 20 世纪 20 年代末期，美国历史学家虽然对西部牧畜业的诸多问题进行了深入研究，写出了大量有价值的论文，但几乎没有什么专著问世。这些专题论文研究的作用是开阔了史学家的视野，拓宽了他们的思路，为后来有价值的学术著作问世奠定了基础。

如果说 20 世纪 20 年代末美国史学家对西部牧畜业的研究尚处在撰写专题论文阶段，那么关于牛仔方面的著作却大量出版。最早描写牛仔的著作当推查尔斯 · A. 西林戈的《一个得克萨斯牛仔》[⑤]。埃默森 · 霍夫在 1898 年出版

① Ray A. Billington, *Westward Expansion: A History of the American Frontier*, New York: Macmillan Publishing Co., Inc., 1974, pp. 786-790.

② Ray A. Billington, *Westward Expansion: A History of the American Frontier*, pp. 786-790.

③ Ray A. Billington, *Westward Expansion: A History of the American Frontier*, pp. 786-790.

④ Ray A. Billington, *Westward Expansion: A History of the American Frontier*, pp. 786-790.

⑤ Ray A. Billington, *Westward Expansion: A History of the American Frontier*, p. 789.

的《牛仔的故事》也是研究牛仔的最早著作之一①，他在书中主要探讨了牛仔在牧场的生活和工作情况。1903 年，安迪·亚当斯的《一个牛仔的日记》出版，在有关西部牛仔的著作中他的书堪称值得信赖的少数经典之作，作者为我们提供了牛仔在牛道上的真实记录。菲利普·A. 罗林斯 1922 年出版的《牛仔》和 E. 道格拉斯·布兰奇 1926 年写的《牛仔和他的译员》，都渲染了浓厚的牛仔生活氛围，收集了大量的牛仔轶事。此外，还有一些从前的牧场主回忆录发表，如弗兰克·S. 黑斯廷斯 1921 年出版的《一个牧场主的回忆》、约翰·克莱 1924 年写的《我的牧场生活》和林肯·朗 1926 年面世的《与罗斯福经营牧场》均属这类著作。② 这些回忆录是采用有关牛仔和牧场生活的第一手资料写成的，其中克莱的著作在这一方面尤为突出。上述有关牛仔的大量著作中，有两个突出特点：(1)多数是记述有关牛仔个人的经历和生活；(2)对于牛仔的生活勾画了一幅相当浪漫的画面，其突出代表是霍夫的著作。因此，尽管其间有关牛仔的著作颇多，仍缺乏综合性研究的优秀之作。

从 19 世纪 70 年代中期到 20 世纪 20 年末期，是美国史学家对西部牧畜业的研究的第一个阶段，是“牧畜王国”史学的初创和奠基时期。这个时期的研究有三个特点：第一，早期著作的主要写作目的是为西部牧畜业广做宣传、推销，如麦科伊在 1874 年的著作和在 1890 年的人口普查报告中，都对西部的牧畜业做了乐观的描述，为其吸引来了大量投资。因此，早期作品中对西部牧畜业的描写不乏夸张之词，这类代表以布里斯宾将军最为典型。第二，对牧畜业的研究尽管有方方面面的专题论文，但没有真正的高水平的学术专著出现。第三，虽然有大量有关牛仔的著作问世，但多数是充满浪漫、传奇色彩的个人经历的描写，少有对牛仔生活和工作进行综合研究的上乘之作。

---

① Michael P. Malone, *Historians and the American West*, p. 223.

② Andy Adams, *The Log of a Cowboy: A Narrative of the Trail Days*, Lincoln: University of Nebraska Press, 1903; Phillip A. Rollins, *The Cowboy*, New York: Charles Scribner's Sons, 1922; Douglas Branch, *The Cowboy and His Interpreters*, New York: Cooper Souare Publisher, Inc., 1926; Frank S. Hastings, *A Ranchman's Recollections*, Chicago: The Breeder's Gazette, 1921; John Clay, *My life on the Range*, New York: Antiquarian Press Ltd., 1961; Lincoln A. Lang, *Ranching with Roosevelt*, Philadelphia: Lippincott and Company, 1926. 参见 Ray A. Billington, *Westward Expansion: A History of the American Frontier*, pp. 789-790.

二

直到1929年，有关牧畜业的高水平的学术著作才开始出现。明尼苏达大学的历史教授欧斯特·S. 奥斯古德所著的《牧牛人时代》，是第一部从学术的角度对美国西部牧畜业进行全面评述的佳作。虽然作者主要着眼于北部平原上怀俄明和蒙大拿的牧畜业，但他也论述了19世纪晚期美国西部牧牛业发展的一般趋势。奥斯古德在书中论及1845—1887年牧畜边疆的发展状况，讨论了得克萨斯牛向北部扩展、印第安人阻拦、畜牛业繁荣、牧牛者协会、牧场主和国有土地以及天灾和开放牧牛业的变迁等诸多问题。他证明了牧场主利用半干旱的平原地区和天然的青草创建起一个巨大而有利可图的商业企业。《美国学者》杂志对他的著作予以高度评价，说“他远比继他之后出现的有关西部荒野的戏剧、小说和电视节目收到了更多的赞誉”。① 正因如此，奥斯古德的书一版再版，到1968年已出到第5版，《牧牛人时代》至今仍是我们研究美国西部牧畜业的重要参考书。

与《牧牛人时代》同年出版的另一重要著作是《得克萨斯XIT牧场》一书，该书的作者是出生于得克萨斯的牧场主兼历史学家J. 埃弗里茨·黑利，他利用了包括牧牛公司档案在内的广泛、翔实的史料。作者描述了这个当地最大围篱牧场的建立过程、放牧机制的实施情况、长角牛改良为良种牛以及农民购买牧场的大部分土地而使牧场衰落的问题。黑利的著作有助于人们较深入地了解美国西南部平原牧畜业的发展状况。来自牛乡的历史学家J. 弗兰克·多比赞誉道：“虽然许多牧场史提供了各种放牧区的基本历史”，但这一著作却是“精华”。②

奥斯古德和黑利的著作鼓励和促进了更多人对西部牧牛业进行专门研究。1930年，E. E. 戴尔出版了《牧牛业》一书，戴尔在成为历史学家之前是俄克拉何马的一个小牧场主。他在书中评述了内战结束时得克萨斯的牧牛业、长途驱赶牛群以及直到1900年牧牛业在中部平原、得克萨斯和俄克拉何马的发

① Ernest S. Osgood, *The Day of the Cattleman*, Chicago: University of Chicago Press, 1968, pp. V, back cover.

② Howard R. Lamar, ed., *The Reader's Encyclopedia of the American West*, New York: Thomas Y. Crowell Company, 1977, p. 418.

展状况。后来，戴尔还出版了一本有关牧牛业的社会史——《牛乡》。①

享有美国西部史学家领头人之一的声望的路易斯·佩尔泽在1936年出版了他的名著《牧场主的边疆》。尽管他在书中论及了一些与奥斯古德和戴尔的著作中相同的问题，但与前两人不同的是他对“怀俄明家畜饲养者协会”的重要性格外重视。同时，佩尔泽在自己的著作中论述了美国东部和外国资本对美国西部牧畜业发展所起的重要作用。正是这一杰作的出版，建立起了他作为西部史专家领头人之一的声望与地位。② 出生于内布拉斯加州的女历史学家玛丽·桑多写过一本小说和6—7本历史著作，但她最好的作品是1935年所写的第一部书——《老朱斯》，该书实际是她父亲的一本传记。桑多在书中讲述了她的父亲——一个老拓荒者在19世纪80年代在内布拉斯加西北部牧场和农场的经历。作者认为一个到大平原去的坚强的拓荒者理应获得先驱者的荣誉，而且要为那里的恶劣环境做出巨大牺牲，她的著作成了典型的西部文学的代表作之一。这部人物传记同时也成为当年最杰出的非小说类文学作品，桑多因此获得《大西洋月刊》奖。③ 1958年，她写了一本论述平原地区的牧畜业的著作，同样颇有影响。④

莫利斯·弗林克、W. 特伦坦·杰克逊等合著的《青草王时代》，从整体论述了19世纪后半期的牧牛业，该书也是了解开放牧区的基本著作之一。⑤ 著名的西部史学家查尔斯·L. 桑尼希森撰写了大量论文和书评，出版了10多

---

① Edward E. Dale, *The Range Cattle Industry*, Norman: University of Oklahoma Press, 1930; Edward E. Dale, *Cow Country*, Norman: University of Oklahoma Press, 1942; Michael P. Malone, *Historians and the American West*, p. 223.

② Louis Pelzer, *The Cattleman's Frontier: A Record of the Trans-Mississippi Cattle Industry*, 1850-1900, Glendale: Arthur H. Clark Company, 1936; Howard R. Lamar, ed., *The Reader's Encyclopedia of the American West*, p. 901.

③ Mari Sandoz, *Old Jules*, Lincoln: Oxford University Press, 1962; Mari Sandoz, *The Cattle Men from the Rio Grande Across the Far Marias*, New York: UNP-Bison Books, 1958; Howard R. Lamar, ed., *The Reader's Encyclopedia of the American West*, p. 1067; Michael P. Malone, *Historians and the American West*, p. 231.

④ Mari Sandoz, *Old Jules*; Mari Sandoz, *The Cattle Men from the Rio Grande Across the Far Marias*; Howard R. Lamar, ed., *The Reader's Encyclopedia of the American West*, p. 1067; Michael P. Malone, *Historians and the American West*, p. 231.

⑤ Maurice Frink, W. Turrentine Jackson and Agnes W. Spring, *When Grass Was King*, Boulder: University of Colorado Press, 1956; Ray A. Billington, *Westward Expansion: A History of the American Frontier*, p. 786.

本专著。1950年，他出版的《牛仔和牧牛大王：当今牧区生活》，把西部牧畜业的历史带进了20世纪，是关于现代牛仔工作和生活的记录。[①] 对于20世纪平原地区养牛业论述最好的著作是约翰·S.施莱伯克所写的《大平原地区养牛业的兴起：1900—1961年》，作者在书中展示了牧场主们如何不断进行调整，使养牛业适合大平原的环境；论述了新的牛种、科学养牛的方法及与现代化养牛有关的其他问题。[②]

1929年后的10余年间，奥斯古德、戴尔、佩尔泽和皮克等所撰写的有关开放牧牛业的优秀历史著作，主要集中在对大平原地区和事实上使用“不花钱的青草”时期牧牛业的研究，他们的著作与黑利对“XIT牧场”的研究使牧场“个案史”和西部牧牛业专题史的数量大为增加。对西得克萨斯的“斗牛士土地和牧牛公司”、南得克萨斯的“靴刺牧场”和著名的“大王牧场”、俄克拉何马的“101牧场”、怀俄明的“斯旺土地和牧牛公司”以及加利福尼亚“欧文牧场”研究的专著，都使我们可以更好地了解19世纪末和20世纪初美国西部牧场的发展状况。

牧场个案史的研究，又极大地促进了有关牧牛业的高水平的学术著作的问世。黑利除著有《得克萨斯XIT牧场》一书外，还撰写了两本关于得克萨斯著名牧场主查尔斯·古德奈特和乔治·利特菲尔德的人物传记。[③] 相对来说，论述20世纪牧场主的著作是少了些，但康纳德·E.格林撰写的《亨利·C.希契传》不失为杰作之一，该书记述了这位牧场主在俄克拉何马狭长地区的活动和经历。[④] 对19世纪晚期大牧场主的研究，诸如他们是哪种类型的人，他们对其社区有何影响的论著很多。这类书中最佳的当属刘易斯·阿瑟顿的《牧牛大王》，这位密苏里大学的教授强调他的书集中论述了牧场主在美国文化中的作

---

① Howard R. Lamar, ed., *The Reader's Encyclopedia of the American West*, pp. 1, 129.

② John T. Schlebecker, *Cattle Raising on the Plains*, 1900-1961, Lincoln: Oxford University Press, 1963; Michael P. Malone, *Historians and the American West*, p. 22.

③ James E. Haley, *Charles Goodnight: Cowman & Plainsman*, Boston: Houghton Mifflin, 1936; James E. Haley, *George W. Little Field*, Norman: University of Oklahoma Press, 1943; Howard R. Lamar, ed., *The Reader's Encyclopedia of the American West*, p. 481.

④ Donald E. Green, *Panhandle Pioneer: Henry C. Hitch, His Ranch, His Family*, Norman: University of Oklahoma Press, 1979; Michael P. Malone, *Historians and the American West*, pp. 223, 233.

用，作者论证了与牛仔相比，牧场主更是真正的英雄，认为这些头脑冷静的生意人使西部真正得到发展。《密西西比河流域历史评论》《芝加哥论坛》《农业史》杂志对这一著作都发表了专门评论文章，予以很高评价。美国史学界认为，该书是关于牧牛大王在得克萨斯经营牧牛业的权威著作。① 罗伯特·R.戴克斯特拉是研究美国 19 世纪边疆社会和政治史的专家。他于 1968 年出版的《牛镇》是一本有趣的、具有很高史料价值的著作。作者在书中考察了堪萨斯州 5 个牛贸易中心阿比林、埃尔斯沃斯、威奇塔、道奇城和卡拉德威尔在 1867—1885 年的历史，探讨了牧牛业与西部牛镇发展的关系。戴克斯特拉揭示出在牛镇的兴起和发展过程中，牛贸易并非持久的影响因素。② 特里·G.乔丹在《通往得克萨斯的牛道——西部牧牛场的南部根基》一书中，提供了研究西部牧场的重要背景材料。③

罗伯特·G. 克莱兰的《千山上的牛群》和黑兹尔·A. 普林的博士论文《1770—1912 年加利福尼亚牧场牛业史》，是关于加州早期牧场研究的论著。J. 奥林·利芬特集其多年的研究成果于《俄勒冈地区的牧牛场》一书中，这是一本关于太平洋沿岸西北部地区牧牛业的具有指导性的权威著作。④

专门介绍美国东部和外国资本家投资西部牧牛业的论述也较多。1949 年，赫伯特·O. 布雷厄发表了题为《英国资本对西部牧区牧牛业的影响》一文，该文的重要性在于它为西部牧区资本研究建立起了一个模式。在这方面的研究中，最有价值的著作是怀俄明大学西部史研究中心主任吉恩·M. 格雷斯利于 1966 年出版的《银行家和牧场主》一书，为写该书，作者做了大量调查，广为收集资料，着重论述了 19 世纪 80 年代西部牧场主在东部筹措资金的情况。

---

① Lewis Atherton, *The Cattle Kings*, Lincoln: Indiana University Press, 1961, p. XI; Howard R. Lamar, ed., *The Reader's Encyclopedia of the American West*, p. 62.

② Robert R. Dykstra, *Cattle Towns*, New York: Alfred A. Knopf, 1968, pp. 7-8.

③ Terry G. Jordan, *Trail to Texas: Southern Roots of Western Cattle Ranching*, Lincoln: University of Nebraska Press, 1981; Robert G. Cleland, *The Cattle on the Thousand Hills Southern California*, 1850-1880, San Marino: Huntington Library, 1964; J. Orin Oliphant, *On the Cattle Ranges of the Oregon Country*, Seattle: University of Washington Press, 1968; Michael P. Malone, *Historians and the American West*, pp. 223, 235.

④ Terry G. Jordan, *Trail to Texas: Southern Roots of Western Cattle Ranching*, Lincoln: University of Nebraska Press, 1981; Robert G. Cleland, *The Cattle on the Thousand Hills Southern California*, 1850-1880, San Marino: Huntington Library, 1964; J. Orin Oliphant, *On the Cattle Ranges of the Oregon Country*, Seattle: University of Washington Press, 1968; Michael P. Malone, *Historians and the American West*, pp. 223, 235.

关于外国投资的重要著作应属 W. 特伦坦·杰克逊的《有魄力的苏格兰》，他论述了苏格兰投资者在 1873 年后投资美国西部牧畜业及其作用。①

20 世纪中期，有关牧场方面的著作包括蒙特·桑德森的《西部畜牧场》、马里恩·克劳森的《西部牧场的饲养业》和菲利普·O. 福斯的《政治和青草》。福斯的著作研究了 1934 年《泰勒青草法》的背景和牧场主们如何利用公共土地的问题。查尔斯·L. 伍德的《堪萨斯的牛肉业》则涵盖了 1890 年后包括大饲养场在内的牧场发展状况，论述了现代养牛业诸多方面的问题。②

因为研究牛仔的早期著作中缺乏综合研究的佳作，所以到 20 世纪中期这个问题仍然是史家著述的主要问题。研究牛仔生活及其在牧场企业中作用的论著数量极多。然而，对美国西部牛仔最好的综合性研究是乔·B. 弗朗茨与朱利安·欧内斯特·乔特合著的《美国牛仔——神话与现实》。该书的分析极为深刻，是任何想了解牛仔的人首选的必读之作。③ 当代报纸和杂志上刊登的有关资料被汇集成了《牛道上的牛仔——边疆记者讲述的他们的生活和知识》。同时其他作者的作品由朗·廷克尔和艾伦·马克斯韦尔编成《牛仔读本》一书。

---

① Herbert O. Brayer, "The Influence of British Capital on the Western Range Cattle Industry", *Journal of Economic History*, Vol. 9, No. 1, 1949; Gene M. Gressley, *Bankers and Cattlemen*, New York: University of Nebraska Press, 1966, pp. X-XII; W. Turrentine Jackson, *The Enterprising Scot: Investors in the American West after 1873*, Edinburgh: Edinburgh University Press, 1968; Michael P. Malone, *Historians and the American West*, p. 235; Ray A. Billington, *Westward Expansion: A History of the American Frontier*, p. 786.

② Mont H. Sanderson, *Western Stock Ranching*, Minneapolis: University of Minnesota Press, 1950; Marion Clawson, *The Western Range Livestock Industry*, New York: McGraw-Hill Book Co., 1950; Phillip O. Foss, *Politics and Grass, The Administration of Grazing on the Public Domain*, Seattle: University of Washington Press, 1960; Michael P. Malone, *Historians and the American West*, p. 223.

③ Joe B. Frantz and Julian Ernest Choate, Jr., *The American Cowboy: The Myth & The Reality*, Norman: University of Oklahoma Press, 1955; Clifford P. Westermeier, ed., *Trailing the Cowboy: His Life and Lore as Told by Frontier Journalists*, Caldwell: The Caxton Printers, Ltd., 1955; Lon Tinkle and Allen Maxwell, eds., *The Cowboy Reader*, New York: David McKay, 1959; William W. Savage, Jr., *Cowboy Life: Reconstructing an American Myth*, Norman: University of Oklahoma Press, 1974; William W. Savage, Jr., *The Cowboy Hero: His Image in American History and Culture*, Norman: University of Oklahoma Press, 1979; Michael P. Malone, *Historians and the American West*, pp. 224, 232-233.

在韦恩·加德的《肖泽姆小道——牧牛王国的最好通路》中，也有大量有关牛仔的真实材料。[①] 菲利普·德拉姆和埃弗里特·L. 琼斯在教授美国西部文学时，发现数量多得难以想象的黑人牛仔被众多的历史学家遗忘了。为此，他们以极大的兴趣收集了5,000多名黑人牛仔的材料，合著了《黑人牛仔》一书。作者论述黑人牛仔的生活和工作情况，也阐述了黑人牛仔对美国西部牧牛业的贡献等问题。[②] 小威廉·W. 萨维奇在20世纪70年代出版了两本书，他编辑的《牛仔的生活——重建的美国神话》，揭示了在美国历史中关于牛仔的神话和浪漫主义观点的形成、发展概况。在《牛仔英雄——在美国历史和文学中的想象》中，萨维奇则通过从广告、电影和其他大众传播媒体中搜寻的大量有关牛仔形象描写的材料，试图颠覆在美国流行的想象的牛仔形象、对牛仔神化的观点。[③]

进入20世纪80年代，有关美国西部畜牧业的著作虽然出版数量远不如70年代以前多，但史学家却是从新角度和更深的层次上进行研究。在这方面戴维·达里教授于1981年出版的《牛仔文化》一书实属杰作，该书既有别于过去已成定式的牧牛业史，也不雷同于传统写法的牛仔著作。在书中，作者主

---

① Joe B. Frantz and Julian Ernest Choate, Jr., *The American Cowboy: The Myth & The Reality*, Norman: University of Oklahoma Press, 1955; Clifford P. Westermeier, ed., *Trailing the Cowboy: His Life and Lore as Told by Frontier Journalists*, Caldwell: The Caxton Printers, Ltd., 1955; Lon Tinkle and Allen Maxwell, eds., *The Cowboy Reader*, New York: David McKay, 1959; William W. Savage, Jr., *Cowboy Life: Reconstructing an American Myth*, Norman: University of Oklahoma Press, 1974; William W. Savage, Jr., *The Cowboy Hero: His Image in American History and Culture*, Norman: University of Oklahoma Press, 1979; Michael P. Malone, *Historians and the American West*, pp. 224, 232-233.

② Philip Durham and Everett L. Jones, *The Negro Cowboys*, Lincoln: University of Nebraska Press, 1965, pp. 1-2.

③ Joe B. Frantz and Julian Ernest Choate, Jr., *The American Cowboy: The Myth & The Reality*, Norman: University of Oklahoma Press, 1955; Clifford P. Westermeier, ed., *Trailing the Cowboy: His Life and Lore as Told by Frontier Journalists*, Caldwell: The Caxton Printers, Ltd., 1955; Lon Tinkle and Allen Maxwell, eds., *The Cowboy Reader*, New York: David McKay, 1959; William W. Savage, Jr., *Cowboy Life: Reconstructing an American Myth*, Norman: University of Oklahoma Press, 1974; William W. Savage, Jr., *The Cowboy Hero: His Image in American History and Culture*, Norman: University of Oklahoma Press, 1979; Michael P. Malone, *Historians and the American West*, pp. 224, 232-233.

要跟踪的是近5个世纪的牛仔文化，他把牛仔的历史和文化有机地结合起来，给读者提供一种新知识，并力图消除人们对现存有关牛仔的历史和文化的误解。《牛仔文化》出版后，《纽约时报》《芝加哥太阳报》《时代》《洛杉矶时报》《南达科他历史》等都给予很高的评价。达里因该书获得国家牛仔厅著名的"骑马牧者奖"、美国西部作家"金靴刺奖"和西部人国际"最好非小说文学作品奖"。作为纪念哥伦布发现美洲500周年活动的举措之一，《牛仔文化》在1989年又获再版。①

1929年至20世纪80年代，是美国历史学家对西部牧畜业研究的第二阶段。这是"牧畜王国"史学的大发展时期、成熟时期和丰收时期。这个时期的研究有以下特点：其一，近60年间有大量高水平的学术专著出版。奥斯古德、戴尔、佩尔泽等人的著作是经得起时间考验的佳作，继他们之后大量优秀著作相继问世。这与第一个阶段缺乏高水平的史学专著的状况相比无疑是天壤之别。其二，关于牧场个案史以及与牧畜业相关的专史研究硕果累累。这一方面是受到了奥斯古德等人的启迪和推动，使很多学者转向牧畜业的研究。另一方面是适应美国西部牧畜业发展的需要，使专家们研究一些新课题。自19世纪80年代末到20世纪30年代，美国西部牧畜业经历了由原始粗放的游牧阶段向现代化定居集约经营方式的转变，现代化大型牧场逐步建立起来。史学家们研究了这一转变过程及与此有关的运输、投资、牛镇、肉类加工包装等相关的问题，探讨了现代化牧场的经营和管理的经验和教训。他们撰写了大量牧场个案史和专史，使"牧畜王国"史学获得极大丰收。其三，对于牛仔问题的研究有了较大突破。20世纪60—70年代有大量著作出版，突破了以前佳作较少的局面。在难以计数的著作中，不仅有对牛仔的工作、生活和他们对西部牧牛业发展作用的综合性研究，而且把历史和文化结合起来进行深入探讨，突破了早期牛仔著作中构筑的浪漫主义神话模式。

三

纵观一个多世纪的美国"牧畜王国"史学，我们可以得出下面几点结论。

第一，美国的历史学家业已对西部的牧畜业做了很好的研究和论述，特别是他们对牧牛业的研究范围极其广泛和深入。著作中既有对牧牛业一般发

① David Dary, *Cowboy Culture: A Saga of Five Centuries*, Lawrence: University of Kansas Press, 1989, pp. X-XI, back cover.

展趋势的综合研究，又有牧场个案史及与牧牛业有关的长途驱赶、运输、投资、牛镇、牛贸易、与印第安人关系和农牧冲突等专题史的研究，其中不乏优秀著作。牧场主和牛仔更是史学家关注论述的主题，主要包括以下内容：第一手资料写成的回忆录；涉及牛仔某时期、某地区和其生活某一方面的专著和通俗读物。对牛仔的综合性研究和对历史文化渊源的探寻的佳作都极为丰富，美国史学家取得了举世瞩目的研究成果。

第二，美国的研究机构为牧畜业的研究创造了极好的研究条件。如设在加利福尼亚戴维斯大学的农业史中心提供了研究西部牧畜业的详尽书目。此外，还有大量第一、二手的重要资料可供研究者利用。在西部各州的历史学会、华盛顿的国家档案馆以及一些地区研究中心（像加利福尼亚圣玛力诺的亨丁顿图书馆）等，都可以找到西部牧畜业研究的丰富的资料。这些珍贵资料对研究美国西部牧业史都极有价值。

第三，美国史学家对西部牧羊业的研究著作相对来说还比较贫乏。直至目前，这方面的著作仅出了几本。如由 H. A. 希思和约翰·明托撰写的《密西西比河以西牧羊业状况》，查尔斯·W. 汤和爱德华·N. 文特沃思的《牧羊人的帝国》与文特沃思的《美国的羊道》。[①] 牧羊业的兴起在美国西部牧畜业的发展中是一个重要方面，仅上述几部著作远不足以反映美国牧羊帝国的全貌及其在西部牧畜业中的地位，美国史学家今后应写出更多、更好的牧羊业论著。另外，就牧牛业而论，绝大多数著作集中在牧场史、专题史和牛仔史方面，即使有些对牧牛业的综合性研究，也大多集中在对大平原地区和“不花钱的青草”时期（内战后到 80 年代末）牧牛业的研究，对美国西部牧牛业进行全面综合研究的著作尚不多见，更缺乏对整个西部牧畜业（包括牧羊业）的研究之作。因此，美国史学家们应进一步去挖掘广散在全国各地的丰富的一、二手珍贵资料，把对西部牧畜业的研究进一步深入下去。牧业史专家们不仅要涉猎尚未涉及的重要专题，而且应对整个西部的牧畜业（包括牧羊业）进行全面深入

---

① H. A. Heath and John Minto, *Condition of the Sheep Industry West of Mississippi*, Washington: Govt. Print Off., 1891; Charles W. Towne and Edward N. Wentworth, *Shepherd's Empire*, Norman: University of Oklahoma Press, 1945; Edward N. Wentworth, *America's Sheep Trails: History, Personalities*, Ames: The Iowa State College Press, 1948; Winifred Kupper, *Golden Hoof: The Story of the Sheep of the Southwest*, New York: Alfred A. Knopf, 1945; Michael P. Malone, *Historians and the American West*, pp. 224, 233.

的研究，特别是应该对牧畜业发展与西部农业的关系，“牧畜王国”在西部开拓中的作用、地位及其对美国历史的影响加以全面的综合考察研究，我们期待着美国史学家有这方面更多的新著问世。

[原文载《首都师范大学学报(社会科学版)》，1995年第6期]

"牧畜王国"的兴衰与美国的牧业史研究

美国内战以后，美国人民和外来移民的西进运动以更大的规模展开。其突出特点表现为矿业、牧业和农业三大开发性行业的兴起。"牧畜王国"是西部三大行业开发的重要组成部分之一，在西部开发史和美国编年史上留下了浓墨重彩的一页，对美国的现代化进程也产生了重要的影响。众多美国学者对西部牧业史研究具有浓厚的兴趣，百余年来热情不减，其论著形成了独具特色的牧业史学，在汗牛充栋的论著中有很多杰作传世。美国的牧业史研究尚有一些问题有待进一步深入探讨，笔者试对这一问题做初步论析。

一、西部开发与"牧畜王国"的兴衰

美国的西进运动(Western Movement)是由东到西横跨北美大陆的拓殖运动。美国独立后至内战前，群众性的西进运动和联邦政府的大陆扩张政策在开拓中互相促进。领土扩张为群众性的移民和开发提供了前提；群众性的移民和开发对新建州和扩大美国的疆域起了决定性的作用。[①] "从根本上说，西进运动是资本主义条件下开发美国西部广大地区的一次壮举。"[②]到 1850 年，美国大陆本土的扩张已经结

① 余志森：《美国史纲——从殖民地到超级大国》，上海：华东师范大学出版社，1992 年，第 96 页。

② 张友伦主编：《美国的独立和初步繁荣(1775—1860)》，北京：人民出版社，2002 年，第 231—232 页。

束，故内战后的西进运动主要是对西部大草原和太平洋沿岸的广袤地域进行勘探和大规模的开发。①

美国学者关于西进运动的著作，大多以英国殖民者在1607年从大西洋登上北美大陆作为开端，以1890年美国人口普查当局宣布"边疆消失"作为基本结束的标志，叙述近三个世纪美国人从东向西直抵太平洋的艰苦开拓历程。②

我国学者对于美国西进运动的开端观点不尽一致，但重点都讲述了19世纪规模巨大的西进和拓殖运动③，因这一问题不是笔者在本书中论述的重点，故不赘述。

美国内战以后的西进运动是美国不断扩张的运动，也是美国人民和移民不断开发西部的群众性运动。④ 这一大规模的开发运动表现为西部采矿业、牧业和农业三大开发性行业的兴起。⑤ 牧业开发是三大行业开发的重要组成部分之一，在西部开发史上占有重要地位，对美国现代化的进程也产生了一定的影响。

---

① 杨生茂、陆镜生：《美国史新编》，北京：中国人民大学出版社，1990年，第257页。

② 参见：Ray A. Billington, *Westward Expansion: A History of the American Frontier*, New York: Macmillan Publishing Co., Inc., 1974, pp. 50-69; Robert E. Riegel and Robert G. Athearn, *America Moves West*, New York: Holt, Rinehart and Winston, 1971, pp. 1-14.

③ 段牧云认为："历时三个世纪之久的西进运动"始于1607年，参见段牧云：《美国西进简史》，载《美国研究参考资料》，1986年第11期，第24页；何顺果认为大规模的西进运动"是伴随着独立战争才兴起的，但它的背景可以追溯到殖民时代，至少可以追溯到英法七年战争前后"，参见何顺果的《美国边疆史——西部开发模式研究》，北京：北京大学出版社，1992年，第17页；黄安年认为：西进运动"自18世纪80年代到19世纪80年代经历了100多年"，参见黄安年的《美国的崛起》，北京：中国社会科学出版社，1992年，第213页；侯文蕙认为西进运动"自18世纪末到19世纪末经历了整整一个世纪"，参见侯文蕙：《十九世纪的美国西进运动》，《兰州大学学报》(社会科学版)，1986年第2期，第8页；余志森也是从"18世纪末"论述西进运动，参见余志森的《美国史纲——从殖民地到超级大国》，第98页；刘绪贻、杨生茂主编的《美国通史》(第2卷)写美国早期移民从1795年的"韦恩战役"之后，重点讲述19世纪初开始的西进运动，参见刘绪贻、杨生茂主编的《美国通史》(第2卷)，《美国独立和初步繁荣》，第231—278页。

④ 丁则民等：《美国内战与镀金时代——1861—19世纪末》，北京：人民出版社，1990年，第108页；丁则民等：《美国内战与镀金时代(1861—19世纪末)》，北京：人民出版社，2002年，第113页。

⑤ 何顺果：《美国边疆史——西部开发模式研究》，北京：北京大学出版社，1992年，第118—138页。

内战后美国西部的牧业开发表现为“牧畜王国”(Livestock Kingdom)的兴起。虽然密西西比河以西的牧牛业和牧羊业起源可以追溯到克里斯托弗·哥伦布在第二次驶向新大陆时带去的一些家畜，但从殖民地时期到美国内战前，那里的牧业发展非常缓慢。由于生产方式落后，西部牧业虽经历了三个多世纪的发展，却规模较小，分布地区有限。牧牛业主要集中在得克萨斯南部，牧羊业则多在新墨西哥。牧业的影响所及在西南部地区和太平洋沿岸的加利福尼亚等地区，辽阔的大平原地区的牧业开发尚未起步，需要等待新的时机。

内战结束后，美国的第二次工业革命随之兴起。在世界第二次现代化浪潮中，美国的工业化和城市化以空前的规模和速度展开，西部的开发也加大了力度，步入新的阶段。城市化的发展，使美国国内外市场对肉类的需求日益增加，仅靠内战前密西西比河以东原有农场饲养的牲畜已无法满足这种需求。这种客观需求刺激了牧牛业和牧羊业竞相发展，促成了西部牧区的繁荣。继《宅地法》之后，联邦政府继续实行赠予土地、土地分配的补充措施和掠夺印第安人土地向白人移居者开放的政策，使大量西部土地落到大牧场主和牧牛公司巨商的手中，为大牧场和牧业公司的发展提供了有利条件。在工业革命的推动下，西部牧区的运输和加工条件日益机械化，为牛羊、肉类、皮革和羊毛的外运提供了便利条件。内战后西进运动的一大特点，是铁路先于边疆居民进入西部。内战爆发后，第一条横贯大陆铁路从堪萨斯首先向西铺设，修建速度快于拓荒农场主向西迁居的速度，这使得克萨斯的牛群获得了向北移动并进入芝加哥的通途。为了避免与农场主发生争执和冲突，牧牛场主常常有意将牛群赶到农场主尚未到达的铁路西端，把它们装火车运往东部市场。继第一条横贯大陆的铁路修通后，联邦政府又在西部修建了四条横贯大陆的铁路及其支线。西部铁路网的形成，使赶牛小道和赶羊小道的距离日益缩短。铁路提供的便利运输条件，方便了牛羊的外运和向新牧区的输送，不仅扩大了牧区的范围，而且把西部的牧业产品与东部和外国的市场紧密地联系在一起。1875 年后，铁路逐渐采用冷藏车运输肉类，使牧场主大大节约了运费，方便了运输。现代屠宰方法和冷库等设备的采用，为牧场主提供了极其便利的肉类和皮革加工、贮藏及输往市场的条件，促进了牧业的发展。牧场主利用“先占权”使用公共牧区经营牧业，西部“不花钱的野草”为牛羊提供了天然的饲料。得克萨斯长角牛和新墨西哥丘罗羊都适于在西部草原生长。

第二次现代化浪潮的大背景为内战后美国西部的牧业开发提供了新的机遇。国内外市场的需求、联邦政府的政策、现代化交通和机械化加工设备与西部牧业资源优势结合在一起，使西部牧牛业和牧羊业在20余年间的发展速度和规模超过了内战前的三个多世纪。在东起密西西比河、西至落基山斜坡、南始格兰德河、北抵美加边界，兴起一个辽阔的"牧牛王国"(Cattle Kingdom)。同时，一个"牧羊帝国"(Sheep Empire)也迅速崛起，疆域覆盖从太平洋沿岸至密西西比河之间的广袤土地。在美国西部史中，"牧牛王国"和"牧羊帝国"合称"牧畜王国"。内战以后至19世纪80年代中期，"牧畜王国"繁荣兴旺了20余年。在现代化的推动下，密西西比河以西凡是有草的地方，遍地牛羊成群，骏马驰骋。

"牧畜王国"的黄金时期虽然短暂，但它在美国编年史上写下了壮丽的篇章，对合众国的发展产生了深远影响。"牧畜王国"的兴起与发展，是美国大规模西进运动的重要组成部分，对美国现代化的进程产生了一定的影响。"牧畜王国"的兴起使内战前还被视为"美国大荒漠"的大平原上丰富的牧草资源得到了开发利用，使四处漫游的无主长角牛和不断退化的丘罗羊经改良培育成了西部的宝贵牧业资源。"牧畜王国"吸收了大量东部和欧洲的资本，使大牧业公司成为西部牧区的主要经营方式。《宅地法》实施后，在美国西部确实存在过"一种最原始最粗放的畜牧业和农业发展方式"，但是由于资本家和土地投机者在"牧畜王国"进行大量投资和土地兼并，"小生产者受到排挤"。[①]"牧畜王国"的兴起伴随着美国工业化迅猛发展和向垄断资本主义过渡的大变革，使西部牧牛业和牧羊业传统的原始游牧经营方式同垄断资本结合在一起，具有鲜明的时代特点。"牧畜王国"的兴起和发展，有力地支持了西部矿业的开发和铁路建设。牧区为采矿营地和铁路工地提供了大量马匹和肉类，保证了城镇居民的肉食供应，并成为铁路公司的重要客户。"牧畜王国"对西部的全面开发起了巨大的促进作用，改变了西部的面貌。伴随着西部牧牛业的蓬勃发展，大批牛镇在辽阔牧区的铁路沿线迅速崛起。这些牛镇不仅解决了牛群集散和外运的难题，为美国的牛贸易开辟了更广阔的市场，而且成为"牧畜王国"的经济和政治中心，成为西部城市化的一种模式。"牧畜王国"的兴起，促进了美国的肉类加工和羊毛制造业不断西移。芝加哥成为世界上最大的肉类加工中心；圣路易斯、堪萨斯城和奥马哈等城市的肉类屠宰加工业发展很快；羊毛制造业在犹他建立起来。美国西部的牧牛业和牧羊业被置于肉类加工垄断企业的控制之下，最终被纳入垄断资本主义的发展轨道。西部成为美国重

① [俄]列宁：《关于农业资本主义发展规律的新材料》，见《列宁全集》第27卷，北京：人民出版社，1990年，第203、238页。

要的畜牧业生产基地。

“牧畜王国”的兴起对美国政治现代化的进程产生了推动和促进作用，对美国联邦制的扩大、资产阶级民主政治的发展都产生了深刻影响。“牧畜王国”的兴起促进了“边疆的消失”，成千上万的牧牛场主、牧牛人和牛仔先于拓荒农场主定居于昔日无人敢驻足的大平原辽阔的荒野上，使这片从未被人所识、相当于“半个欧洲”的土地成了牧牛人的边疆。牧牛业成为内战后美国最具魅力和最赚钱的行业之一，在西部开创了一个“牧牛人的时代”。[①] “牧畜王国”的兴起，使美国西部边疆中少有白人移居者居住的空白地带基本上得到填补。西部牧业边疆与矿业边疆、农业边疆逐渐融合、合为一体，形成别具特色的西部经济和社会结构。在政治上，内战后的西部开发使西部“自由土地”区域“不断退缩”[②]，使“简单的原始社会”迅速美国化并纳入美国的联邦共和国体系。在内战后至20世纪初加入联邦的一些州，其早期开发都与牧牛业或牧羊业相关。在“牧畜王国”里，各牧区建立的“牧牛者协会”和“羊毛生产协会”，体现了西部边疆的民主精神，发展了美国人的自治传统，这些牧业组织在牧业经营管理上提出了扩大民主自治的要求，并被写入一些州草拟的州宪法中。这对美国资产阶级政治制度的进一步民主化起了一定程度的促进作用。在美国西部牧区社会的形成中，美利坚民族性格中的“流动性”“拼命赶”“求实进取”等重要特点得到了充分的展现。在“牧畜王国”的艰苦环境中，这些性格特点有了进一步的发展并具有独特的牧业边疆特色。“牧畜王国”的形成和发展对进一步塑造美利坚民族性格产生了深刻影响。因“牧牛王国”兴起而产生的牛仔文化，不仅成为美国大众文化的重要组成部分，而且在世界范围广为流传。牛仔文化已经同其他世界文化融合在一起，成为一种国际文化现象。上述种种事实表明，“牧畜王国”的兴起和发展对美国政治的现代化也产生了一定程度的影响。

“牧畜王国”的兴起和发展是“19世纪后期，美国西部开发过程中乃至整个美国历史过程中最令人瞩目的现象之一”[③]。西部开发对美国历史的影响是全

---

① Ernest S. Osgood, *The Day of the Cattleman*, Chicago and London: University of Chicago Press, 1968, p. 1.

② Frederick J. Turner, “The Significance of the Frontier in American History”, in George R. Taylor, ed., *The Turner Thesis Concerning the Role of Frontier in American History*, Boston: D. C. Heath & Co, 1949, p. 1.

③ 王旭：《再版后记》，见丁则民等：《美国内战与镀金时代(1861—19世纪末)》，北京：人民出版社，2002年，第456页。

方位的，甚至是难以估量的。可以毫不夸张地说，没有西部开发就没有“现代化美国”[①]。“牧畜王国”的兴起和发展，是内战后美国西部三大行业性开发之一，其作用和影响也是巨大的。

“牧畜王国”的黄金时期是短暂的。由于人祸、天灾、掠夺式经营和国际竞争等因素的影响，“牧畜王国”在1885年盛极而衰。牧牛场主和牧羊场主在开放牧区采取散放游牧的掠夺式经营，给“牧畜王国”带来灾难性的后果。由于牧业大王们无节制地扩大畜群，在牧区放牧过多的牛羊，超过了草地的承载能力。超载过牧造成牛羊争草争牧的残酷竞争局面，导致了牧草资源的枯竭。大批拓荒农场主挺进大平原后，把大片草地开垦成农田，形成农牧争地的恶性发展，使放牧区面积不断缩小。牛羊之争和农牧之争，酿成长期的牧区纠纷和流血冲突，甚至引发牧区战争。美国西部牧区的产品在国际市场上遇到了激烈的竞争，特别是澳大利亚和阿根廷成为美国的强劲竞敌。到19世纪末，美国的畜牧业产品在国际竞争中处于不利地位。美国西部牧区，自然灾害多。旱灾、火灾、蝗灾和暴风雪频频发生。牧牛场主和牧羊场主为了攫取最大利润从不搞防灾抗灾的基本建设，牧场几乎没有抗灾设施。牧业大王们完全“靠天养牧”，结果是小灾小减产，大灾大减产。他们“竭草而牧”的掠夺式经营更加重了天灾。特别是1886—1887年美国西部历史上罕见的暴风雪，使牧业大王们遭受了灭顶之灾。很多大牧场和牧业公司都破了产。诸多因素交相作用，使靠天然牧场实行开放游牧的“牧畜王国”衰落下去。西部畜牧业开始结束原始、传统的游牧方式，转向现代化的定居规模经营，以市场销售为目的的养牛业和养羊业随后在西部成为一项稳定而审慎的事业。

西部牧区掠夺式开发的消极后果在19世纪末开始凸显。掠夺式的牧业经营不仅浪费了大量牧草资源，而且破坏了草原植被，造成水土流失，导致草原沙化。草原沙化又引发沙尘暴肆虐。到20世纪30年代，西部的沙尘暴成了危害全美国的严重天灾。在西部开发中，大平原上的千万头野牛遭到灭绝性的屠杀，依赖野牛为生的印第安人也遭到了驱逐、杀戮，甚至遭受联邦军队的战争讨伐和白人文化的围剿和征服。[②] 大平原本是印第安人的家园，在“牧畜王国”的兴起和发展中，印第安人没有被融入牧区社会，反而被剥夺了土地并被逐出了家园，这是西部开发史上最不光彩和最残暴的一面。牧业大

① 王旭：《再版后记》，见丁则民等：《美国内战与镀金时代(1861—19世纪末)》，北京：人民出版社，2002年，第460页。

② 李剑鸣：《文化的边疆——美国印第安人与白人文化关系史论》，天津：天津人民出版社，1994年，第5页。

王们以破坏自然环境和生态平衡、屠杀野牛等野生动物和对印第安人实行残暴的种族灭绝政策造就了"牧畜王国"的繁荣。在我们肯定其辉煌成就时，不能忽视美国西部牧业开发中的严重失误和消极影响。

二、美国的"牧畜王国"史学

"牧畜王国"的兴起在内战后的西部开发中占有十分重要的地位，美国西部的牧业发展史一直是吸引众多美国学者研究的重要课题。百余年来，"牧畜王国"一直激发着美国历史学家浓厚的研究兴趣，成为他们著书立说的重要主题。美国历史学家对"牧畜王国"的"研究热"历经百年而长盛不衰，论著浩瀚，形成独具特色的"牧畜王国"史学。牧业史在美国史学领域占有重要地位。在这一研究领域，美国史学家已经做出重要贡献，留下不少传世杰作。同时，美国西部牧业史的研究还有待进一步深入。

美国西部牧畜业成为广泛研究和著述的主题始于 19 世纪 70 年代。早期著作多数出自到西部去的观察家和牧牛业经营者之手。约瑟夫·G. 麦科伊是早期作者中的重要一员，他曾在美国西部牧牛业中扮演过重要角色。1874 年，麦科伊出版了《西部和西南部牛贸易史略》。他在书中描述了自己为实现建立牛镇的宏愿，如何以极大的热情和决心奔波于两大铁路公司之间，在遭到密苏里太平洋铁路公司总经理倨傲轻蔑的拒绝后，他如何不屈不挠，在 60 天内建成了设有牲畜围栏和配套设施齐全的阿比林牛镇。① 9 月 5 日，第一批牛从阿比林装火车外运，他热情洋溢地描绘了伊利诺伊的牧场主为此而举行的热烈庆典。麦科伊认为，"西部赶牛人和北部买主可以在那里平等相见"，谁也不会受暴徒和偷牛贼的干扰。② 尽管麦科伊对美国西南部的牧牛场做了乐观的描述，但他的态度是较谨慎的。

指挥几个西部军事要塞的詹姆斯·S. 布里斯宾将军，在 1881 年写了《牛肉源泉，或如何在大平原致富》一书，这一著作的标题极富夸张色彩。在书中，布里斯宾以极尽渲染的口吻说美国东部的牧场主无法同"大平原的牛肉竞争"。因为东部的牧场每英亩要花 50—100 美元，还得储备喂牛的冬草，而"西部不花钱的野草"使牧场"没有市场价值"，天然的牧草使牛群冬天也能在外面放牧，1—3 月都能"使牲口长膘"。他宣扬"西部财富唾手可得"，抱怨人

---

① Joseph G. McCoy, *Historic Sketches of the Cattle Trade of the West and Southwest*, Kansas City: Amsey, Millett and Hudson, 1874, pp. 50-51.

② Joseph G. McCoy, *Historic Sketches of the Cattle Trade of the West and Southwest*, p. 40.

们“为什么要待在过分拥挤的东部”。① 四年后，沃尔特·巴龙·冯·里希特霍芬出版了《北美平原牧牛业的兴起》一书，作者介绍了一些在科罗拉多获得成功的牧牛大王，进一步提供了在西部牧场能够赚钱的证据。②

在19世纪晚期至20世纪20年代，有许多关于西部牧牛业的论文面世，涉及方方面面。论文大致有以下几类：(1)论述地区牧牛业的发展状况；(2)评述牧场主侵占印第安人土地；(3)介绍西部一些著名的大牧场；(4)开始关注开放牧区的衰落问题。一些高质量的论文主要出自克拉拉·M. 洛夫、W. E. 格思里、哈罗德·E. 布里格斯、爱德华·E. 戴尔、哈利·T. 伯顿、伯莎·A. 库恩和罗伯特·S. 费莱彻等人之手。③ 从19世纪80年代末期到20世纪20年代末期，美国史学家虽然对西部牧畜业的诸多问题进行了深入研究，写出了大量有价值的论文，但几乎没有什么专著问世。这些专题论文研究开阔了史学家的视野，拓宽了他们的思路，为后来有价值的学术著作问世奠定了基础。

19世纪70年代中期到20世纪20年代末期，是美国史学家对西部牧畜业研究的第一阶段，是“牧畜王国”史学的初创和奠基时期。这个时期的研究有两个特点：第一，早期著作的主要目的是对西部牧牛业做宣传、推销。如麦科伊、布里斯宾和里希特霍芬在其著作中都对西部的牧牛业做了乐观的描述，

① James S. Brisbin, *Beef Bonanza, or How to Get Rich on the Plains*, Norman: University of Oklahoma Press, 1959, pp. 14-15.

② Walter Baron von Richthofen, *Cattle-Raising in the Plains of North America*, Norman: University of Oklahoma Press, 1964, pp. 50-56.

③ Clara M. Love, “History of the Cattle Industry in the Southwest”, *Southwestern Historical Quarterly*, Vol. 19, No. 4, 1916; W. E. Guthrie, “The Open Range Cattle Business in Wyoming”, *Annals of Wyoming*, Vol. 5, 1927; Harold E. Briggs, “Ranching and Stock Raising in the Territory of South Dakota”, *South Dakota Historical Collections*, Vol. 14, 1928; Edward E. Dale, “The History of Range Cattle Industry in Oklahoma”, *American Historical Association*, *Annual Report for* 1920, Washington: G. P. O., 1925; Edward E. Dale, “The Ranchman's Last Frontier”, *Mississippi Valley Historical Review*, Vol. 10, No. 1, 1923; Edward E. Dale, “Ranching on the Cheyenne-Arapaho Reservation”, *Chronicles of Oklahoma*, March 1928; Harley T. Burton, “A History of the J. A. Ranch”, *Southwestern Historical Quarterly*, Vol. 31, No. 1, 1927; Bertha M. Kahn, “The W-B Ranch on the Missouri Slope”, *State Historical Society of North Dakota*, *Collections*, Vol. 5, 1923; Robert S. Fletcher, “The End of the Open Range in Eastern Montana”, *Mississippi Valley Historical Review*, Vol. 16, No. 2, 1929; Ray A. Billington, *Westward Expansion: A History of the American Frontier*, pp. 786-790.

为牧牛场主吸引来了大量投资。因此，早期著作中对西部牧牛业不乏过头的夸张之词，这类代表者以布里斯宾将军最为典型。第二，对牧牛业的研究尽管有方方面面的专题论文，但没有真正高水平的学术专著出现。

直到1929年，有关牧牛业的高水平学术专著才开始出现。明尼苏达大学的历史教授欧斯特·S. 奥斯古德所著的《牧牛人时代》是第一部从学术的角度对美国西部牧牛业进行全面评述的佳作，虽然作者主要着眼于北部平原上怀俄明和蒙大拿的牧牛业，但他也论述了19世纪晚期美国西部牧牛业发展的一般趋势。奥斯古德在书中论及1845—1887年牧场主边疆的发展状况、得克萨斯牛向北部扩展、印第安人阻拦、牧牛业的繁荣、牧牛者协会、牧牛场主和国有土地以及天灾和开放牧业的变迁等诸多问题，他论证了牧牛场主利用半干旱的平原地区和天然的青草创建起一个巨大而有利可图的商业企业。《美国学者》杂志对他的著作予以高度评价说："他远比继他之后出现的有关西部荒野的戏剧、小说和电视节目收到了更多的赞誉。"[①]正因如此，奥斯古德的书一版再版，到1968年已出到第5版。《牧牛人时代》至今仍是我们研究美国西部牧牛业的重要参考书。

与《牧牛人时代》同年出版的另一重要著作是《得克萨斯XIT牧场》一书，该书的作者是出生于得克萨斯的牧场主兼历史学家J. 埃弗里茨·黑利。他利用了包括牧牛公司档案在内的广泛翔实的史料，写成这一著作。作者描述了这个当地最大围篱牧场衰落的问题。黑利的著作有助于人们较深入地了解美国西南部平原牧牛业的发展状况。来自牛乡的历史学家J. 弗兰克·多比赞誉道："虽然许多牧场史提供了各种放牧区的基本历史"，但这一著作却是"精华"。[②]

奥斯古德和黑利的著作鼓励和促进了更多的人对西部牧牛业进行专门研究。1930年，E. E. 戴尔出版了《牧牛业》一书。戴尔在成为历史学家之前是俄克拉何马的一个小牧牛场主。他在书中评述了内战结束时得克萨斯的牧牛业、长途驱赶牛群，以及直到1900年牧牛业在中部平原、得克萨斯和俄克拉

---

① Ernest S. Osgood, *The Day of the Cattleman*, p. V, back cover.

② J. Evetts Haley, *The XIT Ranch of Texas and the Early Days of the Llano Estacado*, Norman: University of Oklahoma Press, 1953; Howard R. Lamar, ed., *The Reader's Encyclopedia of the American West*, New York: Thomas Y. Crowell Company, 1977, p. 481.

何马的发展状况。后来，戴尔还出版了一本有关牧牛业的社会史——《牛乡》。①

享有美国西部史学家领头人之一的声望的路易斯·佩尔泽在1936年出版了他的名著《牧场主的边疆》。尽管他在书中论及了一些与奥斯古德和戴尔的著作中相同的问题，但与前两人不同的是他对“怀俄明家畜饲养者协会”的重要性格外重视。同时，佩尔泽在自己的著作中论述了东部和外国资本对美国西部牧业发展所起的重要作用。正是这一杰作的出版，建立了他作为西部史专家领头人之一的声望与地位。② 出生于内布拉斯加州的女历史学家马丽·桑多写过一本小说和6—7本历史著作，但她最好的作品是1935年所写的第一部书《老朱斯》。该书实际是她父亲的一部传记，桑多在书中讲述了她的父亲——一个老拓荒者在19世纪80年代在内布拉斯加西北部牧场和农场的经历。作者认为一个到大平原去的坚强拓荒者在为那里的恶劣环境做出巨大牺牲后，理应获得先驱者的荣誉。她的著作成了西部文学的代表作之一。这部人物传记同时也成为当年最杰出的非小说类文学作品，桑多因此获得《大西洋月刊》奖。1958年，她写了一本论述平原地区的牧牛业的著作，同样颇具影响。③

莫里斯·弗里克、W. 特伦坦·杰克逊合著的《青草为王时》从整体论述了19世纪后半期的牧牛业。该书也是了解开放牧区的基本著作之一。④ 著名的西部史学家查尔斯·L. 桑尼希森撰写了大量的论文和书评，出版了十多本专著。1950年，他出版的《牛仔和牧牛大王：当今牧区生活》，把西部牧畜业的

---

① Edward E. Dale, *The Range Cattle Industry*, Norman: University of Oklahoma Press, 1930; Edward E. Dale, *Cow Country*, Norman: University of Oklahoma Press, 1942; Michael P. Malone, *Historians and the American West*, Lincoln: University of Nebraska Press, 1984, pp. 221-222.

② Louis Pelzer, *The Cattleman's Frontier: A Record of the Trans-Mississippi Cattle Industry*, 1850-1900, Glendale: Arthur H. Clark Company, 1936; Howard R. Lamar, ed., *The Reader's Encyclopedia of the American West*, p. 901.

③ Mari Sandoz, *Old Jules*, Lincoln: Oxford University Press, 1962; Mari Sandoz, *The Cattle Men from the Rio Grande Across the Far Marias*, New York: UNP-Bison Books, 1958; Howard R. Lamar, ed., *The Reader's Encyclopedia of the American West*, p. 1067; Michael P. Malone, *Historians and the American West*, p. 231.

④ Maurice Frink, W. Turrentine Jackson and Agnes W. Spring, *When Grass Was King*, Boulder: University of Colorado Press, 1956, pp. 20, 97-98, 337-339.

历史带进了20世纪，是关于现代牛仔工作和生活的记述。[①] 对于20世纪平原地区养牛业论述最好的著作是约翰·S. 施莱伯克所写的《1900—1961年大平原地区养牛业的兴起》，作者在书中展示了牧场主们如何不断进行调整，使养牛业适合大平原的环境；论述了新的牛种、科学养牛方法及与现代化养牛有关的其他问题。[②]

1929年后的10余年间，奥斯古德、戴尔、佩尔泽等人所撰写的有关开放牧区的优秀历史著作，主要集中在大平原地区和事实上使用"不花钱的青草"时期。他们的著作与黑利对XIT牧场的研究，使牧场"个案史"和西部牧牛业专题史的数量大为增加。对西得克萨斯的"斗牛士土地牧牛公司"、南得克萨斯的"马刺牧场"和著名的"金牧场"、俄克拉何马的"101牧场"、怀俄明的"斯旺土地牧牛公司"以及加利福尼亚"欧文牧场"研究的专著，都使我们可以更好地了解19世纪末和20世纪初美国西部牧场业的发展状况。

牧场个案史的研究，又极大地促进了有关牧牛业的高水平学术著作的问世。黑利除著有《得克萨斯XIT牧场》一书外，还撰写了两本关于得克萨斯著名牧场主查尔斯·古德奈特和乔治·利特菲尔德的人物传记。[③] 相对来说，论述20世纪牧场主的著作是少了些，但唐纳德·E. 格林撰写的《亨利·C. 希契传》不失为杰作之一。该书记述了这位牧牛场主在俄克拉何马狭长地区的活动和经历。[④] 如果说对20世纪牧场主的研究略显不足的话，那么对19世纪晚期大牧牛场主的研究却较深入。诸如他们是哪种类型的人，他们对其社区有何影响的探讨的论著很多。这类书中最好的著作是刘易斯·阿瑟顿的《牧牛大王》，这位密苏里大学教授强调他的书集中论述牧牛场主在美国文化中的作用，作者论证了与牛仔相比，牧牛场主更是真正的英雄，认为这些头脑冷静

---

① Charles L. Sonichson, *Cowboys and Cattle Kings: Life on the Range Today*, Norman: University of Oklahoma Press, 1950, p. XVIII.

② John T. Schlebecker, *Cattle Raising on the Plains*, 1900-1961, Lincoln: Oxford University Press, 1963, pp. VII-VIII.

③ James E. Haley, *Charles Goodnight: Cowman & Plainsman*, Boston: Houghton Mifflin, 1936; James E. Haley, *George W. Little Field*, Norman: University of Oklahoma Press, 1943; Howard R. Lamar, ed., *The Reader's Encyclopedia of the American West*, p. 481.

④ Donald E. Green, *Panhandle Pioneer: Henry C. Hitch, His Ranch, His Family*, Norman: University of Oklahoma Press, 1979; Michael P. Malone, *Historians and the American West*, pp. 223, 233.

的生意人使西部真正得到了发展。《密西西比河历史评论》《芝加哥论坛》《农业史》杂志对这一著作都发表了专门评论文章，予以高度评价。美国史学界认为，该书是关于牧牛大王在得克萨斯经营牧牛业的权威著作。① 罗伯特·R. 戴克斯特拉是研究美国19世纪边疆社会和政治史的专家，他于1968年出版的《牛镇》是一本很有趣的、具有很高史料价值的著作。作者在书中考察了堪萨斯州5个牛贸易中心阿比林、埃尔斯沃斯、威奇托、道奇城和考德威尔1867—1885年的历史，探讨了牧牛业与西部牛镇发展的关系。戴克斯特拉揭示出在牛镇的兴起发展过程中，牛贸易并非持久的影响因素。② 特里·G. 乔丹在《通往得克萨斯的牛道——西部牧牛场的南部根基》一书中，提供了西部牧场发展的重要背景材料。③

罗伯特·G. 克莱兰的《千山上的牛群》是关于加州早期牧场的论著。J. 奥林·利芬特集其多年的研究成果于《俄勒冈地区的牧牛场》一书中，本书是关于太平洋沿岸西北部地区牧牛业的具有指导性的权威著作。④

专门介绍美国东部和外国资本投资西部牧牛业的论述也较多。1949年，赫伯特·O. 布雷耶发表了题为《英国资本对西部牧区牧牛业的影响》一文。该文的重要性在于它为投资这个系列的研究建立起了一个模式。在这方面的研究中，最有价值的著作是怀俄明大学西部史研究中心主任吉恩·M. 格雷斯利于1966年出版的《银行家和牧场主》一书。为写该书，作者做了大量调查，广为收集资料，书中着重论述了19世纪80年代西部牧场主在东部筹措资金的情况。关于外国投资的重要著作应属W. 特伦坦·杰克逊的《有魄力的苏格

① Lewis Atherton, *The Cattle Kings*, Lincoln: Indiana University Press, 1961, p. XI.

② Robert R. Dykstra, *Cattle Towns*, New York: Alfred A. Knopf, 1968, pp. 7-8.

③ Terry G. Jordan, *Trail to Texas: Southern Roots of Western Cattle Ranching*, Lincoln: University of Nebraska Press, 1981; Michael P. Malone, *Historians and the American West*, p. 232.

④ Robert G. Cleland, *The Cattle on the Thousand Hills Southern California*, 1850-1880, San Marino: Huntington Library, 1964; J. Orin Oliphant, *On the Cattle Ranges of the Oregon Country*, Seattle: University of Washington Press, 1968; Michael P. Malone, *Historians and the American West*, pp. 223, 232.

兰》。他论述了苏格兰投资者在1873年后投资美国西部牧畜业的作用。[①]

20世纪中期，有关牧场方面的著作包括蒙特·H. 桑德森的《西部牧畜场》、马里恩·克劳森的《西部牧场的饲养业》和菲利普·O. 福斯的《政治和青草》。福斯的著作研究了1934年《泰勒青草法》制定的背景和牧牛场主们如何利用公共土地的问题。查尔斯·L. 伍德的《堪萨斯的牛肉业》则涵盖了1890年后包括大饲养场在内的牧场发展状况，论述了现代养牛业诸多方面的问题。[②]

因为有关牛仔的早期著作中缺乏综合研究的佳作，所以到20世纪中期这个问题仍然是史家著述的"热门"题目。最早描写牛仔的著作当推查尔斯·A. 西林戈的《一个得克萨斯牛仔》[③]。埃默森·霍夫在1898年出版的《牛仔的故事》也是研究牛仔的最早著作之一[④]，他在书中主要探讨了牛仔在牧场的生活和工作状况。1903年，安迪·亚当斯的《一个牛仔的日记》出版，他的书在有关西部牛仔这类著作中堪称值得信赖的少数经典之作。作者为我们提供了牛仔在牛道上的真实记录。菲利浦·A. 罗林斯1922年出版的《牛仔》和E. 道格拉斯·布兰奇1926年写的《牛仔和他的译员》，都渲染了浓厚的牛仔生活氛围，收集了大量的牛仔轶事。此外，还有一些牧场主回忆录发表。如弗兰克·S. 黑斯廷斯1921年出版的《一个牧场主的回忆》、约翰·克莱1924年写

---

① Herbert O. Brayer, "The Influence of British Capital on the Western Range Cattle Industry", *Journal of Economic History*, Vol. 9, No. 1, 1949; Gene M. Gressley, *Bankers and Cattlemen*, New York: University of Nebraska Press, 1966, pp. X-XII; W. Turrentine Jackson, *The Enterprising Scot: Investors in the American West after* 1873, Edinburgh: Edinburgh University Press, 1968; Michael P. Malone, *Historians and the American West*, p. 232; Ray A. Billington, *Westward Expansion: A History of the American Frontier*, p. 786.

② Mont H. Sanderson, *Western Stock Ranching*, Minneapolis: University of Minnesota Press, 1950; Marion Clawson, *The Western Range Livestock Industry*, New York: McGraw-Hill Book Co., 1956; Phillip O. Foss, *Politics and Grass*, *The Administration of Grazing on the Public Domain*, Seattle: University of Washington Press, 1960; Michael P. Malone, *Historians and the American West*, p. 223.

③ Charles A. Siringo, *A Texas Cowboy*, New York: William Sloane Associates, 1885; Ray A. Billington, *Westward Expansion: A History of the American Frontier*, p. 789.

④ Emerson Hough, *The Story of the Cowboy*, New York: D. Appleton Company, 1898; Michael P. Malone, *Historians and the American West*, p. 223.

的《我的牧区生活》和林肯·朗 1926 年面世的《与罗斯福经营牧场》均属这类著作。[①] 这些回忆是采用有关牛仔和牧场生活的第一手资料写成的。其中克莱的著作在这一方面尤为突出。上述有关牛仔的大量著作中，有两个突出的特点：(1)多数是记述有关牛仔个人的经历和生活；(2)对牛仔的生活勾画了一幅相当浪漫的画面，其突出代表作是霍夫的书。因此，尽管其间有大量有关牛仔的著作问世，但大多是充满浪漫、传奇色彩的个人经历的描写，少有对牛仔工作和生活进行综合研究的上乘之作。

在 20 世纪中期以后，研究牛仔生活及其在牧场企业中作用的论著数量极多。然而，对美国西部牛仔最好的综合性研究是乔·B. 弗朗茨与小朱利安·欧内斯特·乔特合著的《美国牛仔——神话与现实》，该书的分析极为深刻，是任何想了解牛仔的人首选的必读之作。[②] 当代报纸和杂志上刊登的有关资料被汇集成了《牛道上的牛仔——边疆记者讲述的他们的生活和知识》。同时其他作者的作品由朗·廷克尔和艾伦·马克斯韦尔编成《牛仔读本》一书。在唐·武斯特的《奇泽姆小道——牧牛王国的最好通路》中，也有大量有关牛仔的真实材料。[③] 菲利普·德拉姆和埃弗里特·L. 琼斯在教授美国西部文学时，发现数量多得难以想象的黑人牛仔被众多的历史学家遗忘了。为此，他们以极大的兴趣收集了 5,000 多名黑人牛仔的材料，合著了《黑人牛仔》一书。作者论述黑人牛仔的生活和工作状况，也阐述了黑人牛仔对美国西部牧牛业的

---

① Andy Adams, *The Log of a Cowboy: A Narrative of the Trail Days*, Lincoln: University of Nebraska Press, 1903, p. 388; Phillip A. Rollins, *The Cowboy*, New York: Charles Scribner's Sons, 1922; Douglas Branch, *The Cowboy and His Interpreters*, New York: Cooper Souare Publisher, Inc., 1926; Frank S. Hastings, *A Ranchman's Recollections*, Chicago: The Breeder's Gazette, 1921; John Clay, *My life on the Range*, New York: Antiquarian Press Ltd., 1961; Lincoln A. Lang, *Ranching with Roosevelt*, Philadelphia: Lippincott and Company, 1926. 参见 Ray A. Billington, *Westward Expansion: A History of the American Frontier*, pp. 789-790.

② Joe B. Frantz and Julian Ernest Choate, Jr., *The American Cowboy: The Myth & The Reality*, Norman: University of Oklahoma Press, 1955, pp. VII-IX.

③ Clifford P. Westermeier, ed., *Trailing the Cowboy: His Life and Lore as Told by Frontier Journalists*, Caldwell: The Caxton Printers, Ltd., 1935; Lon Tinkle and Allen Maxwell, eds., *The Cowboy Reader*, New York: David McKay, 1959; Michael P. Malone, *Historians and the American West*, pp. 224, 232; Don Worcester, *The Chisholm Trail: High Road of the Cattle Kingdom*, New York: Indian Head Books, 1980, pp. 81-104.

贡献等问题。[①] 小威廉·W. 萨维奇在20世纪70年代出版了两本书，他编辑的《牛仔的生活——重建美国神话》，揭示了在美国历史中有关于牛仔的神话和浪漫主义观点的形成、发展概况。在《牛仔英雄——在美国历史和文化中的想象》中，萨维奇则通过从广告、电影和其他大众媒体中搜寻的大量有关牛仔形象描写的材料，试图颠覆在美国流行的想象的牛仔形象、对牛仔神化的观点。[②]

进入20世纪80年代，有关美国西部牧畜业的著作虽然出版数量远不如20世纪70年代以前多，但史学家却从新角度和更深的层次上进行研究。在这方面戴维·达里教授于1981年出版的《牛仔文化》一书实属杰作，该书有别于过去已成定式的牧牛业史，也不同于传统写法的牛仔著作。在书中，作者主要跟踪的是近五个世纪的牛仔文化，他把牛仔的历史和文化有机地结合在一起，给读者提供一种新知识，并力图消除人们对现存有关牛仔的历史和文化的误解。《牛仔文化》出版后，《纽约时报》《芝加哥太阳报》《时代》《洛杉矶时报》和《南达科他历史》等都给予其很高的评价。达里因该书获得国家牛仔厅著名的"骑马牧者奖"、美国西部作家"金马刺奖"和西部人国际"最好非小说文学作品奖."作为纪念哥伦布发现美洲500周年活动的举措之一，《牛仔文化》在1989年又获再版。[③]

在已往的牛仔研究中，很少涉及妇女的作用，从20世纪80年代初，开始在口述史中出现研究"牧牛女郎"的著作。特雷莎·乔丹的《牧牛女郎——美国西部的妇女》是此题材中出版较早的一部书，作者访问了30名妇女，书中所写的是她们"真实的"故事；在牧场，她们遇到更大的挑战。[④] 如果说乔丹对"牧牛女郎"的研究在大量关于牛仔的著述中还是点缀之作，那么近期这一问题似乎成了研究的"热点"。自乔丹的著作出版后，至今已有大量著作问世。

---

① Philip Durham and Everett L. Jones, *The Negro Cowboys*, Lincoln: University of Nebraska Press, 1965, pp. 1-2.

② William W. Savage, Jr., *Cowboy Life: Reconstructing an American Myth*, Norman: University of Oklahoma Press, 1975, pp. 3-13; William W. Savage, Jr., *The Cowboy Hero: His Image in American History and Culture*, Norman: University of Oklahoma Press, 1979, pp. 3-18.

③ David Dary, *Cowboy Culture: A Saga of Five Centuries*, Lawrence: University of Kansas Press, 1989, pp. X-XII, back cover.

④ Terresa Jordan, *Cowgirls: Women of the American West*, Lincoln: University of Nebraska Press, 1992, pp. VIII, XXX.

美国国会图书馆关于"牧牛女郎"的藏书多达20余种。①

1929年至20世纪末，是美国历史学家对西部牧畜业研究的第二阶段。这是"牧畜王国"史学的大发展时期、成熟时期和丰收时期。这个时期的研究有以下特点：其一，60年间，有大量高水平的学术专著出版。奥斯古德、戴尔、佩尔泽等人的著作是经得起时间考验的佳作。继他们之后大量优秀著作问世。这与第一阶段缺乏高水平的史学专著的状况相比无疑是天壤之别。其二，关于牧场个案史以及与牧畜业相关的专史研究硕果累累。这一方面是受到了奥斯古德等人的启迪和推动，使很多学者转向牧畜业的研究；另一方面是适应美国西部牧畜业发展的需要，使专家们研究一些新课题。自19世纪80年代末到20世纪30年代，美国西部牧畜业经历了由原始粗放的游牧阶段向现代化定居集约经营方式的转变，现代化大型牧场逐步建立起来。史学家研究了这一转变过程及与此有关的运输、投资、牛镇、肉类加工包装等相关的问题，探讨了现代化牧场的经营和管理的经验及教训。他们撰写了大量牧场个案史和专史，使"牧畜王国"史学获得极大丰收。其三，对牛仔问题的研究有了较大突破。20世纪60—70年代有大量著作出版，突破了以前佳作较少的局面。在难以计数的著作中，不仅有对牛仔的工作、生活和对西部牧牛业发展作用的综合性研究，而且把历史和文化结合起来进行深入探讨，试图突破早期牛仔著作中构筑的浪漫主义神话模式。其四，口述史研究被引入牧业史的研究。除前面提及的"牧牛女郎"之外，在牧场主的研究中也有口述史著作发表。斯坦·斯坦纳的《牧场主》属这一类著作，书中专辟一章讲述"妇女"问题。②

三、美国牧业史研究的特点

纵观一个多世纪的美国"牧畜王国"史学，给我们留下如下深刻印象。

首先，美国的历史学家业已对西部的牧畜业做了很好的研究和论述，特别是他们对牧牛业的研究范围极其广泛。著作中既有对牧牛业一般发展趋势的综合研究，又有牧场个案史及与牧牛有关的长途驱赶、运输、投资、牛镇、

---

① 在美国国会图书馆内，藏有20世纪80年代出版的"牧牛女郎"著作两三种，90年代的有十余种。21世纪出版的有 Sue Carabine，*Cowgirl's Night before Christmas*，Kaysville：Gibbs Smith，2001；Bob Wade，*Bob Wade's Cowgirls*，Kaysville：Gibbs Smith，2003.

② Stan Steiner，*The Ranchers：A Book of Generations*，Norman：University of Oklahoma Press，1980，pp. 130-154.

牛贸易、与印第安人关系和农牧冲突等专题史的研究，其中不乏优秀著作。牧牛场主和牛仔更是史学家关注论述的主题。第一手资料写成的回忆录；涉及对牛仔某时期、某地区及其生活某一方面的专著和通俗读物；对牛仔的综合性研究和对历史文化渊源的探寻的佳作都极为丰富，美国史学家取得了举世瞩目的研究成果。“牧畜王国”史学在美国史学领域中占有重要的地位。

其次，美国西部牧业史的研究在一些问题上还有待于深入。

第一，美国史学家对西部牧羊业的研究著作还不够丰富，尤其是综合性学术著作仅有 20 世纪 40 年代出版的两本书。查尔斯・W. 汤与爱德华・N. 温特沃斯合著的《牧羊人的帝国》，论述了西部牧羊业是美国经济发展中的重要组成部分。温特沃斯的《美国的赶羊小道》，讲述了美国商品羊的发展史。牧羊人在牧区和赶羊小道上，不仅要严防野兽对羊群的袭击，而且还要在各种恶劣的天气条件下保护羊群。在西部牧区，牧羊没有浪漫，只有艰辛。① 这两部著作属于长时段的综合性研究。从哥伦布把绵羊带到新大陆至 20 世纪 40 年代，书中对养羊业在美国东部和西部的发展历史都有论述，且重点讲述了西部牧区的牧羊业。在 20 世纪 40 年代，还出版了温弗雷德・库珀的《金蹄子——西南部的绵羊史》，② 但这本书只是一本通俗读物。此后，鲜有牧羊史的著作问世，直到 20 世纪 60 年代末以后，才有一些专著出版。然而，这些著作多是关于地区性牧羊业的论述。其中包括瓦尔吉恩・W. 莱曼的《被遗忘的军团——得克萨斯格兰德平原上的绵羊》、理查德・比奇的《上俄亥俄地区两百年的养羊业》、亚历山大・C. 麦格雷戈的《到来的绵羊——哥伦比亚高原

① Charles W. Towne and Edward N. Wentworth, *Shepherd's Empire*, Norman: University of Oklahoma Press, 1946, p. XII; Edward N. Wentworth, *America's Sheep Trails: History, Personalities*, Ames: The Iowa State College Press, 1948, p. VII.

② Winifred Kupper, *Golden Hoof: The Story of the Sheep of the Southwest*, New York: Alfred A. Knopf, 1945, 参见 Roger L. Nichols, ed., *American Frontier and Western Issues: A Historiographical Review*, New York・Westport・London: Greenwood Press, 1986, p. 67.

从开放牧区到农业综合企业》[①]和保罗·H. 卡尔森的《得克萨斯毛茸茸的羊脊背——牧区的绵羊业和山羊业》。麦格雷戈的《到来的绵羊》是论述华盛顿州牧羊业的专著，探求了从开放牧区时期的游牧经营到垄断资本家拥有大牧场的历史变迁。卡尔森的《得克萨斯毛茸茸的羊脊背》则是对得克萨斯养羊业发展历史的详细论述。麦格雷戈和卡尔森的著作都是地区性牧羊史的上乘之作。《得克萨斯毛茸茸的羊脊背》向世人展示了牧羊业在该州的久远历史，它像牧牛业一样始于西班牙殖民统治时期。作者论述了牧羊业从殖民地时期到 20 世纪 30 年代在得克萨斯的发展及其在美国的历史地位，分析了在该州"养牛只为了声望，养羊是为了赚钱"的原因。[②] 自 20 世纪 50 年代至 80 年代，有关牧羊业的综合性专著出版甚少，仅有弗吉尼亚·保罗的《牧羊场的经营——往日与现在》。然而，这本书仅对美国西部的牧羊业做了一般概述，而非详细论析。本书的特色是作者访问了西部各州，走访了数百名从业者，听他们口述了解了许多历史并获得大量图片。[③] 从一定意义上讲这是一本关于牧羊业的口述史和画册。牧羊业的兴起在美国西部是一个重要方面。仅上述几部著作远不足以反映"牧羊帝国"的全貌及其在西部牧畜业中的地位。虽然从 20 世纪 60 年代末以后，关于牧羊业的著作有所增加，但多数是区域性论著，缺乏综合性研究。这种状况使得《牧羊人的帝国》和《美国的赶羊人小道》在问世半个多世纪之后仍是人们全面了解美国牧羊史的主要著作。由此我们看出，在美国学者关于西部牧业史的研究中，有重牧牛业轻牧羊业的倾向。我们希望美国史学家今后写出更多、更好的牧羊业论著。

---

① Valgene W. Lehmann, *Forgotten Legions: Sheep in the Rio Grande Plain of Texas*, El Paso: Texas Western Press, 1969; Richard Beach, *Two Hundred Years of Sheep Raising in the Upper Ohio Area, with Special Reference to Washington County, Pennsylvania*, Monongahela: Bicentennial Commission of Washington County, 1976; Alexander C. McGregor, *Coming Sheep: From Open Range to Agribusiness on the Columbia Plateau*, Seattle: University of Washington Press, 1982. 参见 Roger L. Nichols, ed., *American Frontier and Western Issues: A Historiographical Review*, New York · Westport · London: Greenwood Press, 1986, p. 67.

② Paul H. Carlson, *Texas Woolly Backs: The Range Sheep and Goat Industry*, College Station: Texas A&M University Press, 1982, p. XIII.

③ Virginia Paul, *This Was Sheep Ranching: Yesterday and Today*, Seattle: University of Washington Press, 1976, p. 6.

第二，就牧牛业而论，绝大多数著作集中在牧场史、专门史和牛仔史方面。即或有些对牧牛业的综合性研究，也大多集中在大平原地区和“不花钱的青草”时期(内战后到19世纪80年代末)。对美国西部牧牛业进行综合性研究的著作尚不多见，更缺乏对整个西部牧业(包括牧羊和养马)的研究之作。因此，我们期盼美国史学家进一步去挖掘广散在全国各地丰富的一、二手资料，把对西部牧业的研究更深入下去。我们希望美国的牧业史专家不仅对尚未涉及的重要专题写出新作，而且对整个西部的牧业(包括牛、马、羊)进行全面深入的研究，特别是应对牧业发展与西部农业的关系，“牧畜王国”在西部开拓中的作用、地位及其对美国历史的影响加以全面的综合考察研究。我们期待这样的论著早日面世。

第三，在美国学者的论著中，对西部牧业开发的负面消极影响重视不够。在美国学者的著作中，多是对西部牧业开拓成绩的赞颂。虽然有的学者探讨了开放牧场衰落的原因，但主要归因于暴风雪等自然天灾的破坏，而对于人为的掠夺式开发关注不够。大多数论著对“竭草而牧”以及牧牛场主、牧羊场主和农场主在牧区的残酷竞争所造成的灾难性后果未能充分展开论述。掠夺式开发既浪费牧草资源，破坏草原植被和自然环境的生态平衡，造成野牛等野生动物濒临灭绝；又使印第安人失去赖以生活的物质基础，置他们于生存危机之中，酿成极其恶劣的社会后果。这一切终成严重的历史失误。令人高兴的是，美国学者近期已开始关注这一问题。

第四，在美国学者的著述中，存在着“扬”牛仔“抑”牧羊人的倾向。尽管牛仔和牧羊人都对西部牧业开发做出了重要贡献，但牛仔被赞誉为西部开发的“先驱者”和“民族英雄”，牧羊人却被忽视，成为被学者难得一提的“小人物”。甚至连《美国的赶羊小道》这样以写人物为特色的著作，讲述的多是牧羊主发迹的历史。牧羊人的功绩在书中论述较少，即或提到牧羊人，有姓名者极少。这是一种不公正的错误倾向。在关于牛仔的论著中，反映牛仔真实生活和艰辛劳作的上乘历史著作不多，而以想象把牛仔浪漫化、偶像化的作品却汗牛充栋。达里教授深刻指出，造成这种状况的一个重要原因是史学家没有认真关注牛仔和牛仔文化。“他们简单地不理睬牛仔及其文化，也不做任何纠正公众错觉的事”。① 最突出的例子是著名史学家弗雷德里克·L. 帕克森。

① David Dary, *Cowboy Culture: A Saga of Five Centuries*, p. 336.

他在1910年出版的《最后的美国边疆》,① 是一本全面论述边疆史的著作。然而，帕克森在书中不但不理睬牛仔和牛仔文化，而且忽视了牛贸易，甚至连牛仔都没有提及。所以，在牛仔和牛仔文化作品的提供者中没有历史学家，多是大众媒体。各种媒体讲述的是一个在马背上虚构的英雄而非19世纪的真实牛仔。菲利普·A. 罗林斯在1922年出版了一本关于牛仔真实生活的著作。② 尔后，包括一些历史学家在内的作者便寻求讲述牛仔真实的东西，但虚构的牛仔及其文化至今仍有很强的生命力。这表明真的牛仔史著作远远少于虚构的牛仔及牛仔文化作品。牧羊人在西部开发中的功绩所以被湮没也与历史学家没有去关注他们有密切关系。因此，美国史学家在努力去写作真实的牛仔与牛仔文化史的同时，也应积极关注牧羊人的生活和历史，以弥补这方面研究的不足和缺憾。

诚如詹姆斯·W. 怀塔克评论的那样，美国西部的牧业史研究还要做更多的工作。在研究中，史学家们不但要述及牧业开发的过程，而且还要研究在这一进程中方方面面的相互联系。③ 要采用新的研究方法，把社会科学与自然科学的研究方法结合起来，进行交叉学科研究和比较研究。在西部牧业史的研究中，研究者要注意把开发时期的自然生态环境和社会环境结合起来，考察牧羊业、牧牛业和粮食生产的相互激烈竞争所造成的后果及其影响，比较牧业开发在不同地区的特点，阐明牧业在西部和美国历史中的地位。研究既要关注19世纪后期西部开发时期"牧畜王国"的兴衰，又要重视20世纪美国西部牧业在实现现代化过程中所面临的问题，并把两者很好地结合起来。在

① Frederick L. Paxson, *The Last American Frontier*, New York: Macmillan, 1910. 参见 Howard R. Lamar, ed., *The Reader's Encyclopedia of the American West*, p. 897; David Dary, *Cowboy Culture: A Saga of Five Centuries*, p. 336.

② Phillip A. Rollins, *The Cowboy, His Characteristics, His Equipment, His Part in the Development of the West*, New York: Charles Scribner's Sons, 1922. 参见 David Dary, *Cowboy Culture: A Saga of Five Centuries*, p. 365.

③ James W. Whitaker, "Agriculture and Livestock Production", in Roger L. Nichols, ed., *American Frontier and Western Issues, A Historiographical Review*, p. 60.

这方面研究中，美国学者已经有了良好的开始。① 我们期待着他们有更多的新著问世。

（原文载周钢：《牧畜王国的兴衰——美国西部开放牧区发展研究》，北京：人民出版社，2006 年。此文曾提交 2005 年召开的“中国美国史研究会”“中国世界近代史研究会”的学术年会。）

① Peter K. Simpson, "The Social Side of the Cattle Industry", *Agricultural History*, Vol. 49, No. 1, 1975, pp. 39-50; Gerald D. Nash, "Rural Society in the Far West, A Comment on the Problem of Values", *Agricultural History*, Vol. 49, No. 1, 1975, pp. 50-55.

七十余年的争论

——关于美国牛仔和西部牧牛业起源的对立观点

关于美国牛仔和西部牧牛业的起源，在美国学术界有两种截然相反的观点。其一是西班牙、墨西哥起源说，其二是英国、美国起源说。自 1931 年美国著名西部史学家沃尔特·P. 韦布提出美国牛仔和西部牧牛业的起源是西班牙、墨西哥后，查尔斯·汤和爱德华·温特沃思于 1955 年提出了与韦布相反的英国、美国起源说。两种对立观都有其支持者，两种对立观点的争论持续了 70 余年，经历了三个阶段。

一、20 世纪 30 年代至 50 年代中期的论争

1931 年，韦布出版了他的经典著作《大平原》。这一著作是美国西部史学发展史中承前启后的划时代名著，也是韦布的代表作。在《大平原》之前，美国的西部史学主要是以弗雷德里克·特纳为首的边疆学派，强调研究西部开拓进程的西进史学。韦布的《大平原》标志着侧重探讨西部本身发展变化的西部史学的开端。在西部史学中，《大平原》是第一部论述完整的范例。大平原位于密西西比河流域与落基山之间，是一片开阔的、无树木的半干旱地区。韦布在著作中概述了这一地区的定居者开拓活动的来龙去脉，综合分析了那里社会和文化的发展。这种从边疆转向地区研究的趋势为探讨西部，特别是现代西部打开了局面。在定居者对大平原的开发中，

牧业开发占有重要的地位，它先于矿业和农业的开发。故韦布在《大平原》的第六章"牧牛王国"中用了较多篇幅来阐释牧牛王国的兴起、扩展，牧区生活、文化和牛仔的艰苦劳作等诸多方面。他在论述"牧牛王国"兴起时，论及了美国牛仔和西部牧牛业的起源，追溯了西班牙和墨西哥的历史根基。

韦布提出"牧牛王国"的兴起经历了五个发展阶段。他写道："西班牙人和墨西哥人在得克萨斯南部和努埃西斯地区建立起他们的牧场时，迈出了第一步，当地的自然条件使一个强壮耐劳的牛种产生且变野；第二步出现在得克萨斯人接管了这些牛群，并学会了骑在马背上这种唯一能管理它们的方式；第三步是驱赶牛群北上去寻找市场；第四步是阿比林被改建成一个永久性的火车站，使牛道赶牛出售规范化；第五步始于装运站的过多牛群转而流向大平原有免费青草的地方。"第五步是"牧牛王国"形成的最后一步，"牧牛业覆盖了大平原"。①

在上面韦布关于大平原上"牧牛王国"兴起的论述中，起步阶段是由西班牙人和墨西哥人完成的，第二至五阶段是得克萨斯人，即由从 19 世纪 20 年代开始不断移居那里的英裔美国人完成的。然而，如果没有西班牙人和墨西哥人在努埃西斯地区建立牧场，牧养了大量牛群，在马背上管理、掌控牛群，那么移居到得克萨斯的英裔美国人就无法走完"牧牛王国"兴起的后四个阶段。因为"牧牛王国"的兴起必须具备两个必要的前提条件：其一是充足的牛源供应地；其二是适合在辽阔的大平原上牧养牛群的方式——牧牛人骑马管理牛群。这两个条件都是由西班牙人和墨西哥人提供的。美洲大陆的牛、马、羊等家畜最先是由西班牙殖民者带去的。克里斯托弗·哥伦布首航抵达美洲时，发现那里没有牛、马、羊等家畜。在哥伦布第二次美洲航行时，航船上装载了一些家畜。1494 年 1 月 2 日，船队抵达伊斯帕尼奥拉北岸(今海地角附近)。哥伦布让船员从船上卸下 24 匹雄马、10 匹牝马和一些牛②。这是首批运到美洲的家畜。此后，西班牙殖民者不断把牛、马、羊等家畜运抵西印度群岛。随着西班牙势力的不断扩大，牛、马、羊等家畜又被带到南、北美洲。西班牙殖民者不断把家畜运抵美洲，是为其殖民侵略服务的。马是殖民军和传教团的坐骑和运输工具，牛羊是他们食、穿、用等不可缺少的必需品。因为从

---

① Walter Prescott Webb, *The Great Plains*, Waltham, Massachusetts · Toronto · London: Blaisdell Publishing Company, 1931, p. 224.

② Samuel E. Morison, *Admiral of the Ocean Sea*, Boston: Little Brown Company, 1942, Vol. 2, pp. 49-50.

欧洲把家畜运到美洲风险大、损失多且费用高，故西班牙殖民者便用带到美洲的家畜在当地的草地上牧养，繁殖畜群。西班牙殖民者在美洲建立牧场，并把骑马管理牛群的方式也带到了新大陆。

西班牙殖民者在征服墨西哥的过程中，把家畜带到那里并发展了在辽阔开放的牧区由骑马牧人巡游管理牛群的方法。1519 年，西班牙殖民者抵达今墨西哥城的中心地带，随后征服了原住民阿兹台克人。随着殖民势力的深入，到 16 世纪 30 年代，一些西班牙人已把他们的牛群放牧在墨西哥城西部和西北部的一些草地上。经过一个世纪，牧牛业从墨西哥城附近向北扩展了千余英里。自视为"上帝之子"的西班牙人认为骑马管理牛群有失尊严。特别是随着牛群的扩大和偷牛贼增多，西班牙牧场主已无法照看他们的牛群。在此情况下，西班牙人只得教一些顺从的原住民(印第安人)骑马和在马背上管理牛群的技术，这些人便成了墨西哥骑马牧人。有些大牧场占地成千上万英亩，牛群由墨西哥骑马牧人巡游管理。1690 年，墨西哥骑马牧人开始在格兰德河岸边的大草原上放牧牛群①。

到 1821 年墨西哥摆脱西班牙殖民统治宣布独立前，西班牙人只是把牧牛业扩大到得克萨斯东南部的菱形地区。这是因为西班牙殖民者向大平原的扩张受到了多数原住民部落的坚决抵抗。西班牙人在得克萨斯的传教活动并不顺利，少有原住民愿意皈依天主教。西班牙人向大平原的扩张主要靠军事征服，但因受到原住民顽强的抵抗而受挫。因此，西班牙殖民者只进入到大平原的边缘地带。直到 1800 年，他们也未能自由地穿越大平原②。西班牙殖民者在吞食占领的大平原南部的地区内发展了养牛业。养牛区位于以圣安东尼奥和印第安诺拉旧城为南北端点及以布朗斯维尔与拉雷多为东西端点的菱形地区内。在这一限定的地区内，是未来美国西部牧牛业的发源地。圣安东尼奥以南和科罗拉多河以西地区是"牧牛王国"的摇篮。在菱形地区，繁衍和养育了墨西哥长角牛、印第安马和美国牛仔。1821 年后，移居到科罗拉多河谷的英裔美国人(即后来的得克萨斯人)中的一些人，学着按西班牙方式骑马管理牛群，这些人是美国未来的牛仔③。自从韦布在 1931 年提出美国牛仔和西部牧牛业起源于西班牙统治时期的历史根基后，这种观点变得非常流行，在

① David Dary, *Cowboy Culture: A Saga of Five Centuries*, Lawrence, Kansas: University Press of Kansas, 1981, 1989, pp. 6, 27, 28.

② Walter Prescott Webb, *The Great Plains*, pp. 86, 87.

③ Walter Prescott Webb, *The Great Plains*, pp. 208, 209.

25年后才有人提出挑战和质疑。

1955年，查尔斯·W. 汤和爱德华·N. 温特沃思出版了《牛与人》一书，挑战韦布的观点。汤和温特沃思出生在新罕布什尔州的多佛，汤生于1875年，温特沃思生于1887年。他们两人是表兄弟，年龄相差12岁。汤在1897年毕业于布朗大学，并成了《纽约时报》的职员。在1898年的美西战争期间，汤也为《波士顿先驱者》工作。1902年，汤遇到布法罗·比尔·科迪(即被称为牛仔英雄的野牛比尔)，他随科迪巡游了几年。在第一次世界大战期间，汤在法国负责招待军队的工作。战后，汤接受了"阿纳康达铜业与蒙大拿电力公司"宣传部主任的职位，到1941年退休。汤退休后移居图森。此后，汤依靠其早年在报刊工作的经历，给全国性的杂志撰稿。他还以吉迪恩·维尔茨的笔名写了一些幽默和严肃的书①。温特沃思6岁时随父母从新罕布什尔移居西部，在西部他家迁居数地。温特沃思在艾奥瓦州长大成人，在艾奥瓦州立学院获理科学士和理科硕士学位。1907年秋，他开始在该学院的动物饲养系任教。1913年5月，温特沃思受邀到芝加哥，当了《饲养者报》的助理编辑。1914年9月后，温特沃思去位于曼哈顿的堪萨斯农业学院任教。他出版了一些教材和著作，是一位集编者、著者与教授于一身的专家②。因为是表兄弟，且兴趣相同，汤和温特沃思两次合作著书。1946年，两人合作出版了《牧羊人帝国》。两年后，温特沃思出版了《美国的赶羊小道》。这两部著作至今仍是研究美国西部牧羊业的经典之作③。1955年，汤和温特沃思再次合著出版了《牛与人》，这一著作论述了牛对人类做出了很多贡献。他们希望人要善待牛，主张人不要残酷地杀害它们，人只喝牛奶就行。然而，在美国西部牧牛业的起源上，汤和温特沃思的观点与韦布的观点相悖。

汤和温特沃思在《牛与人》一书中，将牧工(即牛仔)和养牛业的起点推至英格兰人到达英属北美殖民地时，之后养牛业随着美国这个新建立的国家不断扩张而西进。他们把重点主要放在卡罗来纳殖民地，称牛从那里向西，经过佐治亚、密西西比和路易斯安那等旧南部州，后被赶入得克萨斯。两人声

---

① http://oasis. lib. harvard. edu/oasis/dever/-pea00048.

② http://www. accessgenealogy. com/kansas/biography-of-edward-norris-went-worth. htm.

③ Charles W. Towne and Edward N. Wentworth, *Shepherds Empire*, Norman: University of Oklahoma Press, 1946; Edward N. Wentworth, *America's Sheep Trails*, Ames: Iowa State College Press, 1948.

称在美国独立战争爆发前的若干年内，“牛仔”一词就已使用。他们认为南、北卡罗来纳发展了一种把牛关在封闭的围栏里和把它们散放到乡间漫游的管理牛群的方法。这种方法是在适当时候靠牧场主骑在马上把牛围拢起来，再把它们赶入畜栏里。汤和温特沃思说这些骑马的人在18世纪60年代前就被称为“牛仔”。他们认为这些殖民地的牛仔带到得克萨斯的放牧方法、家畜装备和养的牛其历史背景与其说是西班牙的，还不如说是英国的①。

沃尔特·P. 韦布在世时，未对汤和温特沃思的观点进行反驳。这也许是韦布的学术地位使他对挑战者采取了学术宽容。1954—1955年，韦布任“密西西比流域历史学会”主席；1957—1958年，他任“美国历史学会”主席。1959年《大平原》再版时，韦布只字未提对立者的观点。随后，韦布于1963年辞世②。因此，自1955年起，呈现关于美国牛仔和西部牧牛业起源的两种对立观点并存的局面。此后又过了14年，情况才发生改变。

二、20世纪60年代末至80年代初的争论

20世纪60年代末，桑德拉·L. 迈尔斯重申了沃尔特·P. 韦布关于牛仔和西部牧牛业源于西班牙的观点。迈尔斯生于1933年，当时西部史学刚刚兴起，她的大学本科、硕士和博士学习都是在得克萨斯完成的，学的都是历史专业。1967年，迈尔斯获得了博士学位。在迈尔斯大学本科毕业时，西部史学的初创期已基本完成。从她的硕士、博士阶段，后在学校任教时期，直到她1991年去世，经历着美国史学的发展时期。迈尔斯教授是美国西部史、西南部边疆史和西部妇女史的专家，于1987—1988年任美国西部史学会主席。在迈尔斯教授的著作中，1969年出版的《1691—1800年得克萨斯的西班牙牧场》是重要的一部③。

在该书中，迈尔斯从1691年唐·多明戈·特兰赶牛群进入得克萨斯东部开始，探究了西班牙人在得克萨斯南部菱形地区建立牧场、发展牧牛业的历史过程。这一历史进程持续了一个多世纪，直到发生墨西哥革命前不久的1800年。在西班牙殖民者向北部扩张，跨越得克萨斯的过程中，他们把很多

① Charles Wayland Towne and Edward Wentworth, *Cattle and Men*, Norman: University of Oklahoma Press, 1955, pp. 131, 143, 168.

② Howard R. Lamar, ed., *The Reader's Encyclopedia of the American West*, New York: Thomas Y. Crowell Company, 1977, pp. 1247, 1248.

③ http://www.tshaonline.org/handbook/online/articles/fmymg.

牛带到了菱形地区。由于西班牙远征军和传教团不断地把更多的牛马带到得克萨斯东部，加之菱形地区丰美的牧草和有利的自然条件，有利于牛的生长繁衍。这两方面的有利条件使得克萨斯菱形地区的牛群增长得很快。在18世纪早期，人们在得克萨斯已经见到大量的牛群。在圣安东尼奥和拉巴伊亚地段有一些私人牧场。在得克萨斯菱形地区，繁育大量牛马，未来牛仔的先驱——骑马牧人在马背上管理牛群。那里的牧牛业已经历了一个多世纪的发展①。在1800年，得克萨斯已有三个放牧中心。纳科多奇斯基本上用于牧马。格兰德河流域向北远至努埃西斯河，放牧着大量牛群和马群。从圣安东尼奥向东扩展到瓜达卢普，向南至拉巴伊亚有很多牧场。在英裔得克萨斯人到达之前，西班牙人统治下的得克萨斯已是一个"牧牛王国"②。英裔美国人在19世纪20年代才开始移居得克萨斯。他们不但承继了西班牙人和墨西哥人牧养的大量牛群，而且跟墨西哥骑马牧人学会了骑马和在马背上放牛管理牛群的方法。故迈尔斯认为美国牛仔和西部牧牛业的历史根基应追溯到西班牙和墨西哥人在得克萨斯建立牧牛场时期③。对于迈尔斯重申韦布的观点，《牛与人》的作者未作回应。因为查尔斯·W. 汤在迈尔斯的著作出版时，已去世数年，爱德华·N. 温特沃思已是82岁高龄④。多数学者经过对资料的研究后，接受了牛仔和西部牧牛业与西班牙的联系更紧密的观点。虽然迈尔斯在其著作中重申了韦布的观点，但她也受到了特里·G. 乔丹的挑战。

在第二个阶段的论争中，修正派学者特里·G. 乔丹成为韦布和迈尔斯观点的挑战者，他是汤和温特沃思观点的支持者。乔丹1938年生于得克萨斯的达拉斯，是第16代得克萨斯人。他在位于奥斯汀的得克萨斯大学获得了硕士学位，在那里，特里还得遇沃尔特·P. 韦布教授。乔丹的博士学位是从位于麦迪逊的威斯康星大学获得的。1966年，乔丹出版了他的博士论文《在得克萨斯土壤中的德国种子：19世纪得克萨斯的移民农场主》(*German Seed in Texas Soil: Immigrant Farmers in Nineteenth-Century Texas*)。从第一次出版博士论文后，乔丹在他的一生中，独著与合著的著作和教材有15部。乔丹曾

① Sandra L. Myres, *The Ranch in Spanish Texas*, 1691-1800, The University of Texas at El Paso: Texas Western Press, 1969, pp. 11-18.

② Sandra L. Myres, *The Ranch in Spanish Texas*, 1691-1800, p. 19.

③ Sandra L. Myres, *The Ranch in Spanish Texas*, 1691-1800, pp. 52-53.

④ 查尔斯·W. 汤生于1875年，于1965年去世。爱德华·N. 温特沃思生于1887年。参见 http://oasis.lib.harvard.edu/oasis/dever/~pea00048; http://www.accessgenealogy.com/kansas/biography-of-edward-norris-wentworth.htm.

担任“美国地理学家学会”主席。2003 年，他因胰腺癌去世[①]。

在迈尔斯的著作出版的那年，乔丹以一份牧牛业从南部扩散的历史文献为基，论述英裔美国人的牛放牧在得克萨斯，认为那里是牧牛业的起源[②]。三年后，乔丹又发表论文进一步阐释开放牧区牧牛业的起源和分布[③]。到 1981 年，乔丹出版了《到得克萨斯的牛道：西部放牧牛的南部根基》，在书中，乔丹论述了 1611 年牛从英国首次被输入詹姆斯敦殖民地，随后，牧人开始在南卡罗来纳殖民地的“牛栏”里管理牛群。养牛业后来又从南卡罗来纳扩展到北卡罗来纳、弗吉尼亚，并向西南发展进入佐治亚。在 18 世纪，养牛业在这些地区发展起来。养牛业通过南部腹地进入得克萨斯东部潮湿的沿海平原。养牛业进一步西进到半干旱平原后，英裔牛仔的养牛习惯和技术在墨西哥骑马牧人的影响下才有所改变[④]。虽然乔丹的《到得克萨斯的牛道》是短篇，但他准确地抓住了美国南部是牛仔劳作和西部养牛业之根源这一论点[⑤]。在十余年的时间里，乔丹的论文和著作使汤和温特沃思的观点得以重现。与乔丹持相同观点的还有一些人，他们提供历史文献来证明在殖民地时期，南卡罗来纳牧人就在“牛栏”里管理牛，他们力图证明美国牛仔和西部牧牛业源于旧南部，如格雷·S. 邓巴的论文便是如此[⑥]。

特里·G. 乔丹的观点受到了一些美国历史学家的反驳。1981 年，戴维·达里出版了《牛仔文化：五个世纪的传奇》。该书于 1989 年再版，是对乔丹修正论观点的回应，达里教授在书中讲述了西班牙殖民者把牛马等家畜、骑马管理牛群的方法、牧牛装备等带到墨西哥、得克萨斯和加利福尼亚等地。他

---

① http：//www. marvsvilleonline. net/articles/2015/02/11/news/obituaries/doc54c056bc9019691656174. txt.

② Terry G. Jordan，“The Origin of Anglo-American Cattle Ranching in Texas：A Documentation of Diffusion from the Lower South”，*Economic Geography*，Jan，1969，pp. 74-78，86.

③ Terry G. Jordan，“The Origin and Distribution of Open-Range Cattle Ranching”，*Social Science Quarterly*，Vol. 33，No. 1，Jan，1972，p. 106.

④ Terry G. Jordan，*Trail to Texas：Southern Roots of Western Cattle Ranching*，Lincoln：University of Nebraska Press，1981，pp. 118-120，155.

⑤ Paul H. Carlson，“A Cowboy Bibliography”，Paul H. Carlson，ed.，*The Cowboy Way：An Exploration of History and Culture*，Lubbock：Texas Tech University Press，2000，p. 210.

⑥ Gary S. Danbar，“Colonial Carolinian Cowpens”，*Agricultural History*，Vol. 35，No. 3，July，1961，pp. 125-130.

认为西班牙、墨西哥是美国西部牧牛业兴起的历史渊源。在《牛仔文化》的前四章，达里阐释了西班牙远征队和传教团带领皈依的原住民，驱赶牛队进入得克萨斯南部，在那里为了扩大牧场经营，教会了墨西哥顺从的原住民骑马和在马背上放牧牛群的方法。这些墨西哥骑马牧人成了得克萨斯牛仔的先驱。19 世纪 20 年代后，来自美国的移民，主要是旧南部诸州的移民才陆续进入得克萨斯。他们从墨西哥骑马牧人那里学会了骑马技术和在马背上管理牛群的方法，从事牧牛业经营。在美国内战后，牧牛业在不到 20 年的时间里，从得克萨斯扩展到整个大平原地区。《牛仔文化》向人们讲述了牛仔和美国西部牧牛业的历史根源，其与西班牙和墨西哥的联系更为紧密①。

特里·G. 乔丹的观点引起多位得克萨斯历史学家的反驳，其中尤以杰克·杰克逊的著作最具影响力。在 1986 年，杰克逊出版了《牧主公会：1721—1821 年得克萨斯的西班牙放牧业》一书。杰克逊的著作从 1721 年马奎斯·德·阿瓜约把数百头(只)牛羊由新莱昂带到得克萨斯南部写起，到 1821 年墨西哥摆脱西班牙殖民统治而宣布独立止，详细而清晰地论析了西班牙殖民者的牧牛业在得克萨斯一个世纪的发展状况。通过对西班牙放牧业在得克萨斯一个世纪里从起步到发展的研究，杰克逊展现了西班牙式的牧牛业及其放牧者、牧牛装备、放牧管理方法如何在墨西哥产生以及尔后再扩展到得克萨斯的历史。杰克逊认为，西班牙和墨西哥是美国牛仔和西部牧牛业的历史根基②。

在反驳乔丹的得克萨斯历史学家中，詹姆斯·G. 瓦格纳也是有影响的一员。1987 年，瓦格纳发表了《牛仔：起源与这一术语的早期使用》一文③。在该文中，瓦格纳反驳了汤和温特沃思宣称的在美国革命前南、北卡罗来纳的家畜饲养者就已发展起了一种管理方式的说法。他们坚称这种管理体系是围栏圈养与散放在乡间相结合。在适当时间，饲养者骑马把散放的牛围拢，赶进围栏中。虽然汤和温特沃思坚持说在 1760 年前，这些骑马围拢和管理牛群的人已被称为“牛仔”，但瓦格纳尖锐地指出他们提不出有利的原始资料为其观点作证。汤和温特沃思作的脚注写道：“在美国革命期间，有时把英国游击

① David Dary, *Cowboy Culture*: *A Saga of Five Centuries*, pp. 2, 6-7, 26, 42-43.

② Jack Jackson, *Los Mesteños*: *Spanish Ranching in Texas*, 1721-1821, College Station: Texas A&M University Press, 1986, pp. 12, 33, 601.

③ James R. Wagner, “Cowboy: Origin and Early Use of the Term”, *West Texas Historical Association Year Book* 63, 1987, pp. 91-100.

队称为牛仔或美国人的剥兽皮者"①。瓦格纳深刻指出这一脚注不仅削弱两人观点和论述的说服力，而且与美国西部牧牛业源于美国南部说是相矛盾的②。既然汤和温特沃思的观点和论述站不住脚，那么他们的支持者乔丹的观点也难以服人。乔丹也认为，最初的牛仔是靠围捕丢弃的墨西哥牛或偷盗墨西哥牧场的牛为生。然而，他却声称到 19 世纪 60 年代，"牛仔"一词的含义已经改变为"任何一个英裔牧场牧工"③。为了表明这一改变的"牛仔"的定义的正确，乔丹以 J. 弗兰克·多比的引语为证，引语称："在那年，跟随'牛仔'生活的年轻男子被叫作家畜饲养者，尽管它很艰苦，但逐渐地，他们成了它的附着部分。"④瓦格纳对此指出，这段引语似乎为那些年轻男子和孩子被称为牛仔提供了一个佐证，但并不是每个照料牛的英裔人很快就成为牛仔。⑤ 在论文中，瓦格纳对汤和温特沃思及其支持者乔丹都进行了批驳。瓦格纳指出了他们的观点和论述是自相矛盾的。

与第一个阶段相比，两种对立观点在第二个阶段的论争中参与者较多，争论也较激烈。一方面，多数史学家支持韦布的美国牛仔和西部牧牛业起源于西班牙和墨西哥的观点，认为这种观点更符合历史事实，论证更具说服力。另一方面，以乔丹为代表的修正派极力反对韦布的观点，力挺汤和温特沃思的观点，坚持英裔美国牛仔起源说，力图说明美国南部是西部牧牛业的发源地。乔丹也有一些支持者。在反驳乔丹的论争中，得克萨斯州的历史学家尤为积极。他们在反驳乔丹的修正观点时，也批评汤和温特沃思的观点，指出乔丹等人的观点缺乏原始史料的支持，论述缺乏说服力，对"牛仔"这一术语的使用也自相矛盾。第二阶段两种观点的论争针锋相对，壁垒分明。论争一直持续到 20 世纪 80 年代终结。

---

① Charles Wayland Towne and Edward Wentworth, *Cattle and Men*, p. 168.

② James R. Wagner, "Cowboy: Origin and Early Use of the Term", Paul H. Carlson, "A Cowboy Bibliography", Paul H. Carlson, ed., *The Cowboy Way: An Exploration of History and Culture*, p. 13.

③ Terry G. Jordan, *Trail to Texas: Southern Roots of Western Cattle Ranching*, p. 74.

④ J. Frank Dobie, *A Vaquero of the Brush Country*, Dalas: The Southwest Press, 1929, pp. 276-277.

⑤ James R. Wagner, "Cowboy: Origin and Early Use of the Term", Paul H. Carlson, "A Cowboy Bibliography", Paul H. Carlson, ed., *The Cowboy Way: An Exploration of History and Culture*, p. 14.

三、20 世纪 90 年代至 21 世纪 10 年代的论争

第三个阶段的论争始于 1990 年理查德·W. 斯莱塔出版的《美洲牛仔》一书。理查德·W. 斯莱塔生于 1947 年，为北卡罗来纳大学历史系教授。1974 年，斯莱塔在俄勒冈的波特兰州立大学获硕士学位。其博士学位在得克萨斯大学获得。为撰写《美洲牛仔百科全书》，斯莱塔在美国、加拿大和拉丁美洲一些国家进行考察、研究，收集了大量与牛仔相关的资料。在此过程中，斯莱塔出版了《美洲牛仔》一书。《美洲牛仔百科全书》出版后，斯莱塔又出版了《牛仔与边疆比较》等重要论著[①]。斯莱塔是韦布观点的支持者。他反对特里·G. 乔丹等人的观点。两种对立观点第三阶段的论争延续到 21 世纪前 10 年。

斯莱塔在《美洲牛仔》中阐释了美国牛仔和西部牧牛业源于西班牙和墨西哥的观点。他详细述及 1494 年哥伦布首次把牛、马、羊等家畜带到今天的海地岛后，继之而来的西班牙殖民者把家畜带到加勒比海诸岛。繁衍过多的家畜又从诸岛输往西班牙的美洲大陆殖民地。1519 年西班牙殖民者到达今墨西哥城的中心地带。16 世纪 30 年代，西班牙人已在该城西部和西北部的草地上放牧他们的牛群。在此后不到一个世纪的时间里，牧牛业从墨西哥城向北扩展了千余英里，一些上万英亩的开放大牧场也建立起来。1690 年，格兰德河岸边的灌木丛中和草原上已放牧着牛群。西班牙牧场主只是骑马进城，但从不看管牛群。因为他们把照看牛群的艰苦劳动视为有损“上帝之子”的尊严。为了照料日益增多的牛群，西班牙人只得把骑马和在马背上管理牛群的技术教给皈依天主教的“印第安人”和其他非白种的墨西哥人。这些人成为最早的墨西哥骑马牧人。1690 年得克萨斯成了西班牙的殖民地。随后，西班牙的远征队和传教团继续向大平原推进。牛马群和随队管理牛马的墨西哥骑马牧人也一同北进[②]。

在得克萨斯、新墨西哥、亚利桑那和加利福尼亚的方济各会的传教区中，放养家畜的是皈依的“印第安人”。西班牙人从南部(得克萨斯)和西部(新墨西哥和亚利桑那)影响了大平原。到 1800 年，得克萨斯的纳科多奇斯、格兰德

---

① Richard W. Slatta, *Comparing Cowboys and Frontiers*, Norman and London: University of Oklahoma Press, 1997, p. XV; http: //www. blackpast. org/contributors/slatta-richard.

② Richard W. Slatta, *Cowboys of the Americas*, New Haven: Yale University Press, 1990, pp. 9, 10.

河流域向北至努埃西斯河和圣安东尼奥三个地区有许多大牧场，牧业经济繁荣。在整个18世纪，西班牙牧场主们从得克萨斯赶牛向东，到路易斯安那出售。西班牙牧场主让牛自由奔跑变得半野，以防不肯依顺的"印第安"部族袭击驱散。在准备出售时，牧场主让骑马牧人把牛"围拢"起来，被称之为"猎牛"。19世纪20年代，来自美国南部的英裔美国人在得克萨斯东部定居。他们带着驯养的家畜，凭着先前的经验，把牛圈在围栏里，大胆地准备面对"半野"的西班牙长角牛。然而，这些被乔丹所称谓英裔牛仔的人，在墨西哥骑马牧人的影响下，改变了其原先管理牛群的习惯和技术。这些英裔牛仔从骑马牧人那里学会了骑马、围拢牛群和打烙印的技术。在非法"猎牛"时，英裔牛仔把许多属于西班牙牧场主或由骑马牧人管理的牛占有，赶到路易斯安那出售。虽然乔丹提出历史文献证明南卡罗来纳殖民地的牧人在牛栏里管理牛群，把美国西部的放牧业追溯到南北卡罗来纳的"围栏"，但它对西部牧牛业的放牧技术、装备、用语和民俗等方面的影响是不重要的。斯莱塔认为，J. 弗兰克·多比、杰克·杰克逊和桑德拉·迈尔斯等人有说服力地论证了得克萨斯是关键的历史因素，得克萨斯和扩展到大平原的放牧业显示出牧业起源较于英国，西班牙是根基①。

特里·G. 乔丹以美国牛仔起源多元说来回应他的批评者。1993年，乔丹出版了《北美的牧牛业边疆：起源、传播和区别》。乔丹的这一专著与他的修正派观点的小册子《通向得克萨斯的牛道》相比，是一本关于北美牧牛业的详细且写得较好的历史著作，书中还有大量的地图和图表。乔丹认为，墨西哥北部的天然牧草稀少，水也难以得到，特别是在酷热的夏季里，牛因干渴难耐而广为逃散。美国大平原有优于墨西哥北部的水源，能提供优质牧草和牲畜赖以为生的大量多种类的植物。在南部平原，牧场主们学会了利用河谷中的宝贵水资源，在秋冬季节使人畜防范从加拿大吹来的强烈北风造成的冰冻伤害。虽然乔丹详细阐释了北美对牧牛业发展的有利条件及牧牛业发展状况，但在美国牛仔和西部牧牛业的起源问题上，他仍与斯莱塔等人持对立观点。尽管数十年的研究成果表明，在牛仔和西部牧牛业的起源问题上，西班牙的影响表现得更为突出，但乔丹提醒人们，西部牧牛业和牛仔的起源不只是在美国南部，也在美国中西部。乔丹强调，他对牛仔起源问题的答复最终是多

① Richard W. Slatta, *Cowboys of the Americas*, pp. 9, 10, 18, 19, 20.

方面的[1]。

1997年，理查德·W. 斯莱塔出版了《牛仔与边疆比较》。这一著作是斯莱塔20年来，以比较史学的方法研究牛仔和边疆问题的论文集。在这一著作中，斯莱塔以大量的历史例证，进一步充分阐释他在《美洲牛仔》一书中的观点，可以视为对乔丹1993年新论的回应。斯莱塔对从墨西哥到加拿大的牧区发展做了历史的考察，研究了从加拿大到阿根廷的牛仔。在《牛仔与边疆比较》这本扎实的著作中，斯莱塔把美国牛仔与南美洲和墨西哥的加乌乔牧人(Gauchos)、南美北部草原牧人(Llaneros)、讲西班牙语美洲国家的骑马牧人(Vaqueros)以及墨西哥牛仔(Charros)进行了比较。通过对这些社会群体的衣着、劳作、技术、政治命运以及他们的美德和恶习的多方面考察，斯莱塔发现在他们身上都遗留着西班牙的强烈影响。故斯莱塔再次申明，西班牙和墨西哥是美国牛仔和西部牧牛业的历史根基[2]。

进入21世纪，关于美国牛仔和西部牧牛业起源的问题仍在探讨。2000年，保罗·H. 卡尔松编辑出版了论文集《牛仔之路：历史与文化探究》。卡尔松是得克萨斯技术大学的历史教授，到2000年他已出版了6本著作，发表了多篇论文[3]。他选编的《牛仔之路：历史与文化探索》，从牛仔的劳动和生活、娱乐、神话、历史文化等多方面探研了牛仔这一主题。书中收入了詹姆斯·R. 瓦格纳的《牛仔的起源及其术语的早期使用》。论文集编者卡尔松的文章《神话与现代牛仔》列在16篇论文之首。卡尔松在论文集中编选了60多本与牛仔相关的书目。在书目之前，卡尔松对美国学术界关于牛仔和西部牧牛业起源的两种对立观点及其代表作，作了简单扼要的介绍。从卡尔松选文的取向和他的评论中，我们可以看出他是支持美国牛仔和西部牧牛业源于西班牙和墨西哥的历史根基说的。关于美国牛仔和西部牧牛业起源的论文很多，而卡尔松只选了瓦格纳的文章。前面已论及瓦格纳的文章批驳了汤和温特沃思与乔丹的观点，这里不再赘述。卡尔松选文的取向表明了他的观点倾向。在

---

① Terry G. Jordan, *North American Cattle Ranching Frontier: Origins, Diffusion and Differentiation*, Albuquerque: University of New Mexico Press, 1993, pp. 126-132, 221-227.

② Richard W. Slatta, *Comparing Cowboys and Frontiers*, Norman and London: University of Oklahoma Press, 1997, pp. 74-76, 83-84, 90-98.

③ Paul H. Carlson, ed., *The Cowboy Way: An Exploration of History and Culture*, Lubbock: Texas Tech University Press, 2000.

简介关于美国牛仔和西部牧牛业起源两种对立观点的主要代表作时，卡尔松对乔丹的修正派观点作了尖锐的批评。在介绍《通向得克萨斯的牛道》时，卡尔松称该书的作者乔丹是一个擅长文化地理谱系的傲慢的修正派学者，其著作是一本关于牧牛业起源的修正派的简短论述。卡尔松强调，在争论中，乔丹的观点受到历史学家、特别是得克萨斯历史学家的反驳。相反，卡尔松对杰克逊的《牧主公会：1721—1821 年得克萨斯的西班牙放牧业》却大为称赞。卡尔松说杰克逊在著作中详细而清晰地讲述了得克萨斯的西班牙放牧业。他称赞这一获奖的著作在反驳乔丹的观点中是最好的辩驳，给人以深刻的印象①。由此可见，卡尔松是支持美国牛仔与西部牧牛业源于西班牙和墨西哥的观点的。《牛仔之路：历史与文化探究》在 2006 年再版，此时乔丹已去世三年。由上可见，关于美国牛仔与西部牧牛业起源之争延续到了 21 世纪前十年中期。

在第三个阶段论争中，两种对立观点的代表者分别是理查德·W. 斯莱塔和特里·G. 乔丹。斯莱塔持美国牛仔和西部牧牛业西班牙和墨西哥根源说，乔丹则把他坚持的美国南部起源说改变为美国南部和中西部多方面起源说。这是他对自己修正派观点的再修正。这是因为经过前两个阶段 60 余年两种观点的论争，越来越多的研究成果和现代知识证明在美国牛仔和西部牧牛业的起源上，西班牙表现出了强烈的影响力。在此情况下，乔丹才以多方面因素起源说来维护他的美国南部起源说。在第三个阶段的论争中，斯莱塔的两部著作对美国牛仔和西部牧牛业起源的研究更加深入。其观点和论证更具说服力。1981 年 10 月，斯莱塔向在圣安东尼奥举行的“西部历史学会”的会议上提交了比较研究的论文——《阿根廷加乌乔牧人与大平原牛仔》②。在撰写《美洲牛仔》的过程中，斯莱塔得以在美国、委内瑞拉、加拿大进行研究和写作。《美洲牛仔》是以比较史学的方法写成的。从哥伦布到牛仔起源，斯莱塔专门写了一章。斯莱塔的《比较牛仔与边疆》是在他近 20 年撰写的多篇研究论文的基础上，加之其在写作《美洲牛仔》时写成的新的比较研究论文，撰写成的由 10 章构成的专著③。这两部著作对美国牛仔和西部牧牛业起源说的论述更为扎实和更具说服力。

---

① Paul H. Carlson, ed., *Cowboy Way: An Exploration of History and Culture*, pp. 11-20, 210, 214.

② Richard W. Slatta, *Comparing Cowboys and Frontiers*, p. xii.

③ Richard W. Slatta, *Comparing Cowboys and Frontiers*, p. xiii, xv, vii-viii.

进入21世纪以来，我们尚未见到坚持美国牛仔和西部牧牛业美国南部起源说的论著。这可能与这一观点的重要代表者乔丹在2003年病逝有一定关系。今后，关于美国牛仔与西部牧牛业起源的两种观点的论争是否还会继续？这有待我们继续去关注美国学术界的动态。

四、余论

综观美国学者关于美国牛仔和西部放牧业起源的70年论争，笔者认为西班牙、墨西哥起源更符合历史事实，而美国南部起源说欠缺说服力。这可以从三个方面做些比较分析。

第一，西班牙牛进入得克萨斯和大平原西部地区的时间远远早于英国牛(美国东部牛)。依照西班牙、墨西哥起源说，美国牛仔及其装备的演进至少要回溯到1519年西班牙殖民者对墨西哥的征服。在征服墨西哥的过程中，西班牙征服者带入了马、牛、羊等家畜①。西班牙殖民者占领墨西哥城后，又把牧牛业推进到墨西哥的中心地区。1690年，在格兰德河沿岸的灌丛地带和草原上放牧牛群。在西班牙殖民者征服得克萨斯的过程中，殖民军和传教团携带牛马北进。17世纪末至18世纪初，得克萨斯牛的数量增长很快，南部菱形地区成了美国西部"牧牛王国"兴起的摇篮②。在18世纪，"围栏"饲养的牛从南卡罗来纳运到北卡罗来纳、弗吉尼亚和西南部地区。到19世纪20年代，俄亥俄河流域才见到一些100—300头的牛群。在19世纪20年代，一些英裔美国人才带着他们饲养的牛进入得克萨斯东部③。因此，美国牛进入得克萨斯的时间比西班牙牛晚了一个世纪。

第二，在19世纪20—30年代，得克萨斯的西班牙牛远远多于美国牛。根据1830年的统计，得克萨斯有10万头牛。其中西班牙牛为80%，美国牛(包括少量法国牛)约为20%。在格兰德河和努埃西斯河流域的牛，其中十之八九为西班牙纯种牛，大部分是野牛。这些牛活动在占今天得克萨斯州4/5面积的格兰德河与雷德河之间④。西班牙牛在得克萨斯草原上繁衍生息了一个

---

① Fay E. Ward, *The Cowboy at Work*, *Norman and London*: *University of Oklahoma Press*, 1958, p. 3.

② David Dary, *Cowboy Culture*: *A Saga of Five Centuries*, pp. 37, 38; Walter P. Webb, *The Great Plains*, p. 214.

③ Richard W. Slatta, *Cowboys of the Americas*, p. 18.

④ Richard W. Slatta, *Cowboys of the Americas*, pp. 18, 19.

世纪后，美国牛靠着墨西哥政府优惠的移民政策才随它们主人移居得克萨斯。

第三，美国西部牧区由牛仔骑马在马背上管理牛群的方式，是由西班牙殖民者带到墨西哥传给墨西哥骑马牧人，而后扩展到得克萨斯乃至整个大平原的。自视为“上帝之子”的西班牙牧场主厌恶管理牛群的艰苦劳作，便把骑马和在马背上管理牛群的技术教给皈依顺从的原住民和非白种人。这些为牧场主管理牛群的骑马牧人从殖民地时期就是墨西哥社会的低层社会群体。由得克萨斯扩展到大平原的牧牛业，都是开放的大牧场，牛仔们骑在马背上管理牛群。美国南部起源说认为牛都是在围栏中饲养的。持此说的乔丹等人强调“围栏”中的牛也放到乡间，主人们约定时间，围拢牛群，打上确定归属的烙印。然而，这类工作的进行多是步行而不是骑马。19 世纪 20 年代英裔美国人带着饲养的牛移居得克萨斯后，很快放弃了“围栏”养牛。这些美国移民利用墨西哥政府优惠的土地政策建立起了大牧场。让他们的黑人奴隶或雇用牛仔从墨西哥骑马牧人那里学会了在开放的大牧场上骑马管理牛群的技术。即使到 19 世纪 80 年代，“围篱”牧场代替“开放”牧场以后，因为大牧场的面积多达数万乃至数百万英亩，牛仔们也需要在马背上管理牛群。所以，在美国西部牧区传入发展起来的是西班牙-墨西哥式的在马背上管理牛群的生产方式，而不是美国南部在“围栏”里小规模养牛的方式。

既然美国牛仔和西部牧牛业西班牙、墨西哥起源说更符合历史的真实，那么为什么在美国学术界还会产生两种起源说的 70 年论争呢？这与第二次世界大战以后修正史学的兴起不无关系。修正史学是要修正传统的观点，强调美国因素对历史的主导和影响。在美国牛仔和西部牧牛业起源的论争中，我们可以看到修正史学与传统史学的博弈。

美国的非裔牛仔研究

美国非裔牛仔①的研究具有重要的学术价值。它拓宽了美国黑人史、美国西部开发史和美国西部史研究的范围，加深了研究的深度。美国非裔牛仔的研究具有重要的现实意义。这一研究能使现今的美国人，乃至世界其他国家的人了解、认识到非裔牛仔是美国牛仔的重要组成部分，他们同美国白人牛仔一样，也对美国西部牧区的开发做出了重要贡献。这一研究也会启示人们去思考，是什么原因使非裔牛仔在美国长期被忽视。美国的非裔牛仔虽然比白人牛仔的研究晚了半个多世纪，但其研究业已走过了半个世纪的历程。在美国学术界，虽然对一些非裔牛仔论著有所评介，但对半个多世纪的整体研究状况、讨论问题、争论焦点和面临困难等还没有综合的分析评述。这样的探讨是重要且有意义的。本文亦就上述问题做粗略的论析。

一、研究的基本走势

美国的白人牛仔研究始于 19 世纪 80 年代中期，比非裔牛仔的研究早半个多世纪。在美国，研究白

---

① 20 世纪 90 年代，一些美国学者开始把“黑人牛仔”“黑人”分别改称为“非裔美国牛仔”(African American Cowboy)和“非裔美国人”(African American)，没有了种族歧视色彩。故本节题目采用这一称谓。参见 Richard W. Slatta，ed.，*Cowboy Encyclopedia*，Santa Barbara，California：ABC-CLIO，Inc.，1994，p. 5；Quintard Taylor，“African American Men in the American West，1528-1990”，*Annals of the American Academy of Political and Social Science*，Vol. 569，2000，p. 102.

人牛仔的早期著作有查尔斯·A. 西林戈的《一个得克萨斯牛仔》和埃默森·霍夫的《牛仔的故事》，两书出版时间分别距今 130 年和 120 年[①]。菲利普·A. 罗林斯于 1922 年出版的《牛仔》[②]被认为是关于牛仔研究的经典著作之一，该书被多次重印再版。在罗林斯的《牛仔》问世前，已有不少关于美国牛仔的著作出版。20 世纪 20 年代以后，更有大量关于牛仔的论著面世。不过，这些论著研究的中心议题是美国的白人牛仔。直到 20 世纪 50 年代中期才出现关于美国非裔牛仔的研究文章。在此前半个多世纪里出版的数以千计的美国西进史、西部史和牧业史著作中，有大量关于白人牛仔的记载，但几乎见不到有关非裔牛仔的记述。即使有的书中偶尔提到非裔牛仔，也都湮没在大量的对白人牛仔的论述之中。

1955 年，菲利普·德拉姆发表论文《黑人牛仔》，标志着美国非裔牛仔研究的开端。从此至 20 世纪 60 年代末，可以算作非裔牛仔研究的第一个阶段，即起步阶段。在这一阶段，出版的论著不是很多。20 世纪 50 年代，仅有一篇论文发表。60 年代发表的论文有两篇，还有为数不多的通俗文章、一部专著出版，一部非裔牛仔自传得以再版。总的来看，起步阶段的研究成果不是很多。德拉姆的《黑人牛仔》一文是 20 世纪 50 年代发表的唯一一篇关于美国非裔牛仔的研究成果，它也是美国有史以来第一篇关于非裔牛仔的研究论文。作者在论文中强调了研究非裔牛仔的重要意义，他认为："美国内战后，黑人牛仔在大平原牧牛业的发展中起了重要作用，成为美国西部精神的一部分。"[③]《黑人牛仔》一文，实际上是后来德拉姆与埃弗里特·L. 琼斯合著的专著《黑人牛仔》的指导思想。《黑人牛仔》在非裔牛仔研究上的另一个重要作用，是它首次指明和强调了该论题研究的重要意义。

在 20 世纪 60 年代，有两篇关于非裔牛仔的研究论文。一篇是德拉姆与琼斯两人于 1964 年发表的《马背上的奴隶》。这篇论文论述了早在美国内战前就有"数千名黑人投身到得克萨斯的牧牛业中。除少数自由黑人外，大多数黑人是被他们的主人带到得克萨斯的"，他们从"墨西哥的骑马牧人或印第安人

---

① 截至 2015 年年底。参见 Charles A. Siringo, *A Texas Cowboy*, New York: M. Umbodenstock & Co., 1885; Emerson Hough, *The Story of Cowboy*, New York and London: D. Appletion and Company, 1897.

② Phillip A. Rollins, *The Cowboy*, New York: Charles Scribner's Sons, 1922.

③ Phillip Durham, "The Negro Cowboy", *American Quarterly*, Vol. 7, No. 3, 1955, p. 201.

那里学会了骑马和使用套索的技术，成了马背上的奴隶”。内战后，“数千名马背奴隶加入了从得克萨斯往东北部市场长途驱赶牛群的牛仔大军，成为黑人牛仔”。[①]《马背上的奴隶》一文是两位作者在次年出版的专著《黑人牛仔》第二章的内容概要。《马背上的奴隶》一文的重要性有两点：其一，它揭示了非裔牛仔是美国西部牛仔的先驱者之一，他们先于美国英裔牛仔投身得克萨斯的牧牛业；其二，文章阐释了非裔牛仔是内战后美国牛仔群体中不可或缺的重要组成部分。第二篇论述非裔牛仔的文章，是肯尼斯·W. 波特在1969年发表的《1866—1900年西部牧牛业中的黑人劳工》。该文从多方面论述了“黑人劳工”在西部牧牛业承担的各种不同工作、非裔牛仔的特殊贡献和社会地位等问题[②]。论述全面、跨度长是这篇论文的长处；不足之处是，由于篇幅或资料所限，有的问题未能展开深入论析。除上述两篇重要论文外，在20世纪60年代还有为数不多的关于非裔牛仔的通俗文章发表[③]。

德拉姆和琼斯的专著《黑人牛仔》于1965年出版，这是第一部也是迄今为止唯一的一本全面论述非裔牛仔的学术专著。该书内容广泛，涉及西进运动、非裔牛仔来源、自由人和野牛、往阿比林和道奇城等牛镇及北部开放牧区长途驱赶牛群的经历、林肯县战争、不法之徒、戴德伍德·迪克(成功非裔牛仔的代表)，以及西部娱乐业和西部小说等诸多方面[④]。近半个世纪以来，这一专著在美国受到多数学者的肯定，但也有人认为该书是以二手资料写成的。

1966年，德拉姆和琼斯的《黑人牛仔的历险》出版。它是《黑人牛仔》的改写本[⑤]，适合青少年阅读。1968年，约特·洛夫的《生活与历险》得以再版，

---

① Phillip Durham and Everett L. Jones, “Slave on Horseback”, *The Pacific Historical Review*, Vol. 33, No. 4, 1964, pp. 405-409.

② Kenneth W. Porter, “Negro Labor in the Western Cattle Industry, 1866-1900”, *Labor History*, Vol. 10, No. 3, 1969, pp. 343-374.

③ 杰罗尔德·J. 芒迪斯的《他抓住双角制服公牛》是关于皮克特著名竞技表演的故事的介绍。1969年，卡里·P. 斯迪夫以《黑色的科罗拉多》为题，在《丹佛邮报》上发表了关于非裔牛仔的系列文章。这些文章属于通俗读物。参见 Jerrold J. Mundis, “He Took the Bull by the Horns”, *American Heritage*, Vol. XIX, December, 1967, http: //www.americanheritage.com/articles/magazine/ah/1967/1/1967 _ 1 _ 50.shtml; Cary P. Stiff, “Black Colorado”, *The Sunday*, 1969.

④ Phillip Durham and Everett L. Jones, *The Negro Cowboy*, Lincoln & London: University of Nebraska Press, 1965.

⑤ Phillip Durham and Everett L. Jones, *The Adventures of the Negro Cowboy*, New York: Dodd, Mead, 1966.

该书是这位非裔牛仔于1907年出版的自传。在牧牛区，洛夫以戴德伍德·迪克而闻名①。尽管它并不属于研究性作品，但作为少有的非裔牛仔传记，《生活与历险》为非裔牛仔研究提供了宝贵的一手资料。20世纪60年代，特别是德拉姆与琼斯的《黑人牛仔》出版后，非裔牛仔的研究价值受到史家的重视。

总之，起步阶段关于非裔牛仔研究的论著虽然不多，但其特点明显。学者们是把非裔牛仔作为一个整体进行研究，并论及了尔后持续研究的诸多问题。

20世纪70年代至今，是非裔美国牛仔研究的第二个阶段，即持续发展阶段。20世纪70年代以后，美国学者对非裔牛仔的研究成果较前有了明显增多。由肯尼斯·W. 波特编的论文集《美国边疆的黑人》于1970年出版②。书中收入20多篇论文，有几篇涉及了非裔牛仔。其中最重要的还是波特的《1866—1900年西部牧牛业中的黑人劳工》一文。关于非裔牛仔20世纪80年代的文章笔者搜集到4篇；90年代的文章收集到1993年和1999年发表的两篇。20世纪80—90年代的研究，大多集中在非裔牛仔的代表人物上③，只有一篇是论述在牛镇道奇城非裔牛仔与白人牛仔和牧场主的关系等问题的④。表面看来，似乎20世纪80—90年代研究非裔牛仔的论文不如70年代多。事实上，很多论文被收入萨拉·R. 拉马西编的论文集《得克萨斯黑人牛仔》中，该论文集于2000年出版。这本出版于世纪之交的论文集收录了24篇关于非裔

---

① Nat Love, *The Life and Adventure of Nat Love*, Los Angles, 1907; reprinted, New York: Arno Press, 1968.

② Kenneth W. Porter, *The Negro on the American Frontier*, New York: Arno Press, 1970.

③ Collen J. McElroy, "With Bill Pickett at 101 Ranch", *Callallo*, No. 26, 1986, p. 100; JBHE Foundation, "Deadwood Dick and the Black Cowboys", *The Journal of Blacks Education*, No. 26, 1998-1999, pp. 30-31; Black Allmendinger, "Deadwood Dick: the Black Cowboy as Cultural Timber", *The Journal of American Culture*, Vol. 16, No. 4, 1993, pp. 79-89; Evelyn C. White, "How Paul Steward Mines Lost 'Gold' with a Tape Recorder", Vol. 20, No. 5, 1989, pp. 59-69; Doreen C. Bowens, "Black Cowboys Have Rich, Respectful History in South Texas", Apr. 11, 1999, http: //www. chautos. com/autocon. v/newslocal/99/newslocal 1883. html.

④ C. Robert Haywood, "'No Less a Man': Black in Cow Town Dodge City, 1876-1886", *The Western Historical Quarterly*, Vol. 19, No. 2, 1988, pp. 161-182.

牛仔的专题论文[①]，这些成果应该是完成于20世纪80—90年代。除这本论文集外，笔者还搜集到2000—2009年发表的另外4篇研究非裔牛仔的文章。其中两篇是关于戴德伍德·迪克的[②]，一篇是介绍波特的非裔牛仔研究摘要[③]，另外一篇则是非裔牛仔在美国西部边疆的论文[④]。

除上述论文外，在20世纪70年代中期以后，还有多部关于美国非裔牛仔的传记性著作问世。1977年，贝利·C. 哈尼斯上校出版了《比尔·皮克特：抓住牛角摔公牛者》[⑤]，是著名非裔牛仔皮克特的人物传记。1986年，保罗·斯图尔特与华莱士·伊冯娜·蓬斯合著的《黑人牛仔》出版[⑥]。这是一部涉及88名美国非裔牛仔的个人传记著作。布鲁斯·C. 托德的《博内斯·胡克斯：黑人牛仔的先驱》[⑦]于2005年出版。2011年，女作家特利西亚·马蒂伊·瓦格纳出版了《旧西部的黑人牛仔》[⑧]，书中论及10名非裔牛仔。

20世纪70年代至今的40余年间，美国学者对非裔牛仔的研究持续发展，特别是21世纪的头10余年，研究的强劲势头不减。第二个阶段的研究不同于前一个阶段，把非裔牛仔作为一个整体进行研究，而是更为细化深入，从不同的问题、不同的地区和不同的个人等方面进行探究。特别是对于非裔牛

① Sara R. Massey, *Black Cowboys of Texas*, College Station: Texas A & M University Press, 2000.

② Susan Scheckel, "Home on the Train: Race and Mobility in the Life and Adventures of Nat Love", *American Literature*, Vol. 74, No. 2, 2002, pp. 219-250; Frank Thone, "'Deadwood Dick': Indian Version", *The Science News-Letter*, Vol. 27, No. 738, 1935, pp. 354-356.

③ Kenneth W. Porter, "Black Cowboys-Part I", excerpt from the book "*Negro on the American Frontier*", http://www.coax.net/people/lwf/bkcowboy.htm/and http://www.coax.net/people/lwf/bkcowboy2.htm/.

④ Quintard Taylor, "African American Men in the American West, 1528-1990", *Annals of the American Academy of Political and Social Science*, Vol. 569, 2000; the African American Male in American Life and Thought (May, 2000), pp. 102-119.

⑤ Colonel Bailey C. Hanes and Bill Pickett, *Bulldogger: The Biography of A Black Cowboy*, Norman: University of Oklahoma Press, 1977.

⑥ Paul W. Stewart and Wallace Yvonne Ponce, *Black Cowboys*, Denver: Black American West Museum and Heritage Center Denver, 1986.

⑦ Bruce G. Todd, *Bones Hooks: Pioneer Negro Cowboy*, Gretna: Pelican Publishing Company, 2005.

⑧ Tricia Martineau Wagner, *Black Cowboys of the Old West*, Guilford: Two dot Book, 2011.

仔的个案研究，引起了更多学者的关注。

综观半个多世纪的美国非裔牛仔研究，我们难免会产生这样的疑问：为什么美国的非裔牛仔研究要比对白人牛仔研究至少晚半个世纪？笔者认为，美国社会长期存在的对黑人的种族歧视是产生这一问题的根本原因。

美国独立后，保留了南部的种植园奴隶制，黑人一直处于被剥削、被压迫和没有政治权利的境地。美国内战中，虽然林肯政府1862年颁布《解放黑人奴隶宣言》，宣布给叛乱诸州的黑人以自由；国会于1866年和1869年通过的宪法第14条和第15条修正案宣布保证黑人的公民选举权。黑人在法律和政治上作为奴隶的历史已经结束，但随着1877年南部重建结束和联邦军队撤出南方，黑人顿时失去联邦法律的保护，其地位又陷入类似美国内战前的状况。1896年美国联邦最高法院对“普莱希控弗格森案”做出判决，对宪法第14条修正案作了限制性的“隔离”的解释，确立了对黑人实行“隔离但平等”的措施。最高法院判决中的“隔离”部分被执行得十分彻底，但“平等”的部分却少有保证。许多黑人因不堪忍受美国南部的种族歧视和极端种族主义组织“三K党”的迫害，逃往西部牧区，加入牛仔的行列。然而，那些非裔牛仔在“牧牛王国”里并没得到他们所向往的“自由”和“平等”。“牧牛王国”不是非裔牛仔的“理想国”。在美国西部牧区社会中，非裔牛仔和墨裔牛仔、原住民牛仔一样，处于牛仔群体的最底层。非裔牛仔不但要承担放牧队或赶牛队中白人牛仔不愿承担的最苦、最累和最危险的工作，而且他们之中的很多人连名字也没有留下，被人称为带有侮辱和种族歧视的“黑鬼”(Nigger)，这种蔑称和在种族歧视严重的南部诸州情况一样。德拉姆和琼斯的《黑人牛仔》一书，是从大量牛仔的论述中挖掘出了一些非裔牛仔的资料。然而，很多非裔牛仔都没有姓名，而只留下了“黑鬼乔”(Nigger Joe)、“黑鬼汤姆”(Nigger Tom)和“黑鬼阿德”(Nigger Add)等称谓①。《黑人牛仔》的作者也只能无奈地把这样的称谓写在书里。在美国种族歧视严重的年代，对非裔牛仔同样以歧视对待。诚如理查德·W. 斯莱塔所言：“尽管研究者对黑人牛仔人数和所占牛仔总数的比例之估算是不同的，但对黑人牛仔不变的是诸如‘黑鬼约翰’等称谓。”②

在美国种族歧视严重的时期，非裔牛仔也被学者们所忽视。美国南部重建结束至1954年美国黑人民权运动兴起，是美国对非洲裔美国人实行种族歧

① Phillip Durham and Everett L. Jones, *The Negro Cowboy*, p. 31.

② Richard W. Slatta, *Cowboys of the Americas*, New Haven and London: Yale University Press, 1990, p. 168.

视和隔离严重的时期，非裔牛仔完全被摒弃在历史著作之外。美国内战结束至19世纪90年代中期，正是美国牛仔(包括非裔等少数族裔牛仔)驰骋美国大平原的黄金时期。从19世纪80年代中期至20世纪50年代中期，是美国学者研究美国白人牛仔的重要时期。其论著之多难以计数，在大量连篇累牍的论著把白人牛仔讴歌为美国"最伟大的"民间英雄时[①]，非裔牛仔的贡献却几乎完全被忽视，即或偶有非裔牛仔纳特·洛夫的自传出现，也被汗牛充栋的白人牛仔的论著所湮没，甚至还被贬斥为他自吹自擂的故事[②]。非裔牛仔长期被忽视的状况，德拉姆和琼斯深有体会。他们为写《黑人牛仔》一书，翻阅了50多年间出版的数千种关于牛仔的著作后，发现"几乎没有一本书写黑人牛仔的贡献和作用"。这些著作向读者讲述的"只有盎格鲁-撒克逊血统的白人牛仔是'无畏、正直和公正的英雄'"[③]。

正是美国社会对黑人严重的种族歧视，导致了美国学者对非裔牛仔的长期忽视，对其的研究也比对白人牛仔的研究晚了半个多世纪。非裔牛仔被学者漠视的半个多世纪，正是美国社会对黑人实行种族歧视和隔离严重的时期。沃尔特·P. 韦布教授早在20世纪30年代初就指出，"黑人牛仔"被学者们忽视的原因是那些西部史为了"迎合白人读者"[④]。25年后，菲利普·德拉姆更一针见血地指出："黑人牛仔面临的是他无法骑行跨过的有色血统。"[⑤]

为什么20世纪50年代中期后，美国学者开始关注非裔牛仔问题？为什么在20世纪60—70年代非裔牛仔的研究增多，并持续至今呢？笔者认为这主要是受到了黑人民权运动兴起、民权法案的实施和美国史学研究新取向的影响。

美国黑人争取民主权利的运动始于1954年5月17日，厄尔·沃伦代表最高法院就"布朗诉托皮卡教育局"一案做出判决。该判决宣布公立学校种族隔离制违宪，从而推翻了1896年"普莱希控弗格森"一案判决中确认的"隔离但平等"的原则。次年12月1日，蒙哥马利城黑人女裁缝罗莎·帕克斯夫人

---

① Lawrence I. Seidman, *Once in the Saddle: the Cowboy's Frontier*, 1866-1896, New York: Alere A. Knope, INC, 1973, p. 1.

② William Loren Katz, *The Black West*, New York: Doubleday & Company, Inc., 1971; Anchor Books Revised Edition, 1973, p. 323.

③ Phillip Durham, "The Negro Cowboy", p. 301.

④ Walter P. Webb, *The Great Plains*, Waltham, Massachusetts: Blaisdell Publishing Company, 1959, p. 467.

⑤ Phillip Durham, "The Negro Cowboy", p. 291.

被捕入狱，罪名是她在乘公共汽车时拒绝给白人让座。该市被激怒的5万黑人居民，在青年黑人牧师小马丁·路德·金博士的领导下，进行了近一年的不乘公共汽车的抵制行动，使最高法院做出了在公共汽车上实行种族隔离违宪的裁决。然而，猖獗的南方种族主义分子通过“南方宣言”大规模宣传种族主义，并对黑人施加经济压力，广泛抵制1954年判决。1957年4月，阿肯色州长奥弗尔·福伯斯居然制造了震惊世界的“小石城事件”。他下令州国民警卫队在小石城中心中学门外布岗，阻止9名黑人学生入校学习。白人种族主义者后来又包围了学校。在世界为之震惊的形势下，艾森豪威尔总统不得不派联邦军队到小石城维持秩序，强制实行种族合校，保证黑人儿童进入该城中心中学。20世纪50年代的斗争推动了黑人民权运动在20世纪60年代走向高潮。一个由学生领导的反对餐馆、游泳场和旅馆等公共设施实行种族隔离的抗议浪潮席卷全美国，迫使公共场所取消了种族隔离。1963年，小马丁·路德·金在亚拉巴马州伯明翰市领导大规模游行活动，反对种族隔离，警方诉诸暴力，加之密西西比州的地方联络员梅德加·埃弗斯被暗杀的事件，促使民权运动达到高潮。8月28日，约20万人“向华盛顿进军”，促使国会制定新的民权法案并于次年7月通过。这一在美国历史上影响最大的民权法案在投票权方面有缺点，加之是年夏有3名民权工作者被暗杀，导致示威运动再起。1965年3月，小马丁·路德·金在亚拉巴马州发动了一次从塞尔马到州政府所在地蒙哥马利的进军，一些进军者遭到毒打和暗杀。在此形势下，约翰逊总统促使国会于是年8月通过投票权法①。

包括民权运动在内的群众运动高潮，使20世纪五六十年代的美国社会发生激烈的变化。20世纪60年代中期，民权运动与反对美国侵略越南的反战运动、青年运动和妇女运动合在一起。民权运动迫使美国统治阶级加速民权立法，从法律上取消了南部的种族隔离制度，保护了人们的选举权。黑人政治权利和社会地位的变化，促进了黑人史的研究，也引起史学家对非裔牛仔的关注。

在美国社会剧变下兴起的新史学，使非裔牛仔进入了史家研究的视野。民权运动改变了人们对种族和文化的认识，成为影响20世纪中期以后美国新史学兴起的一个重要因素。新史学的历史主角发生了变化。史学家研究的取

---

① 刘绪贻主编：《战后美国史(1945—2000)》，见刘绪贻、杨生茂总主编：《美国通史》第6卷，北京：人民出版社，2002年，第159—163页；刘绪贻、李世洞主编：《美国研究词典》，北京：中国社会科学出版社，2002年，第629—631、952页。

向由传统的政治精英和社会上层转向了普通的民众，写"从下往上看的历史"。他们不再仅是关注白人的历史，也致力研究少数族裔的历史。黑人史成为史家研究的一个重要领域，非裔牛仔作为黑人的一个组成部分也成为史家研究的一个重要问题。《黑人牛仔》的前言真实地写出了这种变化，他们(书作者)在准备讲授美国西部文学的材料时，"发现数量多得难以想象的黑人牛仔被众多的历史学家遗忘了"，于是他们"以极大的兴趣"，到访多家图书馆，收集大量文献资料，写成了迄今为止的第一本关于非裔牛仔的专著。①

随着美国社会的变迁和人们种族观念的转变，学者们在非裔牛仔研究中的用词上也有变化。在美国种族歧视严重的年代，黑人被蔑称为"黑鬼"(Nigger)。20 世纪中期，带有种族歧视的"黑鬼"在欧洲被禁止使用。随后，这个词在美国也被渐停使用。20 世纪 60 年代中期以前，美国学者对"黑人牛仔"多用"Negro Cowboy"。"Negro"是"Nigger"的变体，还带有某些种族色彩②。即使像德拉姆和琼斯等对无视非裔牛仔不满的学者，在用词上还受传统用法的影响。经过民权运动的冲击，20 世纪 70 年代对"黑人牛仔"的用词是"Negro Cowboy"和"Black Cowboy"并用③。后者是肤色的界定，黑色的"Black"是表示与"白人牛仔"(White Cowboy)在肤色上不同。20 世纪 80 年代以后，更多的学者用"Black Cowboy"④。20 世纪 90 年代后期至今，学者们则更倾向于使用"非裔美国牛仔"(African American Cowboy)⑤。进入 21 世纪后，也还有些学者在继续使用"黑色的牛仔"(Black Cowboy)⑥。

---

① Phillip Durham and Everett L. Jones, *The Negro Cowboy*, pp. V-VI.

② Phillip Durham, "The Negro Cowboy", p. 291; Phillip Durham and Everett L. Jones, *The Negro Cowboy*; Kenneth W. Porter, "Negro Labor in the Western Cattle Industry, 1866-1900", p. 346.

③ Kenneth W. Porter, *The Negro on the American Frontier*; William L. Katz, *The Black West*.

④ C. Robert Haywood, "'No less a Man': Blacks in Cow Town Dodge City, 1876-1886", *The Historical Quarterly*, Vol. 19, No. 2, 1988, pp. 161-182; Blake Allmendinger, "Deadwood Dick: the Black Cowboy as Cultual Timber".

⑤ Richard W. Slatta, *Cowboy Encyclopedia*; Quinlard Taylor, "African American in the American West"; Roger D. Hardway, "African American Cowboys on the Western Frontier", *Negro History Bulletin*, Jan.-Dec., 2001, http://findarticles.com/plarticles/mim1175/is2001 Jan-Dec/ai95149972.

⑥ Sara R. Massey, *Black Cowboys of Texas*, 2000; Tricia Martineau Wagner, *Black Cowboys of the Old West*, 2011.

综上所析，我们可以明确，美国长期存在的种族歧视使史学家对非裔牛仔的研究比对白人牛仔的研究晚了半个多世纪。美国学者对非裔牛仔的研究随民权运动的兴起而开始，随民权运动的高涨而发展。民权运动对美国社会变化、种族观念和史学研究的方向都产生了重要影响。在此背景下开始的美国非裔牛仔研究，经历了起步和持续发展两个阶段。在起步阶段的15年间(1955—1969年)，研究成果还不是很多，只有三篇研究论文发表和一本专著出版、一本非裔牛仔的自传再版。在持续发展阶段的40余年间(1970年至今)，发表的研究论文有数十篇，比第一阶段多10倍以上，出版的非裔牛仔著作、论文集和自传等达五部。美国学者对非裔牛仔研究涉及的问题和人物等更加广泛，研究逐渐深入。这是半个多世纪的美国非裔牛仔研究的基本走势。

二、研究所论及的问题

通过对半个多世纪的美国非裔牛仔研究走势的梳理、归纳，我们可以看到，美国学者论及的问题较为广泛。论及的问题包括其历史地位、活动地区分布、成员构成、得克萨斯的非裔牛仔、在牛镇的活动、个案研究、在边疆的贡献、人员数量和在牛仔总体中所占比例，以及他们的经济待遇和社会地位等诸多问题。

(一)非裔牛仔的历史地位

不少论著认为，在得克萨斯牧牛业的早期阶段，一些黑人奴隶就参与管理牛群，他们是美国西部牛仔的先驱者之一。

美洲新大陆的牛、马等家畜是由西班牙殖民者从旧大陆带去的，西班牙征服墨西哥以后，那里的牧牛业逐渐发展起来。当牛群多得仅靠西班牙人无法管理时，征服者不得不教皈依天主教且归顺他们的原住民、黑人或其他非西班牙裔的人骑马管理牛群。于是便诞生了墨西哥“骑马牧人”(Vaquero)[①]和其他非西裔的“骑马牧人”。“Vaquero”一词系西班牙语，意为“牧牛人”[②]。依照《西部词汇》中的解释，“Vaquero”一词来自西班牙语，为一个从事管理牛的

---

① David Dary, *Cowboy Culture: A Saga of Five Centuries*, Lawrence: University Press of Kansas, 1989, p. 13.

② 北京外国语学院西班牙语系《新西班牙语词典》组编：《新西汉词典》，北京：商务印书馆，1982年，第1122页。

工作的人，特指“墨西哥牛仔”，也一般通称“西南部牛仔”①。故“Vaquero”一词在收入英语词典时保留了原西班牙语的“牧牛人”和西部“牛仔”两种含义。英汉词典中“Vaquero”释义为“牧牛人”“牧牛娃”“牧童”②，即“牛仔”。在西班牙殖民统治时期，墨西哥的牧牛业已经扩展到格兰德河的灌木丛地区。美国人泰勒·怀特带着家人和少量牛、马到了得克萨斯南部，成了这个地区美国牧场主的先驱者③。然而，非裔骑马牧人在怀特之前一个多世纪，就在得克萨斯骑马管理牛群了。

1821年，墨西哥宣布独立。西班牙殖民官员和传教士把他们的牛群或送给了原住民皈依者，或干脆放掉，很多牛变成了野牛。在墨西哥共和国时期，牧牛业扩展到得克萨斯东南部地区。1821年，斯蒂芬·奥斯汀带领一些英裔美国人移居得克萨斯东南部经营牧牛业。在美国策动支持下，得克萨斯于1836年脱离墨西哥，1845年被并入美国。得克萨斯成为美国西部牛仔的故乡和大平原“牧牛王国”兴起的“摇篮”。

J. 弗兰克·多比是研究墨西哥和得克萨斯早期牛仔的学者之一。他在其经典著作《一个灌木丛区的骑马牧人》和《长角牛》中指出，在美国牧牛业发展的早期，“牛仔”(Cowboy)一词用得并不像现在这样普遍，在得克萨斯，特别是灌木丛地区，更多的是使用“骑马牧人”(Vaquero)，在牧场或放牧队中能够发现“墨西哥骑马牧人、白人骑马牧人和黑人骑马牧人”④，亨利·贝克威斯被认为是“黑人骑马牧人”，他的血缘中“混有印第安人、墨西哥人和白人的血统”⑤。19世纪30—40年代是得克萨斯牧场经营的早期阶段。一些英裔美国人带着家人和奴隶，从南部一些州移居得克萨斯，经营牧场，一些黑人奴隶参与照料牛群⑥。最早的一批非裔牛仔大多数是奴隶，他们被主人带到得克萨斯后，或跟墨西哥骑马牧人，或跟原住民骑马牧人，学习骑马放牧，照料

---

① Ramon Adams, *Western Words: A Dictionary of the Range, Cow Camp and Trail*, Norman: University of Oklahoma Press, 1946, p. 172.

② 陆谷孙主编：《英汉大字典》(第2版)，上海：上海译文出版社，2008年，第2257页。

③ David Dary, *Cowboy Culture: A Saga of Five Centuries*, p. 73.

④ J. Frank Dobie, *A Vaquero of the Brash Country*, Dalas: the Southwest Press, 1929, p. 1.

⑤ J. Frank Dobie, *The Longhorns*, New York: Grosset & Dunlop, 1941, p. 324.

⑥ Ray A. Billington, *Westward Expansion: A History of the American Frontier*, p. 593; Howard R. Lamar, ed., *The Reader's Encyclopedia*, p. 268.

牛群①。

上述研究表明，从西班牙殖民统治时期始，经墨西哥共和国，到得克萨斯被并入美国前后，非裔牛仔在牧牛业的早期发展阶段，已经参与了骑马管理牛群。早期英裔美国牛仔(即白人牛仔)是指在19世纪30年代中期，作为猎牛者的得克萨斯士兵退伍后，他们由猎牛人变为牛仔。非裔牛仔早于白人牛仔参与了得克萨斯的牧区开发。非裔牛仔是美国内战后西部牧区众多牛仔的先驱者之一。这一历史地位得到了史家的承认。

(二)非裔牛仔的构成和地区分布

非裔牛仔的构成和他们在美国西部不同牧区的活动也受到史家的关注。

研究者认为，非裔牛仔由两部分人员组成。他们之中最大的一部分是得克萨斯牧场上以前的奴隶，其余的是来自美国南部州的黑人，他们是为反对那里的种族迫害和歧视而移往西部牧区的②。这一点已成为史家共识。

关于非裔牛仔在牧场劳作的地区，学者们认为他们中的大多数人主要在得克萨斯及其北部与它相邻的俄克拉何马，只有少数人在其他牧区。直到美国内战前，在得克萨斯，非裔牛仔是以“马背奴隶”的身份劳作在牧场上。在得克萨斯北部的“印第安人”领地俄克拉何马五个“文明部落”里，也有少数黑人奴隶放牧牛群；而在北部的堪萨斯，直到发生“流血事件”的1860年，牛都是圈养在农场里，不需要骑马放牧，也没有非裔牛仔出现③。内战以后，非裔牛仔参与长途驱赶牛群，从得克萨斯把牛群赶往北部和西部牧区。向北非裔牛仔到了怀俄明、南北达科他，甚至远到加拿大；向西他们到了新墨西哥、亚利桑那乃至加利福尼亚和俄勒冈。他们之中的大多数人返回了得克萨斯，少数人留在了当地，成了牧场的牛仔④。在新墨西哥，被称为“黑鬼弗兰克”的非裔牛仔一生都为牧场主约翰·奇苏姆放牧马群。在新墨西哥牧区的其他非裔牛仔，也为牧牛业中的每个人所熟知。在19世纪70—80年代，非裔牛仔也骑行到了怀俄明，但大多数人在把牛群赶到那里后，只停留数日便返回了新墨西哥或得克萨斯，只有一些人留在了当地牧区。通常，在蒙大拿牛仔的

---

① Phillip Durham and Everett L. Jones, “Slave on Horseback”, pp. 405-406.

② Howard R. Lamar, ed., *Reader's Encyclopedia of the American West*, New York: Thomas Crowell Company, 1977, p. 268.

③ Phillip Durham and Everett L. Jones, *The Negro Cowboy*, p. 18.

④ Kenneth W. Porter, “Negro Labor in the Western Cattle Industry, 1866-1900”, p. 348.

回忆录和故事中，也提到少数非裔牛仔。①

有的研究还以黑人人口的统计数字，说明非裔牛仔在不同牧区的分布情况。《黑人牛仔》中提供了一组数字，得克萨斯在1845年并入美国时有3.5万个黑人奴隶，到1861年内战前夕，该州的黑人奴隶增加到18.2万人。相比之下，北部牧区居住的黑人极少。如蒙大拿在1870年只有186名黑人，到1880年才上升到346人②。斯莱塔也转引了《黑人牛仔》中的数字，借以说明大多数非裔牛仔主要在得克萨斯参与牧场经营，而留在北部牧区的非裔牛仔极少③。这些研究表明，非裔牛仔的大多数受雇于得克萨斯牧区，与它北部相邻的俄克拉何马的非裔牛仔也较多。其他西部和北部牧区虽然也有受雇的非裔牛仔，但人数甚少。

(三)得克萨斯非裔牛仔的研究

因为得克萨斯是大平原牧牛王国兴起的"摇篮"和大本营，那里的非裔较其他牧区参与早而人数多，所以该州的非裔牛仔成为史家研究的重点。

《黑人牛仔》一书用两章的篇幅，阐释了得克萨斯的非裔牛仔。美国内战以前，一些黑人奴隶被奴隶主从密苏里和阿肯色等州带到得克萨斯。在一些奴隶主开始经营牧牛场后，他们的一些黑人奴隶被训练成能骑马照料牛群的"马背奴隶"，成为最早的美国非裔牛仔。大量的非裔牛仔在得克萨斯东部。在特里尼蒂河和路易斯安那边界之间，全是非裔牛仔的牧牛队也很常见。美国内战前，得克萨斯有数千名非裔牛仔学会了骑马、使用套索和打烙印技术。他们绝大多数人是奴隶，少数是自由人④。内战爆发时，在得克萨斯牧区放牧的牛群已达约400万头⑤。因为得克萨斯站到南部同盟一边，白人牧场主参军对联邦军作战。牧场无人管理，很多牛逃离牧场变成了野牛。战后，在得克萨斯牧场主的猎牛队中，也有非裔牛仔参与。此后，随着牧牛区在得克萨斯向西部和北部扩展，被解放的马背奴隶和从南部迁移来的黑人，很多人也加入牛仔队伍。他们走出灌木丛地区和沿海平原，向西骑行到佩克斯河，向北

① Phillip Durham and Everett L. Jones，*The Negro Cowboy*，pp. 109，134，143.

② Phillip Durham and Everett L. Jones，*The Negro Cowboy*，pp. 15，143.

③ Richard W. Slatta，*Cowboys of the Americas*. p. 168.

④ Phillip Durham and Everett L. Jones，*The Negro Cowboy*，pp. 15-19.

⑤ Charles Siringo，*Riata and Spurs*，Boston：Houghton Mifflin Company，1931，p. 150.

驰骋在俄克拉何马和新墨西哥之间的柱形平原地带[1]。由此可见，在整个得克萨斯牧区，到处可以见到非裔牛仔的身影。

萨拉·R. 马西编的《得克萨斯的黑人牛仔》，是一本由 24 篇研究文章汇成的论文集。全书由“早期牛仔”“赶牛的牛仔”和“20 世纪牛仔”三部分组成。论文集覆盖了从西班牙殖民统治时期至 20 世纪各个阶段、得克萨斯不同地区、牛道、竞技表演等各个方面非裔牛仔的活动。其中第一部包括《非裔牛仔在得克萨斯的早期生活》、《共和国时期的家畜饲养者皮特·马丁》、《得克萨斯滨海地带的“牧牛女郎”(cowgirl)“里蒂姑姑”亨利埃塔·威廉斯·福斯特》、《由猎野牛士兵转为牛仔的爱德华·“乔桑”·莫兹奎》等 6 篇文章。除第一篇文章是几位非裔牛仔在得克萨斯牛仔生活的回忆外，其他每篇都研究一个人物在某个方面或某地区的活动[2]。这些研究比《黑人牛仔》一书中关于非裔牛仔在得克萨斯牧区活动的阐释更加具体、广泛和深入。特别是关于非裔“牧牛女郎”的论述是此前所未有的。关于妇女参与牧区活动的研究多在 20 世纪 80 年代以后，但所论及的“牧牛女郎”基本上是白人妇女。《得克萨斯黑人牛仔》一书论述了非裔“牧牛女郎”，这无疑是一个进步。

(四)非裔牛仔在牛道和牛镇活动的研究

有数千名非裔牛仔加入了长途赶牛者的行列中。他们在牛道上的经历和在牛镇的活动亦是史家研究的重要问题。

在“赶牛小道”上“长途驱赶”牛群，是美国西部牧区的一大奇观。“长途驱赶”规模巨大，场面壮观，持续了 20 余年，在美国的经济腾飞中产生了重要影响，是美国西部开发史上最富传奇色彩的事件，成为史学家和文学家竞相著书立说的主题。甚至有写牛道“长途驱赶”的专著[3]。然而，令人遗憾的是大量论著讴歌的是白人牛仔，非裔牛仔或被忽视或被湮没。

德拉姆和琼斯的《黑人牛仔》一书改变了学术上对非裔牛仔不屑一顾的状况。他们用了近半的篇幅，写了数千名非裔牛仔从得克萨斯加入赶牛队，参与长途赶牛的活动。内容涉及每个赶牛队中非裔牛仔的人数，被指派的除赶牛道头外的各种岗位，以及他们忠于职守和具备的特殊技能等诸多方面。书

---

① Phillip Durham and Everett L. Jones, *The Negro Cowboy*, pp. 29-30.

② Sara R. Massey, *Black Cowboys of Texas*, pp. 23-91.

③ Don Worcester, *The Chisholm Trail: High Road of the Cattle Kingdom*, New York: Indian Head Books, 1994; Harry Sinclair Drago, *Great American Cattle Trail*, New York: Dood, Meard & Company, 1965.

中也论及他们到达多个牛镇、东北部以及北部和西部新牧区的长途艰辛。非裔牛仔往往被分派担当在急流险滩中游泳驱赶牛群渡河、围堵惊逃狂奔的牛群等最艰苦和最危险的工作①。因为《黑人牛仔》一书主要是从以往的牛仔论著中搜集资料，所以对于非裔牛仔在牛道上活动的论述尚不够具体。《得克萨斯的黑人牛仔》弥补了这方面的不足。

《得克萨斯的黑人牛仔》的第二部分"赶牛的牛仔"，是全书三部分中篇幅最多的，论及不同的非裔牛仔，他们是：奇泽姆小道的赶牛人本·金克洛、一生忠诚的内普丘恩·霍姆斯，牛仔乔治·梅克多，品行出众的鲍斯·伊卡德，参与多次长途赶牛的詹姆斯·凯利，驱赶牛群到北部怀俄明牧区的比尔·"泰格"·埃弗利，牛仔乔治·亚当斯，唱歌的牛仔查利·威利斯，最著名的"黑人牛仔艾迪生·琼斯"，成为巨大的"XIT牧场"雇工的吉姆·佩里和15岁就在奇泽姆小道上赶牛、后来成为得克萨斯西部牧场主的丹尼尔·瓦布斯特·华莱士②。与《黑人牛仔》相比，《得克萨斯的黑人牛仔》具有不同的特点。前书是在讲述牛道长途赶牛的历史中阐释了非裔牛仔的参与；后者是选取了多名参与长途驱赶的不同类型的非裔牛仔，论述他们具体的活动和作用，有的典型人物是前书没有论及的。因此，《得克萨斯的黑人牛仔》比《黑人牛仔》在论述非裔牛仔在牛道活动方面更为具体和深入。

牛镇是很多赶牛队长途驱赶的终点。非裔牛仔在牛镇的活动也为研究者所关注。据《不少一个男人：1867—1886年黑人牛仔在牛镇道奇城》一文估计，在每年夏季赶牛的季节，6—8月份大约有325名非裔牛仔在道奇城停留。他们也像白人牛仔一样到一切娱乐活动场所。装在非裔牛仔口袋中数月积攒的工资是道奇城经济繁荣的一个重要因素。非裔牛仔也想光顾旅店、餐馆、酒吧、赌场、舞厅、妓院等场所。然而，他们在用餐、喝劣质威士忌时，必须与白人分开。白人舞女和妓女拒绝为非裔牛仔服务。后来，道奇城有了为非裔牛仔服务的旅店、舞厅和妓院，服务者也都是黑人。在牛镇娱乐场所，非裔牛仔也会与白人产生冲突，甚至发生暴力行为③。从非裔牛仔的感受来说，与牛镇之旅相比，他们更喜欢艰苦的牛道长途驱赶和返回牧场的生活④。

---

① Phillip Durham and Everett L. Jones, *The Negro Cowboy*, pp. 32-171.

② Sara R. Massey, *Black Cowboys of Texas*, pp. 99-213.

③ C. Robert Haywood, "'No less a Man': Blacks in Cow Town Dodge City, 1876-1886", pp. 170-182.

④ William L. Katz, *The Black West*, p. 147.

(五)非裔牛仔个案的研究

非裔牛仔的个案研究更受美国学者的重视。其中，尤其对以“戴德伍德·迪克”而闻名的纳特·洛夫的研究为多。竞技表演者比尔·皮克特和非裔牛仔的先驱者博内斯·胡克斯的传记也已经出版。《得克萨斯的黑人牛仔》则是一本个案研究的论文集。在非裔牛仔研究中，一些杀手和不法之徒也受到了关注。

关于纳特·洛夫，《黑人牛仔》一书专写了“戴德伍德·迪克”一章，论及奴隶出身的洛夫在西部当牛仔的经历。内容浓缩概括了纳特·洛夫在1907年出版的自传《在牧牛区以“戴德伍德·迪克”著称的纳特·洛夫的生活和历险》一书的主要章节，只是没有摘取他成为铁路列车员的经历①。随着非裔牛仔研究的兴起，纳特·洛夫的自传在1968年得以再版。此后，不少论著都论及纳特·洛夫和他的自传。

威廉·L. 卡茨在《黑色的西部》的“牛仔”一章中，评介了7个非裔牛仔，但对纳特·洛夫着墨最多。卡茨不但概述了纳特·洛夫在西部的牛仔生涯和传奇经历，而且还对他的自传作了评价②。他认为，纳特·洛夫的自传读者很易读懂，但却难以置信③。《戴德伍德·迪克和其他黑人牛仔》一文，主要论述的是纳特·洛夫的经历④。布莱克·阿尔门丁格在《戴德伍德·迪克：作为文化素材的黑人牛仔》一文中认为，在19世纪后半期，数千名非裔牛仔中，只有纳特·洛夫留下了一本人生记录并将其出版。纳特·洛夫的自传出版后，至少在24年里没有被重印。得益于非裔美国人研究的繁荣和人们对文艺复兴风格的欣赏，他的自传才得以再版。阿尔门丁格认为，“洛夫是无人匹敌的，将证明他的著作被更多的黑人和白人读者所理解”⑤。苏珊·谢克尔在《家在火车上：纳特·洛夫生活和历险中的种族与转变》一文中，从奴隶起步、在西部边疆老套生活和变化的戴德伍德·迪克，以及在普尔门式(Pullman)豪华卧铺

---

① Phillip Durham and Everett L. Jones, *The Negro Cowboy*, pp. 189-205.

② William L. Katz, *The Black West*, pp. 149-151.

③ William L. Katz, *The Black West*, p. 323.

④ “Deadwood Dick and the Black Cowboys”, *The Journal of Black in Higher Education*, No. 22, 1998-1999, pp. 30-31.

⑤ Black Allmendinger, “Deadwood Dick: the Black Cowboy as Cultural Timber”, pp. 79, 88.

车上的短暂经历和权限三个方面，详细解读洛夫的自传[①]。

纳特·洛夫的自传在1907年出版后，长期被漠视。直到20世纪中期非裔牛仔研究在美国兴起后，他的自传和他传奇的一生才引起学者的重视，洛夫成为被研究最多的个案人物。

皮克特是竞技表演的杰出代表，也是被研究较多的非裔牛仔。《黑人牛仔》的"作为娱乐行业的西部"一章，讲述了皮克特从"101牧场"参与"西部荒野剧"表演直到他生命结束的竞技生涯[②]。卡茨在《黑色的西部》中，不但概括地介绍了皮克特在国内外巡演的情况，还引用了"101牧场"牧场主扎克·米勒对他的评价。因为皮克特把"抓住牛角摔倒公牛"的表演发展到用牙齿咬住牛的上唇并把它制服，所以米勒称他是"永远活着的出场最多但不讲卫生的牛仔"[③]。1971年，比尔·皮克特入选"牛仔名人堂"(Cowboy Hall of Fame)。

贝利·C. 哈斯上校在1977年出版的《抓住牛角摔公牛的比尔·皮克特：一个黑人牛仔传》，是他用了10年时间搜集资料后精心写成的著作。作者认为，皮克特将他60岁的大部分时间投身到米勒兄弟在俄克拉何马州马兰的"101牧场"和"101牧场西部荒野剧"(101 Ranch Wild West Show)的表演中。皮克特在他那个时代是一个传奇人物，他发明了"抓住牛角摔公牛"(Bulldogging)这一特殊竞技形式并使之大众化。这一形式导致与小公牛角斗成为当今竞技表演的一个典型项目[④]。作者以引人入胜的记叙体，从一个明星牛仔出生到一个牛仔之死，讲述了皮克特传奇的一生[⑤]。比尔·伯查特在为这本传记写的序言中，特别肯定这一著作的价值。伯查特称赞作者是一位具有奉献精神和有责任心的研究者，他精心地搜集原始资料，而不是简单地重复旧的谬误。作者写了一本引人入胜的叙事体著作。他访谈了比尔·皮克特家庭中的在世者，了解皮克特这位昔日牛仔、西部荒野剧的表演者和早期的竞技骑手[⑥]。笔

---

① Susan Scheckel, "Home on the Train: Race and Mobility in the Life and Adventures of Nat Love", pp. 223-243.

② Phillip Durham and Everett L. Jones, *The Negro Cowboy*, pp. 206-219.

③ William L. Katz, *The Black West*, p. 160.

④ Colonel Bailey C. Hanes and Bill Pickett, *Bulldogger: the Biography of a Black Cowboy*, Norman: University of Oklahoma Press, 1977, p. viii.

⑤ Colonel Bailey C. Hanes and Bill Pickett, *Bulldogger: the Biography of a Black Cowboy*, pp. 15-169.

⑥ Colonel Bailey C. Hanes and Bill Pickett, *Bulldogger: the Biography of a Black Cowboy*, p. xi.

者认为，本书的不足是没有注释，大量一手资料只见于行文之中，这不利于后人研究时借鉴使用。如能把大量访谈资料出版，将更有助于对比尔·皮克特的进一步研究。

非裔牛仔先驱者博内斯·胡克斯长期被无视，到了21世纪，终于有学者为他作传。鲁斯·G. 托德于2005年出版的《博内斯·胡克斯：开拓的黑人牛仔》，以编年写法，讲述了这个不应被漠视的非裔牛仔一生的经历。书中包括胡克斯的早年生活，在佩克斯河和潘汉德尔地区的开拓岁月，开拓时期的胡克斯与种族关系，个人和文化的变化，处于草原尽头的黑人城市——得克萨斯和阿马里洛的北部地区，胡克斯作为非官方市长，他成为平原地区最资深的非裔牛仔，他的葬礼等诸多内容①。在博内斯·胡克斯83年的人生历程中，有73年是在得克萨斯西部的潘汉德尔度过的。在那个地区除了荒地一无所有的时代，胡克斯成为在那里生活最久的牛仔和开拓者之一。因为肤色，胡克斯长期被西部史所忽略，正如其他非裔牛仔、先驱者、英雄和传奇人物一样，被置于历史之外②。托德认为，博内斯·胡克斯的经历超过大多数牛仔。如果不关注他的肤色，胡克斯应进入"西部伟人名人堂"(Great Westerners Hall of Fame)，但他并没有入选③。为改变这种不公正，作者做了大量调查、访谈，用大量一手资料写成了《开拓的黑人牛仔》。书中每章都用胡克斯精辟的话作按语。作者对所用资料作了详细注释，有助于他人的学习和进一步研究。

美国学者对非裔牛仔的研究还涉及更多的人。1986年，保罗·W. 斯图尔特与华莱士·伊冯娜·蓬斯合著的《黑人牛仔》一书出版。书中写了从19世纪30年代至1961年跨越一个多世纪的88位非裔牛仔的个人传记。这本人物传记是在查阅了大量报纸、信件、日记和其他文献资料的基础上写成的，每位非裔牛仔鲜为人知的传记④。斯图尔特和蓬斯的《黑人牛仔》是对德拉姆和琼斯的《黑人牛仔》的补充和丰富，因为德拉姆和琼斯的书中也涉及很多非裔牛仔，但对个人的经历描写都不是很具体。特里西亚·M. 瓦格纳于2011年出版的《老西部的黑人牛仔》写了10名非裔牛仔，每个人物写得也较具体。她强

---

① Bruce G. Todd, *Bones Hooks: Pioneer Negro Cowboy*, Gretna: Pelican Publishing Company, Inc., 2005, pp. 69-181.

② Bruce G. Todd, *Bones Hooks: Pioneer Negro Cowboy*, p. 179.

③ Bruce G. Todd, *Bones Hooks: Pioneer Negro Cowboy*, p. 11.

④ Paul W. Stewart and Wallace Yvonne Ponce, *Black Cowboys*, p. vi.

调"要把黑人牛仔的形象纳入分享西部真正遗产的国家视野中"①。

关于非裔牛仔的个案研究还涉及更多，而且也有不法之徒。对于非裔牛仔中的一些不法之徒，德拉姆和琼斯的《黑人牛仔》专写了一章。他们之中有偷牛盗马贼、杀人犯和犯罪团伙等②。卡茨在《黑色的西部》介绍的7名非裔牛仔中有3人是著名的不法之徒③。这些歹徒对美国西部牧区造成了极大破坏，但他们大多也遭到了惩处。作者对不法之徒多是进行个人经历和犯罪过程的介绍，缺乏对这些歹徒犯罪原因的分析。

总体来看，美国学者对非裔牛仔的个案研究的关注要比其他方面的问题多，涉及的研究对象也较多，但深入的程度不够。研究者关注最多的是少数著名非裔牛仔，对多数非裔牛仔的个案研究是20世纪80年代中期才开始的。

在关于非裔牛仔的论著中还涉及对他们贡献的评价问题。多数学者都肯定非裔牛仔的贡献，但在肯定程度上不尽相同。

(六)对非裔牛仔贡献的研究

阿尔文·巴尔在为《得克萨斯的黑人牛仔》写的导言中认为，从18世纪早期至20世纪，非裔牛仔在得克萨斯牧场的演变中起了多种多样的作用④。在得克萨斯的几个不同地区，非裔牛仔与其他得克萨斯人一起放牧牛群。他们劳作在开放牧区的牧场里、赶牛的牛道上和围栏牧场中，投身于得克萨斯从西班牙殖民地到墨西哥的一个省至成为美国一个州的政治趋势的变革中。他们生活在不同时期存在不同程度种族歧视的社会环境的变革中。通过这些变化，非裔牛仔在得克萨斯的历史上和美国的牧场业中担当过形形色色的角色⑤。

非裔牛仔在长途驱赶牛群中的作用也被学者肯定。《黑人牛仔》的作者认为，在内战后的若干年里，5,000多名非裔牛仔从得克萨斯加入赶牛者大军，踏上了牛道。他们与其他种族或其他国籍的牛仔相比，做的工作是相同的，既不多也不少⑥。肯尼斯·W. 波特强调，没有非裔牛仔帮助把牛群赶上牛道，前往装运站点、"印第安人保留区"和牛群育肥地，那里的牧牛业的发展

① Tricia Martineau Wagner, *Black Cowboys of the Old West*, p. xviii.

② Phillip Durham and Everett L. Jones, *The Negro Cowboy*, pp. 172-188.

③ William L. Katz, *The Black West*, pp. 152-153, 156-158, 160.

④ Sara R. Massey, *Black Cowboys of Texas*, p. 3.

⑤ Sara R. Massey, *Black Cowboys of Texas*, pp. 15-16.

⑥ Phillip Durham and Everett L. Jones, *The Negro Cowboy*, p. 3.

将会受到严重阻碍[①]。

研究者也论及了非裔牛仔对大平原牧牛业发展和形成西部精神所起的作用。有的学者认为，虽然北部牧区的非裔牛仔较少，但很多人能力出众。他们为那里牧牛业的发展做出了突出贡献[②]。有的研究称，包括非裔牛仔在内的所有投入西部牧区开发的人，征服了“美国大荒漠”的草地，使这片辽阔地区变成了“牧牛王国”[③]。菲利普·德拉姆提及非裔牛仔在发展牧牛业中起到了重要作用，并成为西部精神的一部分；德拉姆认为这种精神要求的是道德心，而很少考虑其肤色[④]。德拉姆文章的可贵之处，是他认识到了非裔牛仔在形成美国西部精神中的贡献，但令人遗憾的是他没有就此展开充足论述。

肯尼斯·W. 波特还论及了非裔牛仔能做出贡献的原因。他认为一方面是非裔牛仔的数量较多，数千名非裔牛仔是整个牛仔群体的一个组成部分；另一方面，是非裔牛仔能够承担牧场和牛道上各个岗位上的工作，他们具备了白人牛仔所没有的特殊技能，使他们能承担一些最艰苦、最危险的工作[⑤]。

美国学者对非裔牛仔贡献的论述，涉及对得克萨斯乃至大平原的牧业开发、牛道长途驱赶、西部社会进步和西部精神以及他们之所以能够做出贡献的原因等多个方面。然而，这些论述总的看来比较分散和零碎，还缺乏对非裔牛仔贡献的专门系统论述。

美国学者对非裔牛仔的研究除上述几个方面外，还涉及非裔牛仔的数量和他们在全体牛仔中所占比例，以及他们的工资待遇和社会地位是否受到种族歧视的问题。因为美国学者对这两个问题争议较大，笔者将在下面作进一步论析。

三、争论的两个焦点

在非裔美国牛仔的研究中，争议最大的第一个焦点莫过于非裔牛仔的人数和他们在牛仔总数中所占的比例。小威廉·W. 萨维奇的《牛仔英雄：在美

① Kenneth W. Porter, “Negro Labor in the Western Cattle Industry, 1866-1900”, p. 373.

② Kenneth W. Porter, “Negro Labor in the Western Cattle Industry, 1866-1900”, p. 373.

③ Phillip Durham and Everett L. Jones, *The Negro Cowboy*, p. 3.

④ Phillip Durham and Everett L. Jones, *The Negro Cowboy*, p. 291.

⑤ Kenneth W. Porter, “Negro Labor in the Western Cattle Industry, 1866-1900”, pp. 349-350.

国历史和文化中的想象》一书于1979年出版。此前，虽然在一些论著中提到了美国牛仔的总人数和非裔牛仔的数量，但从未有人提出任何质疑。萨维奇在他的著作中，对菲利普·德拉姆和埃弗里特·L. 琼斯在他们的论文和著作中提出的非裔牛仔人数进行了严厉的批评并抨击其他著作。

关于牛仔总数和非裔、墨裔牛仔所占比例的记载，出现在由J. 马文·亨特于1925年编辑出版的《得克萨斯的赶牛人》一书中。书中收录了乔治·W. 桑德斯的长文《牛道的反思》。桑德斯称："1868—1895年，约有3.5万人与牛群一起踏上了牛道"，"大约有1/3成员是黑人和墨西哥人"[①]。在此之后，大量与牛仔相关的论著都没有再涉及这个问题。直到1955年，乔·B. 弗朗茨和小朱利安·欧内斯特·乔特在《美国牛仔：神话与现实》一书中提及，在1870—1885年，有4万多名牛仔与牛群一起前往目的地[②]，但并未涉及非裔牛仔。

20世纪60年代中期，菲利普·德拉姆和埃弗里特·L. 琼斯在论文和专著中，不但论及非裔牛仔的人数，还涉及非裔牛仔占牛仔总数的比例。两人在1964年发表的《马背上的奴隶》一文中写道："在3.5万名牛仔中有5,000多名黑人。"[③]在次年出版的专著《黑人牛仔》中，他们又论及内战后从得克萨斯踏上牛道的牛仔中，有5,000多人是"黑人"，在一个由8人组成的典型赶牛队中，有2名或3名是"黑人"[④]。继德拉姆和琼斯之后，一些有影响的论著都开始重视非裔牛仔的人数和比例问题。1969年，肯尼斯·W. 波特在《1866—1900年西部牧牛业中的黑人劳工》一文中，引用了桑德斯文章中提出的牛仔总数、非裔牛仔和墨裔牛仔所占的比例等数据后，进一步写道："人员的组成白人高于63%，黑人为25%，墨西哥人约少于12%"；他认为"有8,000或9,000名黑人牛仔参加了长途赶牛"。[⑤]

进入20世纪70年代，一些著作和工具书也都涉及非裔牛仔的人数和比例问题。1973年，罗伯特·V. 海因出版的《美国西部：一部解释性的历史》，

---

① George W. Saunders, "Reflections of the Trail", J. Marvin Hunter, *The Tall River of Texas*, Austin: University of Texas Press, 2000, p. 453.

② Joe B. Frantz and Julian Ernest Choate, Jr., *The American Cowboy: the Myth and the Reality*, Norman: University of Oklahoma Press, 1955, p. 34.

③ Phillip Durham and Everett L. Jones, "Slave on Horseback", p. 405.

④ Phillip Durham and Everett L. Jones, *The Negro Cowboy*, pp. 44-45.

⑤ William W. Savage, Jr., *The Cowboy Hero: His Image in American History and Culture*, Norman: University of Oklahoma Press, 1979, p. 6.

是美国西部史的一部重要著作。在第 9 章“牛仔与男性崇拜”中海因写道，黑人是“牧牛王国”的“主要劳动力来源之一”。他引用了德拉姆和琼斯所提出的“把牛群赶往北部的人中有 1/3 是黑人和墨西哥人，黑人占 1/4 的比例”①。这是对德拉姆等三人的非裔牛仔研究成果的充分肯定。同年，威廉·L. 卡茨的《黑色的西部：文献与图片史》出版，其中第 6 章专写非裔牛仔，其他章节还有涉及这一部分的论析。卡茨写道：“内战以后，在最后边疆的牛仔中，有 5,000 名黑人帮助把牛群赶上了奇泽姆小道。一个典型的 8 人赶牛队，通常包括 2 名黑人牛仔。”②1974 年，雷·A. 比林顿的《向西部扩张：美国边疆史》(第四版)出版。这是一部关于美国边疆史的经典之作。比林顿写道：“参加长途赶牛的 3.5 万人中，足有 1/3 是黑人或美籍墨西哥人。其中黑人超过 5,000 名，一个长途赶牛队中通常有两三个黑人牛仔。”③这位西部史权威不仅把德拉姆和琼斯的论述写进他的著作里，而且还称赞《黑人牛仔》是“精心写成的著作”，认为波特的《西部牧牛业中的黑人劳工》一文“对这一问题作了进一步探研”④。可见，在 20 世纪 70 年代中期，有影响的边疆史、西部史和黑人史著作都认可了德拉姆和琼斯关于非裔牛仔的观点，肯定他们的研究结束了非裔牛仔长期被无视的问题，具有重要意义。

小威廉·W. 萨维奇却对德拉姆和琼斯的研究持完全否定的态度，且批评甚为尖刻。他在其著作中，对《黑人牛仔》中关于非裔牛仔的人数和所占比例的观点进行了猛烈的抨击。他指出，“在 3.5 万牛仔中也许有 5,000 多名黑人牛仔”的观点“仅仅是一种推断”，“是虚构的，有待考证”⑤。为此，萨维奇进行了烦琐的考证。

萨维奇考证的第一步，是证明德拉姆和琼斯提供的数字所依据的前提不可靠。他认为德拉姆和琼斯提出的 5,000 名非裔牛仔的推断的前提是基于桑德斯文章中所提供的数字。为了证实德拉姆和琼斯提供的黑人数字是虚构的，

---

① Robert V. Hine, *The American West: An Interpretive History*, Boston: Little Brown & Company, 1973, pp. 131-132.

② William L. Katz, *The Black West*, p. 146.

③ Ray A. Billington, *Westward Expansion: A History of the American Frontier*, 4th Edition, New York: Macmillan Publishing Co., Inc., 1974, p. 593.

④ Ray A. Billington, *Westward Expansion: A History of the American Frontier*, p. 593.

⑤ 转引自 Phillip A. Rollins, *The Cowboys*, Revised and Enlarged Edition, New York: Charles Scribner's Sons, 1963, pp. 10-11.

萨维奇首先要考证桑德斯提供的一些数字是"捏造"的。因为19世纪晚期美国西部的牧场主们没有雇用牛仔的档案记录，而只有出售牛数量的一些记载，所以雇用牛仔的人数是依照售牛量推算的。基于这一事实，萨维奇经过查考，发现当时流行的从1866—1885年被驱赶到北部的牛为600万头的数量，只是桑德斯与大牧场主查尔斯·古德奈特协商的①。他在《牛仔》一书中找到了记录这一协商的证据②。接着，萨维奇根据被赶出的牛为400万—600万头的流行的说法，一个赶牛队按由8—10人组成，每次赶牛量为2,000—2,500头，以及桑德斯提供的3.5万名牛仔和1/3的牛仔至少参加了一次赶牛的数字进行了列表计算。以最多的牛总量，赶牛队或8人或10人来计算，牛仔总数分别为1.92万—2.4万或2.4万—3万。这就远远达不到桑德斯提供的3.5万人。萨维奇依据他的计算，批评桑德斯这位昔日的"驱赶者协会"的主席为了维系西部牧场的传统和牛仔的永久神话，在他自传性的怀旧文章里，"捏造了一些数字"③。

萨维奇的第二步，是考证德拉姆和琼斯的推算站不住脚。在证实了桑德斯3.5万个牛仔的数字不可靠之后，萨维奇批评德拉姆和琼斯援引桑德斯提供的参与赶牛的牛仔数字，并顺水推舟，提出有5,000名"黑人"牛仔在其中是站不住脚的。萨维奇指出，如果按照德拉姆和琼斯所建议每8个牛仔中有两三个是黑人来计算，那么"黑人牛仔就占了全部牛仔的25%至37.5%"，"这就意味着在桑德斯提出的3.5万个牛仔中，黑人占了8,750到13,125人"。那么德拉姆和琼斯提出的5,000个牛仔的数字就太保守。萨维奇以此指出，德拉姆和琼斯提供的"黑人牛仔数字和赶牛队的种族构成是矛盾的，站不住脚的"。他进一步指出，如果不去理会这些实际上不可靠的数字，"那么我们就会明白德拉姆和琼斯是与他们所杜撰的牛仔代表伊萨姆·达特、纳特·洛夫、比尔·皮克特等沆瀣一气的"。在此，萨维奇作注，列举了洛夫等非裔牛仔的自传④。他更以讥讽的口吻写道："在整本书里，德拉姆和琼斯假定的5,000个黑人牛仔中只有83人有名字可查。"萨维奇在批评桑德斯捏造牛仔数

---

① William W. Savage, Jr., *The Cowboy Hero: His Image in American History and Culture*, pp. 8-9.

② Phillip A. Rollins, *The Cowboys*, revised and enlarged edition, p. 388.

③ William W. Savage, Jr., *The Cowboy Hero: His Image in American History and Culture*, p. 7.

④ William W. Savage, Jr., *The Cowboy Hero: His Image in American History and Culture*, p. 9, note 13.

字、德拉姆和琼斯虚构非裔牛仔人数的同时，还责备《美国牛仔：神话与现实》的两位作者“没有任何证据，竟断然宣称有4万牛仔参加了长途赶牛”①。

在否定桑德斯、德拉姆和琼斯的基础上，萨维奇表达了对当时牛仔史研究状况的不满。萨维奇责备评论家不假思索地对《黑人牛仔》的重要性大加赞赏。他不满美国史学家的某前辈亦表赞同，并把德拉姆和琼斯著作的“成果”吸收到自己再版的权威教材中。对此，萨维奇在注14中特意列举了比林顿的《向西部扩张：美国边疆史》(第四版)和卡茨的《黑色的西部》等著作。萨维奇对德拉姆和琼斯的《黑人牛仔的历险》一书也表达了强烈的不满。他责备这一在《黑人牛仔》的基础上为青少年改写的教材“更适合于时下流行的种族研究”②。他进一步指出美国的牛仔研究存在两方面的问题。一方面在历史编纂中掺杂着实用主义谬误，因为它“为社会目标来选择有用的事实，且迅速而直接”③。另一方面，它代表了对牛仔学术研究匮乏的主要范例。萨维奇认为的牛仔学术研究匮乏主要指的是波特的《西部牧牛业中的黑人劳工》一文，他认为波特注意到了资料的匮乏，也承认很少有牧场主或赶牛者会记录下雇工的信息，但他不满波特也接受了桑德斯的估算，并在基于这种证据的基础上推断有25％的牛仔是黑人④。

通过对萨维奇的主要观点的归纳，我们可以看出，他与《黑人牛仔》作者的分歧与论争，已远远超出了非裔牛仔的人数及其所占比例这一具体问题。他从这一问题出发，扩及所有涉及非裔牛仔的著作和教材，指责赞同德拉姆和琼斯研究成果的评论家和前辈史学权威。萨维奇的具体手法是先否定桑德斯“捏造”的牛仔总数，随后否定德拉姆和琼斯“虚构”的非裔牛仔人数，再否定几乎所有吸纳他们研究成果的重要论著，最后通过非裔牛仔人数与比例这一具体问题提升到非裔美国牛仔研究表现的“学术研究的实用主义”和“研究匮乏”，是为了迎合“时下流行的种族研究”。联系到民权运动和非裔牛仔研究兴起关系的历史背景，我们可以看到萨维奇表达的是一种对自《黑人牛仔》出版

---

① William W. Savage, Jr., *The Cowboy Hero: His Image in American History and Culture*, p. 9.

② William W. Savage, Jr., *The Cowboy Hero: His Image in American History and Culture*, p. 10.

③ David Hackett Fisher, *Historian's Fallacies Toward a Logic of Historical Thought*, New York: Harper & Row, 1970, p. 82.

④ William W. Savage, Jr., *The Cowboy Hero: His Image in American History and Culture*, p. 10, note 15.

以来十余年间，美国学术界一改昔日无视非裔牛仔的巨大变化的不满情绪。尽管萨维奇对德拉姆和琼斯提出的非裔牛仔的人数大加指责，但他无法否认非裔牛仔参与西部牧牛业。在他的著作中，也提及“因为偶尔有照片证明他们的存在”①。至于萨维奇抨击的“假定的5,000名黑人牛仔中只有83人有名字可查”则是一种苛责。在大量的有关白人牛仔的著作中，萨维奇又能查出多少本写有80多个人名字的书呢？萨维奇总不该要求《黑人牛仔》的作者一一列出5,000名非裔牛仔的名单吧。更何况在牛仔的黄金时代（1866—1890年），正是美国种族歧视的严重时期，很多非裔牛仔连名字都没有，而被人称为“黑鬼”某某。这又怎么可能让德拉姆和琼斯列出他们的名字呢？

尽管萨维奇否定了德拉姆和琼斯的研究，但并没有得到后来研究者的响应。1990年，理查德·W.斯莱塔的《美洲牛仔》一书出版。这是一部用比较史学写的重要著作，书中论及了美国的非裔牛仔。斯莱塔写道：“在1866—1895年间，从得克萨斯向北部驱赶牛群时，被雇用的白人牛仔为63%，黑人为25%，墨裔美国人为12%。约有5,000名黑人牛仔帮助驱赶牛群。”②很明显，斯莱塔采纳了波特对非裔牛仔所占比例的划分和《黑人牛仔》的两位作者提出的非裔牛仔人数。紧接着，斯莱塔还举出了霍华德·R.拉马尔提出的另一种估算，认为“墨西哥人和黑人各占牛仔总数的1/7”③。斯莱塔与比林顿一样，在引用德拉姆和琼斯等人的估算前，先论及内战爆发当年，得克萨斯已有18.2万黑人奴隶，其中许多人已在牧场放牧牛群，内战后南部州一些不满种族歧视的黑人也到了得克萨斯，受雇于牧场④。比林顿和斯莱塔以此证明，德拉姆和琼斯对参与驱赶牛群的非裔牛仔估算是有根据的。

德拉姆和琼斯的估算也被20世纪90年代出版的牛仔百科全书所采纳。唐·库西克在《牛仔与荒野西部》中写道：“大约有5,000名黑人踏上了‘奇泽姆小道’，在早期8人的赶牛队中有2名黑人。”⑤理查德·W.斯莱塔编的《牛仔百科全书》则称，据最高估计，在1866—1895年间，从得克萨斯往北部赶

---

① William W. Savage, Jr., *The Cowboy Hero: His Image in American History and Culture*, p. 6.

② Richard W. Slatta, *Cowboys of the Americas*, p. 168.

③ Howard R. Lamar, ed., *Reader's Encyclopedia of the American West*, p. 168.

④ Ray A. Billington, *Westward Expansion: A History of the American Frontier*, p. 593; Richard W. Slatta, *Cowboys of the Americas*, pp. 167-168.

⑤ Don Cusic, *Cowboys and the Wild West: An A-Z Guide from the Chisholm Trail to the Silver Screen*, New York: Facts on File, 1994, p. 33.

牛的被雇牛仔中有63％的白人、25％的黑人和12％的墨西哥人（墨裔美国人）①。

进入21世纪，关于非裔牛仔的估算有所变化。一说认为得克萨斯比西部任何州和领地的非裔牛仔的数量都多，但在该州非裔牛仔占全体牧民总数的比例在1880年为4％，至1890年则低至2.6％，1,200多名非裔牛仔在整个西部只占牧牛业从业者的2％②。这是该文作者根据1897和1910年的人口统计资料得出的结论。笔者认为，这一数字与美国多数学者认可的牛仔数字没有可比性，因为不能以两年的非裔牛仔人数与内战后二三十年的非裔牛仔总数相比。另一说称，在3.5万名驱赶牛群北上的牛仔中，非裔牛仔"占有决定意义的百分比，但却被大量文学作品所无视"③。作者在此并没有说明非裔牛仔的人数和所占具体比例。

综上所述，我们可以看到，关于美国内战后参与长途赶牛的牛仔总数与非裔牛仔所占的比例估算颇多。就牛仔总数来说，有3.5万和4万之说。就非裔牛仔人数而言，高估者可达8,000—9,000人，最低者仅1,200人，德拉姆和琼斯认为有5,000人。非裔牛仔所占比例有与墨裔美国人占1/3、非裔牛仔占25％和占"有决定意义"百分比说。之所以众说纷纭，是因为在牛仔赶牛的时代，西部牧区没有完整的少数族裔的人口统计，牧场主也没有从业牛仔的登记资料。因此只能通过售牛量估算牛仔的数量。因为售牛量的数字各说并不一致且估计不全，从而导致了对非裔牛仔人数的估算各异。但这些估算都承认非裔牛仔存在的事实。自桑德斯在1925年提出对参与赶牛的牛仔人数、非裔牛仔所占比例的估算至今已有90余年，美国的多数学者认同了桑德斯及其后的德拉姆、琼斯和波特的估算，只有萨维奇予以否定，否定者却又无法否定非裔牛仔存在的事实。笔者认为，关于非裔牛仔人数和比例问题，因为西部牧场主原始雇用记录的缺失，今后我们也不可能得到更准确的统计数字。我们应看到《黑人牛仔》出版以来牛仔史研究中发生的巨大变化，看到德拉姆和琼斯等学者对改变美国社会"长期无视非裔牛仔存在"的状况所做出的贡献。

---

① Richard W. Slatta, *Cowboys of the Americas*, p. 5.

② Quintard Taylor, "African American Men in the American West, 1528-1990", p. 108.

③ Lawrence Clayton, Jim Hoy and Jerald Underwood, *Vaqueros, Cowboys and Buckaroos*, Austin: University of Texas Press, 2001, p. 74.

美国非裔牛仔研究中另一个有争议的问题，是他们的经济待遇和社会地位问题。这个问题实质上涉及在美国西部牧区是否存在种族歧视的问题。

最先探究这一问题的是肯尼斯·W. 波特。他在《西部牧牛业中的黑人劳工》一文中，从工资、劳动和居住条件、娱乐活动和社会生活等方面，考察了非裔牛仔的状况，得出的结论是非裔牛仔会得到与白人牛仔相同的工资。波特认为，在牧牛区繁荣时期，非裔牛仔比美国其他地区的黑人有更多的机会享有尊严，比南部受私刑的1,500—1,600名黑人更安全；在黑人处境的低点时期，在西部牧区有那么多黑人和白人至少在短时期内劳作和生活在一起。这比美国200年以来、甚至比临近的另一个世纪更接近"平等"的条款[①]。在波特看来，西部牧区虽然不是非裔牛仔理想的完美社会，但确实是美国种族歧视和种族隔离最少的地方。波特查阅了大量牧牛业的著作，找不到有关非裔牛仔工资的记载。他列举了有记载的牧牛业中从牧场工头和道头、优等牛仔、普通牛仔、厨师到最低职位看马人的工资状况，又论及所有这些职位都有非裔牛仔被雇用。他找到有墨裔牛仔受歧视的例证，他们有时只能得到白人牛仔工资的1/2或1/3，但查不到非裔牛仔这方面的证据，便得出了在工资上黑人与白人所得相同的结论[②]。

波特引用了一些例证，说明牧场主、道头、白人牛仔和非裔牛仔常睡在一个棚屋内。有时在牛道遇到坏天气时，道头和非裔牛仔还同盖一条毯子。他还讲述了非裔牛仔因为在驯服野马、制服发疯的公牛、使用套索、赶牛群渡河、善于歌唱方面的特殊能力，而受到称赞和白人牛仔羡慕的例证。波特以此说明，在牧区、在牛道上黑白牛仔相处融洽，少有种族歧视和隔离。

波特也无法否认，在牧场冬闲举办舞会时，如果有白人妇女光临，善舞的非裔牛仔不能与她同场共舞；在牛镇的饭馆里，非裔牛仔只能在为他们服务的一端就餐，不能到为白人服务的那边落座，更不能与白人坐在一起吃饭；大多数牛镇妓院都是白人妓女，她们拒绝接待非裔牛仔[③]。对于非裔牛仔在有白人妇女定居的社区和牛镇遇到的不公平待遇和限制，C. 罗伯特·海伍德在

① Kenneth W. Porter, "Negro Labor in the Western Cattle Industry, 1866-1900", pp. 373-374.

② Kenneth W. Porter, "Negro Labor in the Western Cattle Industry, 1866-1900", pp. 362-363.

③ Kenneth W. Porter, "Negro Labor in the Western Cattle Industry, 1866-1900", pp. 371-372.

《不少一个男人：1867—1886 年黑人牛仔在牛镇道奇城》一文中有更多的论析①。

最先介绍肯尼思·W. 波特研究成果的是威廉·L. 卡茨。卡茨接受了波特关于在工资问题上黑白牛仔待遇相等的观点，认为"他们(黑人牛仔)的工资没有受到不公平的待遇"。对于波特关于非裔牛仔比美国其他地方的黑人较少遭受不公平待遇的观点，卡茨做了概括介绍。卡茨认为，在牛道上牧场主、道头和黑白牛仔同盖一条毯子，在牛镇的酒吧分别对黑白牛仔服务的非正式隔离、非裔牛仔被绝对禁止进入白人妓院，等等②。卡茨认同罗伯特·海伍德的观点。

理查德·W. 斯莱塔的观点有别于海伍德。他认为像在美国的其他地区一样，非裔牛仔在边疆也面临社会歧视，那里也会发生针对黑人的暴力事件。斯莱塔引用了 1878 年的一个事例来佐证他的观点。一个赶牛队雇用了一名非裔牛仔，队中的英裔厨师拒绝让这新来的非裔牛仔一起用餐、睡觉，随后他还开枪把这名非裔牛仔赶走。非裔牛仔在边疆提高社会地位的机会并不比其他地方多。1900 年，已为"XIT 牧场"干了 20 年的非裔牛仔佩里就因为是黑人，而无法当上一个分场的工头，只能屈尊于牧场厨师③。很多学者都认为，黑人通常只能得到诸如看马人这样低等的职位，仅极少数人能成为牧场工头或道头。甚至在牧场上，非裔牛仔通常也被指派去干最困难最令人厌恶的工作④。斯莱塔更明确指出，不幸的是，非裔美国牛仔和墨裔美国牛仔在西部如同在这个国家的其他地方一样，都面临着社会和经济方面的不公平待遇⑤。

笔者认为，美国学者对非裔牛仔在工资所得和社会地位上是否受到歧视上的争论，不像在他们的人数、比例问题上那样尖锐和对立。因为没有留下非裔牛仔工资所得记录，而只有他们被雇用做什么工作的记载，所以史家大多同意在工资所得上黑人与白人没有差别。对于在牛道上黑白牛仔与牧场主、

---

① C. Robert Haywood, "'No Less a Man': Black in Cow Town Dodge City, 1876-1886", pp. 177-179.

② William L. Katz, *The Black West*, pp. 147-148.

③ Richard W. Slatta, *Cowboys of the Americas*, p. 168.

④ Howard R. Lamar, ed., *Reader's Encyclopedia of the American West*, p. 268; Phillip Durham and Everett L. Jones, *the Negro Cowboy*, p. 45; Richard W. Slatta, *Cowboys of the Americas*. p. 168; Ray A. Billington, *Westward Expansion: A History of the American Frontier*, p. 593.

⑤ Richard W. Slatta, *Cowboys of the Americas*. p. 5.

赶牛道头劳作、吃住在一起的状况，以及非裔牛仔在牛镇活动中所受区别对待的史实，不同著作的观点不尽相同。如对一个赶牛队的白人厨师排斥、赶走非裔牛仔的例子，波特认为是特例，还注明厨师的性别未有确定，似乎在有意减淡其中可能存在的种族歧视意味。斯莱塔以这一例证表明，即使在牛道这一特殊环境下，也存在对黑人的歧视。波特之所以得出 200 年以来甚至到 21 世纪，西部边疆比美国任何地区对黑人更为公正的结论，是因为他的研究正处在 20 世纪 60 年代民权运动时期。他目睹美国社会对黑人的严重种族歧视，才认为镀金时代的美国西部牧区的黑白关系才更接近于美国宪法中"平等"的条款。斯莱塔的研究成果多发表于 20 世纪 90 年代以后，民权运动已过去 20 余年。他能更冷静地看待西部边疆牧区非裔牛仔的历史，从牧场、牛道和牛镇全面考察他们的状况，认为他们在社会和经济上都面临不公平的待遇。在这一方面，西部牧区与美国其他地区没有本质的差别。

四、研究之路仍困难

通过以上三部分的分析，我们看到非裔美国牛仔的研究已有了很大进展。这一研究涉及的问题较为广泛，在一些问题上也有不同观点的争论。在充分肯定这些研究成果的同时，我们也不能忽视在非裔美国人的研究中还存在不足及面临一些困难。然而，这一研究具有重要意义。美国学者们会在现有成果的基础上把研究进一步深入下去。

缺乏一手资料这是以往非裔美国牛仔研究的不足，也是今后研究面对的困难。在已有的研究成果中，不论专著还是论文，所用资料真正是第一手统计资料、档案资料和文献记载的不多。出现的研究资料多是取自美国边疆史、西部史、白人牛仔史，甚至还有美国通史的。以唯一的专著《黑人牛仔》为例，两位作者通过十余个图书馆和研究机构，查阅大量著作和杂志，但几乎很难找到一手资料。笔者粗略统计了一下，该著作的作者大约引用了 230 本著作和 55 篇论文中的资料，但著作中书名与黑人有关的只有 14 本，论文题目与黑人有关的只有 16 篇。在与黑人相关的论著中，大多是黑人通史、边疆史、专题史和专题论文，真正与非裔牛仔相关或相近的只有三本书和两篇文章，而其中关于戴德伍德·迪克的书有两本、论文有一篇①。《黑人牛仔》一书是两位作者在很多人的帮助下，花费了十余年时间，从大量与非裔牛仔并不直接

① Phillip Durham and Everett L. Jones, *The Negro Cowboy*, pp. 254-270.

相关的论著中寻章摘句，积累资料后才写成的。这一方面说明完成这一专著的不易，另一方面也表明了有关非裔美国牛仔一手资料的匮乏。

有的争论焦点难以达到认识的统一是非裔美国牛仔研究面对的另一个难题。如非裔牛仔的数量和所占比例，因缺乏档案和统计资料，已不可能提供准确的数字。在《黑人牛仔》一书中，德拉姆和琼斯根据桑德斯的估算，提出了非裔牛仔的人数和大体所占比例。波特在上述基础上推算出数量更多的非裔牛仔及所占百分比。萨维奇则以“虚构”“捏造”为由，推翻了上述估算，不予认可。后来的学者在论著中又基本上赞同德拉姆、琼斯和波特等人的估算。提出非裔牛仔数量和比例的学者除了以桑德斯的估算作为证据之外，再找不到其他同样数据。萨维奇认为“没有牛仔的人口统计”，自然“难以得知牛仔的数量，更不用说牛仔的年龄、种族背景和所在地理位置的分布”①。这种反对的理由似乎很充足，但萨维奇又无法否认有照片证明非裔牛仔参与牧牛业的事实。因为在美国“牧牛王国”的发展史上没有对牛仔的人口统计，要想得到准确的非裔牛仔数量和所占比例是不可能的。如果在这一无法达成共识的问题上花费过多的人力和时间进行纠缠，那么势必影响对非裔牛仔其他问题的深入研究。

专著少也是非裔美国牛仔研究中的一个不足。这个问题的研究已逾半个多世纪，迄今为止只有一本专著、两本论文集、三本人物传记、两本多人的传记著作和数十篇论文。半个多世纪过去了，再没有新的非裔牛仔专著出版。波特曾称《美国西部牧牛业中的黑人劳工》是其将要写的《黑人骑手：黑人在牧牛区边疆》一书的组成部分②，但未见到该书出版。德拉姆和琼斯的《黑人牛仔》于 1983 年再版。与不断涌现的大量白人牛仔著作相比，非裔美国牛仔研究历经半个多世纪后仍只有一本专著，这不能不说是一件令人遗憾的事。

20 世纪 90 年代中期后的非裔美国牛仔研究利用了网络资源，但仍存在一些不足。网络的利用，一方面使很多研究成果电子化，方便了研究者的使用。然而，另一方面呈现出研究不够深入、研究面过窄或简单重复已论问题等现象。如发在网上的《黑人牛仔》一文，只是肯尼斯 · W. 波特的《美国西部牧牛

① William W. Savage, Jr., *The Cowboy Hero: His Image in American History and Culture*, p. 6.

② Kenneth W. Porter, “Negro Labor in the Western Cattle Industry, 1866-1900”, p. 346.

业中的黑人劳工》的摘录，仅有短短的四页①。德伦·C. 鲍恩斯的《黑人牛仔在得克萨斯南部有丰富而令人尊重的历史》一文，虽然有一些访谈资料，但文章似过于简单细碎，四页篇幅竟有七个标题②。另外，论文过多地集中在戴德伍德·迪克一人身上，对其他人物个案研究不够。

以上几点表明，非裔美国牛仔的研究要在现有成果的基础上取得更大进展还面临不少困难。今后的研究将是一条困难之路。这需要更多的史家进行持续不断的研究探讨。

尽管非裔美国牛仔的研究还存在一些不足和面临不少难题，但这一研究具有重要的意义。笔者认为，非裔美国牛仔研究的重要性表现在两个方面。其一是拓宽美国黑人史的研究；其二是拓宽美国西部史、边疆史的研究。20世纪中期以后，黑人史的研究成为美国史的一个新的重要历史分科。特别是随着民权运动的兴起和发展，黑人史的研究取得了很大进展，不仅有黑人通史，还有政治、经济、军事和思想文化等方面的专史。非裔美国牛仔的研究，从一个新的方面拓宽了黑人史研究的广度，增加了专题史研究的新论题。20世纪中期以前的美国边疆史、西部史研究都是以白人为主体，非裔美国牛仔的研究也拓宽了边疆史、西部史研究的范围和内容，有助于边疆史和西部史研究的深入。非裔美国牛仔史的研究有助于改变美国史的种族观念，巩固黑人在经济、政治和社会上已取得的平等权利，并为最终消除根深蒂固的种族歧视做出贡献。研究的重要性决定着非裔牛仔研究的必要性。

上面我们对半个多世纪以来，美国非裔牛仔研究的基本走势、论及问题、争论焦点、面临困难和重要意义等方面进行了梳理和论析。要使美国非裔牛仔研究取得更丰硕成果，我们认为应该注意以下几点。

第一，对于因无法弄清史实而不能达成一致的问题不必再去争论。如非裔牛仔的具体人数和所占比例就是突出的一例。

第二，对于非裔牛仔活动的主要地区、主要活动要在已有研究成果的基础上继续进行深入研究，以便更充分地阐释他们在西部牧业边疆开发中的历史功绩。《黑人牛仔》一书的重点放在了非裔牛仔在“奇泽姆小道”长途驱赶牛群的活动上，对他们在得克萨斯和北部牧区的劳作则论析得不够充分。得克

① Kenneth W. Porter, “Black Cowboys-Part I”, “Negro on the American Frontier”, http: //www. coax. net/people/lwf/bkcowboy. htm/.

② Dorren C. Bowens, “Black Cowboy have rich, respectful history in South Texas”, Sunday, Apr. 11, 1999, http: //www. chaotos. com/autocony/news _ local99/newslocal1883. html.

萨斯的非裔牛仔数量最多，那里也是他们从事牧牛活动的主要地区，应当在已有研究成果的基础上继续深入研究下去。《得克萨斯黑人牛仔》这一论文集涉及 20 余位非裔牛仔，可以在此基础上进一步补充史料，充实内容，写出新的专著。

第三，非裔牛仔代表人物的研究可以进一步拓宽。除已有的三本人物传记之外，可以把更多的代表人物进行专题个案研究，写出更多的人物传记。

第四，非裔牛仔对美国文化的影响和地位可以进行深入的专题研究。德拉姆和琼斯在《黑人牛仔》一书中虽然写了两章，但由于篇幅所限，论述得还不充分。这一方面的资料较多，可以进一步挖掘，写出与非裔牛仔相关的文化史专著。

第五，运用口述史学和访谈资料，弥补非裔美国牛仔研究的史料不足。在美国牛仔的研究中，就有运用口述史学的传统。如 J. 弗兰克·多比的《灌木丛区的一个骑马牧人》一书，该书的副标题是“部分来自于约翰·扬的回忆”①，点明了很多内容是回忆者讲述的。《黑人牛仔在得克萨斯南部有丰富而令人尊敬的历史》所用资料是访谈记录。在今后的研究中，可以通过对非裔牛仔后代的访谈积累资料。他们的后代也可以去写祖、父辈的牛仔生活，使研究建立在更可靠的资料基础上。

在非裔美国牛仔研究热不减的情况下，如果能注意以上几点，那么美国在 21 世纪在这一研究领域将会有更多的研究成果面世。

---

① J. Frank Dobie, *A Vaquero of the Brush Country*: *Partly from the Reminiscences of John Yong*, Dallas: the Southwest Press, 1929.

参考文献

一、原始文献、工具书

(一)原始文献

Congressional Record, Vol. 117, Washington: Govt. Print Off., Dec. 2, 1971.

Public Law (86-234), *Congress Acts*, ABC News, http: //www. webcom. com/lady hawkl/.

Tenth Census of the U. S. 1880, *Productions of Agriculture*, Washington: Govt. Print Off., 1883.

Tenth Census of the United States, 1900, *Agriculture*, Washington: Govt. Print Off., 1900.

Wild Horses of Pryor Mountains, *Congress Acts*, ABC News, http: //www. web-com. com/lady Hawkl/.

U. S. Department Commerce, Bureau of the Census, *Historical Statistics of the United States*, *Colonial Times to* 1970, New York: U. S. Dept. of Commerce, Bureau of the Census, 1989.

Abbott, E. C. ("Teddy Blue Smith") and Smith, Helena H., *We Pointed Them North*: *Recollection of a Cowpuncher*, Norman: University of Oklahoma Press, 1939, 1955.

Adams, Andy, *The Log of a Cowboy*: *A Narrative of the Trail Days*, Lincoln: University of Nebraska Press, 1903.

Bard, Floyd C., *Horse Wrangler*: *Sixty Years in the Saddle in Wyoming and Montana*, Norman: University of Oklahoma Press, 1960.

Brown, Dee, *Trail Driving Days*, New York: Bonanza Books, 1952.

Clay, John, *My Life on the Range*, New York: Antiquarian Press Ltd., 1961, reprint.

Commager, Henry S., ed., *Documents of American History*, Vol. 1, New York: Appleton-Century-Crofts, 1963.

Dodd, Donald B., compiled, *Historical Statistics of the States of the United States*, *Two Centuries of the Census*, 1790-1990, Westport: Greenwood Press, 1993.

Duke, Cordia and Frantz, Joe B., *Six Thousand Miles of Fence: Life on the XIT Ranch of Texas*, Austin: University of Texas Press, 1961.

Freeman, James W., ed., *Prose and Poetry of the Live Stock Industry of the United States*, Kansas City: Authority of the Live Stock Association, 1904, 1905.

Katz, William L., *The Black West, A Documentary and Pictorial History*, Garden City: Simon & Schuster, 1973.

Lanning, Jim and Lanning, Judy, eds., *Texas Cowboys: Memories of the Early Days*, College Station: Texas A & M University, 1984.

Love, Nat, *The Life and Adventures of Nat Love: Better Known in the Cattle County as "Deadwood Dick"*, New York: Arno Press, 1968.

McArthur, D. E., *The Cattle Industry of Texas*, 1865-1918, Austin: University of Texas Press, 1918.

Morrison, Elting E., *The Letters of Theodore Roosevelt*, Vol. 5, Cambridge: Harvard University Press, 1952.

Oden, Bill, *Early Days on the Texas — New Mexico Plains*, Canning: Palo Duro Press, 1965.

Richardson, James, *A Compilation of the Messages and Papers of the Presidents*, Vol. 10, Washington: Bureau of National Literature, 1894.

Ridge, Martin and Billington, Ray A., et al., *America's Frontier Story: A Documentary History of Westward Expansion*, New York · Chicago: R. E. Krieger Pub. Co., 1969.

Roosevelt, Theodore, *Ranch Life and the Hunting Trail*, reprinted from first edition published in 1888, Lincoln & London: University of Nebraska Press, 1983.

(二)工具书

The Angus & Robertson Concise Australian Encyclopedia, North Ryde, NSW · London, 1986.

The Australian Encyclopedia, Vol. 1, Sydney: Australian Geographic Pty Ltd., 1979.

The Australian Encyclopedia, Vol. 5, Sydney: Australian Geographic Pty Ltd., 1979.

The Encyclopedia America, Vol. 1, Danbury: Grolier, 1988.

The Encyclopedia America, Vol. 2, Danbury: Grolier, 1997.

The Encyclopedia America, Vol. 19, Danbury: Grolier, 1986.

The Encyclopedia America, Vol. 26, Danbury: Grolier, 1991.

The Encyclopedia, Vol. 4, Danbury: Grolier, 1997.

The Encyclopedia, Vol. 20, Danbury: Grolier, 1997.

The Encyclopedia, Vol. 25, Danbury: Grolier, 1997.

The Encyclopedia, Vol. 26, Danbury: Grolier, 1997.

Encyclopædia Btitannica, Vol. 19, Chicago: Encyclopaedia Britannica, Inc., 1980.

The New Encyclopaedia Britannica, Vol. 1, Chicago · London: Encyclopaedia Britannica, Inc., 2002.

Albertson, Dean, etc., *The Encyclopedia of American History*, Gilford: Facts on File, 1973.

Lamar, Howard R., *The Reader's Encyclopedia of the American West*, New York: Thomas Y. Crowell Company, 1977.

Porter, Glenn, ed., *Encyclopedia of American Economic History Studies of the Principal Movement and Ideas*, Vol. 2, New York: Oxford University Press, 1980.

Shaw, John, ed., *Collins Australian Encyclopedia*, Sydney: Collins, 1984.

Slatta, Richard W., *The Cowboy Encyclopedia*, Santa Barbara: ABC-CLIO, 1994.

Tenenboum, Barbara A., ed. in chief, *Encyclopedia of Latin American History and Culture*, Vol. 3, Vol. 5, New York · London · Mexico City · Sydney · Toronto: Gale/Cengage Learning, 1996.

Adams, Ramon, *Western Words: A Dictionary of the Range*, Norman: University of Oklahoma Press, 1944, 1946.

Cusic, Don, *Cowboys and Wild West: An A-Z Guide from the Chisholm Trail to the Silver Screen*, New York: Facts on File, Inc., 1994.

Hanes, Colonel Bailey C. and Pickett, Bill, *Bulldogger: The Biography of a Black Cowboy*, Norman: University of Oklahoma Press, 1977.

二、英文论著

(一)专著

Abbott, Teddy B. and Smith, Helena Hantington, *We Pointed Them North*, Norman: University of Oklahoma Press, 1971.

Adams, Andy, *The Log of a Cowboy*, Lincoln: Constable & Co., 1903.

Adams, Ramon F., *Come and Get It: The Story of Old Cowboy Cooks*, Norman: University of Oklahoma Press, 1952.

Adams, Ramon F., *The Cowman & His Code of Ethics*, Austin: University of Texas Press, 1969.

Allen, Ruth, *Chapters in the History of Organized Labor in Texas*, Austin: The University of Texas, 1941.

Albert, J. S., *Examination of New Mexico in the Year* 1846-1847, 30*th Congress EX. Dec. No.* 41, Washington: Govt. Print Off., 1848.

Aldridge, Reginald, *Life on a Ranch: Ranch Notes in Kansas, Colorado, the Indian Territory and Northern Texas*, London: D. Appleton and Company, 1884.

Athern, Robert C., *High Country Empire: The High Plains and Rockies*, Lincoln: University of Nebraska Press, 1960.

Atherton, Lewis, *The Cattle Kings*, Lincoln: Indiana University Press, 1961.

Babbitt, A. T., *The Grazing Interest and the Beef Supply*, Cheyenne: R. E. Strahorn, 1882.

Bailey, Thomas A. and Kennedy, David M., *The American Pageant: A History of Republic*, Vol. 2, 7th Ed., Lexington, Massachusetts • Toronto: D. C. Heath and Company, 1983.

Beach, Richard, *Two Hundred Years of Sheep Raising in the Upper Ohio Area, with Special Reference to Washington County, Pennsylvania*, Monongahela: Bicentennial Commission of Washington County, 1976.

Beck, Warren A., *New Mexico: A History of Four Centuries*, Norman: University of Oklahoma Press, 1962.

Billington, Ray A., *The Far Western Frontier*, 1830-1860, New York: Hamish Hamilton, 1956.

Billington, Ray A., *Westward Expansion: A History of the American Frontier*, 4th Edition, New York: Macmillan Publishing Co., Inc., 1974.

Branch, Douglas, *The Cowboy and His Interpreters*, New York: Cooper Souare Publisher, Inc., 1961.

Brewer, William H., *Up and Down California in* 1860-1864: *The Journal of William H. Brewer*, New Haven, 1930.

Briggs, Harold E., *Frontiers of the Northwest*, New York: Peter Smith, 1940.

Brisbin, James S., *Beef Bonanza, or How to Get Rich on the Plains*, Norman: University of Oklahoma Press, 1959.

Brown, George, *America: A Narrative History*, New York: W. W. Norton, 1988.

Bryant, Jack and Dahlberg, Clay, et al., *The American Cowboy*, Birmingham: Oxmoor House, Inc., 1975.

Burlingame, Merrill G., *The Montana Frontier*, Helena: University of New Mexico Press, 1942.

Carlson, Paul H., *Texas Woolly Backs: The Range Sheep and Goat Industry*, College Station: Texas A&M University Press, 1982.

Carlson, Paul H., ed., *The Cowboy Way: An Exploration of History and Culture*, Labbock, Texas: Texas Tech University Press, 2000.

Carlson, Paul H., *Empire Builder in the Texas Panhandle: William Henry Bush*,

College Station: Texas A&M University Press, 1996.

Carman, Ezra A., Heath, H. A. and Minto, John, *Special Report on the History and Present Conditions of the Sheep Industry of the United States*, Washington: Govt. Print Off., 1892.

Carrent, Richard N., Williams, T. Harry, Freidel, Frank and Brinkley, Alan, *American History*, Vol. 2, New York: Knopf, 1987.

Carroll, H. B. and Haggard, J. V., *Three New Mexico Chronicles*, Albuquerque: University of New Mexico Press, 1942.

Cawelti, John G., *The Six-Gun Mystique*, Bowling Green: Popular, 1975.

Charles, Ralph, *Development of Partido System in New Mexico Sheep Industry*, Albuquerque: University of New Mexico Press, 1940.

Clark, Thomas D., *Frontier America: The Story of Westward Movement*, New York: Scribners, 1959.

Clawson, Marion, *The Land System of the United States*, Lincoln: University of Nebraska Press, 1968.

Clawson, Marion, *The Western Range Livestock Industry*, New York: McGraw-Hill Book Co., 1956.

Clay, John, *My life on the Range*, Chicago: Antiquarian Press, 1924.

Clayton, Lawrence, Hoy, Jim & Underwood, Jerald, *Vaqueros, Cowboys and Buckaroos*, Austin: University of Texas Press, 2001.

Cleland, Robert G., *The Cattle on the Thousand Hills Southern California*, 1850-1880, San Marino: Huntington Library, 1964.

Coe, George W., *Frontier Fighter, The Autobiography of George W. Coe*, Albuquerque, 1951.

Collin, Joseph R., *The American Past*, Chicago: Harcourt Brace Jovanovich, 1987.

Coolidge, Dane, *Texas Cowboy*, Tucson, Arizona: University of Arizona Press, 1985.

Coues, Elliot, ed., *The Expeditions of Zebulon Montgomery Pike*, Vol. 11, New York: Dover, 1987.

Coulter, E. Merton, *The Confederate States of America*, 1861-1865, Baton Rouge: Louisiana State University Press, 1950.

Cox, James, *Historical and Biographical Record of the Cattle Industry and the Cattlemen of Texas and Adjacent Territory*, San Luis: Woodward & Tiernan Printing Co., 1895.

Crassweller, Robert D., *Peron and the Enigmas of Argentina*, New York • London: W. W. Norton & Company, 1987.

Crawford, R. M., *Australia*, London: Hutchinson Univ. Library, 1955.

Dale, Edward E. , *Cow Country*, Norman: University of Oklahoma Press, 1942.

Dale, Edward E. , *The Range Cattle Industry*, Norman: University of Oklahoma Press, 1930.

Dale, Edward E. , *Frontier Ways: Sketches of Life in the Old West*, Austin: University of Texas Press, 1959.

Dary, David, *Cowboy Culture: A Saga of Five Centuries*, Lawrence: University Press of Kansas, 1981, 1989.

Davis, William Watts Hart, *EL Gringo, or, New Mexico and Her People*, New York: Harper & Brothers, 1857.

Dearing, Frank V. , ed. , *The Best Novels and Stories of Eugene Manlove Rhodes*, Boston: Houghton Mifflin Company, 1949.

Debo, Angie, ed. , *The Cowman's Southwest: Being the Reminiscences of Oliver Nelson*, Lincoln and London: University of Nebraska Press, 1986.

Dick, Everett, *The Sod-House Frontier*, 1854-1890, Lincoln: Oxford University Press, 1954.

Divine, Robert A. , Breen, T. H. , Fredrickson, George M. and Williams, R. Hal, *America, Past and Present*, Vol. 2, London: Langman, 1984.

Dobie, J. Frank, *A Vaquero of the Brush Country*, Dalas: The Southwest Press, 1929.

Dobie, J. Frank, *Guide to Life and Literature of the Southwest*, Dallas: Southern Methodist University Press, 1952.

Dobie, J. Frank, *The Longhorns*, New York: Grosset & Dunlap, 1941.

Dobie, J. Frank, *The Mustangs*, Boston: Little, Brown and Company, 1952.

Dobie, J. Frank, *Up to the Trail from Texas*, New York: Random House, Inc. , 1955.

Drago, Harry S. , *Great American Cattle Trails: The Story of the Old Cow Paths of the East and the Longhorn Highways of the Plains*, New York: Dodd, Mead, 1965.

Drago, Harry S. , *The Great Range Wars: Violence on the Grasslands*, New York: Dodd, Mead, 1970.

Drago, Harry S. , *Wild, Wooly & Wicked: The History of the Kansas Cow Towns and the Texas Cattle Trade*, New York: Clarkson N. Porter Inc. , 1960.

Durham, Philip and Jones, Everett L. , *The Negro Cowboys*, Lincoln & London: University of Nebraska Press, 1965.

Durham, Phillip and Jones, Everett L. , *The Adventures of the Negro Cowboy*, New York: Dodd, Mead, 1966.

Duke, Cordia S. and Frantz, Joe B. , 6,000 *of Miles Fence: Life on the XIT Ranch of Texas*, Austin: University of Texas Press, 1961.

Durham, Phillip and Jones, Everett L. , *The Negro Cowboys*, Lincoln: University of

Nebraska Press, 1965.

Dwyer, Thomas A., *Horse and Mule-Raising in Western Texas*, San Antonio, 1872.

Dykstra, Robert R., *Cattle Towns*, New York: Alfred A. Knopf, 1968.

Emory, W. H., *Notes of a Military, Reconnaissance*, 30th Congress, 1st Sess. EX. Doc. No. 41, Washington: Wendell and Van Benthuysen, 1848.

Fehrenbach, T. R., *Lone Star: A History of Texas and Texans*, New York: Wings Book, 1990.

Ferrer, Aldo, *The Argentine Economy*, Berkeley · Los Angeles: University of California Press, 1967.

Ferris, Robert G. ed., *Prospector, Cowhand and Sodbuster*, Washington: H. W. Wilson Co., 1967.

Fletcher, Sydney E., *The Big Book of Cowboys*, New York: Grosset & Dunlap, Inc., 1973.

Fletcher, Sydney E., *The Cowboy and His Horse*, New York: Grosset & Dunlap, Inc., 1951.

Forbis, William H., *The Cowboys*, New York: Time-Life Books, 1973.

Foss, Phillip O., *Politics and Grass, The Administration of Grazing on the Public Domain*, Seattle: University of Washington Press, 1960.

Frantz, J., *Texas: A Bicentennial History*, New York: Norton, 1976.

Frantz, Joe B. and Choate, Julian Ernest, Jr., *The American Cowboy: The Myth & The Reality*, Westport: Greenwood Press, 1981.

Frantz, Joe B. and Choate, Julian Ernest, Jr., *The American Cowboy: The Myth & The Reality*, Norman: University of Oklahoma Press, 1955.

Freeman, James W., ed., *Prose and Poetry of the Livestock Industry of the United States*, Denver · Kansas City, 1959.

Freedman, Russell, *In the Day of the Vaqueros: America's First True Cowboys*, New York: Clorion Books, 2001.

Frink, Maurice, Jackson, W. Turrentine and Spring, Agnes W., *When Grass Was King*, Boulder: University of Colorado Press, 1956.

Garraty, John A. and McCaughey, Robert A., *A Short History of the American Nation*, New York · London: Longman, 1989.

Gates, Paul W., *The Farmer's Age: Agriculture*, 1815-1860, New York · Evanston · London: M. E. Sharpe, 1960.

Gibson, Charles M., *Organized Labor in Texas from* 1890-1900, master's thesis, 1973. http:etd. lib. ttu. edu/theses/available/etd-08072009312950022673O9/unrestricted/3129500226730.

Gragg, Josiah, *Commerce of the Prairies*, Norman: University of Oklahoma

Press, 1954.

Green, Donald E. , *Panhandle Pioneer: Henry C. Hitch, His Ranch, and His Family*, Norman: University of Oklahoma Press, 1979.

Greever, William S. , *The Bonanza West: The Story of Western Mining Rushes*, 1848-1900, Norman: University of Oklahoma Press, 1963.

Gressley, Gene M. , *Bankers and Cattlemen*, Lincoln: University of Nebraska Press, 1966.

Grinnell, George B. , *Jack The Young Cowboy: An Eastern Boy's Experience on a Western Round-up*, Frederick A. Stokes Company, 1913.

Hafen LeRoy R. , Hollon, W. Eugene and Rister, Carl. C. , *Western America*, Englwood Cliffs: Prentice-Hall, Inc. , 1970.

Hagedorn, Hermann, *Roosevelt in the Bad Lands*, Boston: Houghton Mifflin Company, 1921.

Haley, J. Evetts, *George W. Little Field*, Norman: University of Oklahoma Press, 1943.

Haley, J. Evetts, *The XIT Ranch of Texas and the Early Days of the Uano Estacado*, Norman: University of Oklahoma Press, 1953.

Haley, James E. , *Charles Goodnight: Cowman and Plainsman*, Boston: Houghton Mifflin, 1936.

Hamilton, James M. , *From Wilderness to Statehood: A History of Montana*, 1805-1900, Portland: University of Portland Press, 1957.

Hamlin, William L. , *The True Story of Billy the Kid: A Tale of the Lincoln County War*, Caldwell: The Caxton Printers, Ltd. , 1959.

Haring, Clarence H. , *Argentina and the United States*, Boston: World peace foundation, 1941.

Hastings, Frank S. , *A Ranchman's Recollections*, Chicago: The Breeder's Gazette, 1921.

Heath, H. A. , *Condition of the Sheep Industry West of Mississippi*, Washington: Govt. Print Off. , 1891.

Henry, Stuart, *Conquering Our Great American Plains: A Historical Development*, New York, 1930.

Hine, Robert V. , *The American West: An Interpretive History*, Boston: Little Brown & Company, 1973.

Hofstadter, Richard, etc. , *The American Republic Since* 1865, Vol. 2, Englewood Cliffs: Prentice-Hall, Inc. , 1959.

Hollon, W. Eugene, *Frontier Violence*, New York: Oxford University Press

Inc., 1974.

Hough, Emerson, *The Story of the Cowboy*, New York and London: D. Appleton Company, 1897, 1930.

Hudson, Wilson M., *Andy Adams: His Life and Writings*, Dallas: Southern Methodist University Press, 1964.

Hunter, John Marvin, *The Trail Drivers of Texas*, Austin: University of Texas Press, 2000.

Jackson, W. Turrentine, *The Enterprising Scot, Investors in the American West after 1873*, Edinburgh: Edinburgh University Press, 1968.

Jamieson, Stuart M., *Labor Unionism in American Agriculture*, Washington: Arno Press, 1976.

Jordan, Terresa, *Cowgirls: Women of the American West*, Lincoln: University of Nebraska Press, 1992.

Jordan, Terry G., *North American Cattle Ranching Frontier: Origins, Diffusion and Differentiation*, Albuquerque: University of New Mexico Press, 1993.

Jordan, Terry G., *Trail to Texas: Southern Roots of Western Cattle Ranching*, Lincoln: University of Nebraska Press, 1981.

Katz, William L., *The Black West*, Arden City, New York: Doubleday & Company, Inc., 1971.

Keith, Noel L., *The Brites of Capote*, Fort Worth, 1950.

Kupper, Winifred, *Golden Hoof: The Story of the Sheep of the Southwest*, New York: Alfred A. Knopf, 1945.

Lang, Lincoln A., *Ranching with Roosevelt*, Philadelphia: Lippincott and Company, 1926.

Laverder, David, *The Great West*, New York: Coward-McCann, 1965.

Lea, Tom, *The King Ranch*, Vol. 2, Kingsville: Printed for the King Ranch, 1957.

Lehmann, Valgene W., *Forgotten Legions: Sheep in the Rio Grande Plain of Texas*, El Paso: Texas Western Press, 1969.

Lomax, John A., *Cowboy Songs and Other Frontier Ballads*, New York: Macmillan Publishing Co., 1918.

MacDowell, Bart, *The American Cowboy in Life and Legend*, Washington, D. C.: National Geographic Society, 1977.

Malone, Michael P., *Historians and the American West*, Lincoln, 1984.

Malone, Michael P. and Roader, Richard B., ed., *Montana's Past Selected Essays*, Missoula, 1973.

Martin, James K., Roberts, Randy and Mintz, Steven, *America and Its People*, London: Addison-Wesley Educational Publishers, 1989.

Massey, Sara R. , ed. , *Black Cowboys of Texas*, College Station: Texas A&M University Press, 2000.

McCallum, H. D. and Mccallum, Frances T. , *The Wire That Fenced the West*, Norman: University of Oklahoma Press, 1965.

McCarty, John L. , *Maverick Town: The Story of Old Tascosa*, Norman: University of Oklahoma Press, 1946.

McCauley, James E. , *A Stove-Up Cowboy's Story*, Dallas: Southern Methodist University Press, 1965.

McCoy, Joseph G. , *Cattle Trade of the West and Southwest*, Ann Arbor: University Microfilms Inc. , 1996.

McCoy, Joseph G. , *Historic Sketches of the Cattle Trade of the West and Southwest*, Kansas City: Amsey, Millett, and Hudson, 1874.

McDermott, John F. , ed. , *The Frontier Re-examined*, Urbana: University of Illinois Press, 1967.

McGee, Patrick, *From Shane to Kill Bill: Rethinking the Western*, Hoboken: Wiley Blackwell Press, 2006.

McGregor, Alexander C. , *Counting Sheep: From Open Range to Agribusiness on the Columbia Plateau*, Seattle: University of Washington Press, 1982.

Mercer, A. S. , *The Banditti of the Plains, Or the Cattlemen's Invasion of Wyoming in* 1892, Norman: University of Oklahoma Press, 1954.

Miller, Harold, *New Zealand*, London: Oxford University Press, 1955.

Moor, John H. , *The Cheyenne*, Cambridge: Blackwell Publishing, 1996.

Morison, Samuel E. , *Admiral of Oceans*, Boston: Little, Brown and Company, 1942.

Myres, Sandra L. , *The Ranch in Spanish Texas*, 1690-1800, The University of Texas at EL Pasa: Texas Western Press, 1969.

Nichols, Roger L. , ed. , *American Frontier and Western Issues: A Historiographical Review*, New York · Westport · London: Greenwood Press, 1986.

Nordyke, Lewis, *Great Roundup: The Story of Texas and Southwestern Cowmen*, New York: William Morrow & Company, 1955.

Nye, Russel B. , *Midwestern Progressive Politics: A Historical Study of Its Origins and Development*, 1870-1958, East Lansing: Michigan State University Press, 1959.

Oates, Stephen B. , ed. , *Portrait of America*, Vol. 2, Boston: Houghton Mifflin Company, 1982.

Oden, Bill, *Early Days on the Texas-New Mexico Plains*, Canning, 1965.

Oliphant, J. Orin, *On the Cattle Ranges of the Oregon Country*, Seattle: University of

Washington Press, 1968.

O' neil, Paul, *The End and the Myth*, Alexandria, Virginia: Time-Life Books, Inc., 1979.

Osgood, Ernest S., *The Day of the Cattleman*, Chicago and London: University of Chicago Press, 1968.

Pakenham, Thomas, *The Boer War*, Johannesburg: Johathan Ball Pub., 1979.

Parkman, Francis, *The Oregon Trail*, New York: Burt, The Macmillan Company, 1959.

Paul, Virginia, *This Was Sheep Ranching: Yesterday and Today*, Seattle: University of Washington Press, 1976.

Paxson, Frederick L., *The Last American Frontier*, New York: Macmillan Company, 1910.

Pelzer, Louis, *The Cattleman's Frontier: A Record of the Trans-Mississippi Cattle Industry*, 1850-1900, Glendale: Arthur H. Clark Company, 1936.

Pirtle, Caleb, ed., *The American Cowboy*, Birmingham: Oxmoor House, Inc., 1975.

Platt, D. C. M. and Guido di Tella, *Argentina, Australia and Canada: Studies in Comparative Development*, 1870-1965, Oxford: Macmillan in association with St. Antony's College, 1985.

Ponting, Thomas C., *Life of Tom Candy Ponting, Autobiography*, Evanston: The Newberry Library, 1952.

Porter, Kenneth W., *The Negro on the American Frontier*, New York: Arno Press, 1970.

Powers, Stephen, *Afoot and Alone*, Hartford: Columbia Book Company, 1872.

Powers, Stephen, *The American Merino: For Wool and for Mutton*, New York: O. Judd Co., 1887.

Raine, William M. and Barnes, Will C., *Cattle*, Garden City: Simon & Schuster, 1930.

Reps, John W., *Cities of the American West*, Princeton: Princeton University Press, 1979.

Richardson, Rupert N., Anderson, Adrian and Wallace, Ernest, *Texas: The Lone Star State*, Prentice-Hall Inc., 1997.

Richardson, Rupert N. and Rister, Carl C., *The Greater Southwest*, Glendale: Arthur H. Clarke Company, 1934.

Richthofen, Walter Baron Von, *Cattle-Raising in the Plains of North America*, Norman: University of Oklahoma Press, 1964.

Ridge, Martin and Billington, Ray A., eds., *America's Frontier Story: A Document*

History of Western Expansion, New York · Chicago: Holt Rincent Winstoy, 1969.

Riegel, Robert E. and Athearn, Robert G. , *America Moves West*, New York: Holt, Rinehart and Winston, 1971.

Robbins, Roy M. , *Our Land Heritage: The Public Domain* 1776-1936, Lincoln: Oxford University Press, 1962.

Roenigk, Adolph, ed. , *Pioneer History of Kansas*, Denver: Kancoll Books, 1933.

Rollins, Philip A. , *The Cowboy: An Unconventional History of Civilization on the Old-Time Cattle Range*, Norman: University of Oklahoma Press, 1997.

Rollins, Phillip A. , *The Cowboy*, New York: Charles Scribner's Sons, 1922; Revised and Enlarged Edition, 1963.

Rollinson, John K. , *Wyoming: Cattle Trails*, Idaho Caldwell: The Caxton Publishing Company, 1948.

Sandoz, Mari, *Old Jules*, Lincoln: Oxford University Press, 1962.

Sandoz, Mari, *The Buffalo Hunters*, Lincoln · London: Oxford University Press, 1954.

Sandoz, Mari, *The Cattle Men from the Rio Grande Across the Far Marias*, New York: UNP-Bison Books, 1958.

Santee, Ross, *Cowboy*, New York: Grosset & Dunlap, 1928.

Santee, Ross, *Men and Horses*, New York and London: Century Co. , 1926.

Saunderson, Mont H. , *Western Stock Ranching*, Minneapolis: University of Minnesota Press, 1950.

Savage, William W. , Jr. , *Cowboy Life: Reconstructing an American Myth*, Norman: University of Oklahoma Press, 1974.

Savage, William W. , Jr. , ed. , *Cowboy Life*, *Reconstructing an American Myth*, Norman: University of Oklahoma Press, 1975.

Savage, William W. , Jr. , *The Cowboy Hero: His Image in American History and Culture*, Norman: University of Oklahoma Press, 1979.

Schlebecker, John T. , *Cattle Raising on the Plains*, 1900-1961, Lincoln: Oxford University Press, 1963.

Schmidt, Louis B. and Ross, Earle D. , *Readings in the Economic History of American Agriculture*, New York: The Macmillan Company, 1925.

Schofield, Donald F. , *Indians*, *Cattle*, *Ships and Oil: The Story of W. M. D. Lee*, Austin: University of Texas Press, 1985.

Schofield, Donald F. , *The Story of W. M. D. Lee*, Austin: University of Texas Press, 1985.

Scott, John A. , *The Story of America*, Washington: National Geographic Book Service, 1984.

Seidman, Laurence I. , *Once in the Saddle: The Cowboy's Frontier*, 1866-1986, New York: Alfred A. Knopf, Inc. , 1973.

Shaner, Dolph, *John Baxter Springs: Picturesque Character of Frontier Days*, Baxter Springs, 1955.

Shannon, Fred A. , *The Farmer's Last Frontier: Agriculture*, 1860-1897, New York: Farrar and Rinehart, 1945.

Sirrngo, Charles A. , *A Cowboy Detective*, New York: J. S. Orgilive Publishing Company, 1912.

Siringo, Charles A. , *A Lone Star Cowboy*, Santa Fe: Sanstone Press, 2006.

Sirrngo, Charles A. , *A Texas Cowboy*, New York: William Sloane Associates, 1950.

Siringo, Charles A. , *Riata and Spurs: The Story of a Lifetime Spent in the Saddle as Cowboy and Ranger*, Boston: Houghton Mifflin, 1931.

Slatta, Richard W. , *Comparing Cowboys and Frontiers*, Norman & London: University of Oklahoma Press, 1997.

Slatta, Richard W. , ed. , *Cowboy Encyclopedia*, Santa Barbara: ABC-CLIO, Inc. , 1994.

Slatta, Richard W. , *Cowboys of the Americas*, New Haven and London: Yale University Press, 1990.

Smith, Helena H. , *The War on Powder River*, New York: McGraw-Hill Book Company, 1966.

Smith, Mark A. , *The Tariff on Wool*, New York: Macmillan Co. , 1926.

Snell, Joseph W. , *Painted Ladies of the Cowtown Frontiers*, Kansas City: Amsey, Millett, and Hudson, 1965.

Sonichson, Charles L. , *Cowboys and Cattle Kings: Life on the Range Today*, Norman: University of Oklahoma Press, 1950.

Spring, Agnes W. , *Cow Country Legacies*, Kansas City: Amsey, Millett, and Hudson, 1976.

Stavrianos, L. S. , *The World Since 1500: A Global History*, Englewood Cliffs: Prentice-Hall, Inc. , 1982.

Steckmesser, Kent L. , *Western Hero in History and Legend*, Norman: University of Oklahoma Press, 1965.

Steiner, Stan, *The Ranchers: A Book of Generations*, Norman: University of Oklahoma Press, 1980.

Stewart, Paul W. and Ponce, Wallace Yvonne, *Black Cowboys*, Denver: Black American West Museum and Heritage Center, 1986.

Strahorn, R. E. , *Handbook of Wyoming and Guide to the Black Hills and Big Horn Regions*, Cheyenne: R. E. Strahorn, 1877.

Stuart, Granville, *Forty Years on the Frontier*, Vol. 2, Cleveland: Arthur H. Clark Co. , 1925.

Stuart, Granville, *Pioneering in Montana, The Making of a State*, 1864-1887, Lincoln · London: Oxford University Press, 1925.

Sullivan, Dulcie, *The LS Ranch: The Story of a Texas Panhandle Ranch*, Austin & London: University of Texas Press, 1966.

Tanner, Ogden, *The Ranchers*, Alexandria: Time-Life Books, Inc. , 1977.

Taussing, F. W. , *The Tariff History of the United States*, New York · London: G. P. Putnam's Sons, 1931.

Terris, Robert G. , *Prospector, Cowhand, and Sodbuster: Historic Places Associated With the Mining, Ranching, and Farming Frontiers in the Trans-Mississippi West*, Vol. 11, Washington: United States Depart of the Interior, National Park Service, 1967.

Thorp, N. Howard, *Whose Old Cow? N. Howard Thorp "Jack Thorp", Songs of the Cowboys*, Boston · New York: Houghton Mifflin, 1921.

Tinkle, Lon and Maxwell, Allen, eds. , *The Cowboy Reader*, New York: David McKay, 1959.

Todd, Bruce G. and Hooks, Bones, *Pioneer: Negro Cowboy*, Gretna: Pelican Publishing Company, Inc. , 2005.

Towne, Charles W. and Wentworth, Edward N. , *Shepherd's Empire*, Norman: University of Oklahoma Press, 1946.

Towne, Charles W. and Wentworth Edward N. , *Cattle and Men*, Norman: University of Oklahoma Press, 1955.

Townsend, R. B. , *The Tenderfoot in New Mexico*, London: J. Lane the Bodley Head Ltd. , 1923.

Turner, Frederick J. , *The Turner Thesis Concerning the Role of Frontier in American History*, Boston: D. C. Heath, 1949.

Tusba, Jon, *Billy the Kid: His Life and Legend*, Westport · London: Greenwood Press, 1994.

Urbanek, Mae, *Ghost Trails of Wyoming*, Boulder: University of Colorado Press, 1978.

Utley, Robert M. , *Frontier Regulars, The United States Army and Indian*, Lincoln: Oxford University Press, 1967.

Wagner, Tricia Martineau, *Black Cowboys of the Old West*, Guilford: Twodot Book, 2011.

Wagoner, J. J., *History of Cattle Industry in South Arizona*, 1540-1940, Tucson: Arizona Press, 1952.

Ward, Don, *Cowboys and Cattle Country*, New York: American Heritage Publishing Co., Inc., 1961.

Ward, Fay E., *The Cowboy at Work*, Norman and London: University of Oklahoma Press, 1958.

Webb, Walter Pescott, *The Great Plains*, Waltham: Blasdell Publishing Company, 1931, 1959.

Wellman, Paul I., *A Dynasty of Western Outlaws*, New York: Doubleday, 1961.

Wentworth, Edward N., *America's Sheep Trails: History, Personalities*, Ames: The Iowa State College Press, 1948.

Westermeier, Clifford P., ed., *Trailing the Cowboy, His Life and Lore as Told by Frontier Journalists*, Caldwell: The Caxton Printers, Ltd., 1955.

Williams, D. B., ed., *Agriculture in the Australian Economy*, Sydney: Sydney University Press, 1982.

Wister, Owen, *The Virginian*, New York: The Heritage Press, 1932.

Wood, Charles L., *The Kansas Beef Industry*, Lawrence: Regents Press of Kansas, 1980.

Woodman, David, Jr., *Guide to Texas Emigrant*, Waco: Texan Press, 1974.

Wooton, E. O., *The Range Problem in New Mexico*, Las Cruces, 1908.

Worcester, Don, *The Chisholm Trail: High Road of the Cattle Kingdom*, New York: Indian Head Books, 1980.

Wright, Chester W., *Wool-Growing and the Tariff*, Cambridge: Harvard University Press, 1910.

(二)论文

"A Cowboy Strike", *Texas Live Stock Journal*, March 12th 1883, Clifford P. Westermeier, ed., *Trailing the Cowboy*, Caldwell: The Caxton Printers, Ltd., 1955.

"Great Southwest Railroad Strike", *History before* 1886, http://www.labordallas.org/hist/1886.htm.

"Lewis Atherton", http://shs.umsystem.edu/manuscripts/columbia/3603.pdf.

"Strikes", http://www.tshaonline.org/handbookonline/articles/oes02.

"Texas Round-Up", *Denver Republican*, April 25th 1883, Clifford P. Westermeier, ed., *Trailing the Cowboy*, Caldwell: The Caxton Printers, Ltd., 1955.

Atherton, Lewis, "Cattleman and Cowboy: Fact and Fancy", *Montana the Magazine of Western History*, Vol. 11, No. 4, 1961.

Atherton, Lewis, "Cattleman and Cowboy: Fact and Fancy", Michael S. Kennedy ed., *Cowboys and Cattlemen*, New York: Hastings House, 1964.

Baker, Oliver E., "Agricultural Regions of North America, part 10-The Grazing and Irrigated Crops Region", *Economic Geography*, Vol. 7, 1931.

Baumann, John, "On a Western Ranch", *Economist*, Vol. 76, 1887.

Bowens, Doreen C., "Black Cowboys Have Rich, Respectful History in South Texas", Apr. 11, 1999, http://www.chautos.com/autocon.v/newslocal/99/newslocal 1883.html.

Box, Thadis W., "*Range Deterioration in West Texas*", *Southwestern Historical Quarterly*, Vol. 71, 1967.

Brayer, Herbert O., "The Influence of British Capital on the Western Range Cattle Industry", *Journal of Economic History*, Vol. 9, 1949.

Briggs, Harold E., "Ranching and Stock Raising in the Territory of South Dakota", *South Dakota Historical Collections*, Vol. 14, 1928.

Brown, Amanda Wardin, "A Pioneer in Colorado and Wyoming", *Colorado Magazine*, Vol. 35, 1958.

Burton, Harley T., "A History of the J. A. Ranch", *Southwestern Historical Quarterly*, Vol. 31, 1927.

Carlson, Alvar Ward, "New Mexico's Sheep Industry, 1850-1900: It's Role in the History of the Territory", *New Mexico Historical Review*, Vol. 64, 1969.

Carlson, Paul H., "A Cowboy Bibliography", Paul H. Carlson, ed., *The Cowboy Way: An Exploration of History and Culture*, Lubbock: Texas Tech University Press, 2000.

Cornyn, John, "The Cowboy Strike", September 9th, 2008, http://www.calfarleysboysranch.org/visitors/Pages/The cowboy Strike.aspx.

Dale, Edward E., "Cow Country in Transition", *Mississippi Valley Historical Review*, Vol. 24, No. 1, 1937.

Dale, Edward E., "Ranching on the Cheyenne-Arapaho Reservation", *Chronicles of Oklahoma*, Vol. 6, No. 1, 1928.

Dale, Edward E., "The History of Range Cattle Industry in Oklahoma", *American Historical Association*, *Annual Report for* 1920, Washington: G. P. O., 1925.

Dale, Edward E., "The Ranchman's Last Frontier", *Mississippi Valley Historical Review*, Vol. 10, 1923.

Davis, Rodney O., "Before Barbed Wire: Herd Law Agitations in Early Kansas and Nebraska", *Journal of the West*, Vol. 6, 1967.

Denhardt, Robert M., "The Horse in New Spain and Borderlands", *Agricultural History*, Vol. 25, 1951.

Dobie, J. Frank, "Andy Adams, Cowboy Chronider", *Southwest Review*, Vol. 11, 1929.

Donald, C. M, "Innovation in Australian Agriculture in Australia", D. B. Williams, ed., *Agriculture in Australian Economy*, Sydney: Sydney University Press, 1982.

Durham, Phillip and Jones, Everett L., "Slave on Horseback", *The Pacific Historical Review*, Vol. 33, No. 4, 1964.

Durham, Phillip and Jones, Everett L., "The Negro Cowboy", *American Quarterly*, Vol. 7, No. 3, 1955.

Faulk, Odie B., "Ranching in Spanish Texas", *Hispanic American Historical Review*, Vol. 14, 1965.

Fletcher, Robert S., "The End of the Open Range in Eastern Montana", *Mississippi Valley Historical Review*, Vol. 16, 1929.

Fletcher, Robert S., "That Hard Winter in Montana, 1886-1887", *Agricultural History*, Vol. 4, No. 4, 1930.

Frantz, Joe B., "Cowboy Philosophy", MeDemott, John Francis, ed., *The Frontier Re-examined*, Urbana: University of Illinois Press, 1967.

Fugate, Francis L., "Origins of the Range Cattle Era in South Texas", *Agriculture History*, Vol. 35, No. 3, 1961.

Galenson, David, "The End of the Chisholm Trail", *Journal of Economic History*, Vol. 34, 1974.

Galenson, David, "The Profitability of the Long Drive", *Agricultural History*, Vol. 51, 1977.

Gard, Wayne, "The Impact of the Cattle Trails", *Southwestern Historical Quarterly*, Vol. 71, 1966.

Gard, Wayne, "The Shawnee Trail", *Southwestern Historical Quarterly*, Vol. 16, 1953.

Gordon, Clarence W., "Report on Cattle, Sheep and Swine", *Report on the Production of Agriculture*, Washington: G. P. O., 1883.

Gracy, David B., II, "George Washington Littlefield, Portrait of a Cattleman", *Southwestern Historical Quarterly*, Vol. 68, 1964.

Graham, Richard, "The Investment Boom in British-Texas Cattle Companies", *Business History Review*, Vol. 34, No. 4, 1960.

Greever, William S., "Railway Development in the Southwest", *New Mexico Historical Review*, Vol. 32, 1957.

Gressley, Gene M., "Broker to the British: Francis Smith and Company", *Southwestern Historical Quarterly*, Vol. 71, 1967.

Gresseley, Gene M., "Teschemacher and deBiller Cattle Company, A Study of Eastern Capital on the Frontier", *Business History Review*, Vol. 33, 1959.

Gressley, Gene M., "The Cattle Trust: A Study in Protest", *The Pacific History Review*, Vol. 30, 1961.

Grubbs, Frank H. and Bond, Frank, "Gentleman Sheepherder of Northern New Mexico, 1883-1915", *New Mexico Historical Review*, Vol. 35, 1960.

Guthrie, W. E., "The Open Range Cattle Business in Wyoming", *Annals of Wyoming*, Vol. 5, 1927.

Haley, J. Evetts, ed., "A Log of the Texas-California Cattle Trail, 1854", *Southwestern Historical Quarterly*, Vol. 35, 1932.

Hardway, Roger D., "African American Cowboys on the Western Frontier", *Negro History Bulletin*, Jan.-Dec., 2001, http: //findarticles. com/plarticles/mim1175/is2001Jan-Dec/ai95149972.

Hart. J. S., "Jesse Hart, Callahan Country Pioneer", *Frontier Times*, June 1953.

Harvey, Charles M., "The Dime Novel in American Life", *The Atlantic Monthly*, Vol. 100, No. 1, 1907.

Havens, T. R., "Livestock and Texas Law", *West Texas Historical Association Year Book*, Vol. 36, 1960.

Haywood, C. Robert, "No Less a Man: Blacks in Cow Town Dodge City, 1876-1886", *Western Historical Quarterly*, Vol. 19, No. 2, 1988.

Herrington, George S., "An Early Cattle Drive from Texas to Illinois", *Southwestern Historical Quarterly*, Vol. 55, 1951.

Holden, William C., "The Problem of Hands on the Spur Ranch", *Southwestern Historical Quarterly*, Vol. 35, No. 3, 1932.

Hutchinson, W. H., "The Cowboy and Karl Marx", *Pacific Historian*, Vol. 20, No. 2, 1976.

Hutchinson, William H., "The Cowboy and the Class Struggle (or, never Put Marx in the Saddle)", *Arizona and the West*, Vol. 14, No. 4, 1972.

Jackson, W. Turrentine, "Railroad Relations of the Wyoming Stock Growers Association, 1873-1890", *Annals of Wyoming*, Vol. 19, 1947.

Jackson, W. Tarrentine, "'The Wyoming Stock Growers' Association: Its years Temporary Decline, 1886-1890", *Agriculture History*, Vol. 22, No. 4, 1848.

Jackson, W. Tarrentine, "'Wyoming Turrentine Growers' Association Political Power in Wyoming Territory", *Mississippi Valley Historical Review*, Vol. 33, No. 4, 1947.

JBHE Foundation, "Deadwood Dick and the Black Cowboys", *The Journal of Blacks in Higher Education*, No. 22, 1998.

Jordan, Terry G. , "Early Northeast Texas and the Evolution of Western Ranching", *Annals of the American Geographers*, Vol. 67, 1977.

Jordan, Terry G. , "The Origin and Distribution of Open-Range Cattle Ranching", *Social Science Quarterly*, Vol. 33, No. 1, 1972.

Jordan, Terry G. , "The Origin of Anglo-American Cattle Ranching in Texas: A Documentation of Diffusion from the Lower South", *Economic Geography*, Vol. 45, No. 1, 1969.

Kahn, Bertha M. , "The W-B Ranch on the Missouri Slope", *State Historical Society of North Dakota*, *Collections*, Vol. 5, 1923.

Laumbach, Verna, "Las Vegas Before 1850", *New Mexico Historical Review*, Vol. 28, 1933.

Lilliencrantz, H. T. , "Recollections of a California Cattleman", *California Historical Society Quarterly*, Vol. 38, 1959.

Love, Clara M. , "History of the Cattle Industry in the Southwest", *Southwestern Historical Quarterly*, Vol. 19, No. 4, 1916.

Moore, Michael Rugeley, "Peter Martin: A Stockraiser of the Republic Period", Sara R. Massey, ed. , *Black Cowboys of Texas*, College Station: Texas A&M University Press, 2000.

Muir, Andrew Forest, "The Free Negro in Jefferson and Orange Counties, Texas", *Journal of Negro History*, Vol. 35, No. 2, 1950.

Mundis, Jerrold J. , "He Took the Bull by the Horns", *American Heritage*, Vol. XIX, December, 1967.

Nash, Gerald D. , "Rural Society in the Far West: A Comment on the Problem of Values", Agricultural History, Vol. 49, 1975.

Nimmo, Joseph, Jr. , "The American Cowboy", *Happer's New Monthly Magazine*, Vol. 57, 1886.

O'Cornnor, Louise S. , "Henrietta Williams Foster, 'Aunt Ruttie': A Cowgirl of the Texas Coastal Bend", Massey, Sara R. , ed. , *Black Cowboys of Texas*, College Station: Texas A&M University Press, 2000.

Parkins, John, "What Cowboy Ever Wished to Join a Union? Wild West Industrial Relations before 1914", *The Journal of Industrial Relations*, Vol. 36, No. 3, 1994.

Pelzer, Louis, "A Cattlemen's Commonwealth on the Western Range", *Mississippi Valley Historical Review*, Vol. 10, 1963.

Perren, Richard, "The North American Beef and Cattle Trade with Great Britain, 1870-1914", *The Economic History Review*, Vol. 14, 1971.

Porter, Kenneth W. , "Black Cowboys-Part I", excerpt from the book "*Negro on the A-*

merican Frontier", http: //www. coax. net/people/lwf/bkcowboy. htm/and http: //www. coax. net/people/lwf/bkcowboy2. htm/.

Porter, Kenneth W., "Negro Labor in the Western Cattle Industry, 1866-1900", *Labor History*, Vol. 10, No. 3, 1969.

Pryor, Col. Ike T., "The Cost of Moving a Herd to Northern Markets", J. Marvin Hunter, ed., *The Trail Drivers of Texas*, Austin: University of Texas Press, 2000.

Richard, J. A., "Hazards of Ranching on South Plains", *Southwestern Historical Quarterly*, Vol. 37, 1934.

Richardson, Rupert N., "The Future of Great Plains", *Mississippi Valley Historical Review*, Vol. 30, 1943.

R. I. P., *Black Cowboys*, http: // www. vincelwis. net/blackcowboys. html.

Rippy, J. Fred, "British Investments in Texas Lands and Livestock", *Southwestern Historical Quarterly*, Vol. 58, No. 3, 1955.

Scheckel, Susan, "Home on the Train: Race and Mobility in the Life and Adventures of Nat Love", *American Literature*, Vol. 74, No. 2, 2002.

Shaw, A. G. L., "History and Development of Australian Agriculture", Williams, D. B., ed., *Agriculture in Australian Economy*, Sydney: Sydney University Press, 1982.

Shelton, Emily J. and Johnson, Lizzie E., "Cattle Queen of Texas", *Southwestern Historical Quarterly*, Vol. 50, 1947.

Simpson, Peter K., "The Social Side of the Cattle Industry", *Agricultural History*, Vol. 49, 1975.

Skaggs, Jimmy M., "John Thomas Lytle: Cattle Baron", *Southwestern Historical Quarterly*, Vol. 71, 1967.

Taylor, Quintard, "African American Men in the American West, 1528-1990", *Annals of the American Academy of Political and Social Science*, Vol. 569, No. 1, 2000.

Thone, Frank, "'Deadwood Dick': Indian Version", *The Science News-Letter*, Vol. 27, No. 738, 1935.

Turner, Frederick J., "The Significance of the Frontier in America", *The Turner Thesis Concerning the Role of Frontier in American History*, Boston: D. C. Heath, 1949.

Utley, Robert M., "The Range Cattle Industry in Big Ben of Texas", *Southwestern Historical Quarterly*, Vol. 69, 1966.

Wentworth, Edward N., "Eastward Sheep Drives from California and Oregon", *Mississippi Valley Historical Review*, Vol. 28, 1928.

Westerneier, Clefford P., "The Cowboy in His Home State", *Southwestern Historical Quarterly*, Vol. 58, 1954.

Whitaker, James W., "Agriculture and Livestock Production", Nichols, Roger L., ed.，*American Frontier and Western Issues：A Historiographical Review*，New York・Westport・London：Greenwood Press，1986.

Wilson，James A.，“West Texas Influence on the Early Cattle Industry of Arizona”，*Southwestern Historical Quarterly*，Vol. 71，1967.

Zeigler，Robert E.，“The Cowboy Strike of 1883：Its Causes and Meaning”，*West Texas Historical Association Yearbook*，Vol. XLVII，1971.

Zeigler，Robert E.，“The Cowboy Strike of 1883”，Carlson，Paul H.，ed.，*The Cowboy Way：An Exploration of History and Culture*，Labbock：Texas Tech University Press，2000.

http：//oasis. lib. harvard. edu/oasis/dever/-pea00048.

http：//shs. unsystem. edu/manuscripts/columbia/3603. pdt.

http：//www. accessgenealogy. com/kansas/biography-of-edward-norris-went-worth. htm.

http：//www. blackpast. org/contributors/slatta-richard.

http：//www. marvsvilleonline. net/articles/2015/02/11/news/obituaries/doc54c056bc9019691656174. txt.

http：//www. tshaonline. org/handbook/online/articles/fmymg.

三、中文论著

（一）译著

[1][美]丹尼尔・布尔斯廷著，中国对外翻译出版公司译：《美国人——民主历程》，北京：生活・读书・新知三联书店，1993 年。

[2][美]拉尔夫・布朗著，秦士勉译：《美国历史地理》(下册)，北京：商务印书馆，1990 年。

[3][美]J. 布卢姆等著，戴瑞辉等译：《美国的历程》(下册第一分册)，北京：商务印书馆，1988 年。

[4][美]丹尼尔・J・布尔斯廷著，谢延光译：《美国人：民主的历程》，上海：上海译文出版社，1997 年。

[5][美]福克讷，哈罗德・U. 著，王昆译：《美国经济史》(上、下册)，北京：商务印书馆，1964 年。

[6][俄]列宁：《关于农业资本主义发展规律的新材料》，见《列宁全集》，第 27 卷，北京：人民出版社，1990 年。

[7][俄]列宁：《帝国主义是资本主义的最高阶段》，北京：人民出版社，1979 年。

[8][德]马克思：《资本论》(第一卷)，北京：人民出版社，1975 年。

[9][美]塞缪尔・埃利奥特・莫里森等著，南开大学历史系美国史研究室译：《美利坚共和国的成长》(下卷)，天津：天津人民出版社，1991 年。

[10][美]本・巴鲁克・塞利格曼著，复旦大学资本主义国家经济研究所译：《美国企业史》，上海：上海人民出版社，1975年。

[11][美]H・N・沙伊贝等著，彭松建等译：《近百年美国经济史》，北京：中国社会科学出版社，1983年。

[12][美]贝阿德・斯蒂尔编，张禹九译：《美国西部开发纪实》，北京：光明日报出版社，1988年。

[13][英] B. R. 米切尔，编，费力平译：《帕尔格雷夫世界历史统计(1750—1993年)》(美洲卷)，北京：经济科学出版社，2002年。

(二)专著

[1]龚维敬、甘当善：《美国垄断财团》，上海：上海人民出版社，1977年。

[2]何顺果：《美国边疆史——西部开发模式研究》，北京：北京大学出版社，1992年。

[3]黄安年：《美国的崛起》，北京：中国社会科学出版社，1992年。

[4]李剑鸣：《文化的边疆——美国印第安人与白人文化关系史论》，天津：天津人民出版社，1994年。

[5]李剑鸣：《伟大的历险——西奥多・罗斯福传》，北京：世界知识出版社，1994年。

[6]丁则民等：《美国内战与镀金时代——1861—19世纪末》，北京：人民出版社，1990年。

[7]张友伦主编：《美国的独立和初步繁荣(1775—1860)》，北京：人民出版社，2002年。

[8]丁则民等：《美国内战与镀金时代：1861—19世纪末》，北京：人民出版社，2002年。

[9]刘绪贻等：《战后美国史(1945—2000)》，北京：人民出版社，2002年。

[10]王锦瑭、钟文范、李世洞：《美国现代化大企业与美国社会》，武汉：武汉大学出版社，1995年。

[11]杨生茂、陆镜生：《美国史新编》，北京：中国人民大学出版社，1990年。

[12]余志森编著：《美国史纲——从殖民地到超级大国》，上海：华东师范大学出版社，1992年。

[13]周钢：《牧畜王国的兴衰——美国西部开放牧区发展研究》，北京：人民出版社，2006年。

[14]《简明不列颠百科全书》(*Concise Encyclopaedia Britannica*)，第1卷、第2卷、第4卷、第7卷、第8卷，北京：中国大百科全书出版社，1985年。

[15]《新英汉词典(增补本)》(*A New English-Chinese Dictionary*)，上海：上海译文出版社，1995年。

[16]《新西汉词典》(*Nuevo Diccionario Espanol-Chino*)，北京：商务印书馆，1986年。

[17]北京外国语学院西班牙语系《新西班牙语词典》组编：《新西汉词典》，北京：商务

印书馆，1982 年。

[18]刘绪贻、李世洞主编：《美国研究词典》，北京：中国社会科学出版社，2002 年。

[19]陆谷孙主编：《英汉大字典》(第 2 版)，上海：上海译文出版社，2008 年。

[20]王同忆主编译：《英汉辞海》(*The English-Chinese Word-Ocean Dictionary*)(上、下)，北京：国际工业出版社，1988 年。

(三)期刊

[1]《温家宝总理答中外记者问》，《人民日报》，2005 年 3 月 15 日。

[2]侯文蕙：《十九世纪的美国西进运动》，《兰州大学学报》，1986 年第 2 期。

[3]周钢：《美国历史上的牛仔罢工》，《史学月刊》，2013 年第 2 期。